Rechtsstaatliche Terrorismusbekämpfung
durch Straf- und Strafprozessrecht

# Augsburger Studien zum Internationalen Recht

Herausgegeben von

Volker Behr
ehem. Lehrstuhl für Bürgerliches Recht, Zivilprozessrecht, Ausländisches und Internationales Privatrecht

Henning Rosenau
Lehrstuhl für Deutsches, Europäisches und Internationales Straf- und Strafprozessrecht, Medizin- und Biorecht

Christoph Vedder
Lehrstuhl für Öffentliches Recht, Völkerrecht und Europarecht sowie Sportrecht, Jean Monnet-Lehrstuhl für Europäisches Recht

Juristische Fakultät der Universität Augsburg

Band 9

PETER LANG
Frankfurt am Main · Berlin · Bern · Bruxelles · New York · Oxford · Wien

# Rechtsstaatliche Terrorismusbekämpfung durch Straf- und Strafprozessrecht

Michael Kraus

PETER LANG
Internationaler Verlag der Wissenschaften

**Bibliografische Information der Deutschen Nationalbibliothek**
Die Deutsche Nationalbibliothek verzeichnet diese Publikation in der Deutschen Nationalbibliografie; detaillierte bibliografische Daten sind im Internet über http://dnb.d-nb.de abrufbar.

Zugl.: Augsburg, Univ., Diss., 2011

Umschlaggestaltung:
Olaf Glöckler, Atelier Platen, Friedberg

Logo auf dem Umschlag:
Abdruck mit freundlicher Genehmigung
der Universität Augsburg.

D 384
ISSN 1861-664X
ISBN 978-3-631-61822-6



www.peterlang.de

*Meinen Eltern*
*und*
*meiner Frau*

# Vorwort

Die vorliegende Arbeit wurde im Wintersemester 2010/2011 von der Juristischen Fakultät der Universität Augsburg als Dissertation angenommen. Das Manuskript wurde im April 2010 abgeschlossen.

Diese Arbeit wurde durch die Hanns-Seidel-Stiftung im Rahmen eines Begabtenstipendiums durch zahlreiche Veranstaltungen ideell sowie mit Mitteln des Bundesministeriums für Bildung und Forschung (BMBF) auch finanziell unterstützt.

Herzlich danken möchte ich meinem Doktorvater Herrn Prof. Dr. Henning Rosenau, der mir in der Zeit der Erstellung bei Fragen und Unsicherheiten stets ratsam zur Seite stand und ein gesundes Maß zwischen Gewährung wissenschaftlicher Freiheit und doktorväterlicher Anleitung gefunden hat. Ebenso zu Dank verpflichtet bin ich Herrn Prof. Dr. Arnd Koch für die Übernahme und rasche Erstellung des Zweitgutachtens.

Ganz besonderer Dank gebührt meiner Frau Ulrike, die in liebevoller Art und Weise das Gelingen des Vorhabens Promotion unterstützt hat und mir immer motivierend zur Seite stand. Ebenso danke ich meinen lieben Eltern, die mir diesen Schritt erst ermöglicht und mich auf diesem Weg begleitet haben.

Darüber hinaus sei allen gedankt, die auf vielfältige Weise die Entstehung dieser Arbeit begleitet und unterstützt haben. Insbesondere danke ich Herrn Dr. Christof Hörr für seine wertvollen Anmerkungen und die anregenden und erhellenden Gespräche vor allen Dingen zu den Fragen des Feindstrafrechts.

Ulm, im Oktober 2011 — Michael Kraus

# Inhaltsverzeichnis

# A. Einleitung

*Herr, die Noth ist groß,*

*Die ich rief, die Geister,*

*Werd ich nun nicht los.*[1]

Die Anschläge des 11. September 2001 stellen eine historische Zeitenwende dar. Nach der Zeit der Entspannung und des Friedens seit dem Wegfall der globalen Bipolarität des Kalten Krieges stehen die brennenden Türme des World Trade Center als Sinnbild und Definition der globalen Herausforderung des Terrorismus und damit auch stellvertretend für die Probleme und Folgen des im Zuge der Globalisierung deutlich sichtbar gewordenen Aufeinanderprallens unterschiedlicher Mentalitäten, Religionen und Kulturen.[2] Die Anschläge des 11. September 2001 und alle weiteren ihnen folgenden terroristischen Anschläge überall auf der Welt[3] veränderten diese nicht nur unter geostrategischen und geopolitischen Gesichtspunkten, sie hatten natürlich auch Auswirkungen auf nationales Handeln[4] – und klassischen terroristischen Zielen folgend – auf die Bevölkerungen auch und vor allem der westlichen Staaten.

Gleichzeitig demonstrieren die Anschläge des 11. September 2001 auch eine grundlegende Veränderung des Terrorismus selbst. Nach der Globalisierung der Wirtschaft sowie auch Teilen der Wirtschafts- und Organisierten Kriminalität hat sich auch der Terrorismus vom eher lokalen, politisch motivierten Phänomen zur globalen, vornehmlich religiös-fanatisch motivierten Bedrohung gewandelt.

Hieraus ergeben sich zahlreiche, in einer Arbeit nicht zu bewältigende Fragen. Die vorliegende Arbeit befasst sich mit ausgewählten Konfliktfeldern und Problemstellungen. Im Fokus steht dabei die Frage nach der Bewältigung der terroristischen Bedrohung durch strafrechtliche und strafprozessuale Mittel.

Die erste Fragestellung, mit der sich diese Arbeit befasst, ist die nach der Definition des Terrorismus. Die Globalisierung des Terrorismus hat wie angesprochen auch den Terrorismus selbst verändert. Bei dem mittels strafrechtlicher Regelungen zu begegnenden Problem handelt es sich nicht mehr um die klassischen Formen des Terrorismus wie sie in Europa und auch in Deutschland vor allem in den siebziger Jahren des vergangenen Jahrhunderts vorkamen. Um eine

---

1 Aus Johann Wolfgang von Goethe, Der Zauberlehrling.

2 Huntington, Kampf der Kulturen, Hamburg 2006.

3 Eine Aufstellung terroristischer Anschläge des Al-Quaida Netzwerks seit 2001 findet sich bei: Schneckener, Transnationaler Terrorismus, Frankfurt am Main 2006, S. 252.

4 Drastisch sieht dies: Prantl, Der Terrorist als Gesetzgeber, München 2008.

Vorstellung davon zu bekommen, gegen wen und gegen was mittels Strafrecht vorgegangen werden soll, bedarf es zumindest einer groben Konturierung des Terrorismus (B.).

Dem Staat als hoheitlicher Ordnungsmacht obliegt die Aufgabe, Freiheit und Sicherheit seiner Bürger zu gewährleisten. Die beiden Teile dieser in den Diskussionen über den Umgang mit terroristischer Bedrohung oft anführten Dichotomie sollen in einem weiteren Schritt in Ansehung staatsphilosophischer Ansätze der Aufklärung in Verhältnis zueinander gesetzt werden. Hierbei geht es um die Frage, welchem Teil die größere Bedeutung zukommt und welchem Teil bei schwierigen Fragen der Auslegung problematischer Regelungen der Vorrang einzuräumen ist (C.).

Daran anschließend soll untersucht werden, welche Rolle das Strafrecht bei der Aufgabe des Staates, die Sicherheit und die Freiheit seiner Bürger sicherzustellen, einzunehmen bestimmt und in der Lage ist. Insbesondere vor dem Hintergrund großer nicht hinnehmbarer Schäden, die durch Terroranschläge drohen, spielt dabei vor allem die Verhinderung von Anschlägen eine große Rolle. Diese im Bereich des Terrorismus vorherrschende präventive Zielrichtung ist prägend für alle strafrechtlichen Maßnahmen und ist Grund der dogmatischen Probleme bei der Legitimation präventiver Strafnormen. Die zwingende Vorgabe, im Angesicht terroristischer Anschläge präventiv tätig zu werden, birgt ein hohes Risiko bei der Implementierung von solchen Regelungen in das klassischerweise auf repressive Reaktion aufgebaute deutsche Strafrecht, die dieser präventiven Ausrichtung folgen. Die Vorverlagerung von Strafbarkeit, die Schaffung von Vorfelddelikten und ihre Verknüpfung mit weitreichenden strafprozessualen Eingriffsbefugnissen entbehren nicht einer gewissen Sprengkraft für klassische strafrechtsdogmatische Strukturen. Insoweit ist mit *Hetzer* zu konstatieren, dass „[d]ie Vielzahl der durch Terroristen vernichteten Menschenleben, der hohe Sachschaden und die sozialpsychologischen, politischen und wirtschaftlichen Folgen besonders zerstörerischer Anschläge [...] rechtsstaatlich verfasste Staaten an die Grenzen ihrer justizförmigen Leistungsfähigkeit geführt [haben].“[5] Gegenstand der Untersuchung ist daher, inwieweit Strafrecht schon zuvor präventive Aufgaben erfüllt hat (D. II.), welche Konsequenzen sich aus der neuartigen präventiven Ausrichtung ergeben und ob diese mit dem Strafrecht vereinbar sind (D. III.).

Dabei richtet sich der Blick auf die schon zu Zeiten des linksextremistischen RAF-Terrors im StGB implementierten Normen, aber auch auf erst später nach dem 11. September 2001 eingeführte Normen wie den § 129b StGB (E. II.) sowie die neuesten Regelungen des GVVG (E. III.).

5 Hetzer, StraFo 2007, S. 397, 403.

Darüber hinaus soll aufgezeigt werden, dass die Grenzen zwischen Straf- und Gefahrenabwehrrecht sowie zwischen Strafverfolgung und nachrichtendienstlicher Ermittlung zunehmend verwischen und einem ganzheitlichen Ansatz weichen (G.).

Im Zuge der Diskussionen über den Umgang mit terroristischer Bedrohung sind alternative Konzepte entwickelt worden, die Überlegungen über das klassische Strafrecht hinaus anstellen. Diese sollen erläutert und bewertet werden. Insbesondere liegt hier der Fokus auf den strafrechtserweiternden Konzepten, die in erster Linie dem Mantra einer effektiven Gefahrenabwehr folgen (H.). Das wohl prominenteste Konzept ist dabei das von *Günther Jakobs* entwickelte Feindstrafrecht (H. I.), als dessen reale Inkarnation das Gefangenenlager von Guantánamo angesehen wird. Letzteres soll vor allem hinsichtlich des Rechts der Insassen, Zugang zu einem ordentlichen Strafverfahren zu erhalten, beleuchtet werden und das Wechselspiel zwischen der Bush-Administration und dem US Supreme Court nachzeichnen (H. IV.). Darüber hinaus befasst sich die Arbeit mit dem Konzept *Pawliks,* der Überlegungen zu einem kriegsrechtsäquivalentem Recht sui generis angestellt hat (H. III.).

In einem letzten Schritt stellt die Arbeit Überlegungen dahingehend an, welche strafrechtsbegrenzenden Faktoren zur Freiheitssicherung existieren und als Gegenpol zur effektivitätsorientierten Kriminalpolitik wirken (I.). Dabei wird insbesondere auf die strafbarkeitsbegrenzende Wirkungsmöglichkeit der Gerichte eingegangen. Zuletzt soll die Internationalisierung der Terrorabwehr insbesondere im europäischen Raum der Freiheit, der Sicherheit und des Rechts erörtert werden. Auch wenn die strafrechtlichen Regelungen nationales Recht sind, gehen gerade die Normen zur Bekämpfung des internationalen Terrorismus auf europäische Richtlinien und Rahmenbeschlüsse zurück.[6] Darüber hinaus existieren jedoch auch europa- und völkerrechtliche Regelungen, die erhebliche Eingriffe in die Freiheit der Bürger vorsehen. Am Beispiel der sog. Terrorlisten der EU und der Vereinten Nationen sollen die internationalen repressiven Maßnahmen zur Terrorabwehr und die Reaktion der europäischen Gerichte auf die mangelnden Rechtsschutzmöglichkeiten erläutert werden (I. IV.).

---

6 Zum dadurch bestehenden Demokratiedefizit siehe: ROSENAU, ZIS 2008, S. 9, 18.

# B. Analytische Betrachtung des Terrorismus

## I. Allgemeines

Die erste Hürde, die es bei der Behandlung einer Thematik, die sich mit Terrorismus befasst, zu überwinden gilt, ist die schwierige Beschreibung des Gegenstandes der Untersuchung, da der Begriff des Terrorismus aufgrund seiner facettenreichen Erscheinungsformen sowie wegen seiner politischen Dimension definitorisch nur unzureichend beschrieben werden kann.[7] Obwohl eine große Bandbreite an Definitionsversuchen existiert, die in rechtstheoretischen und sozialwissenschaftlichen Abhandlungen oder Gesetzeswerken nationaler wie internationaler Natur niedergelegt sind[8], ist es bislang noch nicht gelungen, sich auf eine einheitliche Definition zu einigen, die das Phänomen Terrorismus in ausreichender Weise zu beschreiben vermag. Daher kommt beispielsweise *Laqueur* zu dem Schluss, dass „eine allgemeine Definition des Terrorismus nicht existiert“[9] und behauptet, dass Terrorismus ohne weiteres auch ohne eine allgemein gültige Definition untersucht werden könne.[10] Auch wenn dieser Aussage prinzipiell zugestimmt werden kann, kommt man nicht umhin, zumindest eine nähere Beschreibung dessen vorzunehmen, was Gegenstand der Untersuchung sein soll. Vornehmlicher Streitpunkt der Terrorismusforscher ist, ob in erster Linie staatliche Repression oder substaatliche Revolution vom Begriff des Terrorismus umfasst wird.[11] Daneben wird in ausführlicher Weise diskutiert, wie sich das Phänomen des Guerillakampfs zum Terrorismus verhält und ob jede der beiden Gewaltformen eine Art der Kriegsführung darstellt oder sich davon unterscheidet.[12]

---

7 Vgl. Daase, Die Friedens-Warte 2001, S. 55, 57 mwN.

8 Schmid, et al., Political terrorism, Amsterdam 1984. sammelte 109 verschiedene Definitionen, die er in seiner Arbeit auf eine einheitliche Essenz hin zu überprüfen und zu einer allgemein gültigen Definitionsformel zusammenzufassen versuchte. Sein Ergebnis provozierte jedoch weitere Definitionsversuche, die in kritischer Würdigung auf *Schmids* Arbeit eingingen, dazu: Schmid, et al., Political terrorism, Amsterdam 1988, S. 1–38.

9 Laqueur, Terrorism, London 1977, S. 5.

10 Laqueur, Terrorism, London 1977, S. 5.

11 Zur Diskussion siehe: Daase, Die Friedens-Warte 2001, S. 55, 59 f. mwN.

12 Vgl. hierzu: Daase, Die Friedens-Warte 2001, S. 55, 62 ff.; Für die kriegsrechtliche Einordnung des Terrorismus insbesondere: Pawlik, Der Terrorist und sein Recht, München 2008.

## II. Merkmale des Terrorismus

Diese Arbeit soll sich jedoch nicht en détail mit der definitorischen Problematik des Terrorismusbegriffs befassen, sondern will vielmehr Konturen zeichnen, die das Objekt der strafrechtlichen Gesetzgebungsaktivitäten der Bundesrepublik sowie anderweitiger Anti-Terror-Regelungen der internationalen Gemeinschaften eingrenzen und wichtige Einzelheiten herausheben. Anknüpfungspunkt ist hierbei die Erscheinungsform des internationalen Terrorismus in Europa und den USA. Nimmt man die Definition von *Schmid* und entfernt die Begriffe, die die streitigen Themen umschreiben, so erhält man eine für diese Zwecke ausreichende begriffliche Beschreibung des Phänomens „Terrorismus“:

> „Terrorismus ist eine Furcht erzeugende Methode wiederholten Gewaltverhaltens, ausgeführt von (halb-)geheimen individuellen [oder] Gruppenakteuren [...], aus idiosynkratischen, kriminellen oder politischen Gründen, wobei [...] die direkten Ziele der Gewalt nicht die hauptsächlichen Ziele sind. Die unmittelbaren menschlichen Opfer der Gewalt werden im allgemeinen zufällig (Gelegenheits-Ziele) oder absichtlich aus einer Zielmenge ausgewählt (repräsentative oder symbolische Ziele) und dienen als Erzeuger einer Nachricht. Auf Drohung und Gewalt basierende Kommunikationsprozesse zwischen Terroristen [...], (gefährdeten) Opfern und den hauptsächlichen Zielen werden genutzt, um die hauptsächlichen Ziele (das Publikum) zu manipulieren, wodurch dieses zu einem Ziel des Terrors, einem Ziel für Forderungen oder einem Ziel für Aufmerksamkeit gemacht wird, je nach dem, ob in erster Linie Einschüchterung, Zwang oder Propaganda angestrebt wird.“[13]

Ähnlich klassifiziert auch *Lutz* den Terrorismusbegriff und unterscheidet fünf Definitionsmerkmale des Terrorismus: Mittel, Adressaten, Methode, Ziel sowie den Täter.[14] Auch bei *Schmids* Definition kann man eine derartige Unterteilung vornehmen, muss sie jedoch noch um einen sechsten Punkt, den der propagandistischen Wirkung der Tat, ihrer Funktion als Kommunikationsstrategie erweitern.

### 1. Mittel

Aus oben genannter Definition wird deutlich, dass die terroristische Handlung zunächst ein Gewaltverhalten darstellt, sei es gegen Personen, Einrichtungen oder Sachen. Terroristen bedienen sich also der Gewalt als Mittel ihrer Handlun-

13 Schmid, et al., Political terrorism, Amsterdam 1988, S. 28.

14 Lutz, in: Koch (Hg.), Terrorismus - Rechtsfragen der äußeren und inneren Sicherheit, Baden-Baden 2002, S. 12. Dabei ist als Ziel nicht das Angriffsobjekt zu verstehen – welches schon im Merkmal des Adressaten enthalten ist – sondern vielmehr das übergeordnete politische, religiöse oder sonst wie geartete Ziel, das durch die Terrorhandlung zu erreichen gesucht wird.

gen. Hierbei ist unerheblich, ob sich diese Gewalthandlung auf psychischer Ebene, beispielsweise durch Drohungen, oder in der Realisierung physischer Gewalt darstellt. Die konkrete Erscheinungsform der Gewalthandlung ist, wie die Vergangenheit zeigt und wie die Zukunftsvisionen der Terrorismusforscher belegen, mannigfaltig.[15] Gerade die Unvorhersehbarkeit der Vorgehensweise der Terroristen einschließlich der Schreckensvisionen des Einsatzes von Massenvernichtungswaffen und der Lähmung der technisierten Gesellschaft mittels Cyber-Terrorismus erschwert die Ausarbeitung wirksamer Bekämpfungsstrategien und nährt die Furcht vor Anschlägen sowie das Gefühl der Unsicherheit.[16]

## 2. Adressat

Adressaten der terroristischen Handlung sind, wie aus *Schmids* Definition hervorgeht, Gelegenheits-Ziele oder repräsentative bzw. symbolische Ziele. Während repräsentative und symbolische Ziele in erster Linie die später näher zu beleuchtende kommunikationsstrategische Aufgabe eines Anschlages erfüllen sollen, zielt der Angriff von zufällig ausgewählten Gelegenheits-Zielen vornehmlich auf die Zivilbevölkerung ab. Durch die terroristische Handlung soll eine möglichst hohe Anzahl ziviler Opfer erreicht werden, die nicht als Soldaten oder Kämpfer an einem bewaffneten Konflikt teilnehmen[17], d.h. die im allgemeinen Sprachgebrauch als Unschuldige bezeichnet werden. Die Auswahl dieser Gelegenheits-Ziele erfolgt willkürlich oder als gewünschte Begleiterscheinung eines Angriffs auf ein repräsentatives oder symbolisches Ziel. So stand bei den Attentaten in Madrid oder London die Maximierung der zivilen Opferzahlen im Vordergrund, wohingegen bei den Anschlägen auf das World Trade Center und das Pentagon der symbolischen Wirkung oberste Priorität galt, während die zivilen Opfer eine notwendige und gleichzeitig gewünschte Begleiterscheinung waren. Dieser Umstand konstituiert in Kombination mit der Methode, derer sich Terroristen bedienen, das immense Bedrohungspotential terroristischer Handlungen. Die vorherige Feststellung der Unvorhersehbarkeit des Mittels in Kombination mit der Tatsache, dass keine definierbare oder irgendwie abgrenzbare Opfergruppe existiert, verleiht terroristischen Handlungen ihre nachdrückliche psychologische Wirkung. Auch wenn staatliche Einrichtungen und militärische Ziele ebenso zu den Adressaten terroristischer Anschläge gehören, so ist die Trieb-

15 Vgl. Laqueur, Die globale Bedrohung, Berlin 1998, S. 298 ff.

16 Zu diesen Visionen: Laqueur, Die globale Bedrohung, Berlin 1998, S. 315 ff.

17 So auch Art. 2 Abs. I der International Convention for the Supression of the Financing of Terrorism, zitiert nach: Oeter, in: Koch (Hg.), Terrorismus - Rechtsfragen der äußeren und inneren Sicherheit, Baden-Baden 2002, S. 38.

feder für das Handeln staatlicher Organe die sich von Anschlägen bedroht fühlende Zivilbevölkerung.

## 3. Methode und Hauptziele

Hinter der Gewalthandlung steht jedoch nicht lediglich die Intention der unmittelbaren Verletzung der angegriffenen Ziele. Diese ist vielmehr notwendiger Zwischenakt zur Einschüchterung der Bevölkerung, durch die mittelbar ein übergeordnetes Ziel erreicht werden soll. Deutlicher formuliert: Terrorismus ist „eine Gewaltstrategie [...], die primär durch die Verbreitung von Furcht und Schrecken" ihr Ziel erreicht.[18] Methode und Ziel sind demnach miteinander verflochten. Somit soll durch einen allgemeinen Zustand des Schreckens, der Furcht und der Angst, der Nervosität und der Hysterie die Gemeinschaft der sich bedroht Fühlenden dazu bewegt werden, die Ziele der Terroristen zu verwirklichen, die diese auf direktem Wege nicht erreichen können.[19] Doch welcher Art sind diese Ziele? In früherer Zeit war übergeordnetes Ziel terroristischer Gewalthandlungen die Beeinflussung des „als interessiert unterstellten Dritten"[20] zur Motivation und Mobilisierung dieser ideologisch kreierten Figur für den aktiven Widerstand, mithin ein politisches Ziel. Jedoch hat dieser politische Ansatz seine Bedeutung weitgehend verloren. Die terroristische Motivation hat sich dahingehend gewandelt, dass weniger konkrete politische Ziele im Vordergrund stehen. Vielmehr wird im Gegenteil durch die Internationalisierung des Terrors die Identifikation mit lokalen politischen Problemen eher umgangen. Durch die Internationalisierung werden zudem Angriffspunkte in den Fokus der Terroristen gerückt, die vermehrt auf ökonomische Konsequenzen abzielen. Dies geschieht basierend auf einer übergeordneten ideologischen Motivation (v.a. dem radikalen Islamismus) durch gezielte Aktionen gegen ökonomisch neuralgische Ziele. *Dietl* beschreibt dies als einen Wandel vom ethno-nationalen Terror zum ideologisch-weltanschaulichen Terror.[21] In Gesellschaften, die sich nicht nur über ihr politisches System, sondern in besonderem Maße über ihre sozio-ökonomische Ordnung definieren, sind ökonomische Angriffspunkte leichter zu attackieren und in ihrer Schadenswirkung höher.[22] Attentate in westlichen Gesellschaften

18 Waldmann, in: Nohlen (Hg.), Kleines Lexikon der Politik, München 2006, S. 514.

19 Lutz, in: Koch (Hg.), Terrorismus - Rechtsfragen der äußeren und inneren Sicherheit, Baden-Baden 2002, S. 12.

20 Zur Figur des „als interessiert unterstellten Dritten" vgl. Münkler, Neue Politische Literatur 1980, S. 320 ff.

21 Dietl, et al., Das Terrorismus-Lexikon, Frankfurt am Main 2006, S. 30.

22 Münkler, in: Weidenfeld (Hg.), Herausforderung Terrorismus, Wiesbaden 2004, S. 29,

haben durch ihre Schreckenswirkung direkte ökonomische Konsequenzen auf das Verhalten der Bevölkerung und destabilisieren die Börsen und damit das Wirtschaftssystem der westlichen Welt.[23] Anschläge in anderen Ländern richten sich in ihrer kommunikativen Wirkung in erster Linie an Ausländer, die davon abgehalten werden sollen, Geld in das betreffende Land zu bringen, sei es durch Tourismus oder anderweitige, ökonomisch vorteilhafte Investitionen.

## 4. Täter und Täterorganisationen

Diese neuartige Strategie des Terrorismus, weg vom primär politischen Ziel hin zu einer auf Zerstörung ökonomischer Strukturen gerichteten Vorgehensweise, setzt sich in der Organisation der terroristischen Gruppen fort. Bedurfte es zuvor zur ideologischen und politischen Beeinflussung des als interessiert unterstellten Dritten gezielter Anschläge auf politische Gegner oder systemkonforme personae non gratae, ist dieses Erfordernis nunmehr weitgehend weggefallen. Eine spezielle Zielauswahl muss nicht mehr getroffen werden, und ebenso ist es nicht mehr notwendig, darauf zu achten, dass keine als interessiert unterstellte Dritte durch die Anschläge in Mitleidenschaft gezogen werden. Eine hierarchische Struktur und eine eindeutige Befehlskette sind nicht mehr notwendig. Vielmehr ist es den terroristischen Gruppen jetzt möglich, sich netzwerkförmig zu organisieren. Sie sind in der Lage, einzelne Zellen zu bilden, die unabhängig von jeder Kontrolle durch ein übergeordnetes Organ agieren können. Diese Netzwerkförmigkeit mit ihren flachen Hierarchiestrukturen hat weitreichende Folgen. So ist die terroristische Gruppe zum einen nicht auf eine bestimmte Gewaltstrategie festgelegt, sondern kann sich den lokalen Gegebenheiten und der aktuellen politischen Lage anpassen. Zum anderen erhöht sich die Flexibilität der einzelnen Gruppen, und ihre Organisationsstruktur erschwert die Strategien des Gegenhandelns. So ist eine Infiltration der Gruppe weitaus schwieriger und eine „Enthauptung" derselben ist für die Gesamtorganisation weit weniger folgenreich, als dies bei Terrorgruppen in der Vergangenheit der Fall war.

---

36.

23 Nach Schneckener, Transnationaler Terrorismus, Frankfurt am Main 2006, S. 13 wird der materielle Schaden durch die Zerstörung des World Trade Centers auf 40 Milliarden US-Dollar geschätzt. Die Weltbank geht darüber hinaus davon aus, dass ein weiterer Schaden in Höhe von etwa 80 Milliarden US-Dollar durch direkte und indirekte Effekte des Anschlags wie beispielsweise die Einstellung des Flugverkehrs, der Absturz der Börsen weltweit oder die Notwendigkeit der Einführung neuer Sicherheitstechniken entstanden sind.

Eine weitere signifikante Auswirkung der Neuausrichtung der terroristischen Gruppen ist eine politisch-ideologische Konturlosigkeit. Das Profil des internationalen Terrornetzwerkes zeichnet sich weniger durch die „Konturierung des Freundes“ als vielmehr durch die „Benennung des Feindes“ aus.[24] Dadurch ist die Identifikationsmöglichkeit mit dem Terrornetzwerk weiter gestreut und weniger von politischen Überzeugungen abhängig. Dies hat zur Folge, dass insbesondere finanzkräftige Sympathisanten und Unterstützer nicht davon abgehalten werden, den einzelnen Zellen ihre finanzielle Unterstützung zukommen zu lassen. Die flache Hierarchie sowie die ideologische Konturlosigkeit haben dieses umfassende Finanzierungssystem erst ermöglicht.

Die Folge dieser Entwicklung ist, dass sich im Gegensatz zu Terrorgruppen in der Vergangenheit dezentrale Terror-Dachverbände entwickeln, unter denen Kämpfer vieler Länder kooperieren. Al-Quaida beispielsweise stellt sich als „Terrorismus-Dienstleister [dar], der Leistungen für Gewalttäter mit vergleichbarer Weltanschauung und gemeinsamem Feindbild bereitstellt“.[25] Dadurch ist die Organisation als Ganzes kaum fassbar und als Bedrohungsfaktor doch omnipräsent.[26]

## 5. Homegrown Terrorism

Seit den Anschlägen von London, den vereitelten Anschlägen im September 2007 in Deutschland sowie den zunehmenden Terrordrohungen deutscher Staatsbürger aus dem Ausland[27] rückt auch der Begriff des *„homegrown terrorism“* in den Fokus der Öffentlichkeit. Beim *homegrown terrorism* handelt es sich um das Phänomen, dass Staatsbürger der Länder, in denen ein Anschlag stattfindet, zu den Attentätern gehören. Radikalisierte Bürger einer westlichen Gesellschaft wenden sich gegen diese. Diese Tendenz scheint die bislang gängige These in Frage zu stellen, dass Armut und soziale Ungerechtigkeit die hauptsächlichen Triebfedern des modernen Terrorismus sind. In eine Gesellschaft integrierte Bürger aus sozial gesicherten Verhältnissen werden in wachsender Zahl

---

24 Münkler, in: Weidenfeld (Hg.), Herausforderung Terrorismus, Wiesbaden 2004, S. 29, 39 ff.

25 Dietl, et al., Das Terrorismus-Lexikon, Frankfurt am Main 2006, S. 30.

26 Münkler, in: Weidenfeld (Hg.), Herausforderung Terrorismus, Wiesbaden 2004, S. 29, 41.

27 In diesem Zusammenhang ist insbesondere der deutsch-marokkanische Islamist *Bekkay Harrach* zu nennen, der zuletzt im Vorfeld der Bundestagswahlen im September 2009 durch im Internet verbreitete Videobotschaften Terrordrohungen gegen Deutschland ausgesprochen hat.

zu Tätern terroristischer Vorhaben. Diese besondere Situation bringt die Konsequenz mit sich, dass nicht mehr nur anhand „klassischer“ Täterprofile nach potentiellen Attentätern geforscht wird bzw. werden muss, sondern dass sich relevante Täterprofile zunehmend diversifizieren.

# 6. Strategie

Die strategische Vorgehensweise der Terroristen innerhalb der westlichen Gesellschaften richtet sich nach den sich gesellschaftsimmanent bietenden Möglichkeiten. Insbesondere zeichnet sich die terroristische Strategie durch die rücksichtslose Nutzung ziviler Ressourcen des Gegners für die eigenen militärischen Zielsetzungen aus.[28] Sei es die Möglichkeit, sich durch (scheinbare) Integration in das System mittels Studium, Ausbildung, etc. als „Schläfer“ in der Gesellschaft zu installieren, sei es die Nutzung der Verkehrsinfrastruktur, der Bahn oder der zivilen Luftfahrt oder seien es die medialen und digitalen Ressourcen des Landes.[29] Jeden Vorteil, den die Gesellschaft den Terroristen bietet, nutzen sie für ihre Zwecke. Selbst die durch Terrorakte angegriffene Wirtschaftskraft wird zu Finanzierungszwecken genutzt. Aus diesem Grunde sind Demokratien, wie wir sie in Europa vorfinden, in weitaus höherem Maße anfällig für terroristische Anschläge als Diktaturen oder totalitäre Regime.[30] *Münkler* spricht davon, dass die „Konstruktionsprinzipien einer Demokratie und die damit in der Regel verbundenen Sozialstrukturen für Terroristen funktionsäquivalent zu dem [sind], was für Partisanen Sümpfe und unzugängliche Bergregionen sind.“[31] Terroristen infiltrieren also die demokratischen Gesellschaften unter Ausnutzung ihrer Strukturen, um zu einem späteren Zeitpunkt unter Verwendung der gesellschaftseigenen Mittel militärisch zu agieren. Die dabei verbreitete Botschaft des „Ich bin mitten unter euch“ verschärft dabei die Schreckenswirkung der Tat. Unterstützt wird der Transport der Botschaft durch die Darstellung des Attentäters als „Mensch hinter der Tat“ in den öffentlichen Medien.

---

28 Münkler, IP 2001, S. 11, 12, online verfügbar unter http://www.internationalepolitik.de/ip/archiv/jahrgang2001/dezember01/terrorismus-als-kommunikationsstrategie--die-botschaft-des-11--september.html, zuletzt geprüft am 01.02.2010.

29 Chesney, Harvard Journal on Legislation 42 (2005), S. 1–89.

30 Laut einer Studie wurden seit 1945 3,5 mal so viele Anschläge auf demokratische Staaten verübt wie auf totalitäre Staaten und Diktaturen. Siehe hierzu: Weinberg, et al., Terrorism and Political Violence 10 (1998), S. 108–118.

31 Münkler, IP 2001, S. 11, 17, online verfügbar unter http://www.internationalepolitik.de/ip/archiv/jahrgang2001/dezember01/terrorismus-als-kommunikationsstrategie--die-botschaft-des-11--september.html, zuletzt geprüft am 01.02.2010.

# 7. Terror als Kommunikationsstrategie

Nach *Schmids* Definition sind terroristische Anschläge selbst und auch die von ihnen angerichteten Schäden „Erzeuger einer Nachricht". Bereits seit vielen Jahren haben Terrorismusforscher erkannt, dass der Transport einer Botschaft durch einen terroristischen Anschlag für die Handelnden mindestens ebenso wichtig – wenn nicht gar wichtiger – ist als die produzierten Opfer und Schäden an Infrastruktur oder Versorgungssystemen. Diese Transportfunktion wird von Terroristen in die Planung ihrer Vorgehensweise eingebettet und spielt insbesondere bei der Auswahl von Zielen und Zeitpunkten geplanter Anschläge eine große Rolle. Die Anschläge des 11. September 2001 sprechen hier eine deutliche Sprache. Nicht nur die große Opferzahl und der immense Sachschaden machten den Anschlag für das Terrornetzwerk Al-Qaida so erfolgreich, sondern insbesondere der mediale Effekt der Tat. Erreicht wurde diese große, weltweite Aufmerksamkeit vor allem durch die Auswahl von symbolischen Zielen. So war das World Trade Center nicht lediglich ein Gebäude, sondern stand für die globale wirtschaftliche Bedeutung der Vereinigten Staaten. Auch die teilweise Zerstörung des Pentagon als Schalt- und Nervenzentrum der militärischen Großmacht USA strahlte durch ihre Symbolwirkung eine weltweite Botschaft aus.

Die mediale Wirkung eines besonderen Zeitpunktes verdeutlicht der Anschlag von Madrid aus dem Jahr 2004. Die Anschlagserie auf die Regionalzüge fand nur wenige Tage vor den spanischen Parlamentswahlen statt, was ihr nicht nur die besondere mediale Aufmerksamkeit sicherte, sondern auch zu direkten politischen Konsequenzen führte. Die konservative Partido Popular (PP), die an der Seite der USA Truppen in den Irak entsandt hatte, verlor trotz klarer Führung in den Umfragewerten die Mehrheit an die sozialdemokratische Partido Socialista Obrero de España (PSOE), die eine Beteiligung am Irakkrieg ablehnte. Darüber hinaus mobilisierte der Terroranschlag eine Protestbewegung gegen die Irak-Politik der Regierung, die darin gipfelte, dass am Vorabend der Wahl Protestaktionen vor den Parteizentralen der PP durchgeführt wurden, bei denen die PP als Schuldige der Anschläge des 11. März bezeichnet wurde.

Im Ergebnis führte damit der Anschlag der Al-Quaida auf die Madrider Vorortzüge einen Wahlsieg der PSOE sowie den Abzug der spanischen Truppen aus dem Irak herbei. Diese Beispiele verdeutlichen, dass kaum eine andere Strategie den „CNN-Faktor"[32] so gut und so erfolgreich nutzt wie der Terrorismus.

---

32 Münkler, IP 2001, S. 11, online verfügbar unter http://www.internationalepolitik.de/ip/archiv/jahrgang2001/dezember01/terrorismus-als-kommunikationsstrategie--die-botschaft-des-11--september.html, zuletzt geprüft am 01.02.2010; Hoffman, et al., Terrorismus - der unerklärte Krieg, Bonn 2007, S. 176 nennt den Terrorismus gar eine „pervertierte Form des Showgeschäfts".

Aber Terroristen machen sich die Massenmedien nicht nur bei Anschlägen nutzbar, sie kommunizieren auch direkt und persönlich über sie. Zur öffentlichkeitswirksamen Aussendung von Lebenszeichen führender Terroristen oder zur Überbringung von Lösegeldforderungen finden Videobotschaften über Fernsehsender und das Internet weltweit Verbreitung. Selbst die in gleichem Maße grausame wie in vielen Kriegen alltägliche und von der Weltöffentlichkeit meist unbeachtete, weil ungesehene, Tötung eines Soldaten wird zu einem Propagandainstrument, das die gesamte Welt erreicht. Insbesondere während des Irakkriegs präsentierten Terroristen der Weltöffentlichkeit die Enthauptungen von Geiseln. Dabei nimmt das Internet als schnelles, immer erreichbares und anonymes Medium eine exponierte Stellung ein. Außer zur Verbreitung von Botschaften an die erklärten Feinde nutzen Terroristen das Internet vor allen Dingen zur Werbung von Sympathisanten und Mitgliedern. Darüber hinaus ist es die vorrangigste Informations- und Kommunikationseinrichtung, derer sich Terroristen bedienen.[33]

## 8. Fazit

Terrorismus baut auf die Verunsicherung der Gesellschaft. Er will durch Gewalt Angst, Schrecken und Hysterie verbreiten. Dies tut er durch Anschläge auf zufällig ausgewählte Gelegenheits-Ziele sowie auf symbolische Ziele, wobei die demokratischen Strukturen zur Realisierung der Tat genutzt werden und der Kreis der Terroristen in steigender Zahl auch Einheimische und sozial besser gestellte Personen umfasst. Dabei ist Terrorismus auch und vor allem Kommunikationsstrategie.[34] Die Zielsetzung der Gewaltbotschaft hat sich jedoch geändert und die Möglichkeiten zu einem effektiven Gegenhandeln der attackierten Seite haben sich deutlich verschlechtert. Nach wie vor geht es um die psychischen Effekte der Gewalt, aber indem diese vermehrt auf ökonomische Faktoren und nicht ausschließlich auf politische Entscheidungen zielen, ist die terroristische Strategie wesentlich einfacher und robuster geworden, als sie dies unter den Bedingungen ihre Adressierung an den zu interessierenden Dritten waren.[35] Als gemeinsamer Nenner fungiert trotz abnehmender ideologischer Prägung der Terrorgruppen vor allem ein islamistischer Fanatismus. Dieser dient dabei vor allem

---

33 Zur Bedeutung der neuen Medien für den Terrorismus umfassend: Hoffman, et al., Terrorismus - der unerklärte Krieg, Bonn 2007, S. 305 ff.

34 Unzutreffend hier Laqueur, Krieg dem Westen, München 2003, S. 347, der behauptet, dass das psychologische Instrument der Propaganda bei entsprechend großen Anschlägen nicht mehr von so entscheidender Bedeutung sei.

35 Münkler, in: Weidenfeld (Hg.), Herausforderung Terrorismus, Wiesbaden 2004, S. 29, 38.

als Grundlage der Benennung und Konturierung eines allen Terrorgruppen gemeinsamen Feindbildes. Organisatorisch hat sich der Terrorismus dahingehend gewandelt, dass er in flachen Strukturen und Hierarchien aufgebaut und organisiert ist, was eine geeignete Gegenstrategie erschwert.

# III. Abgrenzung von anderen Gewaltformen

## 1. Abgrenzung des Terrorismus von Guerilla und Krieg

Nachdem durch die Analyse des Terrorismus seine Konturen und Hauptmerkmale bestimmt wurden, bedarf es nunmehr einer kurzen Abgrenzung zu ähnlichen Gewaltformen. Zum einen ist der Terrorismus von der Guerilla als weiterer Gewaltform durch substaatliche Gruppierungen und zum anderen zum Krieg abzugrenzen. Ersteres ist notwendig, da Terrorismus und Guerilla durchaus auch Gemeinsamkeiten haben, sich jedoch trotzdem grundsätzlich unterscheiden, letzteres ist notwendig, da die Rhetorik des Krieges im Rahmen der öffentlichen Behandlung des Terrorismus von großer Bedeutung ist[36], das Phänomen des Terrorismus jedoch nicht richtig beschreibt.[37]

Die Gemeinsamkeiten zwischen Guerilla und Terror liegen zum einen in den ihnen beiden gemeinsamen substaatlichen Akteuren. Ebenfalls gemein haben sie, zumindest teilweise, ihre Vorgehensweise. Auch die Guerilla bedient sich terroristischer Aktionen, um die Bevölkerung einzuschüchtern. Das Ziel der Guerilla ist jedoch eines, das weniger auf symbolische Wirkung, auf die Verbreitung von Angst und eine Kommunikationsstrategie aus ist, als vielmehr klassisch kriegerische Züge trägt. Gewalt ist im Guerillakampf Mittel zur Durchsetzung von territorialen oder Herrschaftsansprüchen, mithin – im Gegensatz zum Terrorismus – eine militärische Strategie.[38] Dies zeigt sich ebenfalls schon im Begriff der Guerilla, was, aus dem Spanischen übersetzt, so viel wie „kleiner Krieg“ bedeutet.

Zeigen Guerilla und Terrorismus Gemeinsamkeiten im Bereich ihrer Substaatlichkeit, aber Unterschiede in Zielrichtung und Zweck der Gewaltanwendung, haben die Guerilla und der Krieg gerade dort ihre Gemeinsamkeit. Ihren

36 Man beachte nur den US-amerikanischen „War on terror“, die sog. „Bekämpfungsgesetzgebung“ oder die Diskussion um ein „Feindstrafrecht“ sowie Forderungen nach einem am Kriegsrecht orientierten Sonderrecht.

37 Zu der vorliegenden Abgrenzungsfrage vgl. auch Zöller, Terrorismusstrafrecht, Heidelberg 2009, S. 106 ff., 123 ff.

38 Heintze, in: Frank, et al. (Hg.), Die weltweite Gefahr, Berlin 2002, S. 67, 76; Waldmann, in: Frank, et al. (Hg.), Die weltweite Gefahr, Berlin 2002, S. 11, 17.

Unterschied wiederum finden sie in der Tatsache, dass Krieg gerade nicht substaatlicher Natur ist. Das ist es auch, was den Krieg vom Terror unterscheidet. Herkömmlich wird Krieg als die gewaltsame Auseinandersetzung zwischen Staaten bezeichnet.[39] An einer Auseinandersetzung zwischen zwei Staaten im völkerrechtlichen Sinne fehlt es jedoch im Falle des Terrorismus. Völkerrechtlich wird Krieg auch wie folgt definiert:

> „Krieg ist eine mit Waffengewalt geführte Auseinandersetzung zwischen zwei Gruppen, von denen wenigstens eine als reguläre Armee oder Streitkraft auftreten muss. Die Aktivitäten der Gruppen sollen organisiert und zentral gelenkt sein und sich über einen längeren Zeitraum erstrecken."[40]

Gerade die zentrale Organisation und Lenkung der Gruppen ist bei Terroristen jedoch gerade nicht gegeben. Es handelt sich um lokale Gruppen, die netzwerkartig, dezentral organisiert sind und im Wesentlichen lediglich einem übergeordneten gemeinsamen Feindbild anhängen. Auch tritt keine Partei in einem terroristischen Konflikt als Armee oder Streitkraft auf. Entgegen der gängigen Rhetorik sind Terroristen Kriminelle und die von ihnen begangenen Taten sind Straftaten und keine kriegerischen Akte.[41] Ebenso verdeutlicht die Definition des sach-

---

39 Grzeszick, in: Isensee, et al. (Hg.), Der Terror, der Staat und das Recht, Berlin 2004, S. 55, 63.

40 Zitiert nach: Meyers, Begriff und Probleme des Friedens, Opladen 1994, S. 25.

41 So auch: Garzón, in: Hoffmann, et al. (Hg.), Wendepunkt 11. September 2001, Köln 2001, S. 199, 201 f.; Grzeszick, in: Isensee, et al. (Hg.), Der Terror, der Staat und das Recht, Berlin 2004, S. 55, 63; Kühne, in: FS Schwind, S. 103, 104; Middel, Innere Sicherheit und präventive Terrorismusbekämpfung, Baden-Baden 2007, S. 49; Weisser, ZStW 121 (2009), S. 131, 158 f.; a.A.: Depenheuer, Selbstbehauptung des Rechtsstaates, Paderborn 2008, S. 11 f.; Hetzer, Kriminalistik 2004, S. 508–517; Hetzer, StraFo 2006, S. 140, 143; Hetzer, StraFo 2007, S. 397, 400; Isensee, in: FS Jakobs, S. 205, 230; Münkler, in: Graulich, et al. (Hg.), Terrorismus und Rechtsstaatlichkeit, Berlin 2007, S. 83, 85; Sofsky, Zeiten des Schreckens, Frankfurt am Main 2002, S. 175, 178; Werthebach, in: Graulich, et al. (Hg.), Terrorismus und Rechtsstaatlichkeit, Berlin 2007, S. 123 f.; Zöller, Terrorismusstrafrecht, Heidelberg 2009, S. 109 f.; ebenso: Palazzo, in: FS Tiedemann, S. 15, 24 ff., der den Terrorismus als „gesellschaftlich unerträglich" und „jenseits einer Straftat [stehend]" einordnet und auf seine „extreme Kriegssymbolik" hinweist. Im Ergebnis kommt er zu der Ansicht, dass eine richterlich kontrollierte Verhängung des Ausnahmezustandes zumindest in Staaten mit tiefer demokratischer Verwurzelung eine sinnvolle Alternative zum Strafrecht im Hinblick auf das Problem des Terrorismus sei; Pawlik, Der Terrorist und sein Recht, München 2008. vertritt die Ansicht, dass Terrorismus eine Weiterentwicklung des Krieges sei und Parallelen zum sog. totalen Krieg aufweise. Der Terrorismus stehe aufgrund seines Gefährdungspotentials dem Begriff des Krieges näher als dem der bloßen Kriminalität. Zu dem von *Pawlik* vertretenen Konzept eines kriegsrechtsähnlichen Präventivrechts siehe unten: H. III.

lichen Geltungsbereiches in Art. 1 des Zusatzprotokolls II zu den Genfer Abkommen[42] diese Tatsache. Hierin ist das Kriterium des Landgewinns und die Fähigkeit lang anhaltende, koordinierte Kampfhandlungen durchführen zu können von entscheidender Wichtigkeit.[43] Auch wenn durch die Selbstdarstellung terroristischer Gruppen der Eindruck entstehen kann, sie seien Befreiungskämpfer oder Konfliktparteien einer kriegerischen Auseinandersetzung, so kann bei sachlicher Betrachtung diese Auffassung juristisch nicht bestehen.[44] Die Kriterien des Landgewinns, der zentralen Organisation wie auch die Fähigkeit zu lang anhaltenden, koordinierten Kampfhandlungen erfüllt der Terrorismus nicht.

## 2. Abgrenzung Terrorismus / Freiheitskampf

Die Frage nach der Abgrenzung des Terrorismus vom Freiheitskampf ist ebenfalls weitgehend ungelöst. Es kann lediglich festgestellt werden, dass jedenfalls die Grenzen zwischen diesen Formen der Gewalt fließend sind. Dabei gilt es zu konstatieren, dass sich der Freiheitskampf unter anderem durchaus terroristischer Mittel bedienen kann. Grundsätzlich unterscheiden sich beide Gewaltformen allerdings darin, dass der Freiheitskampf ähnlich der Guerilla eine klare politische Zielsetzung verfolgt, die sich gegen ein bestehendes Regime wendet, dem sie freiheitskämpferischen Bewegungen in Umsturzabsicht gegenüberstehen. Damit ist der Freiheitskampf als eine Form von Bürgerkrieg zu betrachten. In seiner Zielsetzung unterscheidet er sich daher vom Terrorismus, wenngleich sich die Methoden beider Gewaltformen – allerdings nicht zwingend – teilweise überschneiden können.[45] Entscheidend ist jedoch, dass sich der Freiheitskampf gegen ein Regime richtet, das zumindest Teile der Bevölkerung unterdrückt, und sich der Freiheitskampf gegen diese Unterdrückung zur Wehr setzt. Der Terrorismus richtet sich jedoch in erster Linie gegen freiheitliche Gesellschaften und Terroristen verüben Anschläge gegen Ziele, die gerade nicht Urheber von Oppression sind.

---

42 BGBl. II 1990, S. 1637.

43 Heintze, in: Frank, et al. (Hg.), Die weltweite Gefahr, Berlin 2002, S. 67, 77.

44 Heintze, in: Frank, et al. (Hg.), Die weltweite Gefahr, Berlin 2002, S. 67, 77.

45 Mastronardi, Menschenwürde und kulturelle Bedingtheit des Rechts, in: Marauhn (Hg.), Die Rechtsstellung des Menschen im Völkerrecht, Tübingen 2003, S. 55, 77; Ipsen, Völkerrecht, 6. Aufl. 2011, S. 350; Teichmann, Terrorism, War and Crime, in: Bradney (Hg.), International Law and Armed Conflict, Stuttgart 1992, S. 31 ff.; Herzog, Terrorismus: Versuch einer Definition und Analyse internationaler Übereinkommen zu seiner Bekämpfung, Frankfurt am Main [u.a.] 1991, S. 103 ff.; Meggle, DZPhil 50 (2002), 149 ff., insbes. S. 152 f., 156 f.

## 3. Abgrenzung Terrorismus / Organisierte Kriminalität

Zuletzt bedarf es noch einer Abgrenzung des Terrorismus von der „gewöhnlichen" Organisierten Kriminalität. Wenngleich bei oberflächlicher Betrachtung eine gewisse Gemeinsamkeit zwischen der Organisierten Kriminalität und dem Terrorismus zu erkennen sein mag, gibt es doch einzelne, entscheidende Unterschiede. Auch die Organisierte Kriminalität wird vornehmlich von kriminellen Vereinigungen betrieben und die Arten der begangenen Straftaten sind oftmals deckungsgleich. Straftaten gegen das Leben oder die körperliche Unversehrtheit gehören ebenso zum Repertoire der Organisierten Kriminalität wie Geiselnahmen, Erpressungen und Geldwäsche. Allerdings gilt es, auch in diesem Bereich Unterschiede zu erwähnen. *Kinzig* spricht beispielsweise von der Begehung sogenannter „opferloser" Delikte als einem entscheidenden Merkmal Organisierter Kriminalität.[46]

Wie bereits aufgezeigt, sind jedoch die Opfer entscheidend in der terroristischen Strategie. Hier kommt es gerade auf die Maximierung der Opferzahlen an. Im Terrorismus sind opferlose Delikte Mittel zum Zwecke der Vorbereitung einer Tat mit maximaler Opferzahl. In der Organisierten Kriminalität ist es eher umgekehrt. Delikte mit vielen Opfern dienen der Verschleierung oder Sicherung der anderen Delikte. Der entscheidende Unterschied liegt allerdings in der Motivation, die hinter den Taten steht. Die Organisierte Kriminalität ist ökonomisch ausgerichtet. Sie zielt auf finanziellen Gewinn.[47] Nach diesem ist die kriminelle Tätigkeit ausgerichtet. Das Gewinnstreben ist das, was die Organisierte Kriminalität berechenbarer und nachvollziehbarer macht als die scheinbar wahllosen Aktionen von Terroristen. Auch wenn terroristische Aktionen darauf ausgerichtet sind, finanzielle Mittel für den Terrorkampf zu rekrutieren, so steht die terroristische Straftat immer unter der Prämisse, einem „höheren" Zweck zu dienen, sei er nun politisch, religiös oder separatistisch geprägt. Die Organisierte Kriminalität will, anders als der Terrorismus, nicht an die Stelle des Staates treten, will diesen nicht beseitigen, sondern vielmehr im System operieren und durch aktives Einwirken, bspw. durch die Korrumpierung von Funktionsträgern, das System gerade nutzbar machen und sich nicht nur passiv in ihm verbergen. Darüber hinaus weist die Organisierte Kriminalität in der Regel klare hierarchische Strukturen auf, wohingegen der Terrorismus, wie oben beschrieben, zunehmend „flacher" organisiert und strukturiert ist. Wenngleich auch die Organisierte Kri-

46 Kinzig, Die rechtliche Bewältigung von Erscheinungsformen organisierter Kriminalität, Berlin 2004, S. 57 ff.

47 Nehring, Kriminelle und terroristische Vereinigungen im Ausland, Frankfurt am Main 2007, S. 30 mwN.

minalität als grenzübergreifend operierende Kriminalitätsform die nationalen wie internationalen Verfolgungsbemühungen vor schwierige Aufgaben stellt, so sind es diese entscheidenden Unterschiede, die dem Terrorismus seine ihm eigene Kernproblematik verleihen, die ihn so gefährlich und schwer verfolgbar machen.

Trotz dieser entscheidenden Unterschiede können die Gegenstrategien der Strafverfolgungsbehörden gegen die Organisierte Kriminalität wie auch gegen den Terrorismus durchaus miteinander verglichen werden und sind nicht selten deckungsgleich. Dies liegt vor allem am Operieren im Kollektiv. Jedoch lässt sich als wichtiger Unterschied festhalten, dass zwar die Maßnahmen zur strukturellen Aufklärung oft dieselben sind, der präventiven Ausrichtung der Strafverfolgung im Bereich des Terrorismus jedoch eine wesentlich größere Bedeutung zukommt. Zudem unterscheiden sich beide Kriminalitätsformen durch ihre unterschiedliche Organisation. Während im Bereich des Terrorismus eine netzwerkartige Organisation in einzelne Terrorzellen vorherrscht, sind Tätergruppierungen im Bereich der Organisierten Kriminalität weiterhin eher in der klassisch hierarchischen Struktur organisiert.

# IV. Definition von Terrorismus im Recht

## 1. Terrorismus im Völkerrecht

Der erste völkerrechtliche Vertrag, der sich mit der Problematik des Terrorismus näher auseinandersetzt, ist die Genfer Konvention zur Verhütung und Bekämpfung des Terrorismus vom 16.11.1937, die ein Expertengremium als Reaktion auf die Ermordung des jugoslawischen Königs Alexander und des französischen Außenministers *Barthou* am 3.10.1934 erarbeitete. Darin werden terroristische Akte beschrieben als „kriminelle Taten, die gegen einen Staat gerichtet sind und das Ziel verfolgen, bestimmte Personen, eine Gruppe von Menschen oder die Allgemeinheit in einen Zustand der Angst zu versetzen.“[48] Wichtigstes Merkmal dieser Definition ist vor allem die Tatsache, dass Terrorakte als „kriminelle Taten“ bezeichnet werden, die durch den Staat geahndet werden müssen.[49]

Eine entsprechende Formulierung enthält auch die UN-Resolution 49/60 vom 9.12.1994:

> “Criminal acts intended or calculated to provoke a state of terror in the general public, a group of persons or particular persons for political purposes are in any cir-

48 Nachzulesen in: Mosler, ZaöRV 1937, S. 99 ff.

49 Heintze, in: Frank, et al. (Hg.), Die weltweite Gefahr, Berlin 2002, S. 67, 79.

cumstance unjustifiable, whatever the considerations of a political, philosophical, ideological, racial, ethnic, religious or any other nature that may be invoked to justify them;"[50]

Im weiteren Verlauf der Resolution werden darüber hinaus verschiedene Aufgabenzuweisungen zur Terrorbekämpfung an die Staaten formuliert. So die informationelle Zusammenarbeit[51], die Verfolgung terroristischer Aktivitäten in Übereinstimmung mit den nationalen Gesetzen[52] oder die Zusammenarbeit auf überstaatlicher Ebene.[53]

Auch die sich mit den verschiedenen typischerweise mit Terrorakten einhergehenden Taten beschäftigenden Übereinkommen regeln kasuistisch und unter Vermeidung einer Definition die Materie.[54] Zu nennen sind hier die Übereinkommen der Internationalen Zivil-Luftfahrt-Organisation (ICAO) vom 14. Dezember 1963[55], 16. Dezember 1970[56], 23. September 1971[57] und 24. Februar 1988[58], die Diplomatenschutzkonvention vom 14. Dezember 1973[59] und das internationale Abkommen der UNO gegen Geiselnahme vom 18. Dezember 1979.

Das „Übereinkommen zur Bekämpfung der Finanzierung des Terrorismus" wurde mit der Resolution 54/109 vom 9.12.1999 angenommen.[60] Es enthält als erstes Dokument, wenn auch nur für den Bereich der Finanzierung, eine Definition terroristischer Akte. Danach wird eine terroristische Handlung wie folgt definiert:

> „Any other act intended to cause death or serious bodily injury to a civilian, or to any other person not taking an active part in the hostilities in a situation of armed conflict, when the purpose of such act, by its nature or context, is to intimidate a population, or to compel a government or an international organization to do or to abstain from doing any act."

Diese Formulierung ist jedoch in den spezifischen Kontext der Bekämpfung der

---

50 UN-Resolution 49/60 vom 9.12.1994, online verfügbar unter: http://www.un.org/documents/ga/res/49/ a49r060.htm, zuletzt geprüft am 01.02.2010.

51 UN-Resolution 49/60 vom 9.12.1994, II 5. (d).

52 UN-Resolution 49/60 vom 9.12.1994, II 5. (b).

53 UN-Resolution 49/60 vom 9.12.1994, II 6.

54 Zu den im Folgenden genannten Übereinkommen ausführlicher: Heintze, in: Frank, et al. (Hg.), Die weltweite Gefahr, Berlin 2002, S. 67, 80 ff.

55 BGBl. II 1969, S. 121.

56 BGBl. II 1972, S. 1505.

57 BGBl. II 1977, S. 1229.

58 BGBl. II 1993, S. 866.

59 BGBl. II 1976. S. 1745.

60 Art. 2 1(b); Volltext in englischer Sprache einzusehen unter: http://www.un.org/law/cod/finterr.htm, zuletzt geprüft am 01.02.2010.

Finanzierung von Terrorismus eingebettet („*provides funds (...) in order to carry out: ...*“), weshalb aus ihr keine allgemein gültige Definition entnommen werden kann.[61] Auch in den auf den 11. September 2001 folgenden Resolutionen wird eine Auseinandersetzung mit dem Inhalt des Begriffs des Terrorismus vermieden.[62]

Auf europäischer Ebene war ebenfalls die Problematik zu erkennen, dass man sich nicht auf eine abstrakt generelle Definition des Terrorismusbegriffs einigen konnte. Auch hier herrschte die kasuistisch enumerative Regelungsweise vor.[63] Erst Ende der 90er Jahre, versuchte sich das Europäische Parlament an einer Terrorismusdefinition und einigte sich auf eine Formulierung, die Eingang fand in die Entschließung zum Kampf gegen den Terrorismus vom 30. Januar 1997:

> „... der Terrorismus in der Europäischen Union [ist] als eine kriminelle Handlung anzusehen, die unter Anwendung von Gewalt oder Drohung mit Gewalt politische, wirtschaftliche und gesellschaftliche Strukturen in Rechtsstaaten ändern will und sich somit von Widerstandsaktionen in Drittstaaten unterscheidet, die ihrerseits terroristischen Charakter haben.“[64]

Im Folgenden konnte man sich nach den Anschlägen des 11. September 2001 im Rahmen des Gemeinsamen Standpunktes des Rates der Europäischen Union vom 27. Dezember 2001 über die Anwendung besonderer Maßnahmen zur Bekämpfung des Terrorismus auf eine Definition der Begriffe „terroristische Handlung“ sowie „terroristische Vereinigung“ verständigen.[65] Danach setzt sich die terroristische Handlung aus drei Merkmalen zusammen: Erstens muss sie einen der aufgeführten Straftatbestände erfüllen[66], zweitens muss sie eine Schädigungseignung für ein Land oder eine internationale Organisation aufweisen und drittens muss sie mit der Zielsetzung begangen werden, entweder „die Bevölkerung auf schwerwiegende Weise einzuschüchtern oder eine Regierung oder eine internationale Organisation unberechtigterweise zu einem Tun oder Unterlassen zu zwingen oder die politischen, verfassungsrechtlichen, wirtschaftlichen oder sozialen Grundstrukturen eines Landes oder einer internationalen Organisation

---

61 So auch: Nehring, Kriminelle und terroristische Vereinigungen im Ausland, Frankfurt am Main 2007, S. 24.

62 Resolutionen 1368 (2001) vom 12.09.2001 oder 1373 (2001) vom 28.09.2001; in englischer Sprache einsehbar unter: http://www.un.org/Docs/scres/2001/sc2001.htm, zuletzt geprüft am 01.02.2010.

63 Vgl. nur das Übereinkommen des Europarats zur Bekämpfung des Terrorismus vom 27. Januar 1977, BGBl. II 1978, S. 321.

64 ABl. EG 1997 C 055, S. 27.

65 ABl. EG 2001 L 344, S. 93.

66 ABl. EG 2001 L 344, S. 93 f., Art. 1 (3) iii) a)-k).

ernsthaft zu destabilisieren oder zu zerstören."[67] Die Voraussetzungen müssen kumulativ vorliegen, damit von einer terroristischen Handlung im Sinne dieses Übereinkommens gesprochen werden kann. Eine terroristische Vereinigung liegt gem. Art. 1 (3) vor, wenn sich mehr als zwei Personen, die in Verabredung handeln, um terroristische Handlungen zu begehen, auf längere Dauer angelegt organisiert zusammenschließen.[68]

Aus diesem Gemeinsamen Standpunkt heraus entwickelte sich der Rahmenbeschluss zur Terrorismusbekämpfung vom 13. Juli 2002.[69] Eines der erklärten Ziele dieses Rahmenbeschlusses ist die Schaffung einer einheitlichen Definition der terroristischen Straftat im Geltungsbereich des Rahmenbeschlusses.[70] Unter anderem zu diesem Zweck werden die Mitgliedsstaaten in Art. 1 des Rahmenbeschlusses verpflichtet, einheitliche Straftatbestände terroristischer Taten zu schaffen. Der Rahmenbeschluss rekurriert dabei, wie auch bei der Definition der terroristischen Vereinigung, weitestgehend auf die Formulierung des Gemeinsamen Standpunktes. Im Folgenden legt der Rahmenbeschluss verbindliche Mindeststrafrahmen einzelner Taten fest und regelt die Verantwortlichkeit juristischer Personen. Ebenso wird den Mitgliedsstaaten die Möglichkeit eingeräumt, Vorschriften zur Strafmilderung bei Vorliegen besonderer Umstände insbesondere bei intensiver Zusammenarbeit mit den Strafverfolgungsbehörden zu schaffen. Art. 9 des Rahmenbeschlusses regelt die Gerichtsbarkeit und Strafverfolgung, die eine umfassende Verfolgung terroristischer Straftaten im Gebiet der EU ermöglicht.[71]

## 2. Die Solidaritätsklausel des Art. 222 AEUV

Besondere praktische Bedeutung erhält die schwierige Definition des Terrorismus, wenn bestimmte Pflichten und Rechtsfolgen mit dem Eintritt eines terroristischen Ereignisses verknüpft werden. Eine derartige Verknüpfung findet sich in Art. 222 des Vertrages über die Arbeitsweise der Europäischen Union (AEUV). Diese Regelung knüpft an die Artikel I-43 sowie III-329 des Europäischen Verfassungsvertrages (EVV) an. Art. 222 AEUV enthält weitgehend den genauen Wortlaut der Artikel des gescheiterten EVV. In dieser Solidaritätsklausel wird der in den europäischen Verträgen vielgebrauchte Begriff der Solidarität[72] in

67 ABl. EG 2001 L 344, S. 93 f., Art. 1 (3) i)-iii).
68 ABl. EG 2001 L 344, S. 94.
69 ABl. EG 2002 L 164, S. 3 ff.
70 ABl. EG 2002 L 164, S. 4.
71 ABl. EG 2002 L 164, S. 6.
72 Zum Begriff der Solidarität siehe: EVV/Vedder, Art. I-43, Rn 3, 5.

dem Sinne verstanden, dass ähnlich der Beistandspflicht [73] im Falle eines militärischen Angriffs auf einen der Mitgliedstaaten, eine Verpflichtung zur militärischen sowie humanitären Solidarität für den Fall bestimmter Katastrophenereignisse festgeschrieben wird. Solche Katastrophenereignisse sind neben Naturkatastrophen und vom Menschen verursachter anderer Katastrophen (z.B. im Bereich technischer Anlagen) auch Terroranschläge, die sich auf dem Gebiet eines Mitgliedstaates ereignen. Die Solidaritätsklausel des Art. 222 AEUV stellt die Kodifizierung zweier unter dem Eidruck der Anschläge von Madrid stehender Erklärungen des Europäischen Rates vom 25./26.03.2004 dar, in denen die Mitgliedstaaten ihre „feste Absicht" erklären, „im Geiste der Solidaritätsklausel" gemeinsam zu handeln, wenn ein Mitgliedstaat Opfer eines terroristischen Angriffs wird.[74] Die bewusste Unterscheidung zwischen den Begriffen der Beistandspflicht sowie der Solidarität unterstreicht die Auffassung, dass es sich bei terroristischen Angriffen nicht um einen bewaffneten Angriff iSd Art. 51 der Charta der Vereinten Nationen (UNCh) handelt mit der Folge des Eintritts der in Art. 42 VII EUV (Art. I-41 Abs. 7 EVV) normierten Beistandspflicht. Es erscheint vielmehr logisch, dass sich Art. 222 AEUV auf terroristische Akte als Handlungen nicht-staatlicher Akteure bezieht.[75] Darüber hinaus dürfte zur Definition des Begriffes des Terroranschlags in Art. 222 AEUV die Definition des oben genannten Rahmenbeschlusses des Rates aus dem Jahre 2002 herangezogen werden.[76]

Durch die Inkorporation dieser Definition sowohl in die nationalen Strafrechtssysteme der Mitgliedstaaten als auch in das primäre Gemeinschaftsrecht erhält der Begriff des Terrorismus zumindest in europäisch-rechtlicher Hinsicht eine Definition, auf deren Basis die europäischen Rechtssysteme operieren. Allerdings bleiben auch bei dieser Definition Zweifel, ob alle möglichen terroristischen Handlungen abgedeckt sind und wie eine ernsthafte Destabilisierung oder eine schwerwiegende Einschüchterung definiert und gemessen werden kann.

## 3. Der Terrorismusbegriff im deutschen Strafrecht

In Deutschland wurde der europäische Rahmenbeschluss durch das Gesetz vom 22. Dezember 2003 umgesetzt und somit auch in deutsches Gesetzesrecht inte-

---

73 Zur Unterscheidung zwischen Solidaritätsklausel und Beistandspflicht siehe: EVV/Vedder, Art. I-43, Rn 1; Hafner, in: Hummer/Obwexer, Der Vertrag von Lissabon, Baden-Baden 2009, 375 ff.

74 EVV/Vedder, Art. I-43, Rn 4.

75 EVV/Vedder, Art. I-43, Rn 7.

76 So auch: Hafner, in: Hummer/Obwexer, Der Vertrag von Lissabon, Baden-Baden 2009, 375, 399.

griert.[77] § 129a StGB übernimmt in seinem Absatz 2 nur leicht modifiziert die europäische Definition der terroristischen Straftat. Damit enthält das deutsche Gesetzesrecht, wenn auch keine Definition des Terrorismusbegriffs an sich, so doch einzelne bestimmende Merkmale, die eine Tat als terroristisch klassifizieren. Beispielsweise beinhaltet § 129a II StGB das objektive Merkmal der Geeignetheit einen Staat oder eine internationale Organisation erheblich zu schädigen sowie die subjektive Motivation der Einschüchterung der Bevölkerung, der Nötigung öffentlicher Stellen oder der Beeinträchtigung bis hin zur Beseitigung staatlicher Grundstrukturen. Jedoch sieht sich die Formulierung bezüglich ihrer Geeignetheit zur tatbestandlichen Beschreibung einer Straftat einiger Kritik gegenüber.[78]

Ein weiteres Gesetz im Bereich der Terrorismusbekämpfung[79] hat der Bundestag im Sommer 2009 verabschiedet. Die Vorschriften dieses Gesetzes greifen auf den Begriff der schweren staatsgefährdenden Gewalttat zurück. Eine schwere staatsgefährdende Gewalttat ist demnach eine Tat gegen das Leben oder die körperliche Unversehrtheit oder persönliche Freiheit, die geeignet ist, den Bestand oder die Sicherheit eines Staates oder einer internationalen Organisation zu beeinträchtigen oder Verfassungsgrundsätze der Bundesrepublik Deutschland zu beseitigen, außer Geltung zu setzen oder zu untergraben. Im Gegensatz zu der Formulierung des § 129a II StGB fehlt hier das erpresserische Element sowie die Bezugnahme auf das Sicherheitsgefühl der Bürger.[80]

---

77 Gesetz zur Umsetzung des Rahmenbeschlusses des Rates vom 13. Juni 2002 zur Terrorismusbekämpfung und zur Änderung anderer Gesetze, BGBl. I 2003, S. 2836 ff.

78 Nehring, Kriminelle und terroristische Vereinigungen im Ausland, Frankfurt am Main 2007, S. 27; Schrader, Kriminalistik 2002, S. 570–572; Bubnoff, Protokolle des Rechtsausschusses des Bundestages (6. Ausschuss), 14/104, S. 61.

79 Gesetz zur Verfolgung der Vorbereitung von schweren staatsgefährdenden Gewalttaten (GVVG) vom 30.7.2009, BGBl. I 2009, S. 2437 ff.

80 Näher zu den einzelnen Regelungen des GVVG: siehe unten

# C. Sicherheit

## I. Der Gedanke der staatlichen Sicherheitsaufgabe in der Aufklärung

### 1. Thomas Hobbes

In der Staatsphilosophie der Aufklärung ist die Sicherheit einer der prägenden und konstitutiven Begriffe der Staatsordnung. *Isensee* spricht von der Sicherheit gar als erstem aller Legitimationsgründe des Staates.[81] Sie ist die Triebfeder der Unterwerfung der Bürger unter die Reglementierung des Staates. Die persönliche Freiheit wird in Teilen auf- und an den Staat abgegeben, damit dieser das Zusammenleben organisiert und vor allem sicher gestaltet. Die philosophische Legitimation dieses Gedankenganges liefert *Thomas Hobbes*, der die Unterwerfung des Bürgers unter die Staatsordnung, unter den absolut herrschenden Leviathan, aus dem Willen nach Sicherheit vor den Nachstellungen des bösen, wölfischen Mitmenschen herleitet.[82] Dieser Wille entspringt der Sehnsucht nach dem Ende des Krieges aller gegen alle. Doch so groß diese Sehnsucht auch ist, die Unterwerfung unter den Staat ist nicht grenzen- und bedingungslos. Sie reicht nur soweit, wie der Staat zur Sicherung der Existenz des Menschen willens und in der Lage ist. Diese Begrenzung impliziert jedoch auch gleichzeitig eine unbeschränkte Reichweite. Nimmt der Staat – willens und in der Lage eine Gefahr für die Bürger zu eliminieren – umfassende Befugnisse für sich in Anspruch, so ist der Bürger ihm in seinem Vorhaben auch zu umfassender Kooperation und umfassendem Gehorsam verpflichtet. Bei *Hobbes* existiert kein Schutzmechanismus, der den Bürger vor staatlichen Maßnahmen zur Sicherheitsgewährleistungen unter Hinnahme von Beeinträchtigungen desselben schützt, ihn im Vorfeld über Intensität und Auswirkungen des Eingriffs informiert, ihn im Nachhinein entschädigt oder gar verlässliche Eingriffsgrundlagen im Recht schafft. Ist der Staat willens und in der Lage, den Bürger um den Preis der absoluten Unterwerfung zu schützen und Schaden von ihm abzuwenden, so überträgt der Bürger seine Entscheidungsfreiheit zur Gänze dem Souverän.

81 Isensee, Das Grundrecht auf Sicherheit, Berlin 1983, S. 3.

82 Hobbes, Der Leviathan, Frankfurt am Main 2002.

## 2. John Locke

*Locke* nimmt diese Begrenzung, die bei *Hobbes* fehlt, vor.[83] Er wendet den Blick – auf *Hobbes*' Theorie aufbauend – schließlich der Sicherheit vor dem Sicherheitsgaranten Staat zu. Er nimmt den Staat also nicht nur als Gewährleister der Sicherheit, sondern auch als potentielle Gefahr für die Ausübung der persönlichen Freiheit wahr. Seine Theorie ist weniger absolut als die *Hobbes*', die unter dem Eindruck des englischen Bürgerkrieges zuvorderst auf die Sicherheit um jeden Preis setzt, auch den des umfassenden Verlusts der Freiheit des Einzelnen. *Lockes* neue Erkenntnis besteht darin, „dass Sicherheit um einen niedrigeren Preis zu erhalten ist als das Opfer der Freiheit; dass nicht allein der absolute, sondern auch der rechtsgebundene und machtbegrenzte Staat den Frieden zu gewährleisten vermag; dass bürgerliche Sicherheit und bürgerliche Freiheit zusammenfinden können.“[84] *Locke* steht zwar mit dieser Theorie in der Tradition *Hobbes*', da auch er die Sicherheit als Staatslegitimation voraussetzt, geht dann aber einen Schritt weiter, als *Hobbes* es vor ihm getan hat, und erlegt dem Staat Grenzen auf. Die Sicherheit im *Hobbes'schen* Verständnis ist nicht mehr oberste Maxime staatlichen Handelns. Vielmehr wird von *Locke* darauf aufbauend die Beeinträchtigung, die ein staatlicher Eingriff verursacht, als neue Koordinatenachse im Staatsgefüge eingeführt und damit ein System geschaffen, das sich mit dem Verhältnis Sicherheit zu Freiheit auseinandersetzen muss. *Lockes* Theorie ist also eine Weiterentwicklung des Konzepts *Thomas Hobbes*'. War für *Hobbes* der effektive Schutz der Bürger durch den Staat dessen vornehmstes Ziel, ist bei *Locke* die Leitung dieses Ziels in geordnete, die Freiheit des Bürgers nicht über die Maßen beanspruchende Bahnen zur Maxime erhoben worden. Anschaulich illustriert *Isensee* das Verhältnis zwischen *Hobbes* und *Locke*, indem er sagt, dass „Locke weiter [sieht] als Hobbes, weil er auf seinen Schultern steht.“[85]

## 3. Rousseau, Montesquieu und Humboldt

Von einem anderen Blickwinkel aus betrachtet, kann allerdings auch die Freiheit als Ur-Legitimationsgrund des modernen Staates bezeichnet werden.[86] Die *Hobbes'sche* Theorie erklärt in erster Linie die Existenz eines Herrschaftsmodells und die Tatsache, dass Menschen ihren Naturzustand zügelloser, anarchischer

---

83 Locke, Zwei Abhandlungen über die Regierung, Frankfurt am Main 2006.

84 Isensee, Das Grundrecht auf Sicherheit, Berlin 1983, S. 7.

85 Isensee, Das Grundrecht auf Sicherheit, Berlin 1983, S. 7.

86 Vgl. allgemein: Merten, in: Badura, et al. (Hg.), Grundrechte in Deutschland, Bd. 2, Heidelberg 2006, S. 111–156.

Freiheit aufgeben. Die aufklärerischen Entwicklungen unter *Jean-Jacques Rousseau*[87] und *Montesquieu*[88] gehen, basierend auf einem positiveren Menschenbild als dem von *Hobbes* und *Locke* gezeichneten, von dem grundlegenden Willen aus, um der Freiheit aller willen die ständischen Strukturen zu durchbrechen. Das ständische, feudale System war so strukturiert, dass nur wenige die Möglichkeit hatten, Reichtum zu erlangen und Macht auszuüben. Lediglich eine kleine ständische Elite „sicherte" den Staat dadurch, dass er vor der Herrschaft der Übrigen „bewahrt" wurde. Das neue System sollte diesen begrenzten Kreis der Herrschaftsausübenden durchbrechen und der Freiheit des Einzelnen und vor allem der Freiheit aller größeres Gewicht verleihen. Durch die staatsphilosophische Entwicklung einer Gesellschaftsordnung fern des feudalen Systems unter der Prämisse der Freiheit des Einzelnen wird in Kombination mit der Lehre vom Gesellschaftsvertrag eine Staatsform erdacht, die aus der Freiheit geboren wird und deren Existenzrecht in der Freiheit des einzelnen manifestiert ist. *Kant* bringt diese Entwicklung in seiner Maxime des Rechts auf den Punkt:

> „Eine jede Handlung ist recht, die oder nach deren Maxime die Freiheit der Willkür eines jeden mit jedermanns Freiheit nach einem allgemeinen Gesetze zusammen bestehen kann."[89]

Die notwendige Einschränkung, nämlich die Begrenzung der Freiheit durch Zwang, führt er im nächsten Paragraphen aus.

> „Nun ist alles, was unrecht ist, ein Hinderniß der Freiheit nach allgemeinen Gesetzen: der Zwang aber ist ein Hinderniß oder Widerstand, der der Freiheit geschieht. Folglich: wenn ein gewisser Gebrauch der Freiheit selbst ein Hinderniß der Freiheit nach allgemeinen Gesetzen (d. i. unrecht) ist, so ist der Zwang, der diesem entgegengesetzt wird, als Verhinderung eines Hindernisses der Freiheit mit der Freiheit nach allgemeinen Gesetzen zusammen stimmend, d. i. recht."[90]

So verdeutlicht er, dass der Staat von der Freiheit her gedacht ist, eine Einschränkung der Freiheit jedoch möglich, d.h. recht, sein kann.

Auch für *Wilhelm von Humboldt* ist die Freiheit die oberste Prämisse[91], derer sich die Suche nach Sicherheit unterzuordnen hat. Obgleich „die Erhaltung der Sicherheit sowohl gegen auswärtige Feinde als innerliche Zwistigkeiten den

---

87 Rousseau, Vom Gesellschaftsvertrag oder Prinzipien des Staatsrechts, Berlin 2000.

88 de Montesquieu, Vom Geist der Gesetze, Stuttgart 2003.

89 Kant, Die Methaphysik der Sitten, Stuttgart 1990, S. 230.

90 Kant, Die Methaphysik der Sitten, Stuttgart 1990, S. 231.

91 von Humboldt, Ideen zu einem Versuch, die Grenzen der Wirksamkeit des Staats zu bestimmen, Stuttgart 2006, S. 22: „Der wahre Zweck des Menschen [...] ist die höchste und proportionierlichste Bildung seiner Kräfte zu einem Ganzen. Zu dieser Bildung ist Freiheit die erste und unerläßliche Bedingung."

Zweck des Staats ausmachen und seine Wirksamkeit beschäftigen muss“[92], darf der Staat „keinen Schritt weiter [gehen], als zu ihrer [der Bürger, Anm. d. Verf.] Sicherstellung gegen sich selbst und gegen auswärtige Feinde notwendig ist; zu keinem andren Endzwecke beschränke er ihre Freiheit“.[93] Insofern ist in der vielzitierten Wendung *Humboldts* „Denn ohne Sicherheit ist keine Freiheit“[94] keine Vorrangigkeit der Sicherheit vor der Freiheit zu sehen. Zudem entspringt das Existenzrecht des Sicherheitsgedankens einzig aus der Freiheit. Nur um der Freiheit der Bürger willen existiert die Sicherheitsaufgabe des Staates überhaupt. Diese ambivalente Betrachtung von Freiheit und Sicherheit drückt gleichsam die Eigenschaft beider Begriffe als Seiten ein und derselben Medaille wie auch ihre diametrale Gegensätzlichkeit aus, sieht man beide in ihrer Reinform. Nichts desto trotz bedingen sie einander, so dass die beiden alltagsgebräuchlichen Slogans „Keine Freiheit ohne Sicherheit“ und „Freiheit stirbt mit Sicherheit“, wenn auch nicht in ihrer Pauschalität, so doch in ihrer Grundtendenz ein gewisser Wahrheitsgehalt nicht abgesprochen werden kann.

## 4. Carl Gottlieb Svarez

Dieses Konzept der beschränkten Sicherheit findet sich auch im 18. Jahrhundert in Preußen im Pflichtenkodex des Regenten wieder. *Carl Gottlieb Svarez*, Lehrer des Preußischen Kronprinzen und späteren Königs Friedrich Wilhelm III., beschreibt dieses Konzept in den Vorträgen, die er dem Kronprinzen in seinen Unterweisungen hält: „Er [der Regent, Anm. d. Verf.] muss die natürliche Freiheit seiner Untertanen nur so weit einschränken, als es notwendig ist, um die Sicherheit aller zu schützen und aufrechtzuerhalten.“[95] Dies soll der Regent beachten, „damit er nicht verleitet werde, der Freiheit seiner Bürger unnütze Fesseln anzulegen und sie in dem ungehinderten Gebrauch und Genuß des Ihrigen bloß zum einseitigen Vorteil einiger ihrer Mitbürger einzuschränken.“[96] Hieraus wird deutlich, dass eine staatliche Maßnahme immer einer Abwägung bedarf zwischen dem Vorteil oder dem Ziel, das erreicht werden soll, und dem „ungehinderten

92 von Humboldt, Ideen zu einem Versuch, die Grenzen der Wirksamkeit des Staats zu bestimmen, Stuttgart 2006, S. 59.

93 von Humboldt, Ideen zu einem Versuch, die Grenzen der Wirksamkeit des Staats zu bestimmen, Stuttgart 2006, S. 52.

94 von Humboldt, Ideen zu einem Versuch, die Grenzen der Wirksamkeit des Staats zu bestimmen, Stuttgart 2006, S. 58.

95 Conrad, Hermann; Kleinheyer, Gerd (Hg.), Vorträge über Recht und Staat von Carl Gottlieb Svarez, S. 10.

96 Conrad, Hermann; Kleinheyer, Gerd (Hg.), Vorträge über Recht und Staat von Carl Gottlieb Svarez, S. 486.

Gebrauch des Ihrigen", d.h. der Freiheit, der Nichtvornahme der freiheitsbeschränkenden bzw. der eingreifenden Maßnahme. Diese hier angedeutete Abwägung findet heute – ausdifferenzierter und weiterentwickelter – ihren Ausdruck im Verhältnismäßigkeitsgrundsatz.

## II. Die weitere Verfassungsentwicklung

Als neuartige Errungenschaft und als Mittel zu einem sichereren und vor Willkür geschütztem Leben war die Sicherheitsfürsorge als Aufgabe des Staates und als Recht des Bürgers zunächst von enormer Wichtigkeit und wurde dementsprechend an exponierter Stelle genannt.

So heißt es in Section 3 der *Virginia Declaration of Rights* vom 12. Juni 1776:

> „That government is, or ought to be, instituted for the common benefit, protection, and security, of the people, nation, or community."[97]

Ebenso formuliert Artikel 2 der *Déclaration de droits de l'homme et du citoyen* vom 26. August 1789 die Sicherheit als einen zentralen Gedanken:

> „Le but de toute association politique est la conservation des droits naturels et imprescriptibles de l'Homme. Ces droits sont la liberté, la propriété, la sûreté, et la résistance à l'oppression"[98]

In der weiteren Verfassungsentwicklung verliert der Gedanke der Sicherheit, was die Notwendigkeit seiner Formulierung betrifft, zunehmend an Gewicht. Im Laufe der Zeit ist die Sicherheit ein selbstständiger und selbstverständlicher Bestandteil des Staates geworden. Sie ist hinter andere Verfassungsgrundsätze zurückgetreten, die in den Augen der Väter der Verfassungen einer Ausformulierung eher bedurften. Auch in den Beratungen des Grundgesetzes war ein „Recht auf Sicherheit" zunächst auf der Tagesordnung.[99] Seine explizite Formulierung im späteren Verfassungstext wurde jedoch verworfen, da keine Einigung über dessen Inhalt erzielt werden konnte.

So war man der Meinung, dass es neben der Normierung des Rechts auf Freiheit der Person und der Gewährleistungen der verfassungsrechtlichen Haft-

---

97 Nachzulesen unter: http://www.gunstonhall.org/georgemason/human_rights/vdr_first_draft.html, zuletzt kontrolliert am 31.01.2010.

98 Nachzulesen unter: http://www.assemblee-nationale.fr/histoire/dudh/1789.asp, zuletzt geprüft am 31.01.2010.

99 Der Entwurf des Grundgesetzes erhielt in der 23. Sitzung des Grundsatzausschusses vom 19.11.1948 in Art. 2 Abs. 1 die Formulierung: „Jeder hat das Recht auf Leben, auf Freiheit und auf Sicherheit der Person."

bedingungen kein darüber hinausgehendes Recht auf Sicherheit gebe, sein Inhalt sich vielmehr in den genannten Rechten erschöpfe.[100]

## III. Konturierung des „neuen" Sicherheitsbegriffs

Der staatsrechtliche Begriff der Sicherheit ist im Wandel der Zeit über das anfängliche Verständnis hinaus gewachsen. Ging es zu Beginn der Entwicklung noch um die Ordnung des Zusammenlebens und der Vermeidung von Verletzungen der Bürger untereinander und der Schädigung des Staates von außen, mischten sich im Laufe der Zeit weitere Komponenten unter den Begriff der Sicherheit. Hierbei sind in erster Linie die wirtschaftliche und soziale Sicherheit zu nennen, die inzwischen einen wesentlichen Teil des staatlichen Sicherheitsziels einnehmen.[101] Auch in dem Bereich der inneren Sicherheit, um den es hier geht, hält nunmehr verstärkt das Sicherheits*gefühl* der Bürger Einzug in die Diskussion um Umfang und Reichweite der staatlichen Sicherheitsaufgabe.[102] Von der staatlichen Verantwortung für eine „angstfreie Daseinsfürsorge"[103] ist die Rede. Angefangen beim Umweltschutz, über die Steuerung wirtschaftlicher Vorgänge bis hin zu polizeilicher Prävention und Strafrecht gilt der Fokus der Sicherheitsbemühungen vermehrt nicht nur dem Vorfeld bedrohlicher Sachlagen als vielmehr der Eindämmung von Risiken allgemein, aus denen bedrohliche Sachlagen entstehen könnten.[104] Die soziale und finanzielle Sicherheit, wie sie bislang im Vordergrund stand und den Begriff der Sicherheit ausfüllte, ist in der jüngsten

---

100 Zur Entstehungsgeschichte des Art. 2 GG siehe: JöR N.F. 1, S. 54 ff.; Das Recht auf Sicherheit findet erstmals in der Fassung vom 20.01.1949 (Drs. 543) keine Erwähnung mehr.; vgl. auch MIDDEL, Innere Sicherheit und präventive Terrorismusbekämpfung, Baden-Baden 2007, S. 40 mwN.

101 Auf den Zusammenhang zwischen sozialer Sicherheit und innerer Sicherheit eingehend: BULL, in: GRAULICH, ET AL. (HG.), Terrorismus und Rechtsstaatlichkeit, Berlin 2007, S. 303, 307; VOLKMANN, JZ 2004, S. 696 ff. spricht von einer Entwicklung des Rechtsstaates unter dem liberalen (S. 696 ff.), später dem sozialstaatlichen (S. 698 ff.) bis hin zum heute vorherrschenden Vorsorge-Paradigma (S. 700 ff.); grundlegend zur Entstehung des sog. Interventionsstaats siehe: Stolleis, ZNR 1989, 129 ff.

102 GUSY, in: WEBER-DÜRLER, ET AL. (HG.), Die Staatsrechtslehre und die Veränderung ihres Gegenstandes, Berlin 2004, S. 151, 159 f.; LAMMER, in: GRAULICH, ET AL. (HG.), Terrorismus und Rechtsstaatlichkeit, Berlin 2007, S. 315, 321.

103 SEELMANN, KritV 1992, S. 452, 455.

104 Grundsätzlich dazu: ALBERS, Die Determination polizeilicher Tätigkeit in den Bereichen der Straftatenverhütung und der Verfolgungsvorsorge, Berlin 2001; APPEL, in: WAHL (HG.), Prävention und Vorsorge, Bonn 1995, S. 1–216; DI FABIO, Risikoentscheidungen im Rechtsstaat, Tübingen 1994.

Vergangenheit einem Sicherheitsverständnis gewichen, das die Bewahrung vor Risiken und Gefahren existenziellerer Natur beinhaltet. Damit einher geht die aktive Einforderung von staatlichem Tätigwerden zur Gewährleistung der Sicherheit. Nicht nur auf dem Gebiet der Bedrohung durch den Terrorismus sondern auch in vielen anderen Bereichen wird der Staat in der Pflicht gesehen, gegen Störungen und Risiken konsequent vorzugehen und durch vorauseilende Maßnahmen die Bürger vor Schaden zu bewahren. Gesellschaftliche Unsicherheit wird öffentlich in staatliche Verantwortung und eine Erwartungshaltung der Bürger gegenüber dem Staat umgemünzt. Die Konsequenz hieraus ist, womit der Bogen zum Terrorismus geschlagen werden kann, dass vom Staat erwartet wird, dem Risiko der Bedrohung durch den Terrorismus frühzeitig und effektiv entgegenzuwirken. *Volkmann* bringt diese geforderte Bringschuld sowie dessen Kombination mit einem umfassenden Risikobegriff auf den Punkt, wenn er von deren „unheimliche[r] Inkarnation" in Gestalt des „Schläfers" spricht, der „gleichnishaft die ganze verstörte Unsicherheit einer Welt, in der das Unheil jederzeit und an jedem Ort hervorbrechen kann und die deshalb einer so früh wie möglich ansetzenden Kontrolle unterworfen werden muß", verkörpert.[105]

## IV. Sicherheit – Staatsaufgabe, Staatsziel, Grundrecht?

Über die Sicherheit der Bürger findet sich wie zuvor erwähnt im Grundgesetz keine explizite Regelung.[106] Obwohl, wie oben dargelegt, die Sicherheit ein Grundprinzip des modernen Staates ist, gibt es kein ausdrückliches Recht auf Sicherheit. Vielmehr ist die Sicherheit als Grundbaustein des modernen freiheitlich-demokratischen Staates in die Gesamtheit der Normen des Grundgesetzes, insbesondere die Grundrechte, eingebettet. Die grundrechtlichen Schutzpflichten sind damit gleichsam das „Herzstück" der staatlichen Sicherheitsgarantie.[107] Das bedeutet, dass die Funktion der grundgesetzlichen Freiheitsrechte sich nicht nur darin erschöpft, dass die Bürger in der eigenen Freiheitssphäre vor staatlichen

---

105 Volkmann, JZ 2004, S. 696, 701.

106 In der bayerischen Verfassung findet sich in Art. 99 BV ein Passus, in dem auf die Sicherheitsaufgabe des Staates deutlicher hingewiesen wird: „Die Verfassung dient dem Schutz und dem geistigen und leiblichen Wohl aller Einwohner. Ihr Schutz gegen Angriffe von außen ist gewährleistet durch das Völkerrecht, nach innen durch die Gesetze, die Rechtspflege und die Polizei."

107 Möstl, Die staatliche Garantie für die öffentliche Sicherheit und Ordnung, Tübingen 2002, S. 25.

Eingriffen geschützt ihr Handeln gestalten können, sondern die Staatsfunktion auch die Sorge dafür umfasst, dass diese Freiheitsausübung in einem geordneten Rahmen verläuft. Sicherheit ist so gesehen die Bedingung der Möglichkeit von Freiheit.[108] Nunmehr erscheint fraglich, ob Sicherheit begrifflich als Staatsziel, Staatsaufgabe, Grundrecht oder gar Menschenrecht[109] bezeichnet werden muss.[110] Zum einen unterscheiden sich die verschiedenen Kategorien im Grad ihrer Verbindlichkeit.[111] Staatszwecke haben legitimatorische Bedeutung, jedoch keine rechtliche Verbindlichkeit. Staatsziele hingegen beanspruchen normative Geltung. Sie sind „jene öffentlichen Belange, die sich der Staat zu eigen macht und in deren Dienst er sich planmäßig stellt."[112] Die Staatsaufgaben grenzen den Handlungsraum der Staatsorganisation von dem Handlungsraum der Gesellschaft ab, der seinerseits von den Grundrechten gesichert wird. Grundrechte sind somit gekennzeichnet als negative Kompetenznormen, Staatsaufgaben als positive Kompetenznormen. Die Staatsaufgaben begründen die rechtliche Möglichkeit zum Handeln, nicht aber die rechtliche Verpflichtung.[113] Somit ist vor allem die Einordnung der Sicherheit als Grundrecht oder Menschenrecht von entscheidender Bedeutung, da diese eine Handlungspflicht des Staates begründen und dem Bürger einen Anspruch auf bestimmtes staatliches Handeln verschaffen. Wie oben erwähnt, ist im Grundgesetz jedoch kein originäres Grundrecht auf Sicherheit zu finden. Auch aus Art. 5 EMRK lässt sich über die *habeas corpus*-Garantie hinaus kein weitergehendes Recht auf Sicherheit ableiten.[114] Das aus den vorhandenen grundrechtlichen Schutzpflichten und den Staatszielen und -aufgaben abgeleitete[115] sog. „Grundrecht auf Sicherheit" bietet kein Recht, Sicherheits-

---

108 Meier, Der Merkur, Vol. 57, 2003, S. 174, 175.

109 Robbers, Sicherheit als Menschenrecht, Baden-Baden 1987; von einem „fundamentalen Menschenrecht auf Sicherheit" spricht der ehemalige Bundesinnenminister Wolfgang Schäuble in: Schäuble, et al., Der SPIEGEL 50/2007, S. 27, 30.

110 Zur Terminologie siehe: Möstl, Die staatliche Garantie für die öffentliche Sicherheit und Ordnung, Tübingen 2002, S. 43 ff.; Isensee in: Isensee, Josef; Kirchhof, Paul (Hg.), HdStR, Band 4, § 73 Rn. 6 ff.

111 Zur Bindungskraft der Sicherheitsgarantie vgl. auch: Möstl, Die staatliche Garantie für die öffentliche Sicherheit und Ordnung, Tübingen 2002, S. 42 ff.

112 Isensee in: Isensee, Josef; Kirchhof, Paul (Hg.), HdStR, Band 4, § 73 Rn. 7.

113 Isensee in: Isensee, Josef; Kirchhof, Paul (Hg.), HdStR, Band 4, § 73 Rn. 14 ff.

114 So auch Albrecht, Die vergessene Freiheit, Berlin 2006, S. 41; Middel, Innere Sicherheit und präventive Terrorismusbekämpfung, Baden-Baden 2007, S. 40 f.; Möstl, Die staatliche Garantie für die öffentliche Sicherheit und Ordnung, Tübingen 2002, S. 622; Zu anderweitigen Deutungen: Robbers, Sicherheit als Menschenrecht, Baden-Baden 1987, S. 20 ff.

115 Insoweit besteht Einigkeit über die Ableitung der Staatsaufgabe Sicherheit aus den grundgesetzlichen Normen.

maßnahmen des Staates einzuklagen. Das Grundrecht auf Sicherheit fungiert „als Chiffre für das Bedürfnis nach innerer Sicherheit."[116] Auch *Isensee* selbst sagt, dass aus dem von ihm entwickelten Grundrecht auf Sicherheit keine erweiterten subjektiven Rechte erwachsen. Es sei „ausgeschlossen, daß jedermann in jeder Gefahrenlage unmittelbar aus den grundrechtlichen Schutzpflichten den Anspruch auf eine bestimmte Schutzmaßnahme ableiten und einklagen kann."[117] Das Grundrecht auf Sicherheit ist somit eine Zusammenschau der Aufgaben, die dem Staat aus seiner Existenz als Ordnungsmacht zur Organisation gemeinschaftlichen Zusammenlebens erwachsen. Davon abgesehen wäre ein derartiges subjektives Recht auf Sicherheitsgewährleistung durch den Staat hochproblematisch. Insbesondere im Rahmen der Terrorismusbedrohung ist vollständige Sicherheit eine unerreichbare Utopie, was, gäbe es ein subjektives Grundrecht auf Sicherheitsgewährleistung durch den Staat, zu kaum lösbaren verfassungsrechtlichen Problemen führen würde. Das Grundrecht auf Sicherheit ist somit kein solches, sondern beschreibt die Sicherheit als Staatsziel im Allgemeinen und als Staatsaufgabe im Besonderen, wenngleich es in der innenpolitischen Debatte immer wieder auf die innere Sicherheit verkürzt, als zwingendes Argument für bestimmtes politisches Handeln angeführt wird. Hierin liegt auch die Gefahr des Begriffs. Weniger im juristischen als vielmehr im politischen Kontext wird das Grundrecht auf Sicherheit auch als solches angeführt, was eine dringende Handlungsverpflichtung bezüglich bestimmter Maßnahmen suggeriert, um dieser anderen Grundrechten gleichstehenden Verpflichtung nachzukommen. Das „Grundrecht auf Sicherheit" wie auch das „Menschenrecht auf Sicherheit" wird daher zu Recht wegen seines mangelnden über die jeweiligen Einzelgewährleistungen hinausgehenden juristischen Gehalts kritisiert.[118]

## V. Das Recht auf Freiheit von Angst

Zunehmend kommt die Frage auf, ob auch das Sicherheits*gefühl* der Bevölkerung ein verfassungsrechtlich geschütztes Gemeinschaftsgut sei.[119] Diese Frage

116 Meier, Der Merkur, Vol.57, 2003, S. 174, 176.

117 Isensee, Das Grundrecht auf Sicherheit, Berlin 1983, S. 50.

118 Albrecht, Die vergessene Freiheit, Berlin 2006, S. 41; Gusy, in: Weber-Dürler, et al. (Hg.), Die Staatsrechtslehre und die Veränderung ihres Gegenstandes, Berlin 2004, S. 151, 168 ff.; Meier, Der Merkur, Vol.57, 2003, S. 174, 177; Middel, Innere Sicherheit und präventive Terrorismusbekämpfung, Baden-Baden 2007, S. 41.

119 Robbers, Sicherheit als Menschenrecht, Baden-Baden 1987, S. 223 ff. spricht von einem „Recht auf Freisein von Frucht"; Hermes, Das Grundrecht auf Schutz von Leben und Gesundheit, Heidelberg 1987, S. 143; Seelmann, KritV 1992, S. 452, 455 erkennt eine

liegt in der allgemein zu beobachtenden Zunahme der Kriminalitätsfurcht begründet. In jüngster Zeit ist auch wissenschaftlich und empirisch fundiert ein Anstieg der Kriminalitätsfurcht zu verzeichnen.[120] Dies hat zur Folge, dass durch die stärker wahrgenommene Furcht kriminalpolitische Mechanismen in Gang gesetzt werden, die auf dieses Gefühl reagieren.[121] Jedoch ist es weitgehend unklar und umstritten, woraus ein Recht auf Freiheit von Angst abgeleitet werden könnte. Die hierfür angeführten Begründungen reichen von einer Tangierung des Schutzbereichs des Art. 1 I GG[122] über eine Zuordnung zum Schutzgut der körperlichen Unversehrtheit aus Art. 2 II 1 GG[123] bis hin zur allgemeinen Handlungsfreiheit in Art. 2 I GG.[124] Grundsätzlich ist ein Recht auf Freiheit von Angst jedoch skeptisch zu betrachten. Wenngleich das Sicherheitsgefühl der Bevölkerung insbesondere in der Kriminal*politik* eine große Rolle spielt, so kann von einem *Recht* auf Freisein von Furcht nicht gesprochen werden. So stellt *Götz* zutreffend fest, dass „die Erhebung kollektiver Empfindungen zum Schutzgut [...] zugleich die kollektiven Ängste zum Grund staatlichen Eingreifens erheben und den Begriff der Sicherheit damit seiner aufgeklärten Rationalität berauben [würde].“[125] Würden jedoch kollektive Ängste zum Grund eines Rechts auf staatliches Eingreifen, so führte dies zu einer „furchtgeleitete[n] Rechtspolitik“, die „sich nicht auf Abwägungen der Sicherheit mit der Freiheit“[126] einließe. Auch *Isensee* stellt fest:

> „Der Topos [Freiheit von Furcht, Anm. d. Verf] ist unbegrenzt manipulationsfähig, weil er sich auf Ängste aller Art beziehen lässt, vor allem aber, weil er überhaupt auf ein Gefühl abzielt, also ein existentielles, innerseelisches Moment. Die reine Subjek-

---

Orientierung an einer „angstfreien Daseinsgewißheit“; Den Begriff der „angstfreien Daseinsgewißheit einführend: Kindhäuser, Gefährdung als Straftat, Frankfurt am Main 1989, S. 254 ff., 280 ff.

120 Boers, Kriminalitätsfurcht, Pfaffenweiler 1991.

121 Walter, in: FS Hirsch, S. 897, 903.

122 Ansatzweise Hermes, Das Grundrecht auf Schutz von Leben und Gesundheit, Heidelberg 1987, S. 143.

123 Zur Problematik der dann weiten Ausdehnung des Schutzbereichs und im Ergebnis ablehnend: Middel, Innere Sicherheit und präventive Terrorismusbekämpfung, Baden-Baden 2007, S. 41; Nitz, Private und öffentliche Sicherheit, Berlin 2000, S. 363.

124 Ansatzweise: Nitz, Private und öffentliche Sicherheit, Berlin 2000, S. 363; Robbers, Sicherheit als Menschenrecht, Baden-Baden 1987, S. 225; Siehe zusammenfassend: Middel, Innere Sicherheit und präventive Terrorismusbekämpfung, Baden-Baden 2007, S. 42 f.

125 Götz in: Isensee, Josef; Kirchhof, Paul (Hg.), HdStR, Band 4 § 85 Rn. 26.

126 Isensee, Das Grundrecht auf Sicherheit, Berlin 1983, S. 2.

tivität trägt keinen staatsrechtlichen Begriff. Dieser muss verallgemeinerungsfähige Aussagen ermöglichen; er bedarf also der objektiven Merkmale."[127]

Trotzdem wird vertreten, die Kriminalisierung von Handlungen wegen ihrer Geeignetheit zur Beeinträchtigung des Sicherheitsgefühls zu legitimieren.[128] Es ist zu beobachten, dass Kriminalunrecht insbesondere im Bereich abstrakter Gefährdungsdelikte auf Handlungen erweitert wird, die per se keine unmittelbare oder tatsächliche abstrakte Gefahr begründen, sondern vielmehr in erster Linie geeignet sind, das Gefühl der Bedrohung zu erhöhen. Als Beispiel seien die Strafbarkeit der Ausbildung in einem Terrorcamp sowie die weiteren durch das GVVG[129] eingeführten strafrechtlichen Bestimmungen genannt. Eine ausgebildete, ideologisch indoktrinierte Person stellt keine abstrakte Gefahr im eigentlichen Sinne dar. Die diffuse Erhöhung des Gefahrenpotentials des Terrors und das damit verbundene gesteigerte Unsicherheitsgefühl werden allerdings als das strafbegründende Unrechtsmerkmal herangezogen.[130]

## VI. Die Pflicht zur Sicherheitsgewährleistung in der verfassungsgerichtlichen Rechtsprechung

Das Bundesverfassungsgericht hat in vielfach zu Umfang und Reichweite der staatlichen Sicherheitsgarantie Stellung genommen. Immer wieder musste es sich mit Fragen nach den staatlichen Pflichten im Angesicht realer Bedrohungen und grundsätzlichen Wertentscheidungen[131] befassen. Unter Berücksichtigung des menschlichen Lebens als „Höchstwert" nimmt das Gericht den Staat in die Pflicht, „sich schützend und fördernd vor dieses Leben zu stellen; das heißt vor

127 ISENSEE, Das Grundrecht auf Sicherheit, Berlin 1983, S. 26.

128 Diese Ansicht vertritt insbesondere: KINDHÄUSER, Gefährdung als Straftat, Frankfurt am Main 1989.

129 Gesetz zur Verfolgung der Vorbereitung von schweren staatsgefährdenden Gewalttaten vom 30.07.2009, BGBl. I S. 2437 m.W.v. 04.08.2009.

130 Wenngleich offiziell von abstrakter Gefahr für die öffentliche Sicherheit und Ordnung gesprochen wird. Im Kern handelt es sich bei der Gefahr für die öffentliche Sicherheit und Ordnung jedoch um eben diese diffuse Erhöhung, die zur Steigerung des Unsicherheitsgefühls führt. Zur öffentlichen Sicherheit und Ordnung als durch die Anti-Terror-Delikte geschütztes Rechtsgut: siehe unten E. II.

131 Zur terroristischen Bedrohung: BVerfGE 46, 160 ff. „Schleyer-Urteil"; Zur Problematik der Kernenergie: BVerfGE 49, 89 ff.; 53, 30 ff.; Zum Umweltschutz: BVerfGE 56, 54 ff; zur Sicherungsverwahrung: BVerfGE 109, 133 ff.Zur Abtreibung: BVerfGE 39, 1 ff.; 88, 203 ff.

allem, es auch vor rechtswidrigen Eingriffen vonseiten anderer zu bewahren."[132]

Die Art und Weise jedoch, mit der ein effektiver Lebensschutz erreicht werden soll, bleibt den staatlichen Organen überlassen. Sie wählen die Mittel, mit denen sie der grundgesetzlichen Aufgabe des Lebensschutzes nachkommen. Eine Art „Ermessensreduzierung auf Null" kann in besonders gelagerten Fällen angenommen werden. Der „Fall Schleyer" wurde vom BVerfG jedoch nicht als ein solcher gesehen.[133] Exemplarisch kann aus den zitierten Entscheidungen zur Pflicht zum Schutz menschlichen Lebens aufgezeigt werden, dass Grundrechte nicht nur Abwehrrechte gegen staatliches Handeln darstellen, dem Staat aus den Grundrechten vielmehr auch Schutzpflichten erwachsen. Die Schutzpflichten als solche begründen jedoch keinen Anspruch auf konkretes staatliches Handeln. Der Schutz bleibt abstrakte Aufgabe von hohem Rang, deren Ausfüllung den staatlichen Organen überlassen bleibt. Insbesondere bei einer terroristischen Bedrohung können bestimmte Maßnahmen weder generell im Voraus normiert noch aus einem Individualgrundrecht als Norm hergeleitet werden.

> „Das Grundgesetz begründet eine Schutzpflicht nicht nur gegenüber dem Einzelnen, sondern auch gegenüber der Gesamtheit aller Bürger. Eine wirksame Wahrnehmung dieser Pflicht setzt voraus, daß die zuständigen staatlichen Organe in der Lage sind, auf die jeweiligen Umstände des Einzelfalles angemessen zu reagieren; schon dies schließt eine Festlegung auf ein bestimmtes Mittel aus. Darüber hinaus kann eine solche Festlegung insbesondere deshalb nicht von Verfassungs wegen erfolgen, weil dann die Reaktion des Staates für Terroristen von vornherein kalkulierbar würde. Damit würde dem Staat der effektive Schutz seiner Bürger unmöglich gemacht. Dies stünde mit der Aufgabe, die ihm durch Art. 2 Abs. 2 Satz 1 GG gestellt ist, in unaufhebbarem Widerspruch."[134]

In der verfassungsgerichtlichen Rechtsprechung gilt jedoch ein „Untermaßverbot". Die Maßnahmen des Gesetzgebers unterliegen insoweit gerichtlicher Kontrolle, als es eines Mindestmaßes an Sicherheitsgewährleistung bedarf.[135]

In seinem Urteil zum Kontaktsperregesetz[136] lehnt sich das BVerfG jedoch unter Bezugnahme auf das BVerwG[137] an die *Hobbes'sche* Vorstellung der Sicherheit an[138]:

---

132 BVerfGE 39, 1, 42.

133 Vgl. BVerfGE 46, 160, 164 f.

134 BVerfGE 46, 160, 165.

135 Zum sog. Untermaßverbot: Isensee in: Isensee, Josef; Kirchhof, Paul (Hg.), HdStR, Band 5, § 113 Rn. 163; BVerfGE 88, 203, 254 f.

136 BVerfGE 49, 24 ff.; Im gleichen Urteil bezeichnet das Gericht die Sicherheit als „höchsten Rechtswert" (BVerfGE 49, 24, 56 f.).

137 Namentlich an BVerwGE 49, 202, 209.

138 So auch: Denninger, KritJ 2002, S. 467, 469; Middel, Innere Sicherheit und präventive Terrorismusbekämpfung, Baden-Baden 2007, S. 25.

„Die Sicherheit des Staates als verfaßter Friedens- und Ordnungsmacht und die von ihm zu gewährleistende Sicherheit seiner Bevölkerung sind Verfassungswerte, die mit anderen im gleichen Rang stehen und unverzichtbar sind, weil die Institution Staat von ihnen die eigentliche und letzte Rechtfertigung herleitet.“[139]

Allerdings kann aus dieser Formulierung kein genereller Vorrang der Sicherheitsaufgabe vor anderen Verfassungswerten abgeleitet werden. Trotzdem macht das BVerfG hier deutlich, dass die Sicherheit in einen Abwägungsprozess als Verfassungswert eingebracht werden und dort auch durchaus eine gewichtige Rolle spielen kann. Ebenso deutlich formuliert es dies in seinem Urteil zur Sicherungsverwahrung:

„Der Staat hat die Aufgabe, die Grundrechte potentieller Opfer vor Verletzungen durch potentielle Straftäter zu schützen. Diese Schutzpflicht des Staates ist umso intensiver, je mehr die Gefährdung sich konkretisiert und individualisiert und je stärker sie die Gefährdung elementarer Lebensbereiche betrifft. Je existentieller die Grundrechte für den Einzelnen sind, desto intensiver muss der staatliche Schutz vor Gefährdungen und Beeinträchtigungen sein.“[140]

139 BVerfGE 49, 24, 56 f.

140 BVerfGE 109, 133, 186.

# D. Die strafrechtliche Rolle bei der Sicherheitsgewährleistung

## I. Einleitung

Der Terrorismus mit seinen besonderen Merkmalen stellt den Staat auf die Probe. Seitens der Bürger wird Sicherheit vom Staat eingefordert, was nicht zuletzt eine seiner originären, existenzbegründenden Aufgaben ist. Das durch die terroristische Bedrohung sensibilisierte Unsicherheitsgefühl der Bevölkerung verlangt nach staatlichen Maßnahmen, um der Risiken Her zu werden. Genauso wie der Terrorismus auf vielen Gebieten Handlungs- und Ausbreitungsmöglichkeiten sucht, geht auch der Staat in vielen Bereichen dagegen vor. Das Strafrecht ist dabei ein zentrales Instrument, dessen sich der Staat bedient, um seiner Pflicht zur Gewährleistung von Sicherheit nachzukommen. Dabei übernimmt das Strafrecht sowohl rein repressive Aufgaben als auch präventive Funktionen. In seiner Bedeutung für die staatliche Sicherheitsaufgabe lässt sich das Strafrecht kaum isoliert betrachten. Insbesondere sind die repressiven Befugnisse, die das Strafprozessrecht den Strafverfolgungsbehörden, insbesondere der Polizei, an die Hand gibt, sowie das Instrumentarium von präventiven Maßnahmen, vor allem im Bereich der Informationsgewinnung, als einheitliches Feld strafrechtlicher Sicherheitswirkungen zu sehen. Die Verschränkung und zunehmende Vernetzung von Delikten, deren Strafbarkeit immer weiter in das Vorfeld einer möglichen Rechtsgutsverletzung und in den Bereich der Vorbereitungshandlungen ausgedehnt wird, mit strafprozessualen Ermächtigungen der Strafverfolgungsbehörden, insbesondere für Informationsgewinnungseingriffe, verdeutlicht die Tendenz hin zu einer möglichst umfassenden, präventiven „antizipierten Strafverfolgung“[141]. Präventive Maßnahmen, die strafbaren Handlungen vorbeugen und dadurch ein schädigendes Ereignis verhindern, sind im Ergebnis sicherlich wünschenswerter als die bloße Möglichkeit der Reaktion auf begangenes Unrecht. Wird jedoch eine immer umfassendere präventive Sicherung der Gesellschaft angestrebt, folgt daraus zwangsläufig, dass die Eingriffe in die Freiheitsrechte der Bürger immer intensiver werden und am Ende sogar ein unerträgliches Maß erreichen können. Exemplifizieren lässt sich diese Hinwendung zu umfassender Gefahren- und Risikovorsorge in besonderem Maße am System der strafrechtlichen Terrorismusbekämpfung. Die oben genannten Strategien des Terrorismus zielen auf Folgen ab, die auch unter Berücksichtigung aller Freiheitsgarantien kein zumutbares Abwarten erlauben. Auf anderen Gebieten belässt es der Staat

141 Rudolph, Antizipierte Strafverfolgung, Köln 2005.

aus Gründen der Freiheitsgewährleistung bei den präventiven Wirkungen der Strafe und greift nicht frühzeitig durch großflächige Überwachung gefährlicher Personenkreise oder durch die Schaffung von Vorfelddelikten ein. Die nicht hinnehmbaren Folgen sowie die bei terroristischen Handlungen ausgeprägte Notwendigkeit einer umfassenden Vorbereitung der Tat machen das Gebiet des Terrorstrafrechts zu einem Gebiet, dessen Schwerpunkt der kriminalpolitischen Maßnahmen auf einer „Erweiterung und 'Entgrenzung' des Strafrechts sowie seiner Umgehung durch andere Disziplinen eines neuen Sicherheitsrechts“[142] liegt. Treibende Kraft insbesondere der Strafrechtserweiterung ist der Gedanke der Prävention, der sich zu einem vorherrschenden Strafrechtsparadigma entwickelt.

## II. Prävention im Strafrecht

Zieht man die klassische Unterscheidung zwischen dem verwaltungsrechtlichen Gefahrenabwehrrecht und dem Strafrecht zu Rate, so liegt das entscheidende distinguierende Merkmal in der Tatsache, dass das Gefahrenabwehrrecht, fokussiert auf zukünftiges Geschehen, die Aufgabe hat, normwidriges und als Teilbereich dessen auch strafbares Verhalten zu verhindern. Das klassische Strafrecht hingegen soll ein in der Vergangenheit begangenes Unrecht aufklären und entsprechend sanktionieren.[143] Auch wenn diese grundlegende Unterscheidung im Kern richtig ist, so gibt sie die Realität doch verkürzt wieder. Zum einen enthalten auch das materielle Strafrecht und das Strafprozessrecht einige präventive Elemente, die im Folgenden näher aufzuzeigen sind, zum anderen zeigt die gegenwärtige Entwicklung, dass eine trennscharfe Unterscheidung zwischen präventivem Gefahrenabwehrrecht und repressivem Strafrecht in voller Klarheit nicht mehr getroffen werden kann, da zunehmend weitere präventive Elemente und Bestrebungen der Gefahrenabwehr in das klassisch repressive Strafrecht eingegangen sind. Die Begriffe der „antizipierten Strafverfolgung“[144], der „vorbeugenden Verbrechensbekämpfung“[145] und der „Verpolizeilichung des Strafverfahrens“[146] verdeutlichen eine Tendenz, die das Verhältnis und die Abgrenzung von Strafverfolgung und Gefahrenabwehr im zunehmender Weise erschwert. Insbesondere bei der Terrorismusbekämpfung, die im Zuge eines ganzheitlichen

142 Sieber, ZStW 119 (2007), S. 1, 27.

143 Riess, in: FS Otto, S. 955.

144 Rudolph, Antizipierte Strafverfolgung, Köln 2005.

145 Warschko, Vorbeugende Verbrechensbekämpfung - Prävention oder Repression?, Hamburg 1995.

146 Paeffgen, in: Wolter, et al. (Hg.), Zur Theorie und Systematik des Strafprozeßrechts, Neuwied 1995, S. 13–47.

Bekämfpungsansatzes – und damit auch durch das Strafrecht – versucht, Gefahren frühzeitig zu erkennen und auch mit repressiven Mitteln zu verhindern, wird die Problematik der „präventiv-repressiven Gemengelage“[147] deutlich.

## 1. Präventive Elemente des klassischen Strafrechts

### *a) Zweck staatlichen Strafens*

Die Strafzwecke werden bekanntermaßen grob in die absoluten und relativen Strafzwecktheorien eingeteilt. Abgesehen von den absoluten Straftheorien *Kants* und *Hegels*, die sich in ihrer Konzeption einer präventiven Zielsetzung enthalten, sind alle weiteren Strafzwecktheorien von dem Gedanken der Prävention durchdrungen. So entfalten die spezialpräventiven Ansätze ihre vorbeugende Wirkung dahingehend, dass sie zum einen um die Besserung des Täters bemüht sind und somit die wiederholte Begehung von Straftaten zu verhindern suchen, zum anderen dass sie durch die Einwirkung auf den Täter die Sicherung der Allgemeinheit vor demselben erreichen und einer zukünftigen Gefährdung entgegenwirken wollen. Die generalpräventiven Ansätze wollen nach einem Normbruch das Vertrauen der Gesellschaft in die Geltung und Durchsetzung der Rechtsordnung stabilisieren sowie, durch Strafandrohung und die Gewissheit ihres Vollzugs und ihrer Durchsetzung, tatgeneigte Personen von der Begehung der Tat abhalten. Die herrschende Vereinigungstheorie, die absolute wie auch präventive Theorien gleich mit welcher Schwerpunktsetzung miteinander verknüpft, stellt eine prospektive Orientierung des Strafrechts heraus. Die gegenwärtige Gesetzeslage verdeutlicht dies durch das Erfordernis der „Verteidigung der Rechtsordnung“[148] sowie dadurch, dass gem. § 46 I StGB die Wirkungen der Strafe auf das künftige Leben des Täters in der Gesellschaft Berücksichtigung finden müssen. In § 47 I StGB ist der negativ spezialpräventive Charakter der Strafe erkennbar.[149] Insbesondere die Möglichkeit der Strafaussetzung bei einer positiven Prognose für den Täter in § 56 I StGB lässt die Bedeutung zukünftiger Ereignisse und deren Eintrittswahrscheinlichkeit für das originär rückwärts gewandte, repressive Strafrecht erkennen. Prävention ist somit ein wichtiger Teil auch des klassischen Strafrechts, liegt in ihr doch in einer freiheitlichen, moder-

---

147 Möstl, Die staatliche Garantie für die öffentliche Sicherheit und Ordnung, Tübingen 2002, S. 148.

148 § 47 I StGB, § 56 III StGB sowie § 59 I Nr. 3 StGB und deren strafprozessuale Entsprechung etwa in § 154 I Nr. 2 StPO; spezialpräventive Zwecke werden zudem in § 2 StVollzG deutlich.

149 „...zur Einwirkung auf den Täter...“

nen Gesellschaft neben anderen Gründen gar die existenzielle Rechtfertigung von Strafrecht. „Die Rechtfertigung von Strafrecht und Strafen gelingt heute über das Versprechen günstiger Folgen, oder sie gelingt nicht."[150] Dabei wird aber auch deutlich, dass dort, wo Prävention und Repression Hand in Hand gehen, eine klassische Reihenfolge eingehalten wird, nämlich die eines „geordneten Nacheinander[s]: 'Prävention durch Reaktion'".[151] Es geht also bei den im heutigen Strafrechtsverständnis fest eingebetteten Präventionslinien um Straf(rechts)rechtfertigung, um die Legitimation eines repressiven Handelns durch präventive Zwecke. Weniger strafrechtsimmanent sind hingegen originär präventive Zwecke im Sinne reiner Gefahrenabwehr, die jedoch – deutlich zu sehen an der Anti-Terror-Gesetzgebung – in hohem Maße Einzug in das Strafrecht gehalten haben, was in der Gesamtschau zu einer Grenzverwischung zwischen Strafrecht und Gefahrenabwehrrecht führt.

### *b) Die Maßregeln der Besserung und Sicherung*

Ein weiterer explizit präventiver Teil des Strafrechts ist die sog. „zweite Spur", das System der Maßregeln der Besserung und Sicherung.[152] Dieses System wird deshalb „zweite Spur"[153] genannt, da neben der an der Schuld orientierten Strafe Maßregeln der Besserung und Sicherung unabhängig von der Schuld des Täters verhängt werden können. Das System der Maßregeln der Besserung und Sicherung wirkt daher rein präventiv und ist auf die Verhinderung zukünftiger Taten ausgerichtet. Es hat gefahrenabwehrenden Charakter[154] und verfolgt in erster Linie spezialpräventive Besserungs- und Sicherungszwecke, im Falle der Sicherungsverwahrung basierend auf empirischen Wahrscheinlichkeiten, die mittels Gutachten zu sozialen und psychologischen Befunden des Täters gemessen werden. Die Maßregeln entfalten aber auch generalpräventive Wirkungen. So sind der drohende Entzug der Fahrerlaubnis oder die Sicherungsverwahrung bzw. die Unterbringung in einer psychiatrischen Anstalt oftmals abschreckender als es die Strafandrohung ist.[155] Grundlage der Verhängung einer Maßregel ist die „fortdauernde Gefährlichkeit für die Zukunft"[156], was allerdings nicht dazu führt,

150 Hassemer, in: FS Schroeder, S. 51, 56.

151 Hassemer, in: FS Schroeder, S. 51, 65.

152 Eser, in: FS Müller-Dietz, S. 213–236.

153 Die Konzeption der Zweispurigkeit geht zurück auf den schweizerischen Strafrechtslehrer Carl Stooss (1849-1934) und ist für Deutschland unter anderem in der Lehre Franz v. Liszt (1851-1919) angelegt, der jedoch von Sicherheits*strafen* spricht.

154 Riess, in: FS Otto, S. 955, 958 f.

155 So auch: Roxin, Strafrecht AT, § 3 Rn 64.

156 Roxin, Strafrecht AT, § 1 Rn 3.

dass Strafe und Maßregel trotz ihrer unterschiedlichen Grundlagen – Schuld des Täters bei Begehung der in der Vergangenheit liegenden Tat bzw. fortdauernde Gefährlichkeit für die Zukunft – in einem Alternativitätsverhältnis stehen. Vielmehr stehen Schuld und Gefährlichkeit und damit auch Strafe und Maßregel „zueinander im Verhältnis zweier sich überschneidender Kreise“.[157] Die wohl bekannteste und umstrittenste Maßregel ist die der Sicherungsverwahrung gem. §§ 66 ff. StGB.[158] Das System der Maßregeln der Besserung und Sicherung verdeutlichen, dass streng präventiv orientierte Maßnahmen dem klassischen Strafrecht nicht fremd sind.

### *c) Wiederholungsgefahr als Haftgrund, § 112a StPO*

Eine weitere präventiv ausgerichtete Vorschrift auf strafprozessualem Gebiet ist die des Haftgrundes der Wiederholungsgefahr. Nach *Hassemer* trägt sie das „Kainszeichen“ der materiellrechtlichen Zielverfolgung der Straftatenverhütung auf der Stirn und dient nicht, wie die Untersuchungshaft sonst, dem prozessualen Ziel der Verfahrenssicherung.[159] Ohne auf diese angesprochene Problematik näher einzugehen, kann festgehalten werden, dass die Existenz dieser Vorschrift zum einen zeigt, dass sich das Strafrechtssystem in zunehmender Weise prospektiv orientiert und zum anderen, dass, basierend auf vergangenem Verhalten, Prognoseentscheidungen über zukünftiges Verhalten getroffen werden und hieran strafrechtliche Konsequenzen geknüpft werden.

## 2. Die Andersartigkeit der beschriebenen Prävention im Strafrecht

Die oben beschriebene Prävention ist Prävention im Mantel der Repression. Sie wirkt im Interesse der Sicherheit für die Zukunft, fußt allerdings auf retrospektiven Erkenntnissen und Tatsachen. Insbesondere wird dies im Falle der Sicherungsverwahrung deutlich. Auch wenn die Anordnung, Ausgestaltung und Dauer der Sicherungsverwahrung sich nicht nach der konkreten Tatschuld bestimmt

157 Roxin, Strafrecht AT, § 1 Rn 3.

158 Vgl. nur: Bender, Die nachträgliche Sicherungsverwahrung, Frankfurt am Main 2007; Rissing-van Sann, in: FS Nehm, S. 191–204; Rosenau, in: FS Venzlaff, S. 286 ff.; Zschieschack, et al., JZ 2006, S. 895–899; BVerfGE 109, 133 ff.; auch zu den mit der Materie verbundenen gesetzgebungskompetenzrechtlichen Fragen: BVerfGE 109, 190 ff. sowie Ullenbruch, NJW 2006, S. 1377–1385; aus kriminologischer Sicht: Barton, "...weil er für die Allgemeinheit gefährlich ist!", Baden-Baden 2006.

159 Hassemer, HRRS 4/2006, S. 130–143 : 130, 133 f.

und im Gegensatz zur schuldangemessenen Strafe keinen Strafcharakter hat, so haben jedoch beide, Strafe wie Sicherungsverwahrung, ihren gemeinsamen Anknüpfungspunkt in der Anlasstat.[160] Auch die Maßregel ist daher Antwort auf vergangenes Verhalten, ohne jedoch in irgendeiner Art und Weise eine Sühnefunktion auszuüben.[161] Die Sicherungsverwahrung soll Gefahren vorbeugen, in die Zukunft wirken und die Allgemeinheit schützen[162], basierend allerdings auf Erkenntnissen aus vergangenem Verhalten des Delinquenten. Durch die „Kumulation der qualifizierten strafrechtlichen Tatbestandsbindung, der strafrechtlich-prozessualen Sicherungen sowie der gerichtlich geprüften Prognoseentscheidung im Hinblick auf eine zukünftige Gefährlichkeit“[163] wird die Sicherungsverwahrung in das Geflecht rechtsstaatlicher Schutzstandards eingebunden.

Die auf die Zukunft gerichteten, präventiven Wirkungen des Strafrechts wie die Stärkung des Vertrauens in die Rechtsordnung und die Abschreckungswirkung der Strafe beruhen auf der Durchsetzung strafrechtlicher Sanktionen, also wiederum auf repressivem Handeln. Im Hinblick auf den Terrorismus bringt dieses System der repressiven Prävention die Gefahr des Versagens im Angesicht von zu allem entschlossenen Selbstmordattentätern mit sich. Das durch die spezielle Situation terroristischer Bedrohung eingeforderte Verständnis von Prävention ist daher ein anderes. Es ist gerichtet auf Befugnisse und Maßnahmen im Vorfeld der klassischen Grenzen etwa des Versuchsbeginns oder des Anfangsverdachts[164] im Strafrecht oder der konkreten Gefahr im Polizeirecht. Prävention, die sich als Antwort auf die Risiken der zu Beginn der Arbeit beschriebenen terroristischen Bedrohungslage versteht, hat zuvörderst ein Ziel: die Informationsgewinnung. Nachgeschaltet bzw. als Legitimationsgrundlage wird im materiellen Strafrecht ebenfalls auf eine breit angelegte, möglichst flächendeckende Strafbarkeit von Handlungen gesetzt, die den Schluss möglich erscheinen lassen,

160 Siehe zum Verhältnis der Freiheitsstrafe und der Sicherungsverwahrung: BVerfGE 109, 133, 167 ff.

161 Ähnlich Roxin, Strafrecht AT, § 3 Rn 65, der basierend auf seinem vorwiegend präventiven Verständnisses des Strafzweckes Strafe und Maßregel bzgl. ihres Zweckes gleichsetzt („...dass der Zweck von Strafe und Maßregel sich im Wesentlichen nicht unterscheidet“) und das entscheidende Unterscheidungsmerkmal in ihrer Begrenzung sieht („Strafe und Maßregel weichen also nicht im Ziel, sondern in der Begrenzung voneinander ab.“). Er spricht insoweit von einer „Annäherung an die Einspurigkeit“, Roxin, Strafrecht AT, § 3 Rn 68.

162 Zur Funktion der Sicherungsverwahrung vgl. BVerfGE 2, 118, 120.

163 Sieber, ZStW 119 (2007), S. 1, 47.

164 Bezogen auf die klassischen Verletzungsdelikte. Versuch und Anfangsverdacht hinsichtlich neu geschaffener Vorfelddelikte bringen wiederum eigenständige Probleme mit sich.

eine konkrete Planung eines terroristischen Anschlages stehe unmittelbar bevor oder sei das langfristige Ziel der handelnden Personen. Dieser Raum eher vager Verdachtsmomente wird durch mannigfaltige Informationsgewinnungseingriffe und durch eine Vielzahl von materiell strafrechtlichen Regelungen abgesteckt, die zum Teil sogar im Vorfeld des § 30 StGB, der Verbrechensverabredung, operieren. Dem Ziel der Informationsgewinnung wird dabei eine derart hohe Priorität zugemessen, dass durch das Geflecht aus Vorfelddelikten und strafprozessualen Befugnisnormen ermöglicht wird, Gefahrerforschungseingriffe durchzuführen. Die Vorverlagerung der Befugnisse geschieht also in doppeltem Maße: Zum einen wird der repressive Strafrechtsschutz mit Hilfe abstrakter Gefährdungsdelikte in Kombination mit unscharfen Kollektivrechtsgütern auf Vorgänge ausgedehnt, die sich weit vor einer konkreten Rechtsgutsverletzung ereignen. Zum anderen werden Maßnahmen von tiefgreifender Eingriffsqualität zur Ermittlung von Tatsachen, die eine Strafbarkeit gemäß dieser Tatbestände begründen, zur Verfügung gestellt. Die Prävention des Strafrechts durch Repression, wie sie vorstehend beschrieben worden ist, ist also gegenüber der Prävention im gefahrenabwehr- oder sicherheitsrechtlichen Verständnis wesensverschieden. Erstere Interpretation des Präventionsbegriffs geht davon aus, dass Prävention mittelbar durch strafrechtliche Vergeltung erreicht wird. Damit wird nicht der Vergeltung der Vorrang vor anderen Strafzwecken gegeben, sondern sich ihrer als Vehikel schuldangemessenen und präventionsbegrenzenden Strafens bedient. Prävention ist damit „als Rechtfertigung strafrechtlicher Eingriffe der Aufgabe des Strafrechts, Straftaten angemessen zu beantworten, temporal und normativ nachgeschaltet.“[165] Auch die nicht auf der konkreten Tatschuld basierenden und prinzipiell präventiv orientierten Maßregeln zur Besserung und Sicherung sind dennoch aufgrund ihres Vergangenheitsbezuges diesem Präventionsverständnis verpflichtet.

Das zweite Präventionsverständnis hingegen sieht in ihr einen eigenständigen und vor allem originären Zweck, der zu erreichen gesucht wird. Sie ist gerade nicht temporal und normativ nachgeschaltet, sondern Primärzweck. Prävention in diesem Sinne ereignet sich eben nicht, wie *Hassemer* es für die erste und nach seinem Verständnis einzige im Strafrecht eine Existenzberechtigung besitzende Form der Prävention konstatiert, „im Rücken stetiger und gleichmäßiger gerechter Tatvergeltung“[166], ist eben nicht „deren langfristige Folge [und] Hoffnung der Strafjustiz“[167], sondern deren unmittelbares Produkt. *Strate* drückt es drastisch aus, indem er sagt, dass beispielsweise die Regelungen des „Gesetzes

165 Hassemer, ZIS 2006, S. 266, 272.
166 Hassemer, ZIS 2006, S. 266, 272.
167 Hassemer, ZIS 2006, S. 266, 272.

zur Bekämpfung des illegalen Rauschgifthandels und anderer Erscheinungsformen der organisierten Kriminalität (OrgKG)"[168] eine „vorrangig präventive Stoßrichtung [verfolgen], für die die Strafsanktion gegen den Einzelnen nur transitorisches Moment eines strategisch zu führenden 'Kampfes' gegen die organisierte Kriminalität"[169] ist. Prävention ist demnach ein prospektives, auf zukünftiges Geschehen abzielendes (Straf-)rechtswirkungsverständnis. *Walter* beschreibt diese neuere Art der Prävention als „'Ubiquitäts'prävention"[170], die sich im Besonderen dadurch auszeichnet, dass sie den Anspruch erhebt, sich durch „eine gebündelte Vielzahl konkret intervenierender Regelungen" in erster Linie „gegen Tatgelegenheiten [...] und dazugehörige potentielle oder vorstellbare Täter(gruppen)" zu richten.[171] Dies habe die Folge, dass kein konkreter Eingriffsgrund abgewartet werden muss, sondern ein Präventionsgrund bereits dann vorliegt, sobald künftige Delikte zu befürchten sind. Im Endeffekt führe dies zu einer „Überfrachtung des Geschehens mit empirischen Wirkungs-vorstellungen" [172] sowie zu einem „Universalismus des Präventionsansatzes".[173]

# III. Das Präventionsparadigma in der neuesten Strafrechtsentwicklung

## 1. Vorverlagerung von Strafbarkeit

Die Betonung des Präventionsgedankens in der neueren Strafrechtsgeschichte ist der zunehmenden Erwartungshaltung der Bevölkerung und dem daraus resultierenden politischen Druck auf den Gesetzgeber sowie den neuen Herausforderungen der aktuellen Sicherheitslage geschuldet. Die Tatsache, dass eine Regierung sich durch mangelndes Engagement in den Augen der Öffentlichkeit in ein Licht rücken lassen könnte, das sie als unbedacht oder unvorsichtig darstellt, führt zu dem Drang, durch rege legislative Tätigkeit den Eindruck zu vermitteln, dass alles Menschenmögliche getan werde, um Gefahren, die in der Zukunft drohen, zu verhindern. Dieser politische Druck und die Erwartungshaltung der Bürger gehen zurück auf die gesellschaftlichen Veränderungen der jüngeren Vergangenheit. Neben dem Topos der Prävention steht der des Vorfeldschutzes auf der

168 BGBl. I 1992, S. 1301.
169 Strate, StV 1992, S. 29, 31.
170 Walter, in: FS Hirsch, S. 897, 901.
171 Walter, in: FS Hirsch, S. 897, 901.
172 Walter, in: FS Hirsch, S. 897, 901.
173 Walter, in: FS Hirsch, S. 897, 914.

Agenda der Kriminalpolitik ebenfalls weit oben, „steht er doch für einen effizienten, den Anfängen wehrenden Einsatz des Strafrechts."[174]

„Risikogesellschaft"[175], „Informationsgesellschaft" und „Globalisierung" stehen als Schlagworte für soziale, politische und auch Kriminalitätsentwicklungen. Aus ihnen heraus und mit der Schnelligkeit ihrer Entwicklung und ihres Voranschreitens produzieren sie Ängste und Unsicherheit in der Bevölkerung und neue Risiken.[176] Aus der Paarung von Ängsten und Risiken ergibt sich die Forderung nach der Beherrschung dieser Risiken. Zu diesem Zweck greift der Gesetzgeber zunehmend auf strafrechtliche Mittel zurück. Dies tut er insbesondere deshalb, weil das Strafrecht im Bewusstsein der Bevölkerung als wirksamstes und besonders eingriffsintensives Mittel verankert ist und als schärfste staatliche Handhabe angesehen wird. Aufgrund der Komplexität und Internationalität neuerer Kriminalitätsformen, nicht zuletzt der des internationalen Terrorismus, stößt das Strafrecht an seine territorialen wie funktionalen Grenzen.[177] Der Versuch, Gefahren und Risiken durch Strafrecht zu minimieren, führt dazu, dass die traditionellen strafrechtlichen Grenzen staatlichen Eingreifens nach vorne verlagert werden und Strafrecht sich dadurch immer weniger als Reaktion oder Antwort auf eine Tat versteht, sondern vielmehr als umfassendes Sicherheitsinstrument gebraucht wird.

Zu diesem Zweck kann notwendigerweise auf die klassische Strafnorm, die auf die Verletzung eines Individualrechtsgutes reagiert, nicht zurückgegriffen werden. Daraus resultiert das Bestreben der Schaffung von Regelungen und dogmatischen Strukturen, die es ermöglichen sollen, Gefahren frühzeitig zu erkennen und ihnen effektiv entgegenzuwirken. Dies wird durch Normen erreicht, die Verhalten pönalisieren, das im Vorfeld einer Rechtsgutsverletzung anzusiedeln ist, um dadurch eine repressive Handhabe gegen die betreffenden Personen zu haben und so eine weitere Ausführung der Vorfeldhandlungen und die daraus eventuell resultierende Realisierung der Gefahr verhindern zu können. Die Früherkennung und Gegenwirkungsmöglichkeit wird erhöht, indem diese Delikte als Anknüpfungspunkte und Ermächtigungsgrundlagen für Ermittlungseingriffe fungieren. Das Vorfeld konkreter Rechtsgutsverletzungen wird also immer mehr Gegenstand strafrechtlicher Maßnahmen.

Die Ausweitung der das Vorfeld kriminalisierenden Normen ist insbesondere dann zu beobachten, wenn es um Sachverhalte geht, in denen komplexe Täter-

---

174 Hefendehl, Kollektive Rechtsgüter im Strafrecht, Köln 2002, S. 36.

175 Begriff geprägt von Beck, Risikogesellschaft, Frankfurt am Main 2006.

176 Beck, World risk society, Cambridge 1999; Beck, Weltrisikogesellschaft, Frankfurt am Main 2007.

177 Sieber, ZStW 119 (2007), S. 1, 3.

strukturen und netzwerkartig organisierte Gruppen agieren.[178] Durch einen großen Kreis zusammenwirkender Personen können einzelne Tatbeiträge schwer zugeordnet, verwirrende Verweise auf die Verantwortlichkeit anderer Personen gegeben und Zweifel an der Verantwortlichkeit einer konkreten Person im Rahmen der Strafverteidigung einfacher und erfoglversprechender vorgebracht werden. Damit gehen Schwierigkeiten bei der Beweisführung einher. Die konkret verlangten Nachweise bestimmten Verhaltens sind schwer zu führen. Ist ein derartiger Bereich ausgemacht und als bestrafenswertes Verhalten klassifiziert worden bzw. entstehen Kriminalitätsformen dieser Art in bislang schon pönalisierten Bereichen, so werden zur Erleichterung der Beweisführung und vor allem der Ermittlungstätigkeit und der Ermittlungsansatzmöglichkeiten schon vorbereitende Handlungen unter Strafe gestellt.[179]

Was in den Bereichen der strafrechtlichen Sozialkontrolle, im Umwelt-, Betäubungsmittel- und Wirtschaftsstrafrecht gilt[180], tritt im Rahmen der strafrechtlichen Bestimmungen, die die Materie des Terrorismus behandeln, in besonderer Art und Weise in Erscheinung. Hier wird die terroristische Bedrohung, die sich aus der sicherheitspolitischen Weltlage für Deutschland ergibt, umgemünzt in das Bestreben, durch strafrechtliche Regelungen Risiken frühzeitig mit Sanktionen zu belegen und durch die Verknüpfung mit strafprozessualen Ermittlungsbefugnissen möglichst weitreichende und vor allen Dingen früh ansetzende Ermittlungsmaßnahmen zu schaffen. Geht man vom Beispiel des § 129a StGB aus, so wird nicht nur eine konkrete Rechtsgutsverletzung bestraft, sondern der Zusammenschluss von Personen zu dem Zweck, eine solche Verletzung zu begehen, bis hin zur Sanktionierung der Gründung einer Vereinigung, deren Ziel lediglich auf die Androhung von Straftaten aus dem Katalog des § 129a I und II StGB gerichtet ist.

Nach *Hefendehl* handelt es sich beim strafrechtlichen Vorfeldschutz „um die Pönalisierung solcher Verhaltensweisen, bei denen es *keine* Frage des Zufalls ist, daß das Rechtsgut nicht zu Schaden kommt."[181] Zur Verdeutlichung stellt er den Fall der Trunkenheitsfahrt dem des § 30 StGB gegenüber. Die Strafbarkeit einer Trunkenheitsfahrt sei nicht zum Bereich der das Vorfeld pönalisierenden Normen zu zählen, da man mit einem Schadenseintritt rechnen müsse. Hier sei das glimpfliche Ausgehen gerade zufallsabhängig. Nicht so im Falle des § 30 StGB, da dort die Strafbarkeit darauf gerichtet sei, „daß erst in Zukunft ein bestimmtes

---

178 Sieber, ZStW 119 (2007), S. 1, 27 f.

179 Vgl. Weigend, in: FS Triffterer, S. 695 ff.

180 Man betrachte nur die Tatbestände des Betäubungsmittelstrafrechts, der verschiedenen Betrugsvorschriften, der Untreue und der Geldwäsche.

181 Hefendehl, Kollektive Rechtsgüter im Strafrecht, Köln 2002, S. 36.

Rechtsgut verletzt werden soll. Der konkrete und gegenwärtige Wert der in Frage stehenden Rechtsgüter verändert sich dadurch zwingend noch nicht.“[182] Es bedarf also – anders als bei § 316 StGB – noch einer weiteren Entscheidung, damit das Rechtsgut in Gefahr gerät. Darüber hinaus zeichnen sich nach *Hefendehl* Vorfeldschutznormen auch dadurch aus, dass sie „rein funktional auf einen effektiven Schutz der dahinter stehenden individuellen wie kollektiven Rechtsgüter ausgerichtet [sind]. Der jeweilige Rechtsgutsträger würde gegenwärtig auf diesen zusätzlichen Schutz verzichten können, ohne daß eine aktuelle Einbuße in seinen Verwirklichungsmöglichkeiten damit verbunden wäre.“[183] So verhält es sich auch im Falle des § 129a StGB. Die Gründung einer Vereinigung oder die Androhung der Begehung von Straftaten bergen zwar ein erhöhtes Risiko der Verletzung konkreter Rechtsgüter in sich, wie es auch bei einer konspirativen Verabredung nach § 30 StGB der Fall ist, der konkrete und gegenwärtige Wert der fraglichen Rechtsgüter ändert sich jedoch unmittelbar nicht. Er bleibt vielmehr, trotz der immer noch herrschenden Gefahr, auch ohne den strafrechtlichen Schutz der gleiche. Legt man also diesen Maßstab einer Beurteilung des § 129a StGB zugrunde, gelangt man zu dem Ergebnis, dass § 129a StGB ein prototypisches Beispiel für die Pönalisierung des Vorfeldbereiches darstellt.

## 2. Dogmatische Konsequenzen

Ein Strafrecht, das sich die Fähigkeit zur Steuerung von Risikolagen, die im technologischen Bereich, auf dem Feld des Terrorismus oder der Organisierten Kriminalität liegen, auf die Fahnen schreibt, muss sich gegenüber der klassischen Zielsetzung des Strafrechts auch einigen dogmatischen Veränderungen unterziehen. Die präventive Ausrichtung und Zielsetzung neuerer Straftatbestände wie auch die Pönalisierung des Vorfelds von Rechtsgutsverletzungen machen dies nötig. Zum einen ergeben sich Konsequenzen im Hinblick auf die formale Ausgestaltung von Tatbeständen sowie auf die verwandte Terminologie. Zum anderen haben diese dogmatischen Anpassungen Auswirkungen auf den bevorzugten Deliktstypus sowie die zu Grunde liegenden Rechtsgüter, die einer Entindividualisierungstendenz unterliegen. Will man – wie beschrieben – terroristische Gefahrenlagen strafrechtlich fassen, kann man auf traditionelle, individualrechtsgüterschützende Verletzungsdelikte nicht zurückgreifen. Die Verwendung von Strafrecht als Risikosteuerungsrecht und Recht zur Gefahrenvorbeugung und -vermeidung fordert eine dogmatische Anpassung im Bereich der Rechtsgü-

182 Hefendehl, Kollektive Rechtsgüter im Strafrecht, Köln 2002, S. 36.
183 Hefendehl, Kollektive Rechtsgüter im Strafrecht, Köln 2002, S. 37 f.

ter und der Deliktstypen. Abstrakte Gefährdungsdelikte meist in Verbindung mit Kollektivrechtsgütern bilden hierbei das Instrumentarium des materiellen Strafrechts.[184] Insbesondere die Vorbereitungsdelikte spielen hier eine hervorgehobene Rolle. Hinzu tritt die Form der Organisationsdelikte, die den Schwierigkeiten, die komplexe Täterstrukturen, arbeitsteiliges Vorgehen sowie flach-hierarchisch und netzwerkartig organisierte Gruppierungen an das Strafrecht stellen, Rechnung tragen. An diese Besonderheiten materiellen Strafrechts schließt sich ein auf Ermittlungseffizienz ausgerichteter Tatbestandstypus an, der als sog. „Brückennorm" die Verbindung vom materiellen zum prozessualen Strafrecht herstellt.

### *a) Formale Konsequenzen*

Im Bereich der formalen Konsequenzen, die die oben beschriebene Ausrichtung des „modernen" Strafrechts[185] nach sich ziehen, ist zunächst das äußere Erscheinungsbild derartiger Normen hervorzuheben. Dies betrifft vor allem die Übersichtlichkeit der Tatbestände sowie ihre Länge und Komplexität. Dabei kommen in erhöhtem Maße unbestimmte, allgemeine Rechtsbegriffe zur Anwendung. Darüber hinaus wird auf eine umfassende Verweisungstechnik zurückgegriffen, die in zum Teil uferlose Tatbestandskataloge und Ausnahmeregelungen mündet. Exemplifizieren lässt sich dies an einem in der Literatur oft gerügten Negativbeispiel: Dem Tatbestand der Geldwäsche in § 261 StGB.[186] Aber auch die §§ 129 ff. StGB zeichnen sich nicht durch klare und übersichtliche Strukturen und verständliche Formulierungen aus. Gerade die Umsetzung des EU Rahmenbeschlusses vom 13. Juni 2002 führte zu einer „teilweise schwer durchschaubaren Verschachtelung von objektiven Zwecken, subjektiven Absichten und Ketten-Verweisungen."[187] So nennt Abs. 2 Nr. 2 vierzehn verschiedene Paragraphen mit unübersichtlicher Aufzählung einzelner Absätze der Katalogtaten und in Abs. 2 Nr. 4 nochmals eine schwer entwirrbare Aufzählung von Normen aus dem Gesetz über die Kontrolle von Kriegswaffen, um daran anschließend mit einer Fülle ungenauer Begrifflichkeiten zu versuchen, den terroristischen Kontext zu um-

---

184 Zur besonderen Diskussion um die Rechtsgutbestimmung bei den §§ 129 ff. StGB siehe unten E. II.

185 Zum Begriff des „modernen" Strafrechts vgl. umfassend Hesel, Untersuchungen zur Dogmatik und den Erscheinungsformen "modernen" Strafrechts, Marburg 2004. v.a. S. 330 ff.

186 Vgl. bspw. Albrecht, StV 1994, S. 265, 266; Knorz, Der Unrechtsgehalt des § 261 StGB, Frankfurt am Main 1996, S. 183; Stratenwerth, in: Pieth (Hg.), Bekämpfung der Geldwäscherei, Basel 1992, S. 97, 119.

187 Fischer, § 129a Rn 6a.

schreiben, in dem die Katalogtaten zur Erfüllung des Tatbestandes stehen müssen.

### *b) Bekämpfungsrhetorik*

In Teilen der Literatur wird als semantisches Zeichen einer qualitativen Veränderung des Strafrechts die Benennung von Gesetzen als „Bekämpfungsgesetze" angeprangert.[188] Als Beispiele werden hier unter anderem die Gesetze zur Bekämpfung der Wirtschaftskriminalität[189], das Gesetz zur Bekämpfung des illegalen Rauschgifthandels und anderer Erscheinungsformen der Organisierten Kriminalität[190], die diversen Gesetze zur Bekämpfung des Terrorismus[191] „sowie – alles überwölbend – überhaupt [des] Verbrechen[s]"[192] genannt.[193] Diese Begriffsverwendung durch den Gesetzgeber wird auf verschiedenen Ebenen kritisiert.

Zum einen werde mit der semantischen Wende von Reformgesetzen hin zu Bekämpfungsgesetzen eine einen kontinuierlichen Ausnahmezustand legitimierende Bedrohungssituation kultiviert, um zu deren Bekämpfung auf die Unterstützung der Bevölkerung bauen zu können.[194] Dies führe zu einem „von Freiheitszumutungen unbehelligte[m] Quietismus [...], der sich bereitwillig mit dem Versprechen von existenzieller Sicherheit bedienen lässt."[195] In diesem Zusammenhang spricht *Frankenberg* vom Bekämpfungsrecht als Sonderpolizeirecht.[196] Die Diskussionen um ein Feindstrafrecht und um die Zulässigkeit von Rettungsfolter untermauerten laut *Frankenberg* diese Einschätzung.[197] Die Bekämpfungs-

---

188 Frankenberg, KritJ 2005, S. 370–386; Hassemer, in: FS Schroeder, S. 51–65; Scheffler, in: FS Schwind, S. 123, 125 ff.; Hefendehl in: Protokoll der 138. Sitzung des Rechtsausschusses des Deutschen Bundestages in der 14. Wahlperiode am 3. Juli 2002, S. 54.

189 Das erste vom 29.7.1976, BGBl I S. 2034; das zweite vom 15.5.1986, BGBl I S. 721.

190 Gesetz vom 15.7.1992, BGBl I S. 1302.

191 Gesetz zur Bekämpfung des Terrorismus vom 19.12.1986, BGBl I S. 2566; Gesetz zur Bekämpfung des internationalen Terrorismus vom 9.1.2002, verkündet in BGBl I 2002 Nr. 3 vom 11.1.2002; Gesetz zur Ergänzung des Terrorismusbekämpfungsgesetzes vom 5.1.2007, BGBl I 2007 Nr. 1 vom 10.1.2007.

192 Jakobs, in: Eser, et al. (Hg.), Die deutsche Strafrechtswissenschaft vor der Jahrtausendwende, München 2000, S. 47, 51.

193 Verbrechensbekämpfungsgesetz vom 28.10.1994, BGBl I S. 3186; einen Überblick über die Bekämpfungsgesetze findet sich in: Vormbaum, Einführung in die moderne Strafrechtsgeschichte, Berlin 2009, S. 262 f.

194 Frankenberg, KritJ 2005, S. 370, 373 ff.

195 Frankenberg, KritJ 2005, S. 370, 374.

196 Frankenberg, KritJ 2005, S. 370, 377.

197 Frankenberg, KritJ 2005, S. 370, 380 f.; auch der „Erfinder" des Feindstrafrechts sieht

gesetzgebung wandele Gefahrenabwehr und Strafverfolgung in ein „risikovorsorgliches" und hyperpräventives Bekämpfungsrecht.[198]

Ein weiterer Kritikpunkt an der Bekämpfungsrhetorik ist die semantische Verquickung von Strafrecht und Krieg.[199] Unter dem Eindruck eines „aggressiven und punitiven Stil[s] des kriminalpolitischen Diskurses" gebe der Strafgesetzgeber „die ihm angemessene Zurückhaltung auf" und bediene „sich zunehmend einer Rhetorik der 'Bekämpfung von Kriminalität'."[200] Auch *Jakobs* schließt sich dieser Ansicht an, wenn er zur Begründung seines Feindstrafrechts anführt, dass „[d]er prinzipiell Abweichende [...] nicht als Bürger behandelt, sondern [...] als Feind bekriegt werden [muss]."[201] *Kühl* stellte schon 1987 fest, dass die Verwendung des Wortes „Bekämpfung" die „Abstempelung der zu Bekämpfenden als Feinde oder gar als Vogelfreie"[202] impliziere. *Hettinger* verwies in diesem Zusammenhang darauf, dass man „Schädlinge [...] und Seuchen, vielleicht auch noch einen in das Land eingedrungenen Feind" bekämpfen mag, „[d]as Strafrecht in einem Rechtsstaat [...] jedoch andere Ziele" verfolge.[203] Er sieht in dem Begriff der „Bekämpfung" eine dem Strafrecht unangemessene „kriminalpolitische Instrumentalisierung"[204] desselben.

Es ist jedoch auch Vorsicht geboten, hier nicht einer Überinterpretation anheim zu fallen. Auch wenn die Bekämpfung von Graffiti-Schmierereien oder Stalkern etwas überzogen anmutet, so ist in der Begriffsverwendung nicht der Einzug des Kriegsrechts und der Kriegsrhetorik in das Strafrecht zu sehen, sondern vielmehr lediglich die Ausnutzung des symbolhaften und öffentlichkeitswirksamen Charakters des Wortes sowie die bloße Wiederholung eines Begriffs, der sich in neuerer Zeit als Bezeichnung für ein Gesetzeswerk, das es sich zur Aufgabe gemacht hat, einem als kriminell eingestuften Verhalten oder Phäno-

---

das Bekämpfungsrecht als Ausdruck eines schon existierenden Feindstrafrechts und als eines seiner beschreibenden Elemente: Jakobs, in: Eser, et al. (Hg.), Die deutsche Strafrechtswissenschaft vor der Jahrtausendwende, München 2000, S. 47, 51 f.

198 Frankenberg, KritJ 2005, S. 370, 380 f.

199 Frankenberg, KritJ 2005, S. 370, 373: „Rhetorik der Militanz", „...gleichsam militärisch Flagge zeigen"; Düx, ZRP 2003, S. 189, 191: „militärische Rhetorik"; Jareborg, in: Eser, et al. (Hg.), Die deutsche Strafrechtswissenschaft vor der Jahrtausendwende, München 2000, S. 411, 414: „militärische Terminologie"; Hefendehl, StV 2005, S. 156, 158; Scheffler, in: FS Schwind, S. 123, 125 ff.: „Unschädlichmachen".

200 Hassemer, in: FS Schroeder, S. 51, 57.

201 Jakobs, HRRS 3/2004, S. 88, 95.

202 Kühl, NJW 1987, S. 737.

203 Hettinger, Entwicklungen im Strafrecht und Strafverfahrensrecht der Gegenwart, Heidelberg 1997, S. 2263, 2264.

204 Hettinger, Entwicklungen im Strafrecht und Strafverfahrensrecht der Gegenwart, Heidelberg 1997, S. 2263, 2264.

men gezielt auch mit strafrechtlichen Mitteln entgegenzuwirken, eingebürgert hat. Bekämpfungsgesetze vor allem im Bereich des internationalen Terrorismus sind Gesetzes*pakete*, die eine Vielzahl an Gesetzen betreffen, das Strafrecht sogar bisweilen nicht oder nur am Rande tangieren. Bekämpfung bedeutet also in diesem Zusammenhang in erster Linie gezieltes Entgegenwirken auch mit strafrechtlichen Mitteln. Dies zu tun ist gutes Recht des Gesetzgebers, der insoweit einen weiten Gestaltungsspielraum besitzt. Ob die Namensgebung der Gesetze besonders glücklich gewählt ist, mag dahingestellt bleiben. In jedem Fall aber ist die bloße Bezeichnung von Gesetzen als Bekämpfungsgesetze noch kein Grund zu gesteigerter Sorge. Darüber hinaus würde die Bezeichnung eines entsprechenden Gesetzeswerkes beispielsweise als Reformgesetz an dessen Inhalt nichts ändern. Dieser wird jedoch Rechtswirklichkeit, der Name hingegen bleibt zweitrangig. Richtig allerdings ist der Hinweis von *Hettinger*, dass eine „Übertragung [der Bezeichnung von Gesetzen als Bekämpfungsgesetze, Anm. d. Verf.] auf strafrechtliche oder strafprozessuale Materien [...] einen falschen Zungenschlag" beinhaltet, denn „[d]as Strafverfahren dient nicht der Bekämpfung eines Feindes, sondern klärt rechtliche Verantwortung auf rechtliche Weise, das materielle Strafrecht zielt auf die schuldangemessene Ahndung der erwiesenen Straftat."[205] Die Einführung einer ein bislang nicht erfasstes Verhalten pönalisierenden Strafnorm im Rahmen eines Bekämpfungsgesetzes steht dem jedoch nicht entgegen. Insoweit ist das Strafrechtsverständnis hinter dem Bekämpfungsbegriff nicht unbedingt negativ konnotiert. Ein anderes Verständnis lässt *Lisken* durchblicken, der mit folgender Aussage den „Hintersinn" der Bekämpfungsterminologie beschreibt: „Wo es [...] um den 'Kampf' gegen den Feind geht, sind die besten Waffen gerade gut genug."[206] Jedoch liest auch *Lisken* aus der bloßen Begrifflichkeit zu viel heraus. Nüchtern gesehen müsste es heißen: Beim Vorgehen gegen Kriminalität sind die besten rechtsstaatlichen Waffen gerade gut genug.

Als besorgniserregend könnte weniger die Bekämpfungsrhetorik als vielmehr der Glaube an die negative Spezialprävention[207] und der Missbrauch des Strafrechts als Mittel symbolischer Politik angesehen werden.[208] In der Tat ist es insbesondere im Bereich von schwerer Kriminalität erwiesen, dass die negativ-spezialpräventiven Wirkungen von strafrechtlichen Sanktionen sehr begrenzt sind. Jedoch kann unter Umständen die Kriminalisierung einer Verhaltensweise zu einer Verhaltenssteuerung führen. So ist es korrekt, dass in der Tat das bloße

205 Hettinger, NJW 1996, S. 2263, 2264.

206 Lisken, ZRP 1993, S. 121, 122 Fn. 10.

207 Hefendehl, NJ 2002, S. 459 f.

208 Zur symbolischen Gesetzgebung siehe unten: D. III. 3.

Faktum der Strafbarkeit einer Handlung kaum in die Kosten-Nutzen Rechnung vor der Tat eingeht. Die Bestrafungswahrscheinlichkeit hingegen spielt eine größere Rolle, vor allem bei Delikten, die „ohne großes Nachdenken" begangen werden oder schon beinahe zum „Volkssport" geworden sind.[209] Wird die Tat also entsprechend verfolgt und geahndet, hat die Norm verhaltenssteuernde Funktion. Im Bereich der Terrorismusstrafbarkeit gilt dies allerdings nicht oder nur sehr bedingt, da es sich hier in erster Linie um Überzeugungstäter handelt, die ideologisch angetrieben sind und auf die die Strafbarkeit ihrer Handlungen keine abschreckende Wirkung entfaltet.

### c) *Unbestimmte Rechtsbegriffe*

Neben der Bekämpfungsrhetorik weisen die das Vorfeld einer Rechtsgutsverletzung erfassenden Delikte eine weitere inhaltliche Besonderheit auf. Diese besteht in der Verwendung ungenauer, weitgreifender Rechtsbegriffe. Begründet liegt diese Konsequenz darin, dass Vorfeldkriminalisierung durch Formulierung weit vorgelagerter Rechtsgüter und die Konstruktion vorfelderfassender Deliktstypen erreicht wird. Insbesondere die Kombination beider Methoden ist in besonderem Maße zur Erreichung dieses Zweckes geeignet.[210] Die Verwendung ungenauer Rechtsbegriffe fügt sich in dieses Konzept ein und verleiht den Tatbeständen eine zusätzliche Ausdehnung ihrer Reichweite.

Durch die prospektive Ausrichtung derartiger Delikte ist es notwendig, allgemeine Situationen und Voraussetzungen sowie mögliche gefährliche Handlungen oder Bestrebungen tatbestandlich zu fassen. Eine tatbestandliche Umschreibung abstrakter Gefahren und Verhaltensweisen, die eine abstrakte Gefährlichkeit in sich bergen, kann jedoch nur gelingen, wenn die tatbestandlichen Voraussetzungen so gewählt werden, dass sie eine Vielzahl von unterschiedlichen Handlungsmodalitäten erfassen.[211] Dies zu realisieren bedeutet oft eine kaum zu bewältigende Aufgabe. Daraus ergeben sich im Wesentlichen zwei Konsequenzen: Zum einen führt dies zur Formulierung von unüberschaubaren Einzelfallkatalogen, zum anderen, in der Bestrebung ebensolche zu vermeiden, zur Schaffung dehnbarer und ungenauer Rechtsbegriffe, die „einer nüchternen Subsumtion eigentlich nicht zugänglich sind und zumindest hart an die Grenze dessen ge-

209 Zu denken ist hierbei an die tausendfachen Urheberrechtsverletzungen durch Tauschbörsen im Internet oder Graffiti-Schmierereien.

210 Seelmann, KritV 1992, S. 452 f.

211 Heine, Vollzugsdefizite, Programmängel oder Überstrapazierung, Leipzig 1995, S. 22 spricht in diesem Zusammenhang, allerdings am Beispiel des Umweltstrafrechts, von „catch-all Tatbeständen".

hen, was Art. 103 II GG an blumig-unbestimmter Ausdrucksweise zulässt."[212] Am Beispiel des § 129a StGB ist hier vor allem Absatz 2 anzuführen, der aufgrund der Fülle unbestimmter Rechtsbegriffe im Hinblick auf das Bestimmtheitsgebot Bedenken ausgesetzt ist[213] und in der konkreten Normanwendung in der Praxis nur eine untergeordnete Rolle spielt.[214]

So ist zum einen die Bestimmung zur erheblichen Einschüchterung „der Bevölkerung" vor allem im Hinblick auf die Vorschrift des § 130 StGB unklar. Dort werden Teile der Bevölkerung als Angriffsobjekt genannt.[215] Ob daraus der Schluss gezogen werden kann, dass zur Verwirklichung des Tatbestandes des § 129a II StGB die Einschüchterung der gesamten Bevölkerung zu verlangen ist, kann bezweifelt werden.[216] Auch der Umfang und der Bezugspunkt der Einschüchterung sind unklar. Nach einer Ansicht soll eine Beeinträchtigung des allgemeinen Sicherheitsgefühls durch Hervorrufen, Aufrechterhalten oder Steigern eines allgemeinen Angstgefühls ausreichen[217], nach anderer Ansicht wird eine Einschüchterung erst dann angenommen, wenn sie zur Überwindung oder Verhinderung von Widerstand gegen die weitergehenden Ziele der Vereinigung dienen.[218]

Ebenso unscharf ist die Voraussetzung der Nötigung einer Behörde oder internationalen Organisation. Auch hier reicht das Auslegungsspektrum von dem Ausreichen einer Nötigung von Behördenmitarbeitern zu einem Tun oder Unterlassen im Hinblick auf die ihnen als solche obliegenden dienstlichen Aufgaben[219] bis hin zu einer Anlehnung an § 105 StGB, der nur in Extremfällen die Nötigung eines einzelnen Gremiumsmitglieds zulässt.[220]

---

212 WEIGEND, in: FS Nehm, S. 151, 164.

213 MünchKomm/MIEBACH/SCHÄFER, § 129a Rn 65 ff.; SSW/LOHSE, § 129a Rn 4; Sch/Sch/LENCKNER/STERNBERG-LIEBEN, § 129a Rn 2a; FISCHER, § 129a Rn 17.

214 Vgl. zur statistischen Bedeutung der Vorschrift BT-Drs. 11/1012, 11/2774, 11/6166, 14/5522 sowie LK/ BUBNOFF, vor § 129a Rn 16; NEHRING, Kriminelle und terroristische Vereinigungen im Ausland, Frankfurt am Main 2007, S. 463.

215 FISCHER, § 130 Rn 4.

216 Dagegen: FISCHER, § 129a Rn 15; BGH NStZ-RR 2006, 267, 268 (*„Freikorps ausländerfreies Havelland"*); dies annehmend aber: WEIGEND, in: FS Nehm, S. 151, 165; MünchKomm/MIEBACH/SCHÄFER, § 129a Rn 66, geht davon aus, dass als Folge der unterschiedlichen Formulierung zumindest „der weit überwiegende Teil der inländischen Population betroffen" sein muss; nach SK/RUDOLPHI/STEIN, § 129a Rn 9, muss ein „nennenswerter Teil der Gesamtbevölkerung" betroffen sein.

217 MünchKomm/MIEBACH/SCHÄFER, § 129a Rn 66.

218 FISCHER, § 129a Rn 15; NEHRING, Kriminelle und terroristische Vereinigungen im Ausland, Frankfurt am Main 2007, S. 168.

219 FISCHER, § 129a Rn 15.

220 MünchKomm/MIEBACH/SCHÄFER, § 129 Rn 67 und § 105 Rn 11; hier wird vor allem die

Im Falle der dritten Variante[221] tritt deutlich der Versuch zutage, „eine kaum bestimmbare Vielzahl von Handlungen und Wertungen sowie von jeweils konkreten Umständen"[222] in den Tatbestand einzubinden. In der einschlägigen Kommentarliteratur wird nur zaghaft der Versuch unternommen, die Handlungsalternativen näher aufzuschlüsseln.[223]

*Fischer* zeigt eindrucksvoll die Folge der Tatbestandsfassung auf, indem er folgendes Fallbeispiel bildet:

> „Mit Freiheitsstrafe von 1 bis 10 Jahren wird auch bestraft, wer *versucht*, sich an einer Vereinigung zu beteiligen, die nach seiner irrigen Ansicht beabsichtigt, ein Kriegerdenkmal zu sprengen oder Viren in das Internet einzuspeisen, wenn er *denkt*, dies werde die werktätige oder rechtgläubige Bevölkerung 'aufrütteln' und zur Abschaffung der Bundeswehr oder zur Veränderung der wirtschaftlichen Grundstrukturen veranlassen."[224]

Hieran wird besonders deutlich, dass ein Tatbestand, der den Zusammenschluss von Personen unter Strafe stellt, die beabsichtigen, eine Tat zu begehen, die bestimmt ist, bspw. die soziale Grundstruktur eines Staates zu beseitigen, und geeignet, diesen erheblich zu schädigen, in der Praxis kaum eine materielle Relevanz haben kann. Die Verknüpfung einer Zweckbindung mit einer Begehungsabsicht, einer nach Tätervorstellung zu beurteilenden Bestimmung und einer zwar objektiven, aber auf der gedanklichen Vorstellung basierenden Eignung, kann sich kaum als alltagstauglich erweisen.

Selbst wenn man die rechtsstaatlichen Bedenken außer Acht lässt, dürfte es tat-

---

Anlehnung an den Gewaltbegriff des § 105 StGB angeregt. So auch Nehring, Kriminelle und terroristische Vereinigungen im Ausland, Frankfurt am Main 2007, S. 168 f., der mit BGHSt 32, 165, 171 die Gewaltschwelle in gleicher Weise wie beim Hochverrat bestimmen will. So für § 105 StGB auch Schönke/Schröder/Eser, § 105 Rn 6.

221 Diese stellt ein weiteres gutes Beispiel der Verschachtelung dar: „... wenn eine der [...] Taten [...] bestimmt ist, [...] die politischen, verfassungsrechtlichen, wirtschaftlichen oder sozialen Grundstrukturen eines Staates oder einer internationalen Organisation zu beseitigen oder erheblich zu beeinträchtigen, und durch die Art ihrer Begehung oder ihre Auswirkungen einen Staat oder eine internationale Organisation erheblich schädigen kann."

222 Fischer, § 129a Rn 15.

223 LPK/Kindhäuser, § 129a Rn 8; MünchKomm/Miebach/Schäfer, § 129a Rn 68 weist lediglich darauf hin, dass die Frage, inwieweit internationale Organisationen „eine 'soziale Grundstruktur' aufweisen können, deren gewünschte Beseitigung [...] einen terroristischen Charakter der Straftat zu begründen vermögen, [...] eine der zahlreichen Ungereimtheiten der neuen Norm [ist]."; SK/Rudolphi/Stein, § 129a Rn 10 bezeichnet die Bedeutung dieser Begriffe als „weitgehend im Dunkeln" liegend und „so vage, dass sie schwerlich dem Bestimmtheitsgebot des Art. 103 II GG" genügen.

224 Fischer, § 129a Rn 17 (Hervorhebungen im Original).

sächlich kaum möglich sein, die verschachtelten Tatbestandsvoraussetzungen im einzelnen zu beweisen.

### *d) Entindividualisierung*

Neben einer Verschiebung hin zu einem Vorsorgeparadigma kann man – wie *Lepsius* diagnostiziert – eine damit einhergehende Tendenz der Entindividualisierung der Grundrechte beobachten.[225] Er sieht den Blick auf die Grundrechte einem grundlegenden Perspektivenwechsel ausgesetzt. Der Einzelne werde in abnehmendem Maße als freies Individuum betrachtet. Vielmehr kommt seiner Rolle als Teil der Gesamtgesellschaft eine immer größer werdende Bedeutung zu. Die Bedrohung, der sich die Gesellschaft gegenübersieht, wird ebenfalls nicht als konkrete, individuelle Bedrohung, sondern als diffuse, allgemeine Bedrohungslage wahrgenommen. Zur Sicherung der Gesellschaft gegen diese allgemeine Bedrohung müsse der Einzelne daher zum Wohle der Gesamtgesellschaft auf Freiheitsrechte verzichten. Dies habe zur Folge, dass nicht mehr individuelle Grundrechtseingriffe mit individuellen Freiheitsrechten in Einklang gebracht werden müssten, sondern dass vielmehr der kollektiven Bedrohung nunmehr kollektive Rechte gegenüberstünden. Das Abwägungsverhältnis verschiebe sich daher „von der Abwägung individueller, subjektiv-rechtlicher Rechtspositionen zur einer Abwägung objektivrechtlicher Gesichtspunkte.“[226] Er bemängelt, dass die individuelle Freiheit nurmehr als Reflex der Freiheit der Gesellschaft geschützt würde und die individuelle Freiheit so unter „Gesellschaftsvorbehalt“ stünde.[227] Dieser Kritik schließt sich *Hassemer* weitgehend an, indem er feststellt, dass es immer weniger um den Schutz der Interessen Einzelner, immer mehr um die Pflege der Interessen der Allgemeinheit und des gesellschaftlichen Systems gehe.[228] Im Bereich des Terrorismusstrafrechts zeigt sich diese Entwicklung vornehmlich darin, dass die Strafbarkeit terrorismusrelevanter Handlungen in zunehmendem Maße auf Kollektivrechtsgüter wie die öffentliche Sicherheit und Ordnung[229] gestützt und so die Vorverlagerung der strafbaren Handlung in

225 Lepsius, The Relationship Between Security and Civil Liberties in the Federal Republic of Germany after September 11, S. 16 ff., online verfügbar unter http://www.aicgs.org/documents/lepsius.pdf, zuletzt geprüft am 01.02.2010.

226 Lepsius, The Relationship Between Security and Civil Liberties in the Federal Republic of Germany after September 11, S. 17, online verfügbar unter http://www.aicgs.org/documents/lepsius.pdf, zuletzt geprüft am 01.02.2010.

227 Wolter, in: FS Rudolphi, S. 733, 738 spricht von einer „Aufopferung von Freiheitsrechten unbeteiligter Dritter für die strukturelle Strafverfolgung des Staates“.

228 Hassemer, Einführung in die Grundlagen des Strafrechts, München 1990, S. 275.

229 So die Interpretation des Gesetzgebers und weiter Teile der Literatur für §§ 129 ff.

das Vorfeld der Deliktsvorbereitung erreicht wird. Kollektive Sicherheit und Pönalisierung der Verletzung von Kollektivrechtsgütern haben einen triumphalen Einzug in das Strafrecht gehalten.

### e) *Abstrakte Gefährdungsdelikte*

Aufgrund der Zielsetzung eines möglichst frühen Eingreifens strafrechtlichen Schutzes schon bei Anbahnung einer möglichen, zukünftigen Gefahr, greift der Gesetzgeber in größerem Maße auf den Deliktstypus des abstrakten Gefährdungsdelikts[230] zurück. Dies ist dessen dogmatischer Besonderheit geschuldet, die es erlaubt, Handlungen unter Strafe zu stellen, die, losgelöst von jedwedem Eintritt einer *konkreten* Gefahr oder gar einer Verletzung, abstrakt gefährlich erscheinen. Im Laufe der nunmehr weit über 100 Jahre andauernden, wissenschaftlichen Auseinandersetzung mit Gefahr und Gefährdung im Strafrecht[231], konnte die prinzipielle Legitimität abstrakter Gefährdungsdelikte zumindest insoweit begründet werden, als dass trotz des Fehlens allgemein anerkannter Kriterien und Legitimations*grundlagen* die generelle Daseinsberechtigung diesem Deliktstypus nicht mehr abgesprochen wird und dass sich trotz dieser Unwägbarkeiten eine Reihe „klassischer" abstrakter Gefährdungsdelikte herausgebildet hat.[232] Abseits der anerkannten abstrakten Gefährdungsdelikte zeigen sich jedoch die Schwierigkeiten, die eine Deliktsart in sich birgt, die entfernt von konkret messbarer Gefahr oder sichtbarer Verletzung operiert. Diese Schwierigkeiten liegen zum einen in der zuletzt immer häufiger anzutreffenden Verquickung abstrakter Gefährdungsdelikte mit großflächigen Universalrechtsgütern und zum anderen in der Problematik eines erhöhten Legitimationsdrucks bezüglich der Kriminalisierung spezieller Verhaltensweisen.[233] Insbesondere die strafrechtlichen Normen zur Terrorismusbekämpfung, naturgemäß durch ein erhöhtes Maß

---

StGB. Zur zutreffenden Gegenmeinung jedoch siehe unten E. II.

230 Zum Streit um die korrekte Terminologie siehe ausführlich: Hirsch, in: FS Tiedemann, S. 145, 146 ff. Er vertritt die Ansicht, dass der Oberbegriff der Deliktskategorie „Gefahrdelikte" heißen müsse, die sich in Gefährdungs- und Gefährlichkeitsdelikte unterteilen ließen. Bei letzteren wiederum könne man zwischen konkreten und abstrakten Gefährlichkeitsdelikten unterscheiden.

231 So der Titel eines Aufsatzes von Rotering, GA, 31 (1883), 266.

232 So spricht auch Roxin, Strafrecht AT, § 11 Rn 154 von „klassischen abstrakten Gefährdungsdelikte[n]" wie § 306a I StGB oder § 316 StGB.

233 Eine ausführliche Übersicht über den Meinungsstand zur Dogmatik der abstrakten Gefährdungsdelikte und ihrer Tatbestandsstrukturen zum Schutz universeller Rechtsgüter findet sich bei Anastasopoulou, Deliktstypen zum Schutz kollektiver Rechtsgüter, München 2005, S. 63 ff., 135 ff.

an Vorverlagerung ausgezeichnet, gehören zu der Klasse von abstrakten Gefährdungsdelikten, die dem Schutz von Universalrechtsgütern dienen sollen[234] und die in ihren Randbereichen Ausprägungen erhalten haben, die in besonderem Maße einer Legitimation der Kriminalstrafe bedürfen. Im Folgenden soll daher eine kurze Darstellung der wesentlichen Kritik an dem Deliktstypus des abstrakten Gefährdungsdelikts im Allgemeinen und die Einordnung der Terrorismusdelikte in dieses System im Speziellen unternommen werden.

*aa) Rechtsgüterschutz*

Das Konzept des abstrakten Gefährdungsdeliktes dient einem optimierten Rechtsgüterschutz.[235] So besteht weitgehend Einigkeit darüber, dass auch abstrakte Gefährdungsdelikte die gleichen Güter zum Schutzobjekt haben wie die klassischen Verletzungsdelikte. Von optimiertem Rechtsgüterschutz kann dahingehend gesprochen werden, als dass die betreffenden Rechtsgüter strafrechtlichen Schutz erfahren, schon bevor es zu einer konkreten, realen Beeinträchtigung kommt. Kontrovers diskutiert wird die Ansicht *Kindhäusers*, die den Sinn abstrakter Gefährdungsdelikte in der Gewährleistung kollektiver Sicherheit und nicht im Rechtsgüterschutz sieht.[236] Geschützt werde nach *Kindhäusers* Auffassung die „berechtigte Sorglosigkeit bei der Verfügung über Güter“[237], wohingegen die Rechtsgutsverletzung keinen Bezugspunkt für den Unrechts- oder den Schuldvorwurf darstelle.[238] *Roxin* stellt hier jedoch zutreffend fest, dass „die Herbeiführung von 'Sicherheit' wie bei allen anderen Tatbeständen nur die Begleiterscheinung und Folge des – vorverlagerten – Rechtsgüterschutzes ist.“[239] *Koriath*, der die Ansicht *Kindhäusers* als „[d]iskutabel und interessant“[240] ansieht, führt aus, dass die „Herstellung [...] kollektiver Sicherheit [...] die Funktion praktisch aller Rechtsnormen ist“ und der „Begriff [...] deshalb zu groß di-

234 Universalrechtsgut ist die öffentliche Sicherheit und Ordnung, die die (noch) herrschende Meinung als Schutzgut der §§ 129 ff. StGB ansieht. Aber auch die Gesamtheit der durch die Rechtsordnung geschützten Individualrechtsgüter kann in ihrer Summe zumindest entsprechend als ein Universalrechtsgut bewertet werden.

235 Koriath, GA 2001, S. 51, 67; Roxin, Strafrecht AT, § 11 Rn 156.

236 Kindhäuser, Gefährdung als Straftat, Frankfurt am Main 1989, S. 280 ff.; kritisch: Hirsch, in: FS Tiedemann, S. 145, 161 ff.; Krüger, Die Entmaterialisierungstendenz beim Rechtsgutsbegriff, Berlin 2000, S. 94 ff.; Roxin, Strafrecht AT, § 11 Rn 156; Zieschang, Die Gefährdungsdelikte, Berlin 1998, S. 351 ff. spricht vom „Höhepunkt der Aufweichung der Rechtsgüter“.

237 Roxin, Strafrecht AT, S. 282.

238 Roxin, Strafrecht AT, S. 290.

239 Roxin, Strafrecht AT, § 11 Rn 157.

240 Koriath, GA 2001, S. 51, 67.

mensioniert“ sei.[241] Allerdings spricht *Koriath* dem Konzept der abstrakten Gefährdungsdelikte eine Mittelposition zwischen direktem Rechtsgüterschutz, wie er von den Verletzungsdelikten geleistet wird, und dem Zustand kollektiver Sicherheit zu. Diese Mittelposition fülle das Konzept in Kombination mit dem Erfordernis der (Gemein-)Gefährlichkeit der Handlung aus.[242]

*bb) Abstrakte Gefährdungsdelikte und Schutz von Kollektivrechtsgütern*

Erste Zweifel an der Legitimität abstrakter Gefährdungsdelikte kommen auf, wenn dieser Deliktstypus auf Universalrechtsgüter trifft bzw. mit ihnen kombiniert wird, da dies zu einer großen Reichweite strafrechtlicher Normen führt und somit die Gefahr besteht, Alltagshandlungen zu pönalisieren, die zwar unter die Verbotsnorm zu subsumieren sind, denen jedoch kein Unrechtsgehalt innewohnt. *Hassemer* stützt seine Skepsis gegenüber der Validität abstrakter Gefährdungsdelikte daher auf eben diese Kombination von (abstraktem) Gefährdungsverbot und Universalrechtsgut.[243] Er beschreibt hier zwei Probleme: Zum einen die Schwierigkeit der Rekonstruierbarkeit des Zusammenhangs zwischen Gefährdungsverbot und Universalrechtsgut[244], zum anderen den Status von Universalrechtsgütern selbst. *Hassemer* behauptet hier, dass nicht nur die Fassungen der Rechtsgüter („vage und großflächig“) das Problem seien, sondern die Universalrechtsgüter selbst, da sie das eigentlich strafrechtsbegrenzend wirkende Rechtsgutskonzept bedrohten.[245] So würde eine großflächige Verwendung von abstrakten Gefährdungsdelikten zur Zunahme von sog. „soft-law“ und zur Verwischung des Schuldgrundsatzes führen. Geschuldet sei dies der Neigung des Gesetzgebers zur Gefahrenvorsorge und seinem Streben nach Erhöhung der Verurteilungswahrscheinlichkeit unter gleichzeitiger Reduzierung der Verteidigungsmöglichkeiten.[246] *Koriath* hingegen widerspricht dieser Auffassung dahingehend, dass er Universalrechtsgüter und ihre Abwägung mit Individualgütern als essentiell für die Entscheidung über die „Grundstruktur von Staat und Gesellschaft“[247] betrachtet. In *Hassemers* Verhältnisbestimmung würden Universalrechtsgüter jedoch, so die Kritik *Koriaths*, zu „außerordentlich nachrangigen Größen.“[248]

---

241 Koriath, GA 2001, S. 51, 67.

242 Koriath, GA 2001, S. 51, 67, 68.

243 Hassemer, Einführung in die Grundlagen des Strafrechts, München 1990, S. 274–276.

244 Hassemer, ZRP 1992, S. 378, 381.

245 Hassemer, NStZ 1989, S. 553, 557.

246 Hassemer, HRRS 4/2006, S. 130, 136 f.

247 Koriath, GA 2001, S. 51, 72.

248 Koriath, GA 2001, S. 51, 72.

Nichtsdestotrotz finden sich im Strafrecht einige verschiedene Normen zum Schutz kollektiver Rechtsgüter wie beispielsweise der Subventionsbetrug, die Trunkenheit im Verkehr, die Umweltdelikte, die Aussagedelikte oder eben, soweit man mit der derzeit wohl (noch) herrschenden Meinung von einem Schutzgut der öffentlichen Sicherheit und Ordnung ausgeht, auch die Antiterrordelikte.[249] Die Verbindung von überindividuellem Rechtsgut und abstraktem Gefährdungsverbot liegt vor allen Dingen auch darin begründet, dass „eine Rechtsguts*verletzung* entweder schon theoretisch schwer zu postulieren ist oder deren Feststellung doch im Einzelfall oft auf praktische Schwierigkeiten stößt.“[250] So ist es nahezu unmöglich nachzuweisen, dass eine Falschaussage die Rechtspflege im Allgemeinen geschädigt hat, genauso wie es kaum möglich sein wird zu beweisen, dass das Herunterladen einer Anleitung zum Bombenbau die öffentliche Sicherheit und Ordnung bzw. nach der hier vertretenen Auffassung die Gesamtheit der individuellen Rechtsgüter des Strafrechts geschädigt hat. Will man also komplexeren gesellschaftlichen Gebilden strafrechtlichen Schutz angedeihen lassen, so ist zum einen die abstrakte Umschreibung dieses Gebildes mit einem als Schutzgut tauglichen Begriff und zum anderen ein abstraktes Gefährdungsverbot vonnöten. Die Verknüpfung von Universalrechtsgut und abstraktem Gefährdungsdelikt kann daher legitim und sinnvoll sein. Selbst *Hassemer* spricht von einer kriminalpolitischen Sinnhaftigkeit abstrakter Gefährdungsdelikte im Falle von so „heterogenen Gebilden“ wie dem Straßenverkehr, dem Staatsschutz oder Versorgungs- und Informationssystemen.[251] *Schünemann* ist der Ansicht, dass multiple Kausalzusammenhänge und deren prinzipielle Undurchschaubarkeit kennzeichnend für die moderne Gesellschaft seien. Die Kombination aus abstraktem Gefährdungsdelikt und Universalrechtsgut liege daher in der Natur der Sache. Eine Verwehrung gegen diese Kombination komme einer Verwehrung gegen die Modernisierung des Strafrechts gleich.[252] Eine Sinnhaftigkeit dieser Kombination besteht allerdings nur dort, wo die Verknüpfung aus abstraktem Gefährdungsdelikt und Universalrechtsgut die von *Koriath* beschriebene Mittelposition zwischen Rechtsgüterschutz und dem komplexeren Zustand kollektiver

249 Zum Streit, ob es sich bei diesen Delikten um solche handelt, die die öffentliche Sicherheit und Ordnung als Schutzgut haben oder um solche, die einen vorverlagerten Schutz von Individualrechtsgütern darstellen, siehe unten E. II.

250 Arzt, et al., Strafrecht BT, Rn. 27, Hervorhebung durch Verfasser.

251 Hassemer, HRRS 4/2006, S. 130, 136; Hirsch, in: FS Tiedemann, S. 145, 155 liest daraus, dass es *Hassemer* eher um die „Verhinderung einer Akzentverlagerung des Strafrechts auf Vorfeldhandlungen als um die Behauptung einer Unvereinbarkeit [abstrakter Gefährdungsdelikte mit dem Kriminalstrafrecht, Anm. d. Verf.] schlechthin“ gehe.

252 Schünemann, GA 1995, S. 201, 211 ff.

Sicherheit, verknüpft durch die (Gemein-)Gefährlichkeit der Handlung, einnimmt.[253]

Es kann also festgehalten werden, dass die Staatsaufgabe Sicherheit auf verschiedenen Säulen ruht, von denen eine der strafrechtliche Rechtsgüterschutz ist. Teil dieses strafrechtlichen Rechtsgüterschutzes wiederum ist der (vorverlagerte) Schutz konkreter, auch überindividueller Rechtsgüter vor Gefahr. Abstrakte Gefährdungsdelikte übernehmen diese Funktion der Erfüllung eines Teils der Staatsaufgabe Sicherheit durch (vorverlagerten) Schutz konkreter, auch überindividueller Rechtsgüter. Der Grad der Gefährlichkeit der Handlung vermittelt Art und Weise sowie Intensität des Rechtsgüterschutzes.

#### *cc) Gefährlichkeit der Handlung*

Die Gefährlichkeit einer Handlung spielt eine zentrale Rolle für die Legitimität abstrakter Gefährdungsdelikte. Zum einen stellt die Handlung den objektiven Anknüpfungspunkt der Strafbarkeit dar und zum anderen ist sie das nach außen sicht- und wahrnehmbare Moment der Tat, durch das der Täter den Bereich seines *forum internum*[254] verlässt und wodurch sich seine schädliche oder gefährliche Absicht nach außen hin manifestiert.[255] Daher erscheint es angebracht, diesen Bereich auch hinsichtlich der verwandten Terminologie genauer zu betrachten. Hierfür kann die von *Hirsch* eingeführte präzise Terminologie einen Beitrag leisten.[256] *Hirsch* präferiert zur Bezeichnung der Gruppe der abstrakten Gefährdungsdelikte den Terminus der Gefährlichkeitsdelikte, da es bei einer abstrakten Gefährdung in erster Linie um die Gefährlichkeit einer Handlung geht und weniger um eine tatsächliche, wenngleich abstrakte, Gefährdung. Er nimmt im Rahmen der abstrakten Gefährdungsdelikte wiederum eine Unterscheidung zwischen abstrakten und konkreten Gefährlichkeitsdelikten vor.[257] Die Gefährlichkeitsdelikte sind in seinem Verständnis also die abstrakten Gefährdungsdelikte nach der herkömmlichen Terminologie, in denen eine als abstrakt gefährlich vertypte Handlung die Strafbarkeit auslöst. Das konkrete Gefährlichkeitsdelikt, das

253 Koriath, GA 2001, S. 51, 68.

254 Zum Begriff des *forum internum* siehe: Jakobs, ZStW 97 (1985), S. 751–785.

255 Dieses Legitimationskriterium richtigerweise besonders betonend: Sieber, Legitimation und Grenzen von Gefährdungsdelikten im Vorfeld terroristischer Gewalt, S. 1, 14, online verfügbar unter http://www.bundestag.de/bundestag/ausschuesse/a06/anhoerungen/Archiv/51_Staatsgef__hrdene_Gewalttaten/04_Stellungnahmen/Stellungnahme_Sieber.pdf, zuletzt geprüft am 01.02.2010.

256 Hirsch, in: FS Tiedemann, S. 145, 146 ff.; ebenso: Zieschang, Die Gefährdungsdelikte, Berlin 1998, S. 50 ff.

257 Hirsch, in: FS Tiedemann, S. 145, 146 ff.

sich durch eine gefährliche Handlung mit einer besonderen Schädigungseignung ohne das Vorhandensein einer konkreten Gefahr auszeichnet, siedelt er zwischen dem Erfordernis einer konkreten Gefährdung und der bloß abstrakten Gefährlichkeit einer Handlung an.[258] Hierbei stellt er das konkrete Gefährlichkeitsdelikt als legitime Ausdrucksweise eines präventiv orientierten Strafrechts dar, während abstrakte Gefährlichkeitsdelikte einer genaueren Prüfung unterzogen werden müssen und kein prinzipiell legitimer Bestandteil des strafrechtlichen Normenarsenals sind. So ist beispielsweise die schwere Brandstiftung ein solches konkretes Gefährlichkeitsdelikt. Es bedarf keiner realen Gefährdung eines Menschen, es genügt vielmehr die Gefährlichkeit der Tathandlung, das in Brand Setzen von Wohnraum, um die hohe Intensität strafrechtlicher Reaktion auf diese Handlung zu erklären und zu legitimieren. Ebenso in diese Rubrik fallen Delikte, die von *Hoyer* als sog. „Eignungsdelikte" bezeichnet werden.[259] Diese zeichnen sich dadurch aus, dass hier eine Handlung bestraft wird, die „geeignet" ist, eine bestimmte Folge auszulösen. Kennzeichnend für diese Deliktsgruppe ist also, dass eine mehr als nur abstrakt gefährliche Handlung Tatbestandsvoraussetzung ist, eine konkrete Gefährdung eines Gutes jedoch nicht schon vorzuliegen braucht.

Abstrakte Gefährlichkeitsdelikte hingegen sind solche Delikte, die Handlungen unter Strafe stellen, die eben nicht per se diesen Grad an Gefährlichkeit aufweisen, sondern vielmehr abstrakt gesehen nur ein Risiko in sich bergen, ohne unter den gegebenen, tatsächlichen Umständen gefährlich zu sein. Im Falle des konkreten Gefährlichkeitsdelikts geht *Hirsch* daher davon aus, dass aufgrund der gegebenen konkreten Gefährlichkeit und des konkreten Risikos materielles Unrecht vorliege, wohingegen im Falle der abstrakten Gefährlichkeitsdelikte nur formeller Normungehorsam gegeben sei.[260] Durch diese Unterscheidung wird der Grad der Gefährlichkeit einer Handlung gleichzeitig zum Gradmesser und zu einem Kriterium für die Bestimmung der Legitimität des in Rede stehenden Delikts.[261] Das führt *Hirsch* schließlich zu der Schlussfolgerung, dass abstrakte Gefährlichkeitsdelikte grundsätzlich dem Ordnungswidrigkeitenrecht zuzuordnen sind und nur ausnahmsweise Aufnahme ins Strafrecht finden dürften.[262] Dies dürfe erst dann erfolgen, wenn „Wertungsgesichtspunkte, mit denen zu begründen ist, dass das betreffende Handeln sich dem Gewicht seines Unrechts nach ausnahmsweise über das der grundsätzlich einschlägigen Ordnungswidrigkeiten

258 Hirsch, in: FS Tiedemann, S. 145, 152.
259 Hoyer, Die Eignungsdelikte, Berlin 1987, S. 197 ff.
260 Hirsch, in: FS Tiedemann, S. 145, 149.
261 Hirsch, in: FS Tiedemann, S. 145, 149.
262 Hirsch, in: FS Tiedemann, S. 145, 157.

heraushebt. Das bedeutet, dass der Gesetzgeber besondere Gründe vorweisen muss, wenn er sie gleichwohl dem Kriminalstrafrecht zuordnen will."[263] Diese Gründe sieht *Hirsch* in dem hohen Grad der Gefährlichkeit der Handlung sowie in dem Ausmaß des drohenden Schadens. Denn erst dann, wenn unabhängig vom Vorliegen konkreter Gefährlichkeit die Verletzung des absoluten Normbefehls als kriminelles Verhalten einzuschätzen ist, könne ein abstrakter Gefährlichkeitstatbestand im Kriminalstrafrecht sachgerecht und insbesondere mit dem Schuldprinzip in Einklang stehen.[264]

*dd) Kategorisierung von Sieber*

Hieraus ist ersichtlich, dass es bezüglich jeden Gefährlichkeitsdelikts einer gesonderten Unrechtsbegründung bedarf, deren Schwerpunkt naturgemäß auf dem Handlungsunwert liegt. Hinsichtlich dieser Legitimationsbegründungen hat *Sieber* drei Haupttypen von Gefährdungsdelikten herausgearbeitet, deren Typisierung auf ihrer Funktionalität für die Unrechtsbegründung basiert.[265] Er unterscheidet die objektiven Gefahrschaffungsdelikte, die Planungsdelikte sowie die Kooperationsdelikte.

(1) Objektive Gefahrschaffungsdelikte

Unter die erste Kategorie fallen neben den konkreten Gefährdungsdelikten wie § 315c StGB, die Gefährlichkeitsdelikte wie beispielsweise die Trunkenheitsfahrt des § 316 StGB sowie die sog. Eignungsdelikte.[266] *Roxin* beschreibt diese Kategorie, die klassischen abstrakten Gefährdungsdelikte, nach dem von *Horn* und *Brehm*[267] entwickelten Konzept, das eine Strafbarkeit von einer „Erfolgsgefahr" ohne die Notwendigkeit eines „Gefahrenerfolges" abhängig macht.[268] Kennzeichnend ist hierbei, dass der Eintritt oder Nichteintritt des Gefahrenerfolges vom Zufall abhängig ist, dass also das geschaffene Risiko, die Erfolgsgefahr, be-

---

263 Hirsch, in: FS Tiedemann, S. 145, 157.

264 Hirsch, in: FS Tiedemann, S. 145, 159.

265 Sieber, Legitimation und Grenzen von Gefährdungsdelikten im Vorfeld terroristischer Gewalt, S. 1, 12, online verfügbar unter http://www.bundestag.de/bundestag/ausschuesse/a06/anhoerungen/Archiv/51_Staatsgef__hrdene_Gewalttaten/04_Stellungnahmen/Stellungnahme_Sieber.pdf, zuletzt geprüft am 01.02.2010.

266 Roxin, Strafrecht AT, § 11 Rn 162 mwN.

267 Brehm, Zur Dogmatik des abstrakten Gefährdungsdelikts, Tübingen 1973, S. 126 ff.; Horn, Konkrete Gefährdungsdelikte, Köln 1973, S. 94 f.

268 Roxin, Strafrecht AT, § 11 Rn 155; In diesem Sinne ist wohl auch der von Hirsch, in: FS Tiedemann, S. 145, 146 ff. entwickelte Deliktstypus des konkreten Gefährlichkeitsdelikts zu verstehen.

reits einen Zustand begründet, bei dem es nur noch von einem vom Täter nicht mehr zu beeinflussenden Kausalverlauf abhängt, ob sich der Gefahrenerfolg realisiert oder nicht. Darüber hinaus fallen die von *Roxin* beschriebenen Gruppen der Massenhandlungen am Beispiel des Straßenverkehrs sowie der Delikte mit „vergeistigtem Zwischenrechtsgut", wie z.B. die Aussage- und Bestechungsdelikte[269], hierunter. Auch die Umweltdelikte sind unter diese Gruppe zu fassen. Dabei geht es in erster Linie um eine vom Gesetzgeber angestrebte absolute Tabuisierung bestimmter Verhaltensweisen, die die Strafbarkeit der pönalisierten Handlung legitimiert.

*Sieber* sieht bei diesen Delikten die Strafbarkeit darin begründet, dass „es zu einer Verletzung des Rechtsguts führt, wenn die gleichen Handlungen in massenhafter Form von einer Vielzahl von Personen vorgenommen würden. Der Täter soll nicht als „Trittbrettfahrer" bei Verhaltensweisen privilegiert werden, die anderen Bürgern verboten werden müssen, um sonst eintretende Kumulationsschäden zu vermeiden."[270] Ebenso zählt *Sieber* diejenigen Delikte unter die Kategorie der objektiven Gefahrschaffungsdelikte, die er „Anschließungsdelikte" nennt.[271] Dabei handelt es sich um Delikte, die aufgrund zu befürchtender deliktischer Anschlusshandlungen fremder Personen, die Gefahr der Anschlusstat als Unrechtsbegründung verwenden. Diese im Spannungsfeld zur Eigenverantwortlichkeit des Anschlusstäters sowie des Vertrauensgrundsatzes stehenden Delikte benötigen eine spezielle Zurechnungs- und Legitimationsbegründung. Diese liege dann nahe, wenn der Handelnde eine Sorgfaltspflicht verletzt, die, wie im Bereich des Waffenrechts, deliktisches Anschlusshandeln gerade ausschließen will oder wenn die Tat einen spezifischen Aufforderungscharakter aufweist.[272]

---

269 Roxin, Strafrecht AT, § 11 Rn 160 f.

270 Sieber, Legitimation und Grenzen von Gefährdungsdelikten im Vorfeld terroristischer Gewalt, S. 1, 13, online verfügbar unter http://www.bundestag.de/bundestag/ausschuesse/a06/anhoerungen/Archiv/51_Staatsgef__hrdene_Gewalttaten/04_Stellungnahmen/Stellungnahme_Sieber.pdf, zuletzt geprüft am 01.02.2010 mwN.

271 Sieber, Legitimation und Grenzen von Gefährdungsdelikten im Vorfeld terroristischer Gewalt, S. 1, 13 f., online verfügbar unter http://www.bundestag.de/bundestag/ausschuesse/a06/anhoerungen/Archiv/51_Staatsgef__hrdene_Gewalttaten/04_Stellungnahmen/Stellungnahme_Sieber.pdf, zuletzt geprüft am 02.01.2010.

272 Sieber, Legitimation und Grenzen von Gefährdungsdelikten im Vorfeld terroristischer Gewalt, S. 1, 14, online verfügbar unter http://www.bundestag.de/bundestag/ausschuesse/a06/anhoerungen/Archiv/51_Staatsgef__hrdene_Gewalttaten/04_Stellungnahmen/Stellungnahme_Sieber.pdf; zuletzt geprüft am 01.02.2010; hierunter subsumiert *Sieber* auch § 91 StGB.

(2) Vorbereitungs- und Planungsdelikte

Im Bereich der zweiten Kategorie der Vorbereitungs- und Planungsdelikte schlägt *Sieber* einen Bogen zu den sog. *inchoate offences* im anglo-amerikanischen Recht.[273] Dieser Bereich umfasst diejenigen Delikte, die sich durch eine überschießende Innentendenz auszeichnen. Die ihnen innewohnende Gefährdung beruht dabei weniger auf einer durch die Handlung objektiv geschaffenen Gefahr als vielmehr auf subjektiven Absichten und Vorstellungen des Täters.[274] Für die Unrechtsbegründung dieser Deliktskategorie sei jedoch neben der subjektiven Seite eine „objektiv manifestierte Tathandlung" erforderlich, um einer Strafbarkeit von bloßen Absichten, einem „Gesinnungsstrafrecht", entgegenzuwirken. Nur in der Kumulation von objektiv manifestierter Tathandlung mit überschießender Planung könne eine ausreichende Legitimation für strafrechtliches Unrecht liegen.[275]

(3) Kooperationsdelikte

Als letzte Kategorie führt *Sieber* die Kooperationsdelikte an. Diese zeichnen sich durch die Kombination einer deliktischen Planung mit einer objektiven Gefährdung aus, die durch die gemeinsame Tatplanung mehrerer Personen gekennzeichnet ist.[276] Hierunter fallen zum einen die Verabredungsdelikte wie § 30 StGB oder der Tatbestand der *conspiracy* im anglo-amerikanischen Rechtsraum sowie die Vereinigungsdelikte der §§ 129 ff. StGB, auf denen im deutschen Strafrecht der Schwerpunkt der Antiterrordelikte liegt. Die Unrechtsbegründung liegt bei diesen Delikten in der gegenseitigen Bindung der Täter sowie in den eigendynamischen Gruppenprozessen und arbeitsteiligen Täterspezialisierungen.

273 Sieber, Legitimation und Grenzen von Gefährdungsdelikten im Vorfeld terroristischer Gewalt, S. 1, 14, online verfügbar unter http://www.bundestag.de/bundestag/ausschuesse/a06/anhoerungen/Archiv/51_Staatsgef__hrdene_Gewalttaten/04_Stellungnahmen/Stellungnahme_Sieber.pdf, zuletzt geprüft am 01.02.2010.

274 Beispiele hierfür sind das Vorbereiten eines Angriffskriegs (§ 80 StGB), die Vorbereitung einer Geld- und Wertzeichenfälschung (§ 149 StGB), die Vorbereitung einer Verschleppung (§ 234a III StGB) oder auch der neue § 89a StGB. Dazu näher unten: E. III. 3.

275 Sieber, Legitimation und Grenzen von Gefährdungsdelikten im Vorfeld terroristischer Gewalt, S. 1, 16, online verfügbar unter http://www.bundestag.de/bundestag/ausschuesse/a06/anhoerungen/Archiv/51_Staatsgef__hrdene_Gewalttaten/04_Stellungnahmen/Stellungnahme_Sieber.pdf, zuletzt geprüft am 01.02.2010.

276 Sieber, Legitimation und Grenzen von Gefährdungsdelikten im Vorfeld terroristischer Gewalt, S. 1, 18, online verfügbar unter http://www.bundestag.de/bundestag/ausschuesse/a06/anhoerungen/Archiv/51_Staatsgef__hrdene_Gewalttaten/04_Stellungnahmen/Stellungnahme_Sieber.pdf, zuletzt geprüft am 01.02.2010.

*ee) Stellungnahme*

Die dogmatische Durchdringung abstrakter Gefährdungsdelikte durch Ansätze wie der Wahrscheinlichkeit einer konkreten Gefahr, der Eignung oder Erfolgsgefahr, der Kumulation, der unerlaubten Risikoschaffung durch Vorbereitung und Planung oder dem Zusammenwirken mehrerer Personen erfolgt – in verschiedener Schwerpunktsetzung und aus unterschiedlichen Betrachtungsperspektiven – als Suche einer Antwort auf die Frage, ob die Kriminalisierung und damit die darauf folgende staatliche Bestrafung einer Handlung durch die ihr innewohnende Gefährlichkeit legitimiert werden kann. In letzter Konsequenz ist festzuhalten, dass dem Gesetzgeber die Entscheidung vorbehalten bleibt, eine solche Handlung zu pönalisieren. Er besitzt insoweit einen großen Beurteilungsspielraum.[277]

Es sind ihm jedoch durch das Gebot der Verhältnismäßigkeit und Bestimmtheit Grenzen gesetzt. Die Interessen des Gesetzgebers, bestimmte Handlungen durch Bewehrung mit Strafe im Sinne eines „Wehret den Anfängen!“ auszuschließen, sind legitim und nachvollziehbar. Hinter den Vorschriften zur Terrorismusstrafbarkeit steht ebenfalls, betrachtet man sowohl den genannten Regelungskatalog als auch die durch das GVVG neu eingeführten Straftatbestände, die Intention einer absoluten Tabuisierung jeglicher im terroristischen Spektrum anzutreffender Handlungen. Begründet wird auch dies mit einer spezifischen Gefährlichkeit jeglicher Form von organisierter Gruppenbildung in terroristischer Absicht bzw. im Falle der geplanten Reform des Terrorismusstrafrechts mit der den Vorbereitungshandlungen durch Einzelpersonen immanenten Gefahr für potentielle Opfer einer in der Zukunft vermuteten terroristischen Gewalttat.

Die Randbereiche dieser Vorschriften wie das bloße Androhen von Straftaten, das Herunterladen von Anleitungen zum Bombenbau aus dem Internet oder die Strafbarkeit der bloßen Kontaktaufnahme zu einer terroristischen Vereinigung bewegen sich jedoch in einem Stadium, das noch sehr weit von einer konkreten Gefährlichkeit im Sinne der von *Hirsch* verwandten Terminologie entfernt liegt, was diese Randbereiche einem erhöhten Legitimationsdruck aussetzt. Insoweit ist sicherzustellen, dass die tatbestandliche Ausgestaltung der Delikte den verfassungsrechtlichen Anforderungen genügen und in ausreichender Weise legitimierende Merkmale – subjektiver wie objektiver Natur – aufweisen. Der bloße Verweis auf potentielle Gefahren für vage, großflächige Rechtsgüter reicht dafür nicht aus. Ebensowenig kann die erleichterte Beweisbarkeit abstrakt gefährlicher Handlungen im Gegensatz zu Beweisschwierigkeiten bereitenden Tatbestandsmerkmalen nicht als Legitimation der Delikte herangezogen werden[278],

277 Zum Umfang und zur Reichweite diese Beurteilungsspielraums siehe unten: E. I.

278 Roxin, Strafrecht AT, § 2 Rn 69; Weigend, in: FS Triffterer, S. 695.

wenngleich dieser „Effekt“ abstrakter Gefährdungsdelikte gerne in Kauf genommen oder gar gezielt verwendet wird.[279]

## 3. Symbolische Gesetzgebung

Die Kritik *Herzogs* am Gefährdungsstrafrecht[280] mit der Begründung, das Strafrecht werde dadurch zu einem Instrument der Daseinsvorsorge und zur Beruhigung gesellschaftlicher Unsicherheit, legt den Finger in die Wunde einer in der Kritik stehenden Gesetzgebungspraxis: Der sog. symbolischen Gesetzgebung. Als symbolische Gesetze werden gemeinhin die Arten von Gesetzen und Normen bezeichnet, die neben ihrer materiellen oder instrumentellen Wirkung gezielte Nebeneffekte in sich tragen. Da insbesondere präventiv ausgerichtetes Strafrecht immer neben der Zielsetzung, strafbares Verhalten zu sanktionieren, auch Nebeneffekte vor allem spezial- und generalpräventiver Natur anstrebt und bezweckt und somit auch symbolisch wirkt, erfordert die Verwendung des Begriffs des symbolischen Strafrechts in kritischer und kritisierender Weise eine nähere Konturierung.

### *a) Begriffserläuterung*

Zur näheren Eingrenzung des Begriffs des symbolischen Strafrechts ist zunächst auf soziologische Aspekte von Gesetzgebungsakten zurückzugreifen. Nach *Luhmann* haben Gesetzgebungsakte drei Wirkungen:[281] Zum einen eine instrumentelle oder „manifeste“[282] Wirkung oder Funktion, die Veränderungen bewirken soll, zum anderen expressive Wirkungen, die Gefühle und Emotionen auslösen sollen und zuletzt integrative Wirkungen, die zu einer Änderung oder Bestärkung von Wertvorstellungen führen sollen. Die letzten beiden können auch als

279 Siehe hierzu: Pressemitteilung des BMJ vom 21. April 2008, „Zypries: Neue Straftatbestände wegen Vorbereitung terroristischer Straftaten“, S. 3; RegE, S. 17: NK/Paeffgen, § 91 Rn 7: „Wes Geistes Kind freilich diese Norm ist, zeigt mit entlarvender Deutlichkeit die Gesetzesbegründung zu § 91 in ihrer Einleitung: Weil § 130a oft, gleichsam 'dummerweise', nur schwer beweisbar ist, muss man einen weiteren Tatbestand schaffen, 'natürlich' mit weiteren, weicheren Voraussetzungen, aber, wohl als Ausgleich dafür, mit exakt dem gleichen Strafrahmen wie der vorgeblich zu voraussetzungsvolle Tatbestand.“

280 Herzog, Gesellschaftliche Unsicherheit und strafrechtliche Daseinsvorsorge, Heidelberg 1991.

281 Luhmann, Legitimation durch Verfahren, Frankfurt am Main 2005, S. 230; Voss, Symbolische Gesetzgebung, Ebelsbach 1989, S. 68–70.

282 Hassemer, NStZ 1989, S. 553, 555.

„latente“ oder „kommunikative“ Funktionen beschrieben werden.[283] Im Bereich der latenten Funktionen ist auch das spezifisch Symbolische der symbolischen Gesetzgebung einzuordnen. Unklar ist jedoch, wo genau dies im Komplex der kommunikativen Funktionen verortet ist und in welchem Verhältnis kommunikative Funktionen einer Norm und der Vorwurf, eine Norm sei Teil einer rein symbolischen Gesetzgebung, zueinander stehen. *Díez Ripollés* setzt den Begriff der expressiv-integrativen Wirkung synonym mit dem in seinen Augen zu Unrecht negativ besetzten Begriff des symbolischen Strafrechts.[284] So gesehen ist in seinem Verständnis jegliche kommunikative, über die bloße instrumentelle Wirkung hinausgehende Bedeutung einer Norm eine symbolische. Sein Schluss, die expressiv-integrativen Wirkungen und damit auch symbolisches Strafrecht seien eine „der tragenden Säulen des legitimen Einsatzes von Strafe“[285], vermag vor diesem Grundverständnis nicht zu überraschen. Durch die Gleichsetzung von symbolischer Gesetzgebung und expressiv-integrativen Wirkungen von Gesetzgebungsakten deckt er zwar begrifflich alle Nuancen und Dimensionen general- und spezialpräventiver Wirkungen strafrechtlicher Normen mit ab, befreit damit jedoch auch die Bezeichnung „Symbolisches Strafrecht“ von ihrer kritischen Potenz. Wo er im weiteren Verlauf auf die Kritik am symbolischen Strafrecht eingeht, unterscheidet er zwei in der Diskussion maßgebliche Meinungen: Zum einen die Auffassung, bei der der Aspekt der Täuschung im Vordergrund steht, also die Erfüllung anerkannter Funktionen einer Strafrechtsnorm fingiert wird, während die eigentliche Zielsetzung der Norm eine andere ist.[286] Zum anderen diejenige Meinung, die symbolisches Strafrecht als Zweckentfremdung der Strafe ansieht und ihren Schwerpunkt auf die symbolischen Effekte von Strafe legt. [287] *Díez Ripollés* selbst sieht eine Norm einer berechtigten Kritik durch die Bezeichnung als symbolisches Strafrecht dann ausgesetzt, wenn sie „die utilitaristischen Grenzen, die das teleologische Prinzip der Strafe setzt“ überwindet und „[d]ie soziopersonalen, expressiv-integrativen Wirkungen der Strafe [...] nicht den kriminalpolitischen Entscheidungen entsprechen, welche die Grundlage der Strafe bilden.“[288] Er qualifiziert also diejenigen Normen als symbolisches Strafrecht im kritischen Sinne, die über ein gewisses Maß hinaus die expressiv-integrativen Wirkungen insbesondere der Strafe selbst betonen. Diese auf Umwegen erlangte Erkenntnis entspricht weitgehend der Ansicht, symbolische Gesetzgebung sei durch eine Täuschung oder die Fiktion der Erfüllung anerkannter Funk-

283 Hassemer, NStZ 1989, S. 553, 555.
284 Díez Ripollés, ZStW 113 (2001), S. 516, 519 f.
285 Díez Ripollés, ZStW 113 (2001), S. 516, 520.
286 So bspw. Voss, Symbolische Gesetzgebung, Ebelsbach 1989, S. 39.
287 Díez Ripollés, ZStW 113 (2001), S. 516, 529 mwN.
288 Díez Ripollés, ZStW 113 (2001), S. 516, 530.

tionen des Strafrechts zu beschreiben. Durch die Integration jeglicher – auch kritikwürdiger – spezial- und generalpräventiver oder kommunikativer Effekte und Zwecke von Strafe und Strafrecht in den Begriff des symbolischen Strafrechts bedarf es nunmehr wieder einer Exklusion des legitimen und anerkannten Teils dieser Zwecke aus dem Begriff, um seine kritische Potenz zu sichern.[289] Im Ergebnis macht dies jedoch keinen Unterschied, sondern entpuppt sich lediglich als eine Frage einer unterschiedlichen Nomenklatur. *Díez Ripollés* unterscheidet nicht zwischen symbolischem und nicht-symbolischem Strafrecht, sondern zwischen legitimen und illegitimen expressiv-integrativen Wirkungen. Dabei kommt er zu dem Schluss, dass mittels Strafrecht nicht versucht werden dürfe, den allgemeinen gesellschaftlichen Konsens zu festigen. Als „verdächtig" bezeichnet er dabei strafrechtliche Maßnahmen, die „ein positives Bild des Gesetzgebers [...] zeichnen" sollen oder solche, die „im Gefolge von Kampagnen der Medien oder von Interessengruppen ergehen" oder solche, die „augenscheinlich andere Ziele als die offiziell angegebenen verfolgen."[290] Ebenso als problematisch erachtet er strafrechtliche Eingriffe, die „unmittelbar auf Ereignisse folgen, die innerhalb der Gesellschaft große Beunruhigung hervorgerufen haben."[291]

In ähnlicher Weise behandelt auch *Hassemer* das symbolische Strafrecht. Genauso wie *Díez Ripollés* weist er darauf hin, dass Strafrecht immer den Anspruch hat, auch symbolisch zu wirken. *Hassemer* lässt jedoch den Begriff des symbolischen Strafrechts in seiner kritischen Bedeutung und bezeichnet die legitimen Formen symbolischen Wirkens von Strafrecht als kommunikatives Strafrecht.[292] Gleichzeitig weist er jedoch darauf hin, dass „[d]ie Tatsache, daß jegliches Strafrecht kommunikativen Charakter und symbolische Elemente hat, [...] kein Beleg für die These [ist], symbolisches Strafrecht gebe es nicht."[293] Der Bereich, in dem symbolisches Strafrecht zu suchen ist, wird vielfach mit Hilfe von Gegensatzpaaren umschrieben: Es geht um den Gegensatz zwischen „Schein" und „Sein", „latent und manifest"[294], „symbolische Bekräftigung des Norman-

289 Gestützt wird diese Ansicht durch die von Díez Ripollés, ZStW 113 (2001), S. 516, 536 f. selbst vorgenommene Definition symbolischen Strafrechts als „pathologische[r] Gebrauch der expressiv-integrativen Effekte" und der daran anschließenden Aussage, dass die „weit verbreitete Disqualifizierung [...] der expressiven und integrativen Elemente [...] nicht angebracht" sei sowie durch die Differenzierung legitimer und illegitimer expressiv-integrativer Wirkungen.

290 Díez Ripollés, ZStW 113 (2001), S. 516, 537.

291 Díez Ripollés, ZStW 113 (2001), S. 516, 537.

292 Hassemer, in: FS Roxin, S. 1001, 1012.

293 Hassemer, in: FS Roxin, S. 1001, 1015.

294 Hassemer, NStZ 1989, S. 553, 555.

spruchs und die Sicherung seiner Befolgung"[295] oder „Prestige und Effektivität"[296], also im Endeffekt um eine Täuschung, eine „gleißnerische Vorspiegelung gesetzlicher Effektivität und Instrumentalität."[297] Daran anknüpfend ist Strafrecht als symbolisch in einem kritischen Verständnis immer dann zu qualifizieren, wenn die symbolischen (latenten, prestigeträchtigen, ...) Funktionen der Norm die instrumentellen (manifesten, wirklichen, effektiven, ...) überwiegen.[298] Daher ist es Aufgabe der Wissenschaft, für eine qualifizierte Beurteilung einer Norm und eine Etikettierung derselben mit der kritischen Bezeichnung „symbolisches Strafrecht", „einsichtige Faktoren einer Grenzlinie zu bezeichnen"[299] und „die kritische Masse zu bestimmen, die ein kommunikatives zu einem symbolischen Strafrecht macht"[300], denn man habe „es nicht mit einem Entweder-Oder, sondern mit einem Mehr-oder-Weniger zu tun."[301] Die Bestimmung der Grenzlinie könne demnach nur eine quantitative sein.[302] Hieraus folgert *Hassemer* einzelne Indikatoren symbolischen Strafrechts. Sie „reichen von der Demonstration staatlicher Handlungsfähigkeit angesichts dringender politischer Nachfrage bis hin zur Befriedigung eines aktuellen „Handlungsbedarfs" angesichts einer verschärften Problemlage."[303]

*Voß* definiert symbolische Gesetzgebung als „normative Fehlleistung [...], [deren] Sinn und Bedeutung [...] im politischen Bereich anzusiedeln sind"[304] und benennt vier Erscheinungsformen. Als erste Form führt sie diejenigen Gesetzgebungsakte an, die zuvörderst „in bekenntnishafter Weise Wertentscheidungen zum Ausdruck bringen."[305] Als Beispiel hierfür nennt sie die strafrechtlichen Abtreibungsnormen. Die zweite Erscheinungsform symbolischer Gesetzgebung ist die derjenigen Normen, die nicht unter Vorspiegelung eines Anspruchs auf unmittelbare Verhaltensänderung durch die Verbotsnorm vorgenommen wird, sondern einen offen appellativen Charakter hat.[306] Dies sei beispielsweise im Umweltstrafrecht gegeben.[307] Als weitere Fallgruppe führt *Voß* die sog. Kompro-

---

295 Hegenbarth, ZRP 1981, S. 201, 202.
296 Amelung, ZStW 92 (1980), S. 19, 54.
297 Hassemer, NStZ 1989, S. 553, 556.
298 Hassemer, NStZ 1989, S. 553, 556.
299 Hassemer, in: FS Roxin, S. 1001, 1016.
300 Hassemer, in: FS Roxin, S. 1001, 1016.
301 Hassemer, in: FS Roxin, S. 1001, 1016.
302 Hassemer, in: FS Roxin, S. 1001, 1016.
303 Hassemer, in: FS Roxin, S. 1001, 1017.
304 Voss, Symbolische Gesetzgebung, Ebelsbach 1989, S. 25 mwN.
305 Voss, Symbolische Gesetzgebung, Ebelsbach 1989, S. 26.
306 Voss, Symbolische Gesetzgebung, Ebelsbach 1989, S. 28.
307 So auch: Noll, ZSchwR 100 (1981), S. 347, 357.

missgesetze an. Darunter sind Gesetze zu verstehen, bei denen während des Gesetzgebungsprozesses keine Einigung erzielt werden konnte und als Ausgleich nun weit interpretierbare Generalklauseln Einzug gefunden haben, die es allen Parteien ermöglichen, das verabschiedete Gesetz als Durchsetzung der eigenen Ansicht darzustellen.[308] Als vierte und letzte Erscheinungsform führt *Voß* die Ersatzreaktionen des Gesetzgebers, sog. Alibi- oder Krisengesetze, an.[309] Bei diesen Gesetzgebungsakten gehe es um die Demonstration gesetzgeberischer Bemühungen, um die Lösung einer bestimmten Problemlage, die zum einen eine Bewusstseinsbeeinflussung auf Seiten der Adressaten sowie zum anderen eine Bedürfnisbefriedigung auf Seiten der Handelnden zu bewirken intendiert sind.[310]

Durch die Überschreitung territorialer Grenzen sowie durch die zunehmende Komplexität der durch strafrechtliche Normen zu erfassenden Kriminalität gelingt es dem Strafgesetzgeber häufig nicht mehr, legislatorisch dergestalt tätig zu werden, dass den Normen in hohem Maße instrumentelle Wirkungen zukommen. Vielmehr führt diese Problemlage zur Schaffung neuer Normen, deren Funktionen sich weitgehend in ihren kommunikativen Wirkungen erschöpfen.[311] Insgesamt zeichnet sich symbolisches Strafrecht demnach durch eine Überbetonung kommunikativer Wirkungen einer Norm im Verhältnis zu ihren instrumentellen Wirkungen aus. Dabei führt der bloße Gebrauch kommunikativer Wirkungen einer Norm nicht zu einer kritisierenden Etikettierung als symbolisches Strafrecht. Ebensowenig bedarf es für die Bezeichnung einer Norm als symbolisches Strafrecht eines gänzlichen Fehlens instrumenteller Wirkungen.[312]

### *b) Die materiellen strafrechtlichen Anti-Terror-Normen als symbolisches Strafrecht*

Für den Fall der Anti-Terror-Normen ist vor allen Dingen die dritte von *Voß* angeführte Erscheinungsform symbolischer Gesetze von Interesse. Die von ihr als

308 Voss, Symbolische Gesetzgebung, Ebelsbach 1989, S. 33; als Beispiel hierfür kann das Stammzellengesetz genannt werden.

309 Voss, Symbolische Gesetzgebung, Ebelsbach 1989, S. 31.

310 Siehe hierzu näher: Noll, ZSchwR 100 (1981), S. 347, 358. Interessant ist, dass *Noll* den Begriff der Ersatzreaktion in Anlehnung an die Tierwelt wählt. So zieht er hierzu Beobachtungen aus der Verhaltensforschung heran, die zeigen, dass Tiere, die sich in einer Bedrohungslage unterlegen wissen und folglich eine handfeste Auseinandersetzung nicht wagen, mit drohenden oder gar völlig sinnlosen Gesten ihren Aggressionstrieb befriedigen. Inwieweit diese Anlehnung jedoch auf den deutschen Gesetzgeber zu übertragen ist, mag dahingestellt bleiben.

311 Sieber, ZStW 119 (2007), S. 1, 16 f.

312 Lauterwein, Symbolische Gesetzgebung, München 2006, S. 29.

Alibi- oder Krisengesetze bezeichneten legislativen Akte gelten auch in den Kategorien von *Díez Ripollés* als verdächtig, da sie in der Regel „unmittelbar auf Ereignisse folgen, die innerhalb der Gesellschaft große Beunruhigung hervorgerufen haben."[313] Sie fallen auch in die von *Hassemer* aufgestellten Kategorien der „Demonstration staatlicher Handlungsfähigkeit angesichts dringender politischer Nachfrage" und „Befriedigung eines aktuellen 'Handlungsbedarfs' angesichts einer verschärften Problemlage."[314] Das durch die terroristische Bedrohung generierte Angstgefühl in der Bevölkerung und die durch einen Anschlag zur Schau gestellte Verwundbarkeit und Offenlegung von (vermeintlichen) Schlupflöchern im System transportieren eine gesteigerte Erwartungshaltung gegenüber den politischen Verantwortungsträgern. Demgegenüber steigt aber auch die Toleranz seitens der Bevölkerung gegenüber Gesetzesverschärfungen im Gefolge von terroristischen Anschlägen. So sahen sich die Gesetzesreformen, die bereits kurz nach den Anschlägen des 11. September 2001 beschlossen worden waren, kaum einer kritischen Stimme gegenüber. Ähnlich einschneidende Maßnahmen, die nach einer Abkühlungs- und Rationalisierungsphase getroffen wurden, hatten schon mit mehr Gegenwind zu kämpfen.[315] Es bleibt jedoch fraglich, inwieweit die strafrechtlichen Normen, die den Terrorismus zum Gegenstand haben, den Gegensatz von Schein und Sein oder latent und manifest in der für die symbolische Gesetzgebung typischen Gewichtung widerspiegeln. Betrachtet man die zentralen Vorschriften der §§ 129a und b StGB, so fällt auf, wie bereits deutlich gemacht, dass diese in ihrer Universalität eine überschießende Innentendenz sowie eine große Zahl unbestimmter Rechtsbegriffe aufweisen, was sie eine Vielzahl terroristischer Phänomene tatbestandlich erfassen lässt, ihre manifeste Funktion dagegen durch eben diese Kennzeichen schmälert. Der Gesetzgeber hat angesichts der Bedrohung durch den Linksterrorismus in den 1970er Jahren sowie durch den internationalen Terrorismus in der Gegenwart Normen geschaffen, die versuchen, weitestgehend alle terroristischen Handlungen unter Strafe zu stellen. Dies ist in erster Linie ein Signal an die Bevölkerung, dass derartige Handlungen gegen die Rechtsordnung verstoßen und als inkriminierte Handlungen mit der schärfsten dem Staat zur Verfügung stehenden Maßnahme, der staatlichen Strafe, belegt sind. Die exorbitante Erweiterung des territorialen Anwendungsbereiches durch die Schaffung des § 129b StGB verdeutlicht dies auch auf internationaler Ebene. Ebenso bedient die starke präventive Ausrichtung der Vorschriften die Forderung, dass „etwas zur Verhinderung von Anschlä-

313 Díez Ripollés, ZStW 113 (2001), S. 516, 537.

314 Hassemer, in: FS Roxin, S. 1001, 1017.

315 Hierbei sind insbesondere diejenigen Vorschriften zu erwähnen, die eine Erweiterung der Befugnisse zur Datenerhebung zum Gegenstand hatten.

gen getan werden muss." Diese den Handlungswillen des Gesetzgebers demonstrierenden und das Rechtsgefühl und die Furcht der Bevölkerung beruhigenden Normen weisen also auch gemessen an den zuvor dargestellten Kriterien ein großes symbolisches Potential auf. Dies macht sie jedoch nur zu symbolischen Gesetzen, wenn und soweit sie sich weitestgehend auf diese symbolischen Funktionen beschränken. Betrachtet man die Statistik, so fällt auf, dass die Zahl der Anklageerhebungen und Verurteilungen auf Grundlage dieser Normen absolut und im Verhältnis zu den auf ihrer Grundlage eingeleiteten Ermittlungsverfahren eher gering ist. So wurden aufgrund von § 129b StGB in den Jahren 2002 bis 2004 insgesamt 74 Verfahren eingeleitet, die zu lediglich einer einzigen Anklageerhebung führten.[316] In den Jahren 2005 und 2006 wurden 109 bzw. 127 Ermittlungsverfahren gem. § 129b StGB eingeleitet.[317] Die erste Verurteilung nach § 129b StGB erfolgte durch das OLG München.[318] In den Jahren 2001 bis 2004 wurden aufgrund von § 129a StGB 218 Ermittlungsverfahren eingeleitet.[319] Dieser Zahl stehen lediglich 25 Anklageerhebungen gegenüber.[320] In den Jahren 2005 und 2006 wurden 52 bzw. 30 Ermittlungsverfahren gem. § 129a StGB eingeleitet.[321] Zum 31. Dezember 2007 waren beim Generalbundesanwalt 189 Ermittlungsverfahren gemäß § 129a und b StGB anhängig.[322] Die weit überwiegende Anzahl stellen Verfahren aufgrund von § 129b StGB dar. Diese Zahlen legen den Schluss nahe, dass die manifesten Funktionen der Normen nur in unzureichendem Maße vorhanden sind. Auf Grundlage der dargestellten Befunde können die in Rede stehenden Normen als symbolisches Strafrecht bezeichnet werden. Ihre Bedeutung erschöpft sich allerdings nicht im rein Symbolischen. Es kommen ihnen auch noch über das Symbolische hinausgehende Bedeutungen zu.

### *c) Über das „Symbolische" hinausgehende Bedeutung – „Master Normen"*

Wie oben dargestellt lassen die materiellen Strafrechtsnormen auf dem Gebiet des Terrorismus eher wenige manifeste Funktionen erkennen. Dies macht sie grundsätzlich zu Normen symbolischen Strafrechts. Diese Darstellung ist jedoch verkürzt, da den §§ 129 ff. StGB im Zusammenwirken mit der strafprozessualen

316 BT-Drs. 16/49, S. 11.

317 Telefonat mit der Bundesanwaltschaft vom 3.6.2008.

318 OLG München, NJW 2007, 2786-2789.

319 BT-Drs. 16/49, S. 2.

320 BT-Drs. 16/49, S. 5.

321 Telefonat mit der Bundesanwaltschaft vom 3.6.2008.

322 Schreiben der Bundesanwaltschaft vom 18.3.2008 nach Anfrage des Verfassers.

Ebene weitere Funktionen zukommen.[323] *Frehsee* schreibt allgemein auf Normen des symbolischen Strafrechts bezogen:

> „Die eigentliche Brisanz erwächst aus dem Zusammenwirken der Rechtsebenen (materiell und prozessual). Wenn [...] neue Strafbestimmungen kaum noch eine instrumentelle [nach der hier verwandten Terminologie: manifeste, Anm. d. Verf.] Funktion erkennen lassen, so heißt das nicht, dass sie sich in der symbolischen erschöpfen. Ihre Bedeutung liegt vielmehr darin, den legalen Ziel- und Legitimationspunkt für die prozessualen Ermittlungs- und Ausforschungsaktivitäten zu bilden. [...] Die moderne Strafnorm zielt nicht mehr zuerst auf Bestrafung, sondern darauf, weite exekutive Zugriffsräume zu öffnen. Man könnte solche Vorschriften als 'Master-Strafnormen' bezeichnen."[324]

Dieser Auszug beschreibt deutlich auch die weitergehenden Funktionen der §§ 129 ff. StGB, die ebenfalls in den meisten Straftatenkatalogen einschlägiger StPO Normen aufgeführt sind. So können auf sie gestützte Ermittlungsverfahren die gesamte Bandbreite der in der StPO vorgesehenen Telekommunikationsüberwachungsmaßnahmen sowie den Einsatz verdeckter Ermittler nutzen. Dies ist umso bedeutender, bezieht man die oben angesprochene Universalität der Vorschriften mit in die Überlegungen ein. Durch die Abdeckung vieler möglicher Handlungsalternativen und die territoriale Erweiterung auf Vereinigungen im Ausland können vielfältige Verdachtslagen insbesondere im Vorfeldbereich kreiert werden, was in großem Maße präventive Aufklärungsmaßnahmen ermöglicht. Auch die durch das GVVG neu eingeführten Strafrechtsnormen, die sich mit der Strafbarkeit terroristischer Einzeltäter oder der eines Aufenthalts in einem Ausbildungslager befassen, sind ebenfalls mit den Normen der StPO „vernetzt" worden, so dass die Strafverfolgungsbehörden „auf die Ermittlungsmaßnahmen zurückgreifen können, die bereits nach geltendem Recht für die Terrorismusbekämpfung zur Verfügung stehen."[325] *Ostendorf* stellt sogar die Vermutung an, dass die weiten Eingriffsbefugnisse aufgrund der §§ 129 ff. StGB dazu genutzt werden, dass „die Zielrichtung solcher Eingriffe hauptsächlich in der Aufklärung möglicher Straftaten besteht, die durch Mitglieder der – tatsächlichen oder angeblichen – Vereinigung begangen wurden und die selbst keine Katalog-Straftaten wären."[326] Vor diesem Hintergrund sind auch die Strafrahmen der in § 129a StGB erfassten Straftaten zu sehen. So ist in § 129a III StGB die

---

323 So auch neben anderen: Nehring, Kriminelle und terroristische Vereinigungen im Ausland, Frankfurt am Main 2007, S. 429; LK/Bubnoff, vor § 129 Rn 2; Nehm, NJW 2002, S. 2665, 2670; NK/Ostendorf, § 129 Rn 6.

324 Frehsee, in: Frehsee, et al. (Hg.), Der Rechtsstaat verschwindet, Berlin 2003, S. 275, 285.

325 Pressemitteilung des BMJ vom 21. April 2008, S. 4.

326 SK/Rudolphi/Stein, § 129 Rn 34.

Bildung einer Vereinigung, deren Zweck es ist, terroristische Straftaten anzudrohen, – ohne dass dies bereits geschehen ist – , mit Freiheitsstrafe von 6 Monaten bis 5 Jahren bedroht. Das ähnlich gelagerte Delikt des § 126 StGB hingegen bedroht die tatsächlich erfolgte Androhung, die eine reale Eignung aufweist, lediglich mit Freiheitsstrafe bis zu 3 Jahren oder mit Geldstrafe. Auch die in § 130 I StGB pönalisierte Tat der Volksverhetzung, deren Tatbestandserfüllung ebenfalls erhebliche Konsequenzen hat, sieht eine Mindeststrafe von 3 Monaten vor, also ebenfalls geringer als in § 129a III StGB. Eine derart hohe Strafandrohung, wie in § 129a III StGB getroffen, erfüllt das Merkmal der „Straftat von erheblicher Bedeutung" im Sinne vieler Normen strafprozessualer Eingriffsmaßnahmen[327], so dass deren Anwendungsbereich auch für die Randbereiche terroristischer Delikte gesichert ist. In jedem Fall kann sicher festgehalten werden, dass der Ermöglichung weitreichender Ermittlungsmaßnahmen im Rahmen der §§ 129 ff. StGB große Bedeutung zukommt. Die Statistik, die eine weit überwiegende Zahl an Ermittlungsverfahren gegenüber nur einzelnen Verurteilungen gem. §§ 129a und b StGB aufweist, führt zu zwei Schlussfolgerungen, die die obigen Ausführungen bestätigen. Zum einen verdeutlicht sie die enorme prozessuale und ermittlungstechnische Bedeutung der Normen; zum anderen unterstreicht sie die geringe materielle Bedeutung bzw. ihre aufgrund ihrer Komplexität und Unschärfe entstehende Anwendungsproblematik. Die materiellen strafrechtlichen Normen auf dem Gebiet des Terrorismus können also wie gezeigt sowohl als symbolisches Strafrecht und ebenso als „Master- oder Brückennorm" bezeichnet werden. In letzterem liegt ihre eigentliche und vordringlichste praktische Bedeutung. Die Normen erschöpfen sich demnach nicht in ihrer symbolischen Funktion.

### *d) Umfassender strafrechtlicher Schutz*

Wie gezeigt zeichnen sich die Delikte im Bereich des Anti-Terrorismus Strafrechts durch eine hohe präventive Grundausrichtung aus. Dies beinhaltet neben der Kriminalisierung des Vorfeldbereichs auch die Pönalisierung einer abstrak-

327 BVerfGE 112, 304, 316 definiert das Merkmal der "erheblichen Bedeutung" dahingehend, dass eine solche Straftat unter anderem mindestens dem Bereich der mittleren Kriminalität zuzurechnen sein muss (siehe auch: BVerfGE 103, 21, 34; 107, 299, 322; 109, 279, 344). Durch die Strafandrohung von 6 Monaten Mindestfreiheitsstrafe ist § 129 III StGB in diesem Bereich anzusiedeln; so auch Hilger, NStZ 1992, S. 457, 462; Möhrenschlager, wistra 1992, S. 326, 327 siedelt Straftaten von erheblicher Bedeutung „bei Delikten oberhalb der Kleinkriminalität" an; Riess, GA 2004, S. 623 hält das Merkmal „bei Verbrechen und bei Vergehen mit einer Strafrahmenobergrenze über 2 Jahren" für erfüllt.

ten Gefährdung, die ein breites Spektrum an möglichen Handlungen durch Verwendung ausfüllungsbedürftiger, ungenauer Rechtsbegriffe abdeckt. Dies ist zum einen der zuvor ebenfalls schon angesprochenen schwierigen Fassbarkeit des Terrorismus geschuldet, zum anderen aber auch Ausdruck des Bestrebens, einen möglichst umfassenden Schutz zu produzieren, eine lückenlose Strafbarkeit auf diesem Gebiet zu kreieren sowie darüber hinaus die Effektivität der Strafnormen zu maximieren. Letzteres geschieht insbesondere durch die mit der Ausweitung der Tatbestandsalternativen einhergehende Ausweitung der prozessualen Befugnisse.

# E. Die Normen des materiellen Strafrechts zur Bekämpfung des Terrorismus

## I. Die Rechtsgutslehre als strafrechtsbegrenzendes Konzept

Dass das Strafrecht seine Aufgabe im Rechtsgüterschutz hat, ist kaum bestritten. [328] Umstrittener gestaltet sich hingegen die Frage, ob das Rechtsgutskonzept als strafrechtsbegrenzendes Konzept dienen kann.[329] Diese Fähigkeit wird in der Literatur oft skeptisch bis ablehnend betrachtet.[330] Insbesondere die nicht vorhandene klare Definition des Rechtsgutsbegriffs[331] verhindere, dass er zur verbindli-

---

328 Teilweise aA: Appel, KritV 1999, S. 278, 310: „Rechtsgüterschutz ist nicht nur kein Privileg des Strafrechts, es ist auch nicht seine primäre Aufgabe.“ Seiner Ansicht nach liegt die Aufgabe strafrechtlicher Sanktionsnormen im Schutz verfassungsgemäßer staatlicher Verhaltensvorgaben.

329 Bejahend: Hassemer, in: Hefendehl, et al. (Hg.), Die Rechtsgutstheorie, Baden-Baden 2003, S. 57; Hefendehl, Kollektive Rechtsgüter im Strafrecht, Köln 2002; Hefendehl, in: Hefendehl, et al. (Hg.), Die Rechtsgutstheorie, Baden-Baden 2003; Kindhäuser, in: FS Schroeder, S. 263 ff.; Müssig, Schutz abstrakter Rechtsgüter und abstrakter Rechtsgüterschutz, Frankfurt am Main [u.a.] 1994; Roxin, Strafrecht AT, S. § 2 Rn 1 ff.; Schulz, in: Lüderssen (Hg.), Aufgeklärte Kriminalpolitik oder Kampf gegen das Böse?, Baden-Baden 1998, S. 208–238; Schünemann, in: Hefendehl, et al. (Hg.), Die Rechtsgutstheorie, Baden-Baden 2003, S. 133–154; Stächelin, in: Lüderssen (Hg.), Aufgeklärte Kriminalpolitik oder Kampf gegen das Böse?, Baden-Baden 1998, S. 239–262.

330 Appel, Verfassung und Strafe, Berlin 1998, S. 336 ff.; Appel, KritV 1999, S. 278, 285 ff.; Bacigalupo, in: FS Jakobs, S. 1, 12 f.; Frisch, in: FS Stree/Wessels, S. 71 ff.; Krüger, Die Entmaterialisierungstendenz beim Rechtsgutsbegriff, Berlin 2000, S. 62 ff.; Lagodny, Strafrecht vor den Schranken der Grundrechte, Tübingen 1996, S. 21 f.; Lagodny, in: Hefendehl, et al. (Hg.), Die Rechtsgutstheorie, Baden-Baden 2003; Sternberg-Lieben, in: Hefendehl, et al. (Hg.), Die Rechtsgutstheorie, Baden-Baden 2003, S. 65–82; Stratenwerth, in: FS Lenckner, S. 377, 390; Wohlers, Deliktstypen des Präventionsstrafrechts - zur Dogmatik "moderner" Gefährdungsdelikte, Berlin 2000, S. 218 ff.; Vormbaum, Einführung in die moderne Strafrechtsgeschichte, Berlin 2009, S. 53 ff.; Wohlers, in: von Hirsch (Hg.), Mediating principles, Baden-Baden 2006, S. 54 ff.

331 Siehe hierzu: Stratenwerth, in: FS Lenckner, S. 377, 378 mwN; Hefendehl, GA 2007, S. 1 ff.; Es gibt Versuche, den Rechtsgutsbegriff durch den Rückgriff auf das im anglo-amerikanischen Recht geltende sog. „Harm-Principle“ näher zu bestimmen. Siehe hierzu: von Hirsch, in: Hefendehl, et al. (Hg.), Die Rechtsgutstheorie, Baden-Baden 2003, S. 13–25; Kahlo, in: Hefendehl, et al. (Hg.), Die Rechtsgutstheorie, Baden-Baden 2003, S. 26–38; Roxin, Strafrecht AT, S. § 2 Rn 123 ff.; Seelmann, in: Hefendehl, et al. (Hg.), Die Rechtsgutstheorie, Baden-Baden 2003, S. 261–267; Seher, in: Hefendehl, et al.

chen Leitmaxime gesetzgeberischen Handelns erhoben werden könne.[332] Unterstützt werden die Vertreter einer dem Rechtsgutskonzept als strafrechtsbegrenzend skeptisch gegenüberstehenden Meinung durch das Bundesverfassungsgericht, das in der Cannabis-Entscheidung[333] und jüngst im sog. Inzest-Urteil[334] die Beurteilung, wann ein Verhalten als strafwürdig anzusehen ist und welchem Zweck strafrechtliche Handlungsverbote dienen sollen, weitgehend in die Hand des Gesetzgebers legt.[335] Die Regelungsgewalt des Gesetzgebers finde seine äußerste Grenze erst im Verfassungsrecht und dort insbesondere in der am Grundgesetz zu messenden Verhältnismäßigkeit.[336] Das Rechtsgutskonzept hingegen stelle „keine inhaltlichen Maßstäbe bereit, die zwangsläufig in das Verfassungsrecht zu übernehmen wären."[337]

Es ist dem Befund zuzustimmen, das Bedürfnis nach einer strafrechtsimmanenten Begrenzung rühre aus einer Zeit, in der es das Strafrecht zu bändigen galt.[338] Daraus zieht *Appel* den Schluss, dass in der heutigen Zeit, in einem Verfassungsstaat mit demokratisch legitimiertem Gesetzgeber, diesem auch die grundsätzliche Entscheidung darüber überlassen werden müsse, welches Verhalten er unter Strafe stellen will bzw. welchem Bereich er strafrechtlichen Schutz angedeihen lassen will.[339] Eines strafrechtsimmanenten Kontrollkriteriums bedürfe es somit nicht, es sei vielmehr „anachronistisch", und seine Aufrechterhaltung lasse ein tiefes Misstrauen gegenüber dem demokratisch legitimierten Gesetzgeber erkennen.[340] In einem demokratischen Verfassungsstaat habe die strafrechtliche Rechtsgutslehre in ihrer strafbarkeitsbegrenzenden Funktion ihre Bedeutung verloren. Unter dem Grundgesetz sei der Rechtsgutsbegriff als Strafbar-

---

(Hg.), Die Rechtsgutstheorie, Baden-Baden 2003, S. 39–56; Wittig, in: Hefendehl, et al. (Hg.), Die Rechtsgutstheorie, Baden-Baden 2003, S. 239–243.

332 Frisch, in: Hefendehl, et al. (Hg.), Die Rechtsgutstheorie, Baden-Baden 2003, S. 215, 216.

333 BVerfGE 90, 145 ff.; kritisch dazu: Schünemann, in: Hefendehl, et al. (Hg.), Die Rechtsgutstheorie, Baden-Baden 2003, S. 132, 144 f.: „Es [das BVerfG] hat bereits auf analytischer Ebene die kritische Potenz des Rechtsgüterschutzprinzips verschmäht, es hat die spezifische Schwelle für den Einsatz des Strafrechts eingeebnet, und es hat damit im Ergebnis die Strafrechtstheorie auf ein voraufklärerisches Niveau zurückgeschraubt."

334 BVerfGE 120, 224 ff.; siehe hierzu: Noltenius, ZJS 2009, S. 15–21.

335 BVerfGE 90, 145, 173; BVerfGE 120, 224, 240 ff.

336 BVerfGE 90, 145, 173; BVerfGE 120, 224, 242.

337 BVerfGE 120, 224, 242.

338 Allgemein wird der Rechtsgutsbegriff auf einen Aufsatz *Birnbaums* aus dem Jahre 1834 zurückgeführt: Birnbaum, NArchCrim 15 (1834), S. 149–183.

339 Appel, KritV 1999, S. 286, 287.

340 Appel, KritV 1999, S. 286, 287.

keitsgrenze, die an den Gesetzgeber herangetragen werde, ebenso systemwidrig wie überflüssig.[341] Dem ist entgegenzuhalten, dass das Rechtsgutskonzept als eine historisch gewachsene Begrenzung der „ultima ratio“ Strafrecht sich nicht misstrauisch gegen den Gesetzgeber und seine legislatorische Vernunft richtet. Sie versucht vielmehr, das Strafrecht von seiner rechtsgüterschützenden Aufgabe her zu definieren. Diese definierende Funktion geht naturgemäß einher mit einer begrenzenden Funktion. Dieses strafrechtstheoretische Verdienst kann daher nicht einfach mit dem Hinweis beiseite geräumt werden, es stamme aus einer Zeit, da es einen an Grundrechte gebundenen Gesetzgeber noch nicht gab. Wenn die Aufgabe des Strafrechts also der Rechtsgüterschutz ist, die Pönalisierung einer Handlung jedoch nicht dem Schutz eines Rechtsguts dient, so kann diese Handlung nicht dem Bereich des Strafrechts zugeordnet werden. Nicht rechtsgutschützend wirkt eine strafrechtliche Norm, wenn die durch sie pönalisierte Handlung ein Rechtsgut weder beschädigt noch, auch nicht abstrakt, gefährdet. Diese Kontrollschranken und -überlegungen sind gerade in Zeiten, in denen es bei der Gestaltung von Strafrecht zunehmend um Effektivität, Beruhigung der Bevölkerung, symbolische Normen und die Schaffung verfahrensrechtlicher Bezugsnormen geht und in denen insbesondere im Strafrecht zur Bekämpfung des Terrorismus immer wieder „juristisches Neuland“[342] betreten wird, wichtige Strafrechtsbegrenzungen. Die Schwäche des nicht ausreichend definierten Rechtsgutsbegriffs kann dabei zunächst außer Acht gelassen werden.

## 1. Methodische Verortung

Die Rechtsgutslehre wird ihrer oben beschriebenen Aufgabe nicht gerecht, wenn sie lediglich als Auslegungshilfe herangezogen wird. Diese Funktion, der ein methodischer oder hermeneutischer Rechtsgutsbegriff zu Grunde liegt, erschöpft sich in der bloßen Erforschung der ratio legis und kann einzig einen Beitrag zur „teleologischen Auslegung und für die systematische Gliederung des Besonderen Teils“[343] leisten. Richtig ist, dass ein einzig auf die Hermeneutik beschränkter Gebrauch der Rechtsgutslehre nicht in der Lage ist, ihre systemkritische Funktion wahrzunehmen. Allerdings wohnt dem methodischen Gebrauch ein darüber hinausgehender Zweck inne. Denn beispielsweise die Rückführung von § 129a StGB an die Individualrechtsgüter[344] stellt an eine Vorverlagerung der Strafbarkeit strengere Legitimationserfordernisse als an ein Rechtsgut der öf-

341 Appel, KritV 1999, S. 286, 300.

342 Bundesjustizministerin Zypries in: Die Welt vom 14.01.2009, S. 4.

343 Roxin, Strafrecht AT, § 2 Rn 4.

344 Dazu gleich unten E. II.

fentlichen Sicherheit und Ordnung. Im Gegenzug zeigt es aber auch, dass die Rechtsgutslehre durch Schaffung großflächiger Rechtsgüter trefflich zur expansiven Strafrechtsanwendung missbraucht werden kann. Zutreffend weist *Roxin* darauf hin, dass dieser Missstand zum einen im Missbrauch der Rechtsgutstheorie allgemein und zum anderen im Missbrauch der grundsätzlich zulässigen Allgemeinrechtsgüter im Besonderen liege.[345] Genauso ist jedoch auch mit *Appel* zu konstatieren, dass die Rechtsgutslehre durch die Möglichkeit, sie in diesem Sinne zu missbrauchen, ohnmächtig den vielfältigen Vorverlagerungen und Ausdehnungen des Strafrechts gegenübersteht, die zu verhindern sie eigentlich gedacht ist.[346] Um die strafrechtslimiterende Funktion der Rechtsgutslehre zu bestimmen, ist es nötig, die über die rein hermeneutische Funktion hinausgehende kritische Potenz der Rechtsgutslehre herauszuarbeiten. Im Ergebnis ist eine Funktion der Rechtsgutslehre zwar in der Tat die Auslegung von Tatbeständen und die Bestimmung des Telos der Norm, sie besitzt aber eine darüber hinausgehende, vorgelagerte, strafrechtsbegrenzende Funktion. Die Rechtsgutslehre ist nicht alleinige strafrechtsbegrenzende Instanz. Vielmehr ist mit *Appel*, auf den sich die Inzest-Entscheidung des Bundesverfassungsgerichts zum großen Teil stützt, darauf zu verweisen, dass in einem demokratisch verfassten Staat der Gesetzgeber zunächst einen weiten Ermessensspielraum besitzt und dass eine Überprüfung seiner Entscheidung an den Grundsätzen der Verfassung zu prüfen sei. Dem lässt sich kaum widersprechen. Die wichtigste Demarkationslinie des Strafrechts, wie des Rechts allgemein, ist die Verfassung. Im Hinblick auf strafrechtliche Normen stehen das Gesetzlichkeitsprinzip sowie der Grundsatz der Verhältnismäßigkeit im Vordergrund verfassungsrechtlicher Überprüfung. Für die Rechtsgutslehre bedeutet dies, dass sie zunächst kein bindender Prüfungsmaßstab ist. Zutreffend stellt jedoch *Greco* unter Verweis insbesondere auf das Minderheitsvotum von *Hassemer* in der Inzest-Entscheidung des Bundesverfassungsgerichts heraus, dass eine Verhältnismäßigkeitsprüfung die Rechtsgutslehre bereits voraussetzt.[347] Man brauche einen Bezugspunkt für die Beurteilung eines Eingriffs als geeignet, erforderlich und angemessen. Ein Eingriff muss geeignet und erforderlich sein, um ein gesetzgeberisches Ziel zu erreichen, und muss angemessen im Vergleich zu etwas sein. Die Rechtsgutslehre gestaltet also die Kriterien des Verhältnismäßigkeitsgrundsatzes im Hinblick auf strafrechtliche Normen aus und bildet die Bezugspunkte, an denen eine Norm gemessen werden muss.[348]

345 Roxin, Strafrecht AT, § 2 Rn 10.

346 Appel, Verfassung und Strafe, Berlin 1998, S. 356 ff.

347 Greco, ZIS 2008, S. 234, 238; ebenso: Krüger, Die Entmaterialisierungstendenz beim Rechtsgutsbegriff, Berlin 2000, S. 171.

348 Zustimmend: Bottke, in: FS Lampe, S. 488; Hassemer, in: Hefendehl, et al. (Hg.), Die Rechtsgutstheorie, Baden-Baden 2003, S. 59, 60, 64, Hassemer, in: FS Androulakis, S.

Auch *Hefendehl* sieht die Bedeutung des Rechtsgutskonzepts in diesem Sinne und stellt fest, dass „[o]hne die Arbeit mit und zum Rechtsgut [...] alles in der Luft [hinge], die verfassungsmäßige Überprüfung ebenso wie die Suche nach den Deliktsstrukturen. Das Rechtsgut ist [...] materialer Angelpunkt einer Norm.“[349] Und *Schünemann* sieht in der Rechtsgutsanalyse „das Fundament für die gesamte Auslegung“ und nennt die Rechtsgutsbestimmung den „Fluchtpunkt der verfassungsrechtlichen Grenzen der Straftatbestände und ihrer Interpretation“.[350] Diese Betrachtungsweise entkräftet das Argument von *Appel*, dass sich die Rechtsgutslehre durch die Erklärung eines bestimmten Wertes oder Gutes als schützenswert oder nicht schützenswert der Möglichkeit begebe, eine Zweck-Mittel-Relation anzustellen.[351] Es ist vielmehr so, dass durch die Bestimmung des Rechtsguts[352] einer Norm dessen Rang und Schutzwürdigkeit festgestellt wird, was gerade unerlässliche Voraussetzung einer Mittel-Zweck-Relation ist. Da dies sowohl bei der Überprüfung einer bestehenden Norm als auch im Stadium des Entwurfs einer Norm durch den Gesetzgeber gilt, ist das Rechtsgutskonzept in dieser Beziehung auch geeignet, in der legislatorischen Entscheidungsphase strafrechtsbegrenzend zu wirken. Durch den Einfluss des Rechtsgutskonzepts auf den Grundsatz der Verhältnismäßigkeit stellt es auch eine Autorität dar, der der Gesetzgeber – wenngleich mittelbar – verpflichtet ist.[353]

---

217 ff.; Roxin, Strafrecht AT, § 2 Rn 88; Stächelin, in: Lüderssen (Hg.), Aufgeklärte Kriminalpolitik oder Kampf gegen das Böse?, Baden-Baden 1998, S. 67, 163-165; Sternberg-Lieben, in: Hefendehl, et al. (Hg.), Die Rechtsgutstheorie, Baden-Baden 2003, S. 79 f.: „Die aus dem Rechtsgutskonzept abgeleiteten Ergebnisse sind verfassungsrechtlich fundierte kriminalpolitische Postulate, die der Gesetzgeber beachten muss, die ihn aber nicht zwingen.“ Selbst Lagodny, in: Hefendehl, et al. (Hg.), Die Rechtsgutstheorie, Baden-Baden 2003, S. 83, 87 hält die Rechtsgutslehre zumindest für einen „Leitgedanken“.

349 Hefendehl, in: Hefendehl, et al. (Hg.), Die Rechtsgutstheorie, Baden-Baden 2003, S. 119, 132.

350 Schünemann, in: Hefendehl, et al. (Hg.), Die Rechtsgutstheorie, Baden-Baden 2003, S. 133, 134.

351 Appel, KritV 1999, S. 286, 298.

352 Hierin sieht Krüger, Die Entmaterialisierungstendenz beim Rechtsgutsbegriff, Berlin 2000, S. 171 die wichtigste begrenzende Aufgabe des Konzepts.

353 Hierdurch kann das Rechtsgutskonzept den von Dubber, ZStW 117 (2005), S. 485, 516 f. beschriebenen „destruktiven Biss“ entwickeln.

## 2. Rechtsgüterschutz und Vorverlagerung von Strafbarkeit

Im Bereich der Vorbereitungsdelikte sowie der Organisationsdelikte, die eine Strafbarkeit im Vorfeld einer Rechtsgutsverletzung beinhalten, spielt das Rechtsgutskonzept insbesondere für den erlaubten Grad der Vorverlagerung eine große Rolle, da die rechtsgutsbezogene Untersuchung einer Norm auch ihre Struktur und deliktsspezifische Reichweite genau definiert.[354] Ist dies erst einmal festgestellt, richten sich die Legitimationsanforderungen auch nach diesen Kriterien. Je weiter eine durch ein Delikt unter Strafe gestellte Handlung von der eigentlichen Rechtsgutsverletzung entfernt ist, desto größerem Legitimationsdruck ist das Delikt unterworfen. So ist bei einem Delikt, das ein Individualrechtsgut in einem zeitlich vorverlagerten Stadium durch die Pönalisierung einer das Rechtsgut abstrakt gefährdenden Handlung schützt, diese Individualrechtsgutsverletzung Bezugspunkt für die Beurteilung des Grades der Vorverlagerung der Strafbarkeit und damit des Legitimationsmaßstabes, der angelegt werden muss. Bezieht man das gleiche Delikt auf ein nicht notwendigerweise unzulässiges, aber großflächig angelegtes Allgemeinrechtsgut, so ist es möglich, die zeitliche und normative Distanz zwischen strafbarer Handlung und Rechtsgutsverletzung zu verringern und dadurch auch geringere Legitimationsanforderungen zu kreieren. [355] Auch hier zeigt sich, dass die Bestimmung des Rechtsguts einer Norm eine unerlässliche Voraussetzung für die Bestimmung ihrer Verhältnismäßigkeit darstellt. Die Gefahr des oben bereits angesprochenen „Missbrauchs" der Rechtsgutslehre zur expansiven Auslegung strafrechtlicher Normen ist zwar, auch das zeigt diese Herleitung, weiterhin gegeben. Dies ändert jedoch nichts an der Tauglichkeit des Rechtsgutskonzepts als einem strafrechtsbegrenzenden Konzept.[356] Die Aufdeckung von „Missbrauchsfällen" ist Aufgabe der Auslegung der jeweiligen strafrechtlichen Normen des Besonderen Teils.[357]

354 Gaede, in: Hefendehl, et al. (Hg.), Die Rechtsgutstheorie, Baden-Baden 2003, S. 183, 194.

355 Roxin, Strafrecht AT, § 2 Rn 75: „[E]ine rechtsstaatlich problematische Vorverlagerung der Strafbarkeit [wird] nicht selten durch die Berufung auf diffuse Belange der Allgemeinheit kaschiert."

356 Im Ergebnis ebenso: Anastasopoulou, Deliktstypen zum Schutz kollektiver Rechtsgüter, München 2005, S. 295 f.

357 Roxin, Strafrecht AT, § 2 Rn 10.

# II. Die Organisationsdelikte, §§ 129 ff. StGB

## 1. Rechtsgut der §§ 129 ff. StGB

Ausgegebenes Ziel der Vorschriften der §§ 129 ff. StGB ist es, „im Zuge einer Vorverlagerung des Strafrechtsschutzes den von inländischen oder ausländischen kriminellen bzw. terroristischen Vereinigungen ausgehenden erhöhten Gefahren zu begegnen, die im Falle der Planung und Begehung von Straftaten seitens festgefügter Organisationen aufgrund der ihnen innewohnenden Eigendynamik für die öffentliche Sicherheit ausgehen können."[358] Da die Umschreibung einer Zielvorstellung noch kein legitimierendes Rechtsgut darstellt[359], ist es nötig, gerade bei den abstrakten Gefährdungsdelikten als spezifischen Deliktstypen des Präventionsstrafrechts das von dem betreffenden Delikt geschützte Rechtsgut zu bestimmen.[360]

Es existieren im Wesentlichen zwei Interpretationen des Rechtsguts der §§ 129 ff. StGB. Zum einen wird von der wohl (noch) herrschenden Meinung als Schutzgut die öffentliche Sicherheit und die staatliche Ordnung[361] einschließlich des öffentlichen Friedens[362] angeführt, zum anderen wird in den §§ 129 ff. StGB ein Instrument der bloßen Vorverlagerung des Schutzes der Rechtsgüter des Besonderen Teils des Strafgesetzbuches[363] gesehen. Eine besondere Unterscheidung

358 So zu § 129 StGB: BGHSt 41, 47, 51 = NJW 1995, 2117

359 Roxin, Strafrecht AT, § 2 Rn 14.

360 Wohlers, Deliktstypen des Präventionsstrafrechts - zur Dogmatik "moderner" Gefährdungsdelikte, Berlin 2000, S. 311 ff.

361 BGHSt 30, 328, 331; BGHSt 41, 47, 51, 53; OLG Düsseldorf, NStZ 1998, 249; Federle, ZStW 110 (1998), S. 767, 793; LK/Bubnoff, § 129 Rn 1; Fischer, § 129 Rn 2; iE auch: MünchKomm/Miebach/Schäfer, § 129 Rn 1; die Tauglichkeit der öffentlichen Sicherheit als Strafrechtsgut verneinend aber: Beck, Unrechtsbegründung und Vorfeldkriminalisierung, Berlin 1992, S. 94 ff.

362 OLG Düsseldorf, NJW 1994, 398, 399; BayOblG, StV 1998, 265, 266; Lampe, ZStW 106 (1994), S. 683, 706; Sch/Sch/Lenckner/Sternber-Lieben, § 129 Rn 1.

363 SSW/Lohse, § 129a Rn 2; SK/Rudolphi/Stein, § 129 Rn 2; NK/Ostendorf, § 129 Rn 5; Bottke, JR 1985, S. 122, 123; Fürst, Grundlagen und Grenzen der §§ 129, 129a StGB, Frankfurt am Main 1989, S. 68; Giehring, StV 1983, S. 296, 302 f.; Langer-Stein, Legitimation und Interpretation der strafrechtlichen Verbote krimineller und terroristischer Vereinigungen, München 1987, S. 150 ff.; Ostendorf, JuS 1981, S. 641, 642; Rudolphi, in: FS Bruns, S. 315, 318, Rudolphi, ZRP 1979, S. 214, 216; Scheiff, Wann beginnt der Strafrechtsschutz gegen kriminelle Vereinigungen (§ 129 StGB)?, Frankfurt am Main [u.a.] 1997, S. 25 ff.; Hefendehl, Kollektive Rechtsgüter im Strafrecht, Köln 2002, S. 287 ff.; Hefendehl, StV 2005, S. 156, 160; Kress, JA 2005, S. 220, 227; Krüger, Die Entmaterialisierungstendenz beim Rechtsgutsbegriff, Berlin 2000, S. 165 ff.; Langer-

zwischen öffentlicher Sicherheit, staatlicher Ordnung und des öffentlichen Friedens wird von der hM jedoch nicht vorgenommen, was *Müßig* zu der Schlussfolgerung führt, dass es, wenngleich oft anders benannt, im Kern doch um die innere Sicherheit als zusammenfassenden Begriff aller von der hM genannten Topoi als Schutzgut der §§ 129 ff. StGB gehe.[364]

*Arzt* sieht in der Vorverlagerung der inkriminierten Handlung in den Bereich der Vorbereitung und der abstrakten Gefährdung eine Akzentverschiebung vom Schutz des Individuums hin zum Schutz der Allgemeinheit.[365] Diese Akzentverschiebung führe dazu, dass die Gesamtheit der im Besonderen Teil geschützten Individualrechtsgüter mit dem Rechtsgut der öffentlichen Sicherheit und Ordnung identisch seien. Die Rechtsgutsdiskussion um § 129 StGB bezeichnet er daher als die „Erörterung eines Scheinproblems".[366] Dabei verkennt er jedoch, dass es um die Frage geht, ob ein derart allgemeines Rechtsgut überhaupt als legitimes Rechtsgut anerkannt werden kann und ob es in Verbindung mit einem derart vorverlagerten Handlungsspektrum zusammengebracht werden darf sowie die Frage, ob die Konnektivität mit bestimmten Individualrechtsgütern noch bestehen muss.

Während sich die Theorie, die sich auf die Vorverlagerung beschränkt, an § 30 StGB anlehnt, der ebenfalls kein originäres eigenes Rechtsgut schützt, leitet die andere Auffassung die genannten Rechtsgüter zum einen aus der systematischen Stellung der §§ 129 ff. StGB, zum anderen aus der erhöhten kriminellen Intensität ab, „die in der Gründung oder Fortführung einer festgefügten Organisation ihren Ausdruck findet und die Kraft der ihr innewohnenden Eigendynamik eine erhöhte Gefährlichkeit für wichtige Rechtsgüter der Gemeinschaft mit sich bringt."[367] Die erhöhte Gefährlichkeit betreffe zwar die durch die Katalogtaten geschützten Rechtsgüter[368], die weite Vorverlagerung der Strafbarkeit in den Bereich der abstrakten Gefährdung trage jedoch dem Schutz öffentlicher, allge-

---

Stein, Legitimation und Interpretation der strafrechtlichen Verbote krimineller und terroristischer Vereinigungen, München 1987, S. 150 ff.; Nehring, Kriminelle und terroristische Vereinigungen im Ausland, Frankfurt am Main 2007, S. 128 ff.; Schroeder, Die Straftaten gegen das Strafrecht, Berlin [u.a.] 1985, S. 11 ff.; OLG München, NJW 2007, 2786 ff.

364 Müssig, Schutz abstrakter Rechtsgüter und abstrakter Rechtsgüterschutz, Frankfurt am Main [u.a.] 1994, S. 211, der sich im Ergebnis allerdings nicht auf ein Schutzgut festlegt. Vielmehr begreift er die §§ 129 ff. StGB als „Einfallstor für eine präventivepolizeirechtlich orientierte Aushöhlung der Subjektstellung im Strafrecht."

365 Arzt, et al., Strafrecht BT, § 44 Rn 11.

366 Arzt, et al., Strafrecht BT, § 44 Rn 11.

367 BGHSt 31, 202, 207; BGHSt 41, 47, 51; MünchKomm/Miebach/Schäfer, § 129 Rn 2.

368 Schroeder, Die Straftaten gegen das Strafrecht, Berlin [u.a.] 1985, S. 25 ff.

meiner Sicherheit Rechnung.[369] Ein weiteres von der herrschenden Meinung angeführtes Argument ist, dass die Vorverlagerungstheorie vernachlässige, „dass wegen der massierten Bedrohung der Allgemeinheit [...] auch die in der bloßen Existenz krimineller Vereinigungen liegende Beeinträchtigung des allgemeinen Sicherheitsgefühls und damit des öffentlichen Friedens eine andere Qualität bekomme als bei deliktischen Einzelaktionen."[370] Begründet liegt diese Auffassung darin, dass derartige Personenzusammenschlüsse eine Gruppendynamik entfalteten und so bei den einzelnen Beteiligten das persönliche Verantwortungsgefühl zurückgedrängt werde.[371] Ebenfalls verweist die Theorie der Vorfeldkriminalisierung auf die gruppendynamischen Prozesse als Hemmungen abbauende Faktoren und der daraus resultierenden besonderen Gefährlichkeit von kriminellen und terroristischen Vereinigungen. Sie zieht jedoch daraus lediglich den Schluss, dass diese besondere Gefährlichkeit die causa für die Vorverlagerung der Strafbarkeit ist.

Im Gegensatz zu § 30 StGB, an dem sich diese vornehmlich von *Rudolphi*[372] entwickelte und vertretene Theorie orientiert, knüpfen die §§ 129 ff. StGB jedoch nicht am Unrechtsgehalt und damit am Strafrahmen einer bestimmten Einzeltat an, sondern formulieren aufgrund der Ausrichtung auf den Zusammenschluss zur *wiederholten* Begehung *mehrerer* Taten einen einheitlichen Strafrahmen.[373] Eine über die Vorverlagerung der Strafbarkeit und den Schutz der Katalogtatrechtsgüter vor abstrakten Gefährdungen hinausgehende Bedeutung kommt den §§ 129 ff. StGB nach dieser Auffassung nicht zu. § 129 StGB stelle die Mitgliedschaft in einer Vereinigung unter Strafe, deren Zweck sich auf die Begehung nicht weiter eingegrenzter Straftaten beziehe. Richte sich der Vereinigungszweck auf die Begehung von bspw. Steuer- oder Glücksspielstraftaten, so könne von einer Gefährdung der öffentlichen Sicherheit nicht die Rede sein. [374] Ebenso wird als Argument angeführt, die hM verkenne, dass eine Störung der öffentlichen Sicherheit und Ordnung bei einer Vereinigung, die, ohne Straftaten zu begehen, im Geheimen zum Zweck der Verübung von Straftaten gegründet wurde, noch nicht eingetreten sei.[375] Auch komme die hM letztendlich ebenfalls zum gleichen Ergebnis, da der Inhalt der geschützten öffentlichen Sicherheit und

369 Fischer, § 129 Rn 3.

370 Sch/Sch/Lenckner/Sternberg-Lieben, § 129 Rn 1.

371 MünchKomm/Miebach/Schäfer, § 129 Rn 2.

372 Rudolphi, in: FS Bruns, S. 315, 317 ff.; SK/Rudolphi/Stein, § 129 Rn 3; Rudolphi, JA 1979, S. 1, 3; Rudolphi, ZRP 1979, S. 214, 216; Rudolphi, JR 1979, S. 33, 35 f.; Rudolphi, NStZ 1982, S. 198, 199; Rudolphi, JR 1984, S. 32, 33.

373 Vgl. SK/Rudolphi/Stein, § 129 Rn 3.

374 Rudolphi, in: FS Bruns, S. 315, 318.

375 Rudolphi, in: FS Bruns, S. 315, 318.

Ordnung doch wohl nur „der Schutz der Rechtsgüter des Staates und seiner Bürger vor den konkreten Straftaten, die aufgrund der spezifischen Gefährlichkeit krimineller und terroristischer Vereinigungen gerade von deren Mitgliedern mit einer besonders hohen Wahrscheinlichkeit und in einer besonders intensiven Form zu erwarten sind“[376], sein kann. Eine Einschränkung erfährt diese Ansicht für die Tatbestandsalternative des § 129a III StGB, nach der die Mitgliedschaft in einer terroristischen Vereinigung unter Strafe gestellt wird, deren Zweck auf die Androhung von Straftaten gem. § 129a I oder II StGB gerichtet ist. Für § 129a III iVm II StGB sieht diese Ansicht den Unrechtsgehalt in einer Gefährdung des Staates, für § 129a III iVm I StGB in der Gefährdung der subjektiven öffentlichen Sicherheit, d.h. des Vertrauens der Bevölkerung auf das Ausbleiben der in § 129a I StGB genannten Straftaten.[377] Auch dienen nach dieser Ansicht die §§ 129 ff. StGB nicht einer Inkriminierung der Gefährdung des öffentlichen Friedens. Hierzu fehlten die Eingrenzung der Katalogtaten oder die Nennung entsprechender Merkmale, wie das bei Delikten der Fall sei, die den Schutz des öffentlichen Friedens bezweckten (z.B. §§ 125, 126, 130 StGB).[378]

## 2. Stellungnahme

Zu den § 129 ff. StGB ist die Einschätzung der zweiten Meinung, die einen vorverlagerten Rechtsgutsschutz annehmen, zutreffend. Die kriminelle Vereinigung gründet sich aus der Bestrebung heraus, eine Vielzahl bestimmter, oftmals unterschiedlicher Straftaten zu begehen. Die Gründung einer derartigen Vereinigung bedroht ob ihrer spezifischen Gefährlichkeit zwar durchaus auch die öffentliche Sicherheit im Sinne der inneren Sicherheit; dies tut sie jedoch nur in dem Maße, in dem auch andere Straftäter eine Bedrohung der inneren Sicherheit darstellen. Der Schutz der öffentlichen Sicherheit oder eines Sicherheitsgefühls ist vielmehr eine Zielsetzung, derer sich das Strafrecht in seiner Gesamtfunktion verpflichtet sieht. Eine Objektivierung der öffentlichen Sicherheit führt jedoch zu einer „Verdoppelung des Gesamtzwecks der (Straf-)Rechtsordnung [...] und deshalb zu einer unzutreffenden (Schein-)Definition des Schutzgutes [...], da hiermit die Aufgabe des Strafrechts als Ganzem zum konkreten Rechtsgut hochstilisiert wird.“ [379] Eine Legitimation einer Einzelnorm kann daraus nicht gezogen werden.[380] Le-

376 Rudolphi, in: FS Bruns, S. 315, 319.

377 SK/Rudolphi/Stein, § 129a Rn 6.

378 SK/Rudolphi/Stein, § 129 Rn 4.

379 Cancio Meliá, in: FS Jakobs, S. 27, 43 mwN.

380 So auch: Nehring, Kriminelle und terroristische Vereinigungen im Ausland, Frankfurt am Main 2007, S. 129 f.

diglich aufgrund ihrer gruppendynamischen Prozesse wird die kriminelle Vereinigung nicht per se zur Gefährdung für die innere Sicherheit. Vielmehr ist darin, wie von der Vorverlagerungstheorie beschrieben, der Grund der Vorverlagerung der Strafbarkeit zu sehen. *Hefendehl* beschreibt dies folgendermaßen:

> „Vor diesem Hintergrund wird ein weiteres Mal ein enger und um Scheinkomponenten entkleideter Rechtsgutsbegriff wesentlich. Denn ansonsten bliebe unklar, ob es um Vorfeldschutz oder aber bereits um unmittelbaren Rechtsgüterschutz geht. Mit anderen Worten darf durch eine extensive Interpretation des Rechtsgutsbegriffs nicht der wahre Gegenstand des Strafrechtsschutzes verschleiert werden. Schutzobjekte wie die staatliche Ordnung, die öffentliche Sicherheit bzw. Ordnung oder der öffentliche Frieden sind daher besonderen Bedenken ausgesetzt. Sie suggerieren die Existenz von [...] Rechtsgütern, verflüchtigen sich aber bei einer genaueren Analyse und lassen einen weit in das Vorbereitungsstadium eines tatsächlichen Rechtsguts vorverlagerten Strafrechtsschutz übrig."[381]

Ist bei Einzeltätern in der Regel die Versuchsgrenze die Linie zwischen straflosem Vorverhalten und strafbarer (versuchter) Begehung, so ist ein früheres Anknüpfen der sich potentiell entwickelnden Eigendynamik der Gruppe zu schulden. Durch die von beiden Ansichten korrekt erkannte Gruppendynamik kann eine höhere Wahrscheinlichkeit der Verletzung geschützter Rechtsgüter sowie eine abstrakte Gefährdung derselben entstehen. Daraus erwächst jedoch nicht notwendigerweise eine Gefahr für die öffentliche Sicherheit und Ordnung in dem Sinne, als dass diese zum spezifischen Schutzgut der Strafnorm herangezogen werden könnte. Die öffentliche Sicherheit und Ordnung ist das allgemein formulierte Gut, dessen Schutz mit Hilfe der Strafverfolgung und der Justiz zu erreichen gesucht wird. In den wenigsten Fällen ist die Verwirklichung des Tatbestandes des § 129 StGB geeignet, die öffentliche Sicherheit und Ordnung dergestalt zu verletzen, wie es in den Fällen der Straftatbestände Voraussetzung ist, in denen die öffentliche Sicherheit und Ordnung unzweifelhaft Schutzgut der Norm ist. In den Fällen der §§ 125, 125a, 130 StGB beispielsweise verlangt die Norm eine breitere Öffentlichkeit der Tat und bestimmte Begehungsweisen. Solche Merkmale fehlen jedoch in § 129 ff. StGB.[382] Die Gruppendynamik und die damit einhergehende Gefährdung der durch den Besonderen Teil des Strafgesetzbuches geschützten Rechtsgüter sind lediglich in Bezug auf die Strafwürdigkeit des in den Normen inkriminierten Verhaltens und die Legitimität einer Vorverlagerung des Schutzes von Relevanz. Ebenso haben diese Prozesse Auswirkungen auf die Bestimmung des Ausmaßes des Bedrohungspotentials einer kriminellen oder terroristischen Vereinigung und damit auch auf die Prognose, inwieweit mit Verletzungen eines Rechtsguts oder mit Wiederholungen einer

381 Hefendehl, Kollektive Rechtsgüter im Strafrecht, Köln 2002, S. 37.
382 SK/Rudolphi/Stein, § 129 Rn 4.

Rechtsgutsverletzung zu rechnen ist. Die spezifische Gefährlichkeit einer organisierten Tätergruppe kann jedoch nicht institutionalisiert und die aus ihr resultierende Gefährdung der inneren Sicherheit zum geschützten Rechtsgut erhoben werden.[383]

Die Argumentation, die der Vorverlagerungstheorie die Vernachlässigung des allgemeinen Rechtssicherheitsgefühls anlastet,[384] bedenkt nicht, dass diese Kategorie nicht empirisch fundiert und nachweisbar herangezogen werden kann. Denn stellte man auf ein allgemeines Sicherheitsgefühl als Schutzgut ab, so verlöre die Norm ihren objektiven Bezugspunkt und würde sich auf ein kollektives und rein subjektives Empfinden stützen. Ein Heranziehen eines allgemeinen Sicherheitsgefühls als Schutzgut einer Strafnorm birgt darüber hinaus noch das Risiko einer schrankenlosen Instrumentalisierung des Strafrechts zu Lasten eines ausgewogenen Rechtsgüterschutzes und zu Gunsten eines allgemeinen Sicherheitsinteresses.[385] Das Strafrecht würde so „zum Vollstrecker kollektiver Ordnungs- [...] und Aggressionsbedürfnisse, ohne dass eine rationale Kontrolle durch die Frage der realen Sozialschädlichkeit der inkriminierten Handlung stattfindet."[386] Wenngleich nicht bestritten werden kann, dass das allgemeine Sicherheitsgefühl, obgleich eine emotionale Kategorie, was dem Strafrecht im Grunde fremd ist, in der Rechtswirklichkeit durchaus eine Rolle spielt,[387] so ist die Gründung einer Norm auf bzw. die Legitimation derselben mit einem Rechtsgut, das sich aus dieser emotionalen Kategorie speist, nicht möglich. Die Rechtsnorm wäre damit abhängig von schwankenden Befindlichkeiten, ihre Auslegung wäre gekoppelt an die Stimmung in der Bevölkerung. Damit würde der Versuch einer Begriffsbestimmung und klaren Konturierung der Norm vom abstrakt Rechtlichen ins Beliebige verlagert.[388] Hiervon zu unterscheiden ist allerdings, dass das Sicherheitsgefühl der Bevölkerung sehr wohl Ausgangspunkt und primäre Motivation staatlicher Strafgesetzgebung sein kann.

---

383 Vgl. Hefendehl, Kollektive Rechtsgüter im Strafrecht, Köln 2002, S. 288.

384 Sch/Sch/Lenckner/Sternberg-Lieben, § 129 Rn 1.

385 Vgl. Nehring, Kriminelle und terroristische Vereinigungen im Ausland, Frankfurt am Main 2007, S. 131.

386 Giehring, StV 1983, S. 296, 302 f.; ihm folgend: Fürst, Grundlagen und Grenzen der §§ 129, 129a StGB, Frankfurt am Main 1989, S. 67; Nehring, Kriminelle und terroristische Vereinigungen im Ausland, Frankfurt am Main 2007, S. 131; Scheiff, Wann beginnt der Strafrechtsschutz gegen kriminelle Vereinigungen (§ 129 StGB)?, Frankfurt am Main [u.a.] 1997, S. 24; NK/Ostendorf, § 129 Rn 5.

387 Auch die Strafschärfungen bspw. im Sexualstrafrecht sind eher emotionaler denn kriminologisch fundierter Natur; siehe hierzu auch für das anglo-amerikanische Recht: Rosenau, StV 1999, S. 388–398.

388 Cancio Meliá, in: FS Jakobs, S. 27, 43.

Darüber hinaus ergeben sich aus einem Vergleich mit § 30 StGB Argumente, die die hier vertretene Auffassung stützen. § 30 StGB ist Strafausdehnungsvorschrift, die die Strafbarkeit ebenfalls in den Vorbereitungsbereich verlegt. Die geschützten Rechtsgüter dieser Norm sind die der verabredeten Tat.[389] In einer früheren Fassung der Norm (§ 49a StGB aF) wurde noch angenommen, dass es sich bei dieser Vorschrift um eine eigenständige Tat mit dem Rechtsgut der Sicherheit der Person handele.[390] Hieran ist zu erkennen, dass auch der Tatbestand der Verbrechensverabredung sich auf dem Grat zwischen allgemeinem Sicherheitsrechtsgut und vorverlagertem individuellem Rechtsgüterschutz bewegt. Die Kritik an § 30 StGB führt an, dass der Tatbestand den animus socii bestrafe, den animus auctoris eines Einzeltäters in diesem frühen Vorbereitungsstadium hingegen jedoch nicht.[391] Diesem Argument wird entgegengehalten, dass bei der Beteiligung mehrerer Personen das Geschehen nicht mehr im Einflussbereich und in der Hand einer Person liege, die von der weiteren Tatvorbereitung und -ausführung absehen kann, sondern die Vorbereitungshandlung dadurch einen bestrafungswürdigen Grad an Gefährlichkeit erreiche, dass mehrere Personen daran beteiligt seien. Dies führe zu einer höheren Unbeherrschbarkeit der weiteren Tatentwicklung.[392] Auch hierin wird die Vergleichbarkeit mit der Situation der §§ 129 ff. StGB deutlich. Denn im Rahmen der §§ 129 ff. StGB kommt es ebenfalls in erster Linie auf die durch die Beteiligung einer größeren Personenanzahl gesteigerte Gefährlichkeit an. Zwar haben die §§ 129 ff. StGB im Gegensatz zu § 30 StGB einen eigenen Strafrahmen, es handelt sich jedoch ebenfalls um das Zusammenwirken mehrerer Personen bzgl. der Begehung bestimmter Straftaten. § 129a StGB beispielsweise bestimmt die relevanten Straftaten anhand einer Aufzählung in einem Straftatenkatalog, § 30 StGB grenzt die relevanten Taten anhand des Verbrechensbegriffes ein und verlangt ebenfalls ein Zusammenwirken mehrerer Personen. In ihrer Struktur und Zielrichtung sind die Normen daher durchaus vergleichbar. Auch aus diesem Grunde liegt eine § 30 StGB entsprechende Bestimmung des Schutzgutes der §§ 129 ff. StGB nahe.

§ 129a StGB kennt drei Arten der terroristischen Vereinigung. Die erste richtet sich auf die in § 129a I StGB aufgezählten schweren Straftaten. Die in § 129a II StGB normierte Art einer terroristischen Vereinigung ist auf die Ausführung weniger schwerer Delikte gerichtet und wird durch eine besondere Begehungsweise und Motivlage qualifiziert. Die dritte Art schließlich, die in § 129a III StGB tatbestandlich gefasst ist, stellt den Zusammenschluss von Personen mit

389 Fischer, § 30 Rn 1.
390 RGSt 37, 46.
391 LK/Schünemann, § 30 Rn 4 mwN.
392 LK/Schünemann, § 30 Rn 4 mwN.

dem Zielt der bloßen Androhung der in den Absätzen 1 und 2 katalogisierten Straftaten unter Strafe. § 129a I und II StGB sind Qualifikationen des § 129 StGB, § 129a III StGB hingegen stellt ein eigenständiges Delikt dar. Die Schutzgüter sind jedoch für alle drei Arten gleich zu bestimmen.

Sind im § 129 StGB die vom Vereinigungszweck umfassten Straftaten nicht näher spezifiziert, so gilt im Rahmen des § 129a I StGB etwas anderes. Die dort aufgeführten Katalogtaten sind von besonderem Gewicht und gerade der hohe Stellenwert der von ihnen geschützten Rechtsgüter unterstreicht die Einschätzung, dass § 129a I StGB auf den Schutz eben dieser Rechtsgüter abzielt. Hieraus bezieht die Norm ihre Rechtfertigung und Legitimation. In ihr wird besonders deutlich, dass diese Rechtsgüter der Schutzzweck dieser Norm sind und die besondere Gefährlichkeit der von ihr erfassten Täterstrukturen lediglich das frühe Ansetzen der Strafbarkeit begründen.

Ebenso verhält es sich im Falle des § 129a II StGB. Die Einordnung der Tathandlung als dazu bestimmt, die Bevölkerung einzuschüchtern, eine Behörde oder internationale Organisation zu nötigen oder die Grundstrukturen eines Staates zu beseitigen und dazu geeignet, einen Staat erheblich zu schädigen, könnte zwar den Schluss nahelegen, dass sich diese Norm von den §§ 129, 129a I StGB dergestalt unterscheidet, als dass durch sie der Bestand des Staates und seine Funktionsfähigkeit, mithin die öffentliche Sicherheit und Ordnung, geschützt werden soll. Jedoch liegt in dieser Spezifikation der Tathandlung wiederum nur die Rechtfertigung des vorverlagerten Schutzes der Rechtsgüter der in der Norm enumerierten Katalogtaten. Wenngleich die Tatalternative des Einschüchterns sich an die Auffassung anlehnt, die vom Sicherheitsgefühl als relevantem Schutzgut spricht, so kann – wie oben bereits erwähnt – trotz allem eine emotionale Kategorie wie die der Einschüchterung der Bevölkerung nicht als legitimierendes Element einer Strafnorm herangezogen werden. Obwohl die Einschüchterung Eingang in die Formulierung des Tatbestandes des § 129a II StGB gefunden hat, so ist ein solches Schutzgut mangels empirisch haltbarer Analysen – ganz abgesehen von der Beweisbarkeit derartiger Fakten – denkbar ungeeignet. Im Gegensatz zu den Normen des Katalogs des § 129a I StGB, der besonders schwere Formen der Kriminalität beinhaltet, enthält der Katalog des § 129a II StGB Normen, die nicht ohne weiteres einer Terrorgruppe als typischerweise verwirklichte Straftaten ohne eine nähere Tatkonkretisierung zugewiesen werden können. Ist dies bei Delikten wie Mord oder Völkermord noch möglich und ein vorverlagerter Schutz bei diesen Rechtsgütern einfacher zu rechtfertigen, so bedarf es bei den Delikten des § 129a II StGB einer näheren Qualifikation der Tathandlung. In diesem Fall sind es die oben beschriebenen aus dem EU Rahmenbeschluss stammenden Merkmale, die eine typisch terroristische Tat beschreiben. Nur in Verbindung mit dieser qualifizierenden Handlungsbeschreibung ist eine Vorverlagerung der Strafbarkeit, wie es § 129a StGB tut, bzgl. der Katalogtaten des § 129a II StGB möglich. Durch sie wird demnach kein eigenes kollektives Rechtsgut umschrieben, sondern die Vorverlagerung des Schutzes der Rechtsgüter der Katalogtaten begrenzt und durch die Begrenzung legitimiert.

§ 129a III StGB ist – anders als § 129a I und II StGB – kein Qualifikationstatbestand des § 129 StGB, da es sich bei dieser Tatbestandsalternative um eine bloße Androhung und nicht um eine mögliche Begehung der Taten handelt.[393] Die Strafbewährung des bloßen Androhens von Straftaten bezieht ihre Legitimation wiederum aus der Gefährlichkeit und der empirischen Wahrscheinlichkeit der Verletzung der Rechtsgüter der angedrohten Taten. Nur aufgrund der täterstruktureigenen Bedrohungslage für die Rechtsgüter der angedrohten Taten, ist es möglich, ein derart weit in das Vorfeld einer konkreten Rechtsgutsverletzung hineinreichendes Verhalten zu pönalisieren. Das Ins-Feld-Führen eines Rechtsguts der öffentlichen Sicherheit und Ordnung oder eines Sicherheitsgefühls der Bevölkerung stellt den Versuch dar, durch die Schaffung eines schwer zu konturierenden allgemeinen Rechtsgutes die weite Vorverlagerung des Rechtsgüterschutzes zu einem direkten und unmittelbaren Rechtsgüterschutz umzufunktionieren und aufzuwerten.[394] Hierdurch läuft jedoch die strafrechtsbegrenzende Funktion des Rechtsgüterschutzes ins Leere.

## 3. Besondere Bedeutung des Kollektivs

In der Gesamtbetrachtung der Erklärungs- und Legitimationsversuche der Organisationsdelikte, insbesondere deren Unrechtsbestimmung, ist deutlich, dass sowohl der Ansatz, der die öffentliche Sicherheit und Ordnung als legitimierendes Rechtsgut zugrunde legt, als auch die Vorverlagerungstheorie von der speziellen Gefährlichkeit ausgeht, die einer kriminellen/terroristischen Vereinigung bzw. ihren Mitgliedern innewohnt. Ebenso verfährt auch die in *Jakobs* Strafrechtslehre eingebettete Interpretation der Legitimation der Strafbarkeit der kriminellen Vereinigung aufgrund der Verletzung einer flankierenden Norm.[395] *Cancio Meliá* meldet Zweifel an, ob die Legitimation der Organisationsdelikte sich schon in der bloßen durch das Kollektiv vermittelten (potenzierten) Gefährlichkeit erschöpft. Schließlich seien entschlossene Einzeltäter ebenfalls höchst gefährlich.

393 SK/Rudolphi/Stein, § 129a Rn 13.

394 Hefendehl, Kollektive Rechtsgüter im Strafrecht, Köln 2002, S. 37.

395 Jakobs, ZStW 97 (1985), S. 751–785.

396 Cancio Meliá, in: FS Jakobs, S. 27, 44; diesem Einwand tragen die neuen Straftatbestände, die durch das Gesetz zur Verfolgung der Vorbereitung schwerer

Er führt daher zur Betrachtung der Organisationsdelikte und, wie sich zeigen wird, zu deren Begrenzung und näheren Konturierung, die Kriterien des Kollektivs und seiner Beziehung zum Mitglied desselben[397] sowie der Organisationsanmaßung des staatlichen Gewaltmonopols an.[398]

### *a) Kollektiv und Mitglied*

Zunächst beschreibt *Cancio Meliá* die kriminelle Vereinigung als kollektiven Akteur, der als eigene gesellschaftliche Größe agiert und damit als „verfasstes Unrechtssystem" in den Vordergrund tritt. Daran anschließend stellt sich die Frage, wie das Unrecht des Kollektivs sich zum Unrecht des einzelnen Mitglieds verhält. Hierzu zieht er eine Parallele zur Diskussion um eine Verbandsstrafe. Die derzeitige Strafrechtsentwicklung in Europa, initiiert durch die EU, zeige dabei, dass die Bestrafung eines Kollektivs durchaus eine strafrechtliche Option darstelle.[399] Die Kritik von *Silva Sánchez*, ein Ansatz beim Kollektiv führe zwangsläufig zu einem Adhäsionsunrecht und zu einer Verletzung des Schuldprinzips, sei nicht gerechtfertigt. Allerdings sei der Fall der kriminellen Vereinigung nicht mit dem eines Unternehmens, für das die Verbandsstrafe in Frage käme, zu vergleichen, da kriminelle Vereinigungen nicht „im normalen Rechtsleben [...] agierende Kollektive, sondern [...] dieser Rechtsordnung frontal entgegengesetzte Organisationen" seien.[400] Daher seien zur strafrechtlichen Fassbarkeit derartigen Organisationsunrechts ohne Aushebelung der Beteiligungsregeln an eine Qualifizierung einer Vereinigung als kriminell hohe Anforderungen insbesondere bzgl. ihrer Binnenstruktur und Organisationsdichte zu stellen. Dadurch werde gewährleistet, dass ein jeweiliges Mitglied eine hinreichend große Integrationsleistung zur Mitgliedschaft in einer solchen Vereinigung zu leisten habe. Diese Integrationsleistung führe zu einem Kontrollverlust, der das Gesamtverhalten der Organisation zum Verhalten jedes einzelnen Mitglieds mache. Dies wiederum habe zur Folge, dass die Beteiligungshandlung eines Mitglieds auf eine „neue Ebene, eben [diejenige] des Kollektivs"[401] gehoben wird. So würde ein ungerechtfertigter Haftungstransfer nicht vorgenommen und der persönliche Beitrag eines Mitglieds könne auf dem Wege der Organisationsleistung der Mitglieder strafrechtlich erfasst werden. Dem Mitglied wird also die Integration

staatsgefährdender Gewalttaten eingeführt wurden, Rechnung: siehe dazu E. III.

397 Cancio Meliá, in: FS Jakobs, S. 27, 44.

398 Cancio Meliá, in: FS Jakobs, S. 27, 48.

399 Siehe hierzu auch: Association Internationale de Droit Pénal, RIDP (3/4) 2007, S. 509 ff. Punkt C II; Weisser, ZStW 121 (2009), S. 131, 140 f.

400 Cancio Meliá, in: FS Jakobs, S. 27, 46.

401 Cancio Meliá, in: FS Jakobs, S. 27, 47.

in eine kriminelle Vereinigung zugerechnet. Gleichzeitig bleibt das Kollektiv ein eigener Akteur und nicht nur ein ob der Gruppendynamik die Gefährlichkeit steigerndes Treibmittel. Bestraft wird also das mittels der Organisationsleistung den Mitgliedern zugerechnete Organisationsunrecht.

### *b) Organisationsanmaßung des staatlichen Gewaltmonopols*

Nach der Postulierung der Möglichkeit einer Zurechnung von Kollektivunrecht zu den einzelnen Mitgliedern geht *Cancio Meliá* dazu über zu präzisieren, wie sich das Unrecht des Bestehens oder der Mitwirkung an einem solchen Kollektiv konstituiert. Er rekurriert dafür auf ältere Lehren, die im Zusammenhang mit dem Bandenbegriff konstatierten, dass Banden einen möglichst in sich abgeschlossenen Organismus im Staatsorganismus zu erzeugen versuchen. Diese Gegeninstitution müsse zwangsläufig mit dem Anspruch des Staates kollidieren.[402] So maßten sich kriminelle Organisationen die Ausübung von staatlichen Hoheitsrechten an. Durch eine Verbindung dieser Organisationsemergenz mit der faktischen Gefährlichkeit werde die besondere Bedeutung des kollektiven Agierens der kriminellen Organisationen deutlich: „Sie konterkariert das staatliche Gewaltmonopol."[403] Dabei gehe es nicht um die illegitime Beanspruchung eines territorialen Platzes durch die hier interessierenden Organisationen, sondern vielmehr um eine Kommunikationsstrategie: Ziel der Terroristen sei es, die Macht des demokratischen Rechtsstaats zu provozieren.[404] Die spezifische Gefährlichkeit des Terrorismus liege nicht in der konkreten Rechtsgutsverletzung als vielmehr in einem (ideellen) Angriff auf den Staat.

Zusammenfassend kann *Cancio Meliás* Konzept folgendermaßen skizziert werden: An erster Stelle steht eine kriminelle Vereinigung, die als kollektiver Akteur Unrecht verwirklicht. Dieses Unrecht besteht in ihrer diametralen Position zu Staat und Gesellschaft. Durch diese Position maßt sie sich eine Organisationsform an, die das staatliche Gewaltmonopol nicht auf territorialer Ebene wohl aber im Wege einer Provokation der staatlichen Autoritäten herausfordert. Hierin besteht das Kollektivunrecht. Dieses Unrecht wiederum macht sich das Mitglied durch seinen Eintritt in die Vereinigung zu eigen. Mittels einer Integrationsleistung nimmt es die gleiche opponierende Stellung gegenüber Staat und Gesell-

402 Cancio Meliá, in: FS Jakobs, S. 27, 49 mwN; insbesondere: García-Pablos de Molina, Asosiaciones ilícitas en el código penal, Barcelona 1978, S. 142 ff.; siehe auch die Darstellung bei Langer-Stein, Legitimation und Interpretation der strafrechtlichen Verbote krimineller und terroristischer Vereinigungen, München 1987, S. 104 ff. mwN.

403 Cancio Meliá, in: FS Jakobs, S. 27, 49.

404 Cancio Meliá, in: FS Jakobs, S. 27, 50 mit dem passenden Verweis auf: Waldmann, Terrorismus, München 1998.

schaft ein, wie es die Gruppe tut, verschmilzt mit ihr, ordnet sich ihr unter und erleidet so einen Kontrollverlust. Die Vereinigung ist sozusagen ein Leib aus vielen Gliedern, die alle für das lineare, ständig bestehende Unrecht des Kollektivs verantwortlich sind. Die bestrafte Handlung ist die Integrationshandlung, das bestrafte Unrecht ist das des Kollektivs, das mit der Integration als eigenes Unrecht zugerechnet wird.

*Cancio Meliá* stellt seine Ausführungen in den Kontext einer strafrechtsbegrenzenden Funktion. Um das Organisationsunrecht den Mitgliedern zurechnen zu können und um den kriminellen Vereinigungen das Siegel der Organisationsanmaßung geben zu können, bedürfe es einer „stringenten Definition sowohl des Kollektivs als auch der Eingliederungsleistung."[405] *Cancio Meliá* illustriert dies wie folgt: „Der so geschneiderte Unrechtsanzug [...] platzte aus allen Nähten, wollte man in ihn die gegenwärtige Tatbestandsfassung hineinpressen."[406]

Dies skizziert er mit einigen Thesen. Zuerst geht er auf den derzeitigen Strafrahmen ein, der, folgte man seinem Modell der Zurechnung des Kollektivunrechts, nicht so drastisch sein dürfe. Des Weiteren müsse eine Vereinigung, um als kriminell eingestuft zu werden und ein Gefährdungspotential aufbauen zu können, das das staatliche Gewaltmonopol herausfordert, eine entsprechend starke Binnenstruktur aufweisen können. Eine drastische Beschränkung gegenüber der derzeitigen Definition wäre notwendig. Darüber hinaus bedürfe es einer Beschränkung des Straftatenkatalogs. Insbesondere sei das Merkmal der Gewalt innerhalb der Binnenstruktur oder nach außen hin notwendig. Der nächste und einschneidendste Punkt ist die Leistung des Mitglieds, die über passive Teilhabe hinausgehen muss. Die Integrationsleistung müsse darüber hinaus beständig aktualisiert werden, d.h. die Zugehörigkeit zum Kollektiv muss durch eine sichtbare Handlung als noch gültig bestätigt werden. Zuletzt, und das geht mit dem geforderten Mitgliedsstatus einher, müsse eine massive Zurückschneidung „peripherer Verhaltensmodalitäten (Unterstützung, Werbung oder bloße Propaganda)"[407] stattfinden. Das einzig entscheidende Kriterium sei das der Mitgliedschaft.

### *c) Stellungnahme*

Zunächst gilt, wie oben erwähnt, dass das Kriterium der Gefährlichkeit die Normen der Organisationsdelikte beeinflusst, wenn nicht beherrscht. Insofern gibt es zwischen den einzelnen Sichtweisen, wenngleich in der Terminologie verschieden, keine allzugroßen Unterschiede. Die Gefährlichkeit für das von der Norm

405 CANCIO MELIÁ, in: FS Jakobs, S. 27, 48.
406 CANCIO MELIÁ, in: FS Jakobs, S. 27, 51.
407 CANCIO MELIÁ, in: FS Jakobs, S. 27, 52.

geschützte Rechtsgut[408] ist Legitimationsbasis der Norm und bildet zugleich auch ihre Umhegung. Insbesondere hinsichtlich der Legitimation der Vorschrift erweitert *Cancio Meliá* nun die Sichtweise und konzentriert sie auf das Kollektiv. Die Tendenz der Strafrechtsbegrenzung, die dieser Sichtweise innewohnt, ist zu begrüßen, stellt sie doch einen Versuch dar, die schwammige Grenze der Gefahrenschwelle konkreter zu konturieren. Jedoch besitzt auch die Sichtweise von *Cancio Meliá* in den Begrifflichkeiten der Integrationsleistung und auch der Binnenstruktur terminologisch-definitorische Unsicherheitsfaktoren. Denn die Anforderungen, die an eine hinreichende Binnenstruktur zu stellen sind, definieren gleichzeitig den Rahmen der Vereinigung, zu der mittels einer Integrationshandlung ein hinreichender strafbarkeitsbegründender Bezug hergestellt wird. Hinsichtlich der Integrationsleistung stellt sich die Frage, welche Anforderungen an diese zu stellen sind. So ist unklar, ob die Ausbildung in einem Terrorcamp bereits eine ausreichende Integrationsleistung darstellt. Ebenso im Dunkeln liegt die Grenze zwischen straflosen, peripheren Verhaltensmodalitäten und der strafbarkeitsbegründenden Integrationshandlung, wie und in welchen zeitlichen Abständen sie zudem zu aktualisieren ist und ob sie nach einer bestimmten zeitlichen Periode einfach ausläuft und ihre Gültigkeit verliert.

Betrachtet man daneben im Vergleich die heutige Regelung, so fällt auf, dass beide Konzepte, Gefährlichkeit und Kollektivunrecht, sich im Ergebnis wenig unterscheiden. Der voll Integrierte ist gefährlich. *Cancio Meliá* nimmt eine Begrenzung über das Mittel der Vereinigung und den Status vor, an den hohe Voraussetzungen geknüpft werden. Die derzeitige Regelung bietet Raum für eine identische Interpretation und Begrenzung. Der derzeit verwandte Maßstab ist der der Gefährlichkeit. Schraubt man die Gefährlichkeitshürde so hoch, dass nur die Vereinigung als kriminell oder terroristisch einzustufen ist, die den *Cancio Meliáschen* Voraussetzungen äquivalent ist und stuft man ein Mitglied nur dann als bestrafenswert gefährlich für das entsprechende Rechtsgut ein, wenn es eine von *Cancio Meliá* geforderte Integrationsleistung erbracht hat[409], so wird deutlich, dass so identische Ergebnisse erzielt werden können. Im Gegenzug sagt das aber auch aus, dass das Konzept *Cancio Meliás* auch überdehnt werden kann. Werbung und Propaganda könnten als vollkommene geistige Identifikation mit der Vereinigung und mithin als Integrationsleistung interpretiert werden oder als Beihilfehandlung ebenfalls als strafbar erachtet werden.

408 Ob dies nun die öffentliche Sicherheit oder die Gesamtheit der geschützten individuellen Rechtsgüter ist, kann insofern dahingestellt bleiben.

409 Die Rspr. verlangt jetzt schon eine Unterordnung des Willens des Einzelnen unter den Willen der Gesamtheit zur Verfolgung terroristischer Zwecke, so dass sich die Mitglieder als einheitlicher Verband fühlen (vgl. BGHSt 28, 147; 31, 202, 204 f.; 31, 239 f.; 45, 26, 35; BGH NJW 2005, S. 1668).

Die Leistung des Konzeptes von *Cancio Meliá* besteht in erster Linie darin, die Bedeutung des Kollektivs, insbesondere für die Legitimation der Strafbarkeit der Organisationsdelikte, in dogmatisch geordnete Bahnen gelenkt und verdeutlicht zu haben. Darüber hinaus leistet er damit einen großen Beitrag zur Vergegenwärtigung der Notwendigkeit der Strafbarkeitsbegrenzung und zur Bestimmung der Reichweite der Gefährlichkeit als strafbarkeitslegitimierendes Merkmal. Die von ihm vorgeschlagene und erarbeitete Grenzziehung, so vernünftig und richtig sie ist, kann und wird jedoch nicht Maßstab für die Zukunft sein, da insbesondere die Ausklammerung der peripheren Verhaltensmodalitäten zu einem Wegbrechen der Brücken ins Strafprozessrecht führen würde, was kriminalpolitisch jedoch nicht erwünscht ist. Insofern vernachlässigt das Konzept die kriminalpolitische Realität und die eigentliche Bedeutung der Norm.[410]

Der auf den ersten Blick große Unterschied besteht darin, dass *Cancio Meliá* alles Unrecht, das im Namen der Vereinigung geschieht, als Unrecht *der Vereinigung* postuliert. Mittels einer Integrationsleistung macht das Mitglied sich dieses Unrecht zu eigen. Eigenes Unrecht im Sinne einer externen Handlung, die einen Verletzungserfolg oder zumindest eine konkrete Gefahr verursacht hat, hat das Mitglied noch nicht begangen. Gleichwohl tritt es jedoch in die kollektive Unrechtssphäre und nimmt damit teil am Unrecht des Kollektivs. Durch die Integrationsleistung, durch den durch sie erlittenen Kontrollverlust und durch die dadurch aktive Teilhabe am kollektiven Unrecht wird die Eingliederung in eine kriminelle Vereinigung zu einer verfolgbaren Straftat. Der Einzelne wird dann nicht wegen seiner persönlichen Gefährlichkeit für ein Rechtsgut bestraft, sondern für die Gefährlichkeit der Gruppe, der er durch seine Integrationsleistung ein „Gesicht“ gegeben hat. Heute ist es so, dass der Einzelne ob seines Kontakts zu einer bestimmten Gruppierung als gefährlich eingestuft wird. Hieraus sieht man, dass beide Konzepte sehr eng beieinander liegen. Bei beiden geht es letzten Endes um die Gefährlichkeit für die öffentliche Sicherheit oder die Gesamtheit der Katalogtatenrechtsgüter. Beim einen ist das Kollektiv die Gefahr und der Unrechtsproduzent und der Einzelne vermittelt die Kollektivgefahr, beim anderen ist der Einzelne die Gefahr und das Kollektiv ist das die Gefährlichkeit potenzierende Momentum.

410 Dies soll die dogmatische Leistung des Konzeptes nicht schmälern, sondern vielmehr darauf hinweisen, dass die Realität der Norm nicht die Bestrafung von Tätern ist, sondern vielmehr die Ermöglichung von Ermittlungen auch und insbesondere im Umfeld, der Peripherie, mutmaßlicher Täter.

# III. Neue Vorfelddelikte – Die Tatbestände des Gesetzes zur Verfolgung der Vorbereitung schwerer staatsgefährdender Gewalttaten (GVVG)

## 1. Einleitung

Die Europäische Kommission in Brüssel hat im Jahr 2008 durch einen Änderungsbeschluss den Rahmenbeschluss zur Bekämpfung des Terrorismus aus dem Jahr 2002 dahingehend geändert, dass nunmehr auch die Anwerbung und die Ausbildung von Einzelpersonen zu terroristischen Zwecken unter Strafe gestellt werden sollen.[411] Die Umsetzung des Rahmenbeschlusses erfolgte in Deutschland im Rahmen des Gesetzes zur Verfolgung der Vorbereitung schwerer staatsgefährdender Gewalttaten (GVVG), das insbesondere drei neue Tatbestände in das StGB einführt.[412] Die neuen Tatbestände gehen den Weg der präventiven Ausrichtung des Strafrechts insbesondere im Rahmen der Terrorismusbekämpfung konsequent weiter. Die problematische Ausdehnung des strafrechtlichen Anwendungsbereichs wurde bereits in der Entwurfsdiskussion angemahnt und das Gesetz wurde im Stadium der Entwurfsdiskussion und darüber hinaus daher zum großen Teil kritisch gesehen.[413] Die von *Weißer* in ihrer kritischen Beurtei-

411 EU-Rahmenbeschlusses zur Terrorismusbekämpfung i.d.F. vom 28.11.2008 (Rahmenbeschluss 2008/919/JI, ABl. L 330/21 v. 09.12.2008, zur Änderung des Rahmenbeschlusses 2002/475/JI zur Terrorismusbekämpfung, ABl. L 164/3 v. 22.6.2002).

412 Gesetz zur Verfolgung der Vorbereitung von schweren staatsgefährdenden Gewalttaten vom 30.07.2009, BGBl. I S. 2437 m.W.v. 04.08.2009. Zu den Gesetzesmaterialien siehe auch den Regierungsentwurf „Gesetz zur Verfolgung der Vorbereitung von schweren staatsgefährdenden Gewalttaten", online verfügbar unter: http://www.bmj.bund.de/files/-/3449/Regierungsentwurf_staatsschutzstrafrecht_0901.pdf, zuletzt geprüft am 01.02.2010, inhaltsgleich: BT-Drs. 16/12428.

413 Sieber, NStZ 2009, S. 353, 355 spricht von einer „kategoriale[n] Herausforderung des Entwurfs für die klassische [...] Konzeption des Strafrechts"; Backes, StV 2008, S. 654–660; Deckers, et al., ZRP 2008, S. 169–173; Gierhake, ZIS 2008, S. 397–405; Jessberger, Stellungnahme anlässlich der öffentlichen Anhörung vor dem Rechtsausschuss des Deutschen Bundestages am 22. April 2009, online verfügbar unter http://www.bundestag.de/ bundestag/ausschuesse/a06/anhoerungen/Archiv/51_Staatsgef__hrdene_Gewalttaten/04_Stellungnahmen/Stellungnahme_Jessberger.pdf, zuletzt geprüft am 01.02.2010; Montag, DRiZ 2008, S. 141; Müller-Jacobsen, Stellungnahme der Bundesrechtsanwaltskammer zum Gesetzentwurf der Fraktionen der CDU/CSU und SPD sowie zum Gesetzentwurf der Bundesregierung eines Gesetzes zur Verfolgung der

lung des Referentenentwurfs vorgebrachte Hoffnung, der Weg vom Referentenentwurf bis zur Verabschiedung des Gesetzes werde „vermutlich (hoffentlich) noch relativ weit“[414] sein, hat sich nicht bestätigt.[415] Der Referentenentwurf[416] hat neben redaktionellen und systematischen Änderungen kaum inhaltliche Änderungen erfahren.

Die Notwendigkeit der neuen Regelungen wird durch die Befürworter des Gesetzes in erster Linie damit begründet, dass „bei schweren staatsgefährdenden Gewalttaten [...] die Phase von der Vorbereitung zu Versuch und Vollendung kurz und das Schadensrisiko in der Schlussphase hoch [ist].“[417] Die Vorberei-

---

Vorbereitung von schweren staatsgefährdenden Gewalttaten, online verfügbar unter http://www.bundestag.de/bundestag/ausschuesse/a06/anhoerungen/Archiv/51_Staatsgef__hrdene_Gewalttaten/04_Stellungnahmen/Stellungnahme_M__ller-Jacobsen.pdf, zuletzt geprüft am 01.02.2010; Radtke, et al., ZIS 2008, S. 383–396; Walter, KritJ 2008, S. 443–450; Weisser, ZStW 121 (2009), S. 131–161; Der Entwurf wird jedoch auch – zumindest teilweise – positiv gesehen: Bader, NJW 2009, S. 2853–2856; Graf, Stellungnahme zur öffentlichen Anhörung des Rechtsausschusses des Deutschen Bundestages am 22. April 2009 in Berlin, online verfügbar unter http://www.bundestag.-de/bundestag/ausschuesse/a06/anhoerungen/Archiv/15_Computerkriminalitaet/04_Stellungnahmen/Stellungnahme_Graf.pdf, zuletzt geprüft am 01.02.2010; Griesbaum, Stellungnahme zur Vorbereitung der öffentlichen Anhörung, online verfügbar unter http://www.bundestag.de/bundestag/ausschuesse/a06/anhoerungen/Archiv/51_Staatsgef__hrdene_Gewalttaten/04_Stellungnahmen/Stellungnahme_Griesbaum.pdf, zuletzt geprüft am 01.02.2010; Heintzen, Stellungnahme für die öffentliche Anhörung des Rechtsausschusses des Deutschen Bundestages am 22. April 2009, online verfügbar unter https://www.bundestag.de/bundestag/ausschuesse/a06/anhoerungen/Archiv/51_Staatsgef__hrdene_Gewalttaten/04_Stellungnahmen/Stellungnahme_Heintzen.pdf, zuletzt geprüft am 01.02.2010; Kauder, ZRP 2009, S. 20–22; Radtke, et al., ZIS 2008, S. 383–396; Rogner, Entwurf eines Gesetzes zur Verfolgung der Vorbereitung von schweren staatsgefährdenden Gewalttaten (GVVG), online verfügbar unter http://www.bundestag.de/bundestag/ausschuesse/a06/anhoerungen/Archiv/51_Staatsgef__hrdene_Gewalttaten/04_Stellungnahmen/Stellungnahme_Rogner.pdf, zuletzt geprüft am 01.02.2010; Wasser, et al., DRiZ 2008, S. 315–320; Ziercke, Stellungnahme zur Vorbereitung der öffentlichen Anhörung vor dem Rechtsausschuss des Bundestages, online verfügbar unter http://www.bundestag.de/bundestag/ausschuesse/a06/anhoerungen/Archiv/51_Staatsgef__hrdene_Gewalttaten/04_Stellungnahmen/Stellungnahme_Ziercke.pdf zuletzt geprüft am 01.02.2010.

414 Weisser, ZStW 121 (2009), S. 131, 160 Fn 116.

415 Vielmehr fand schon am 1.10.2009 eine Verhaftung wegen des Verdachts der Verwirklichung des § 89a StGB statt: http://www.spiegel.de/politik/deutschland/0,1518,652955,00.html, zuletzt geprüft am 01.02.2010.

416 Referentenentwurf online abrufbar unter: http://www.bmj.de/files/-/3128/RefE_Gesetz%20zur%20Verfolgung%20der, zuletzt geprüft am 01.02.2010.

417 Heintzen, Stellungnahme für die öffentliche Anhörung des Rechtsausschusses des Deut-

tungsphase hingegen sei lang und komplex, was sie zu einem geeigneten Zugriffsobjekt des Staates mache. Je früher der Staat einschreite, desto weniger könne sich ein Geschehen aber in Richtung auf einen Taterfolg konkretisieren.[418] Darüber hinaus zeigten die Erfahrungen der letzten Jahre, dass

> „infolge der weltweit propagierten Ideologie des globalen Jihad als gewaltsamer Kampf gegen die Ungläubigen das Individuum des autonomen Mujaheddin immer mehr als zweite Säule neben bestimmten Organisationen an Bedeutung gewinnt."[419]

Die besondere Bedeutung der neuen Vorschriften hebt *Sieber* in seiner Bewertung des Regierungsentwurfs des GVVG hervor:

> „Die Brisanz dieser Entwicklung zeigt sich daran, dass der Präventionsgedanke und ein ungebremster strafrechtlicher Vorfeldschutz über den vorliegenden Entwurf hinaus zu einer noch weitergehenden Bestrafung von Deliktsplanungen und bloßen Gedanken führen könnten. Der Entwurf des GVVG stellt daher zentrale Fragen nach den Grenzen des Strafrechts und hat mit seiner neuen Ausrichtung weit über die konkrete Gesetzgebung hinausreichende Konsequenzen."[420]

## 2. Norminhalte

### *a) § 89a StGB*

#### *aa) Staatsschutzbezug und Erfassung von Einzeltätern*

Der neue § 89a StGB stellt die Vorbereitung einer schweren Gewalttat unter Strafe. Als schwere Gewalttaten werden solche Taten definiert, die zum einen Straftaten gegen das Leben (gem. §§ 211 und 212 StGB) sowie gegen die persönliche Freiheit (gem. §§ 239a und 239b StGB) zum Inhalt haben und zum anderen einen staatsschutzrelevanten Bezug aufweisen. Entgegen dem spontanen

---

schen Bundestages am 22. April 2009, S. 2, online verfügbar unter http://www.bundestag.de/bundestag/ausschuesse/a06/anhoerungen/Archiv/51_Staatsgef__hrdene_Gewalttaten/04_Stellungnahmen/Stellungnahme_Heintzen.pdf zuletzt geprüft am 01.02.2010.

418 Heintzen, Stellungnahme für die öffentliche Anhörung des Rechtsausschusses des Deutschen Bundestages am 22. April 2009, S. 2, online verfügbar unter http://www.bundestag.de/bundestag/ausschuesse/a06/anhoerungen/Archiv/51_Staatsgef__hrdene_Gewalttaten/04_Stellungnahmen/Stellungnahme_Heintzen.pdf zuletzt geprüft am 01.02.2010.

419 Griesbaum, Stellungnahme zur Vorbereitung der öffentlichen Anhörung, S. 1, online verfügbar unter http://www.bundestag.de/bundestag/ausschuesse/a06/anhoerungen/Archiv/51_Staatsgef__hrdene_Gewalttaten/04_Stellungnahmen/Stellungnahme_Griesbaum.pdf, zuletzt geprüft am 01.02.2010.

420 Sieber, NStZ 2009, S. 353, 355.

Eindruck, der bei einer ersten Lektüre der Formulierung dieser Staatsschutzkomponente[421] entsteht, reicht zu deren tatbestandlicher Erfüllung die Erschütterung des Vertrauens der Bevölkerung, in Deutschland vor gewaltsamen Einwirkungen geschützt zu sein.[422] Ziel der Vorschrift ist es, als Ergänzung zu den §§ 129a und b StGB nicht in hierarchische Strukturen und terroristische Organisationen eingebundene Alleintäter strafrechtlich zu erfassen. Problematisch ist dabei, dass der § 89a StGB daher naturgemäß nicht auf die Unrechtsbegründung und Vorverlagerungslegitimation der gruppendynamischen Gefährlichkeit terroristischer Organisationen verweisen kann. Dieser Widerspruch soll allerdings dadurch abgemildert werden, dass der Tatbestand abschließend einen Katalog von Vorbereitungshandlungen definiert. Dieser enthält die aktive Ausbildung von Rekruten oder das Teilnehmen an einer solchen Ausbildung, die Herstellung, das Sich-Verschaffen, Überlassen oder Verwahren von Waffen, bestimmten gefährlichen Stoffen oder besonderen zur Ausführung der vorbereiteten Tat erforderlichen Vorrichtungen, das Sich-Verschaffen oder Verwahren von erforderlichen wesentlichen Gegenständen oder Grundstoffen, um diese Waffen, Stoffe oder Vorrichtungen herzustellen sowie die Finanzierung eines terroristischen Anschlags. Im Gegensatz zu § 129a StGB sind hier konkrete tatbestandliche Handlungen umschrieben, wohingegen in § 129a StGB der bloße Zusammenschluss mit einer staatsschutzrelevanten Zielrichtung als strafbare Handlung gilt. Jedoch enthält auch diese abschließende Aufzählung in § 89a II Nr. 1 StGB eine Öffnungsklausel („*sonstige* Fertigkeiten"), die dem Tatbestand hierdurch eine große tatsächliche Reichweite verleiht.[423]

#### *bb) Verhältnis zu § 30 StGB*

---

421 „... geeignet [...], den Bestand oder die Sicherheit eines Staates zu beeinträchtigen oder Verfassungsgrundsätze der Bundesrepublik Deutschland zu beseitigen, außer Geltung zu setzen oder zu untergraben ...".

422 BT-Drs. 16/12428, S. 16; Weisser, ZStW 121 (2009), S. 131, 148 sieht in dieser Formulierung und seiner Auslegung im RegE „ein Musterbeispiel dafür, wie man eine auf den ersten Blick restriktiv wirkende Tatbestandsfassung so weit auslegen kann, dass sie zu einer allumfassenden Definition wird."

423 Walter, KritJ 2008, S. 443–450 sieht von der Regelung auch legale Lehrer-Schüler-Verhältnisse erfasst wie etwa den Fluglehrer, den Sprengmeister oder den Fahrlehrer, wenn die in der Ausbildung erworbenen Fähigkeiten zu einer Anschlagsplanung verwandt werden.

Ein weiteres erklärtes Ziel des neuen § 89a StGB ist es, die Lücke zwischen § 129a StGB und § 30 StGB zu schließen.[424] Ziel der Vorschrift ist also nicht nur die Erfassung von (Allein-)Tätern, die nicht in eine Organisation gem. § 129a StGB eingebunden sind, sondern auch die Erfassung derjenigen, die noch nicht die Voraussetzungen, die § 30 StGB stellt, erfüllen. Insbesondere das Erfordernis des Zusammenwirkens mehrerer Personen im Rahmen des § 30 StGB sowie die Voraussetzung einer Einigung zu mittäterschaftlicher Begehung im Rahmen des § 30 II StGB führen laut der Begründung des Entwurfs zu Strafbarkeitslücken, die geschlossen werden müssen.[425] So erfasst § 89a StGB neben allein handelnden Tätern auch solche Personen, die nicht täterschaftlich an der vorbereiteten Tat mitwirken. Auch der Bezug zu einer konkreten Tat, wie bei § 30 StGB vorausgesetzt[426], existiert so nicht in § 89a StGB. Bemerkenswert ist ebenfalls, dass die subjektiven Anforderungen in § 89a StGB nicht derart strafbegrenzend wirken, wie die Bundesjustizministerin Zypries dies in der Bundestagsdebatte über das GVVG betonte.[427] Die Vorschriften, in die der neue § 89a StGB systematisch eingeordnet werden soll, verlangen, dass sich der Täter *absichtlich*[428] für Bestrebungen gegen den Bestand des Staates einsetzt. Im Gegensatz hierzu genügt zur Verwirklichung des § 89a StGB, dass die Tat „nach den Umständen bestimmt" ist, d.h. dass die möglichen Folgen der Tat vom Willen des Täters umfasst ist. Dazu reicht es aus, dass er die tatsächlichen Umstände, die die Eignung zur Beeinträchtigung des Schutzgutes ergeben, kannte und in seinen Willen einbezogen hat, ohne dass ein zielgerichtetes Handeln erforderlich ist.[429] Ist die ins Auge gefasste Tat eine in Absatz 1 genannte Tat gemäß der dort aufgeführten Strafvorschriften, so brauchen weder die konkrete Art der Ausführung noch Zeit und Ort sowie potentielle Opfer festgelegt zu sein. Vielmehr genügt es, dass der Deliktstyp der vorbereiteten Tat hinreichend bestimmt ist, es sich mithin nach der Vorstellung des Täters um eine Tat gegen das Leben in den Fällen des § 211 oder § 212 StGB oder gegen die persönliche Freiheit in den Fällen des § 239a oder § 239b StGB handeln soll.[430] Auch § 89a II Nr. 1 StGB nennt neben dem objektiven Tatbestandsmerkmal des Ausbildens bzw. Sich-Ausbilden-Lassens kein weiteres besonderes subjektives Merkmal. Es ist also nicht erforderlich, dass der

424 BT-Drs. 16/12428, S. 17.

425 BT-Drs. 16/12428, S. 17.

426 Vgl. Fischer, § 30 Rn 7; LK/Schünemann, § 30 Rn 26.

427 BT-Plenarprotokoll 16/202 vom 29.01.2009, S. 21831 B; Eine Reduzierung „fast auf Null", wie Backes, StV 2008, S. 654, 656 ausführt, stellt diese Einordnung der subjektiven Voraussetzungen jedoch auch nicht dar.

428 §§ 87 ff. StGB.

429 BT-Drs. 16/12428, S. 14.

430 BT-Drs. 16/12428, S. 14.

Täter seine Ausbildung unmittelbar im Anschluss zur Begehung eines Anschlages nutzen will.[431] Vielmehr genügt es, dass die in der Ausbildung erworbenen Fähigkeiten in Zukunft zur Begehung einer schweren Gewalttat genutzt werden sollen, die im eben erläuterten Umfang zwar schon näher konturiert sein muss, aber eben noch nicht in ihrer konkreten Ausgestaltung feststehen muss.

### *b) § 89b StGB*

Eine der problematischeren Vorschriften findet sich in § 89b StGB[432], der die Kontaktaufnahme zu einer terroristischen Vereinigung nach §§ 129a und b StGB unter Strafe stellt, wenn dies mit der Absicht geschieht, sich in der Begehung einer schweren staatsgefährdenden Gewalttat gem. § 89a II Nr. 1 StGB unterweisen zu lassen. Hierdurch sollen Personen erfasst werden, die weder einer terroristischen Vereinigung angehören noch sie gem. § 129a V StGB – wenn auch nur psychisch – unterstützen und die weder die Begehung einer schweren Gewalttat vorbereiten noch sich einer Unterweisung gem. § 89a II Nr.1 StGB unterzogen haben.

### *c) § 91 StGB*

Als weiterer Straftatbestand wurde § 91 StGB eingeführt, der die Anleitung zu einer Gewalttat unter Strafe stellt. Mit dieser Regelung soll vor allem das Verbreiten oder das Anpreisen von terroristischen Anleitungen erfasst werden. Ziel der Vorschrift ist es, das Internet als Kommunikationsraum und Propagandamedium für Terroristen unter strafrechtliche Handhabe zu stellen, da beispielsweise Anleitungen zum Bau einer Bombe dort weltweit abrufbar zur Verfügung stehen. In der Entwurfsbegründung heißt es, dass diese Anleitungen eine „erhebliche Gefahr für den öffentlichen Frieden“ darstellen, da sie „ohne weitere Zwischenschritte zur Vorbereitung von Gewalttaten verwendet werden können.“[433] Eingeschränkt werden soll die Vorschrift dadurch, dass eine Strafbarkeit nur dann gegeben ist, wenn die Schrift nach den Umständen ihrer Verbreitung geeignet ist, die Bereitschaft anderer zu fördern oder zu wecken, eine schwere Gewalttat zu begehen. Hervorzuheben ist bei dieser Vorschrift, dass sie keine besondere terroristische Motivation oder einen derartigen Inhalt erfordert. Auch neutrale Schriften, die nach den Umständen ihrer Verbreitung, z.B. durch eine Downloadmöglichkeit auf einer extremistischen Website, in einen terroristischen Kontext ge-

431 BT-Drs. 16/12428, S. 18.

432 Im Referentenentwurf noch – inhaltsgleich – § 91 II Nr. 2 StGB-E.

433 BT-Drs. 16/12428, S. 11.

stellt werden können, fallen unter die Norm. Begründet wird der Verzicht auf das Merkmal der Bestimmung zur Begehung einer Straftat damit, dass der Nachweis des subjektiven Gehalts des Tatbestandsmerkmals der Bestimmung für einen bestimmten Zweck den „Strafverfolgern die Arbeit wesentlich erschwert" hat.[434] Durch die Erfassung auch neutraler Schriften sowie durch den Verzicht auf eine Zweckbestimmung soll die vermeintliche Strafbarkeitslücke zwischen den §§ 111 und 130a StGB geschlossen werden, da § 111 StGB die Aufforderung zu einer rechtswidrigen Tat beinhalten muss, § 130a StGB den Nachweis einer Absicht erfordert (§ 130a II Nr. 1 StGB).[435] Straffrei bleiben trotz der Erfüllung der objektiven Tatbestandsmerkmale Personen, die aus Forschungs- oder dienstlichen Gründen derartige Websites besuchen und sich Anleitungen beschaffen. Ebenso nicht erfasst werden Anleitungen beispielsweise in Chemiebaukästen oder Lehrbüchern.

### *d) Strafprozessuale Regelungen*

Auch die Vernetzung des neuen Straftatkomplexes mit dem Verfahrensrecht wird durch begleitende Normen sichergestellt. Die mit den §§ 129 ff. StGB verknüpften Verfahrensregelungen sollen ebenfalls mit § 89a StGB verknüpft werden, so dass auch für die Fälle dieses Tatbestandes die Maßnahmen z.B. der Durchsuchung, Beschlagnahme oder heimlichen Wohnraum- und Telekommunikationsüberwachung gelten und ein dringender Tatverdacht bzgl. dieser Taten auch einen Haftgrund nach § 112a StPO darstellen. Ebenso soll im Gerichtsverfassungsgesetz eine Sonderzuständigkeit für den Generalbundesanwalt geschaffen werden, der bei besonderer Bedeutung des Falles die Strafverfolgung übernehmen kann.[436]

### *e) Aufenthaltsrechtliche Regelungen*

Ebenso wurden durch das GVVG Novellierungen aufenthaltsrechtlicher Regelungen eingeführt, die es ermöglichen, Ausländer, bei denen Informationen vorliegen, die die Annahme rechtfertigen, dass sie sich nach den neu eingeführten Straftatbeständen strafbar gemacht haben, ausgewiesen oder an der Wiedereinreise in die Bundesrepublik gehindert werden können.[437]

---

434 Pressemitteilung des BMJ vom 21. April 2008, „Zypries: Neue Straftatbestände wegen Vorbereitung terroristischer Straftaten", S. 3.

435 BT-Drs. 16/12428, S. 17 f.

436 BT-Drs. 16/12428, S. 8.

437 BT-Drs. 16/12428, S. 9.

## 3. Bewertung der §§ 89a, 89b, 91 StGB

### *a) Qualifizierung des § 89a StGB als abstraktes Gefährdungsdelikt*

Die Besonderheit, die die neuen Normen in sich tragen, ist die gezielte Schaffung von Vorfelddelikten in Bezug auf Einzeltäter. Diese Tatsache ist insofern von besonderer Bedeutung, als dass die bisher existierenden Normen, die eine Vorfeldpönalisierung beinhalten, auf das Zusammenwirken mehrerer Personen und der dieser Zusammenarbeit innewohnenden Gruppendynamik abstellen und der Strafgrund auf der besonderen Gefährlichkeit „gruppeninterner Motivationsdynamik und bindender Gemeinschaftlichkeit“[438] basiert.[439] So qualifiziert *Gierhake* § 89a StGB als reines Sicherheitsrecht und spricht dem Tatbestand die Qualität eines abstrakten Gefährdungsdeliktes ab, da das Umschlagen der abstrakten Gefahr in eine konkrete Gefahr oder gar einer Schädigung vom eigenverantwortlichen Täterhandeln oder vom Handeln Dritter und nicht von anderen Umständen abhänge. Ihrer Ansicht nach ist jedoch die Zufallsabhängigkeit des Erfolgseintritts nach Schaffung einer abstrakten Gefahr gerade konstitutiv für das Vorliegen eines abstrakten Gefährdungsdeliktes.[440] Sie ist der Meinung, die Konfiszierung von Tatmitteln, die Beobachtung der Gefährder sowie gegebenenfalls ausländerrechtliche Maßnahmen zur Behandlung der Problematik seien ausreichend.[441]

Dabei verkennt sie jedoch, dass auch wenn der Erfolgseintritt noch von einer eigenverantwortlichen Entscheidung des Täters oder Dritten abhängt, bereits eine Strafbarkeit der Handlung begründet werden kann. So hängt auch im Rahmen der Versuchsstrafbarkeit der Erfolgseintritt nach dem relevanten Zeitpunkt des unmittelbaren Ansetzens unter Umständen noch von weiteren Entscheidungen des Täters ab. So ist die Strafwürdigkeit einer Handlung und ihre Qualifizierung als abstrakte Gefährdung weniger eine Frage der Zufallsabhängigkeit als vielmehr eine Frage der Gefährlichkeit der Handlung. Daher ist § 89a StGB nach der allgemeinen Meinung als abstraktes Gefährdungsdelikt zu qualifizieren.[442]

438 Gierhake, ZIS 2008, S. 397.

439 Radtke, et al., ZIS 2008, S. 383, 390.

440 Gierhake, ZIS 2008, S. 397, 402.

441 Gierhake, ZIS 2008, S. 397, 402.

442 NK/Paeffgen, § 89a Rn 7; Gazeas, et al., NStZ 2009, S. 593, 594; Radtke, et al., ZIS 2008, S. 383, 387.

### *b) Grenze des Gesinnungsstrafrechts*

*Radtke* und *Steinsiek* stehen den neuen Regelungen ebenfalls sehr kritisch gegenüber[443], kommen allerdings weitgehend nicht zu dem Schluss, dass die Normen verfassungswidrig seien. Lediglich hinsichtlich § 89b StGB, der dem im RefE inhaltsgleichen § 91 II Nr. 2 StGB entspricht, nehmen sie einen Verstoß gegen den Verhältnismäßigkeitsgrundsatz an und gelangen zu dem Schluss der Verfassungswidrigkeit der Norm.[444] Unter Bezugnahme auf die auch präventive Ausrichtung des Strafrechts vertreten sie die Ansicht, dass auch eine Vorverlagerung von Strafbarkeit, die „zeitlich selbst über die Gefahrenabwehr hinausgeht" [445], erst dann verfassungswidrig sei, wenn es sich um Gesinnungsstrafrecht handele, was jedoch bei diesem Entwurf (noch) nicht der Fall sei.[446] Gleichwohl favorisieren sie die auf hessische und thüringische Initiative im Bundesrat eingebrachte Lösung der Umsetzung des EU-Rahmenbeschlusses im Rahmen der bestehenden Antiterrorvorschriften des § 129a StGB. Eine Inkorporation derartiger Gefahrenabwehrregelungen in das Polizeirecht halten sie richtigerweise deshalb für falsch, da die strafrechtlichen Garantien den Betroffenen mehr Rechte gewähren.[447] Sie äußern allerdings Bedenken hinsichtlich der Wahrung des Bestimmtheitsgrundsatzes und konstatieren eine Tendenz hin zu einem Täterstrafrecht.[448]

*Paeffgen* geht mit den neuen Regelungen härter ins Gericht.[449] Er spricht von einer „nur grotesk zu nennenden Weite der Schutzgüter"[450] und befürwortet ein „radikales Ausholzen des überbordenden Wortgeklingels"[451]. Darüber hinaus konstatiert er, dass man angesichts diverser Normelemente der neuen Regelung keine Kommentierung, sondern eher eine Satire schreiben könnte, „wenn der Betrachtungsgegenstand nicht so bitterernst und für allfällige Betroffene so folgenreich wäre."[452]

---

443 Radtke, et al., ZIS 2008, S. 383–396.

444 Radtke, et al., ZIS 2008, S. 383, 391.

445 Radtke, et al., ZIS 2008, S. 383, 387.

446 Radtke, et al., ZIS 2008, S. 383, 387; so auch:Bader, NJW 2009, S. 2853, 2854; Wasser, et al., DRiZ 2008, S. 315, 319; die Normen als Gesinnungsstrafrecht einordnend: Paeffgen, in: FS Amelung, S. 81, 112; Pawlik, Der Terrorist und sein Recht, München 2008, S. 35; NK/Paeffgen, § 89a Rn 2 ff.

447 Radtke, et al., ZIS 2008, S. 383, 388; so auch:Rath, AnwBl. 2008, S. 247; Wasser, et al., DRiZ 2008, S. 315, 319; ausführlich auch: Sieber, NStZ 2009, S. 353, 356 f.

448 Radtke, et al., ZIS 2008, S. 383, 393.

449 NK/Paeffgen, § 89a Rn 2 ff.

450 NK/Paeffgen, § 89a Rn 14.

451 NK/Paeffgen, § 89a Rn 17.

452 NK/Paeffgen, § 89a Rn 15.

### c) *Einordnung in die Kategorisierung von Sieber*

Ein differenziertes Bild ergibt sich, wenn man die Legitimation der Vorschriften anhand der oben dargestellten[453] von *Sieber* entwickelten Kategorisierung der abstrakten Gefährdungsdelikte vornimmt. Als Kernpunkt der Problematik der neuen Regelungen macht er aus, dass „[a]ls objektive Anknüpfungspunkte der strafrechtlichen Intervention [...] dem Entwurf dabei auch neutrale Alltagshandlungen [dienen], welche beim Vorliegen von bestimmten Absichten zu Straftaten werden, die Freiheitsstrafen von bis zu zehn Jahren erlauben."[454]

Jeder Strafnorm muss strafbares Verhalten zu Grunde liegen. Das strafbare Verhalten liegt insbesondere in einem missbilligten, unerlaubten und dem Täter zurechenbaren Risiko. Zentrales Kriterium der Gefährdungsdelikte ist daher das unerlaubte Risiko. Dieses Kriterium ermöglicht bei der Prüfung der Tathandlung von Gefährdungsdelikten eine Abwägung zwischen dem Wert und dem Grad der Bedrohung des geschützten Rechtsguts und den Freiheitsrechten, die durch ein staatliches Handlungsverbot eingeschränkt werden. Hieran sind auch die Tathandlungsalternativen der neuen Tatbestände zu messen.

#### aa) *§§ 89a, 89b StGB*

Die §§ 89a und 89b StGB gehören zu der Kategorie der Vorbereitungs- oder Planungsdelikte. Diese Delikte zeichnen sich durch eine Vorverlagerung der strafbaren Handlung in das Vorbereitungsstadium einer Straftat aus. Folge davon ist, dass mit zunehmender Entfernung von der Vollendung der Tat in höherem Maße auf subjektive Strafbarkeitskriterien zurückgegriffen wird, die die im Planungsstadium naturgemäß noch wenig vorhandenen objektiven Kriterien kompensieren sollen. Delikte dieser Art sehen sich deswegen nicht selten dem Verdacht des Gesinnungs- oder Gedankenstrafrechts ausgesetzt.[455] Dieser Einwand dringt jedoch dann nicht durch, wenn der Tatbestand neben subjektiven Kriterien deliktsbezogene, objektive Kriterien enthält. Eine „Kumulation einer objektiv manifestierten Tathandlung mit einer überschießenden Planung des Täters kann somit [...] eine ausreichende Legitimation für strafrechtliches Unrecht sein."[456] Weitere Voraussetzung hierfür ist aber auch, dass das bei Handlungen im Vorbereitungsstadium immernoch mögliche Abstand Nehmen von der Tatausführung, durch eine Regelung der tätigen Reue in der Norm Berücksichtigung findet.[457]

453 Siehe oben D. III. 2. e) dd).
454 Sieber, NStZ 2009, S. 353, 355.
455 Sieber, NStZ 2009, S. 353, 359 f.
456 Sieber, NStZ 2009, S. 353, 360 f.
457 Sieber, NStZ 2009, S. 353, 360 f.

Betrachtet man nun § 89a StGB unter diesem Gesichtspunkt, so ist von einer generellen Unzulässigkeit der Normausgestaltung nicht auszugehen. Einige der in § 89a II StGB genannten Tatbestandsalternativen weisen einen erheblichen Gefährdungsgehalt auf. So sind diejenigen Tathandlungen, die die Vorbereitung einer schweren Gewalttat durch das Sich-Verschaffen von Sprengstoffen, Waffen, u.ä. betreffen, schon selbst strafbewehrte Handlungen, die durch die Kombination mit der subjektiven Zielvorstellung eine Vorverlagerung der Strafbarkeit in das Vorbereitungsstadium rechtfertigen. Diese Tatbestandsalternativen stellen einen ausreichend konkreten Deliktsbezug und eine objektiv manifestierte Tathandlung dar.

Andere Tathandlungsalternativen wie das Sammeln von Vermögensgegenständen nach § 89a II Nr. 4 StGB oder der Auffangtatbestand der sonstigen Fertigkeiten des § 89a II Nr. 1 StGB weisen keine ausreichende Begrenzung hinsichtlich ihrer Reichweite auch auf Alltagshandlungen auf. Dies ist dann problematisch, wenn eine unter den Wortlaut des § 89a StGB subsumierbare Alltagshandlung zu einer Strafbarkeit führen würde, ohne dass durch die Ausführung der Handlung in ausreichender Weise ein Deliktsbezug hergestellt werden würde und in dieser Alltagshandlung auch keine ausreichend objektiv manifestierte Tathandlung zu sehen wäre. *Sieber* schlägt zur Präzisierung der Legitimation für die Vorverlagerung der Strafbarkeit in diesen Fällen vor, ein ähnliches objektives Kriterium wie die Manifestation der Zueignungsabsicht im Unterschlagungstatbestand auch in diesen Fällen zur Voraussetzung einer Strafbarkeit zu machen.[458] Dadurch wäre es möglich, anhand eines objektiven Elements die überschießende Innentendenz auszugleichen. Verlange man kein derartiges Kriterium, so bewegten sich diese Fälle sozialadäquater Handlungen oder Handlungen ohne wesentlichen Gefährdungsgehalt zwar nicht innerhalb eines „Gedankenstrafrechts", sie befänden sich jedoch bereits „in kritischer Weise in dessen Nähe."[459]

§ 89 b StGB ist ebenfalls in die Kategorie der Vorbereitungsdelikte einzuordnen. Die sich aus der Ausgestaltung des Tatbestandes ergebende „Vorbereitung einer Vorbereitungshandlung" verlegt die Strafbarkeit noch weiter nach vorne.[460] Legt man die Kriterien der objektiv manifestierten Tathandlung, des ausreichenden Deliktsbezugs sowie des Gefährdungsgehalts an, so sieht man, dass diese Vorschrift sich einigen Bedenken gegenübersieht. Die extrem weite Vorverlagerung entfernt die strafbare Handlung in derart großem Umfang von der Erfolgshandlung der vorzubereitenden Tat, dass ein ausreichender Deliktsbezug nicht mehr gegeben ist. Auch ist die bloße Kontaktaufnahme wohl nicht ge-

458 Sieber, NStZ 2009, S. 353, 361 und 362.
459 Sieber, NStZ 2009, S. 353, 362.
460 Sieber, NStZ 2009, S. 353, 362.

eignet, als objektiv manifestierte Tathandlung zu fungieren. Ebensowenig lässt sich ein ausreichender Gefährdungsgehalt der pönalisierten Handlung feststellen.

#### *bb) § 91 StGB*

Anders als § 91 I Nr. 2, der ein weiteres Vorbereitungsdelikt darstellt, ist § 91 I Nr. 1 StGB ein „durch objektive Merkmale geprägtes Gefährdungsdelikt"[461]. Die Strafbarkeit knüpft an das objektive Kriterium der Schrift an, die ihrem Inhalt nach geeignet ist, als Anleitung zu einer schweren staatsgefährdenden Gewalttat, wie in § 89a I StGB definiert, zu dienen. Darüber hinaus verlangt die Norm, dass die Umstände der Verbreitung der Schrift geeignet sind, die Bereitschaft zur Begehung einer schweren staatsgefährdenden Gewalttat zu fördern oder zu wecken. Aus der Zusammenschau dieser Merkmale ergibt sich, dass die Strafbarkeit lediglich an objektive Kriterien anknüpft, was zu einer erheblichen Reichweite der Norm führt. Ebenso hat dies zur Folge, dass dem Täter das Risiko der Ausführung der schweren Gewalttat aufgebürdet wird, ohne dass es darauf ankommt, ob er ein bestimmtes Förderverhalten an den Tag gelegt hat oder die Schrift mit der Absicht einer Bereitschaftsförderung verbreitet hat. Diese tatbestandliche Weite und Konzentration auf objektive Kriterien führt zu einer großen Unbestimmtheit.[462]

## *d) Eigene Analyse*

### *aa) Regelung des § 89a StGB*

#### (1) Keine Reduktion des Strafrahmens trotz Fehlens gruppendynamischer Prozesse

Betrachtet man die Vorschriften des Regierungsentwurfs im Vergleich zu den vereinigungsbezogenen Vorfelddelikten, so fällt auf, dass die Begründung der Vorverlagerung der Strafbarkeit bei diesen Delikten, die besondere Gefährlichkeit durch gruppendynamische Prozesse ist, für die §§ 89a und b StGB nicht gilt. Trotzdem wird in den Normen eine zeitlich und faktisch noch weiter ausgedehnte Vorverlagerung der Strafbarkeit vorgenommen. Es lässt sich daher eine Vorverlagerung der Strafbarkeit gestützt auf die Gefährlichkeit eines Einzeltäters nicht mehr rechtfertigen, wenn man im Fall des § 129a StGB die die bloße, einfache Gefährlichkeit verschärfende Gruppendynamik als das straflegitimierende

461 Sieber, NStZ 2009, S. 353, 362.
462 Sieber, NStZ 2009, S. 353, 363.

Moment für die Vorverlagerung anführt. Die Legitimität der weiten Vorverlagerung der Strafbarkeit in das Vorbereitungsstadium einer Rechtsgutsverletzung bei der neu einzuführenden Regelung steht daher also im Widerspruch mit § 129a StGB, wo die Legitimität der Vorverlagerung allein in der gruppeninternen Motivationsdynamik sowie der bindenden Gemeinschaftlichkeit begründet ist. Wenn bereits Einzeltäter ohne Gruppeneinbindung als ebenso gefährlich und damit ebenso strafwürdig angesehen werden, ist hierfür eine Legitimationsgrundlage zu schaffen, die diese Strafwürdigkeit von Vorbereitungshandlungen gerade bei Einzelpersonen begründet.[463] Die ablehnend kritische Haltung gegenüber diesem Entwurf ist daher in diesem Punkt zum Teil berechtigt.

Geht man jedoch, wie im Folgenden noch zu erörtern sein wird, von einer zulässigen Vorverlagerung aus, so ist hervorzuheben, dass trotz der fehlenden gruppendynamischen Gefährlichkeit kaum eine bis keine Reduzierung des Strafrahmens gegenüber § 129a StGB vorgenommen wird. Darüber hinaus wird zur Begründung der Strafwürdigkeit auf Gefahrenlagen verwiesen, die, um zu einer ernsthaften und konkreten Gefahr zu werden, vieler vom Täter eigenverantwortlich durchzuführender Willensentscheidungen und Handlungen bedürfen, ein ausreichend konkreter Deliktsbezug daher nicht immer gegeben ist. Daher erstaunt der hohe Strafrahmen des § 89a StGB, der zwar als Vergehen mit einer Mindeststrafe von 6 Monaten ausgestaltet ist, darüber hinaus jedoch den Strafrahmen des § 129a I und II StGB aufweist. Insbesondere angesichts der fehlenden besonderen gruppendynamischen Gefährlichkeit sowie der sehr weiten Vorverlagerung verwundert dieser mit § 129a StGB weitgehend gleichlaufende Strafrahmen. Eine diesen Umständen angepasste Reduzierung der Strafandrohung wäre unbedingt angezeigt.[464]

(2) Staatsschutzbezug

Weiterer relevanter Kritikpunkt an der neuen strafrechtlichen Regelung des § 89a StGB ist die sehr extensive Auslegung des erforderlichen Staatsschutzbezuges im Regierungsentwurf. Nach dem Wortlaut der Norm ist ein Staatsschutzbezug dann hergestellt, wenn die vorzubereitende Tat geeignet ist, den Bestand oder die Sicherheit eines Staates oder einer internationalen Organisation zu beeinträchtigen oder Verfassungsgrundsätze der Bundesrepublik Deutschland zu beseitigen, außer Geltung zu setzen oder zu untergraben. Durch die Wahl dieser Formulierung wollte der Gesetzgeber erreichen, dass die durch den BGH in der

463 Diesen Widerspruch sehen auch: Gierhake, ZIS 2008, S. 397; Radtke, et al., ZIS 2008, S. 383, 390; Walter, KritJ 2008, S. 443, 449.

464 Siehe hierzu auch: Backes, StV 2008, S. 654, 656.

sog. „Eggesin-Entscheidung“[465] vorgenommene extensive Auslegung dieser Formulierung im Rahmen des § 120 II Nr. 3 GVG auf den Tatbestand des § 89a StGB übertragen wird. Dabei verkennt der Gesetzgeber jedoch, dass es sich bei § 120 II Nr. 3 GVG um eine Verfahrensnorm handelt. Eine strafbarkeitsbegründende, materiell-strafrechtliche Norm kann aber nicht nach den gleichen Grundsätzen ausgelegt werden wie eine Verfahrensnorm.[466] Die im Regierungsentwurf vorgenommene Auslegung, die eine Beeinträchtigung des Sicherheitsgefühls der Bevölkerung ausreichen lässt, setzt sich damit über die Wortlautgrenze der Norm hinweg. Daneben ist ein weiteres Mal zu betonen, dass die subjektive Kategorie eines Gefühls der Bevölkerung keine ausreichend bestimmte und bestimmbare Kategorie ist. *Fischer* stellt zutreffend fest, dass „[d]as subjektive Gefühl eines nicht bestimmten Teils der Bevölkerung [...] mit einer dem Bestimmtheitsgebot genügenden Sicherheit ersichtlich nicht feststellbar“ ist.[467] Die Auslegung der Staatsschutzklausel dahingehend, dass schon die Beeinträchtigung des Sicherheitsgefühls der Bevölkerung ausreicht, dürfte demnach also, wenngleich in der Entwurfsbegründung so enthalten, an der Wortlautgrenze des § 89a StGB sowie dem Bestimmtheitsgebot scheitern. In der Praxis wird diese extensive Auslegung zudem wohl dadurch eine restriktivere Ausgestaltung erfahren, dass die Rechtsprechung sich den Gesetzesmotiven eher nicht anschließen wird.[468] Die Vergangenheit zeigt, dass die Rechtsprechung im Rahmen der Vorbereitungsdelikte zu einer restriktiven Auslegung der Tatbestandsmerkmale neigt. Erinnert sei hier nur an die Rechtsprechung zum Merkmal des Unterstützens des § 129a V StGB sowie der Rechtsprechung zu § 30 StGB.[469]

---

465 BGHSt 46, 238 ff.

466 So auch Gazeas, et al., NStZ 2009, S. 593, 594 f.; NK/Paeffgen, § 89a Rn 16 stellt heraus, dass es sich bei § 120 II Nr. 3 GVG um eine Norm zur Kompetenzabgrenzung handelt. Dies spiele jedoch bei der Auslegung der Begriffsgrenzen keine Rolle. Er hält demzufolge den Begriff der Beeinträchtigung eines Staates für eine Verfahrensnorm für gerade noch akzeptabel. Zur Entscheidung über Strafbarkeit oder Straflosigkeit sei der Begriff jedoch untauglich und verstoße gegen Art. 103 II GG. Er weist zudem zutreffend darauf hin, dass selbst der BGH den Begriff als „für sich konturenlos und wenig aussagekräftig“ bezeichnet hat (BGHSt 46, 238, 249). Auch Schaefer, NJW 2001, S. 1621 hält den Begriff schon im Rahmen des § 120 II Nr. 3 GVG für „juristisch nicht operabel“.

467 Fischer, § 126 Rn 3; Er spricht in diesem Zusammenhang darüber hinaus von „Rechtsgutslyrik“.

468 Dies ebenfalls fordernd: Gazeas, et al., NStZ 2009, S. 593, 594; Sieber, NStZ 2009, S. 353, 364; NK/Paeffgen, § 89a Rn 16 f.

469 BGH NJW 2007, 2782 ff.; BGHSt 18, 160 ff.; Anmerkung hierzu: Bader, NStZ 2007, S. 618–624; Mansdörfer, HRRS 10/2007, S. 366–370.

### (3) Strafwürdigkeit der Handlungen

Eine Strafwürdigkeit der in § 89a StGB erfassten Handlungen ist bei den Handlungsalternativen gegeben, die schon anderweitig mit Strafe bedroht sind[470] und dadurch die Vorverlagerung in Verbindung mit der subjektiven Bestimmung rechtfertigen. Bei diesen Tatbestandsalternativen liegt eine objektiv manifestierte Tathandlung vor, die in ausreichender Weise den subjektiven Bezug zur Begehung einer schweren staatsgefährdenden Gewalttat zu untermauern geeignet ist. Auch ist ein ausreichender Grad an Gefährlichkeit gegeben, wenn eine schon ohne die Kombination mit einer subjektiven Komponente zu Recht strafbare Handlung vorliegt. Diese Handlungen lassen auch in ihrer objektiven Ausgestaltung einen hinreichend konkreten Deliktsbezug erkennen. Die Zulässigkeit einer Pönalisierung dieser Handlungen ergibt sich darüber hinaus aus der Tatsache, dass die Handlungsverbote keine wesentlichen schutzwürdigen Freiheitsinteressen tangieren.[471]

Im Gegensatz zu den zuvor beschriebenen Handlungsalternativen ist die tatbestandliche Reichweite des § 89a StGB insgesamt zu weit geraten. Insbesondere die Öffnungsklausel der sonstigen Fertigkeiten oder der notwendigen Vorrichtungen erweitern den Tatbestand nicht unerheblich. Auch das Rekurrieren auf sozialadäquate Verhaltensweisen sowie deliktsneutrale Handlungen wie beispielsweise das Sammeln von Vermögenswerten führt zu Problemen. Bei diesen hängt die Strafbarkeit allein von der subjektiven Tatseite ab.[472] Weder ist in diesen neutralen Handlungen eine Gefahr, wenn auch nur abstrakter Natur, erkennbar noch weist die Tat einen ausreichenden Deliktsbezug auf. Insbesondere kann in der umschriebenen Ausführungshandlung keine objektive Manifestation der subjektiven Bestimmung erkannt werden. Es müsste jedoch sichergestellt werden, dass Alltagshandlungen durch die Einarbeitung dieser Kriterien in die Norm oder deren Auslegung aus dem Tatbestand ausgeschlossen werden. Nach der Gesetzesbegründung setzt § 89a I StGB nicht voraus, „dass der Täter ein schon im Detail geplantes Verbrechen vorbereitet. So brauchen weder die konkrete Art der Ausführung noch Zeit und Ort sowie potentielle Opfer festgelegt zu sein. Vielmehr genügt es, dass der Deliktstyp der vorbereiteten Tat hinreichend bestimmt ist, es sich mithin nach der Vorstellung des Täters um eine Tat gegen das Leben in den Fällen des § 211 oder § 212 StGB oder gegen die persönliche Freiheit in den Fällen des § 239a oder § 239b StGB handeln soll.“[473] Strafbar

470 Backes, StV 2008, S. 654, 658 verweist u.a. auf § 310 StGB und die Bestimmungen des Waffengesetzes.

471 Sieber, NStZ 2009, S. 353, 361.

472 NK/Paeffgen, § 89a Rn 22 setzt die Innen-“tendenz“ folgerichtig in Anführungszeichen.

473 BT-Drs. 16/12428, S. 14.

wäre danach nach § 89a II Nr. 3 StGB schon derjenige, der beim Kauf eines Handys billigend in Kauf nimmt, dass dieses Handy möglicherweise als Zünder einer Bombe verwendet werden wird.[474] Es ist daher notwendig, dass in den geschilderten Randbereichen der Norm, wenn möglich durch den Gesetzgeber, alternativ durch die Auslegung der Norm in der Rechtsprechung, ein erhöhter objektiver Bezug zwischen Handlung und subjektivem Tatbestand hergestellt wird. Die im Gesetzesentwurf und den Debatten im Bundestag oft zitierte Anschlags*absicht* lässt sich aus dem Wortlaut des Gesetzes nicht herleiten.[475]

Für den Fall des § 89a II Nr. 4 StGB könnte dies dadurch geschehen, dass man diese Alternative der Definition der Terrorismusfinanzierung aus § 80c des Geldwäschegesetzes angleicht. Danach müsste die Vorbereitung einer Tat nach § 89a I StGB durch „die Bereitstellung oder Sammlung finanzieller Mittel in Kenntnis dessen, dass sie ganz oder teilweise dazu verwendet werden oder verwendet werden sollen," geschehen.[476] Bislang genügt, dass der Täter es billigend in Kauf nimmt, dass seine finanzielle Unterstützung einen nicht unerheblichen Beitrag für eine noch nicht näher konkretisierte, schwere staatsgefährdende Gewalttat darstellt.[477]

### *bb) Regelung des § 89b StGB*

#### (1) Strafwürdigkeit der pönalisierten Handlung

Die wohl problematischste Regelung der neuen Antiterrornormen ist § 89b StGB. Mag der Schritt, auch das *Bemühen* um einen „Ausbildungsplatz" unter Strafe zu stellen, noch als konsequente Fortsetzung der Pönalisierung derartiger Unterweisungen angesehen werden, so zeigt doch die Begründung dieser Rege-

---

474 Auch wenn das Handy als Alltagsgegenstand in der Gesetzesbegründung aus dem Anwendungsbereich ausgeschlossen ist, so ist doch bei genauer Subsumtion davon auszugehen, dass der Zünder einer Bombe als wesentliche Vorrichtung im Sinne der Vorschrift anzusehen ist. So auch NK/Paeffgen, § 89a Rn 43. Auch *Griesbaum* bildet in seiner Stellungnahme vor dem Rechtsausschuss des Bundestages ein Fallbeispiel, bei dem es um das Sich-Verschaffen von Handys und Uhren geht: Griesbaum, Stellungnahme zur Vorbereitung der öffentlichen Anhörung, S. 3 f., online verfügbar unter http://www.bundestag.de/bundestag/ausschuesse/a06/anhoerungen/Archiv/51_Staatsgef__hrdene_Gewalttaten/04_Stellungnahmen/Stellungnahme_Griesbaum.pdf.

475 NK/Paeffgen, 89a Rn 21 f.; Gazeas, et al., NStZ 2009, S. 593, 595.

476 Ebenfalls wissentliches Handeln fordernd: Sieber, NStZ 2009, S. 353, 362.

477 NK/Paeffgen, § 89a Rn 50 kritisiert die Formulierung der „nicht unerheblichen Vermögenswerte" und sieht hierin eine Begrenzung des Tatbestands in objektiver Hinsicht; auch Gazeas, et al., NStZ 2009, S. 593, 599 fordern eine Wesentlichkeitsgrenze in Höhe von 2000 €.

lungen das ausufernde Verständnis abstrakter Gefährdungen und der Strafwürdigkeit derartiger Handlungen:

> „Die Vielgestaltigkeit denkbarer Konstellationen macht es jedoch erforderlich, auch solche – strafwürdigen – Verhaltensweisen zu erfassen, die einerseits noch nicht als (z. B. psychische) Unterstützung einer terroristischen Vereinigung strafbar sind – weil der Täter eben nicht etwa den Bestand oder die Ziele einer bestimmten Vereinigung fördern will, sondern vielmehr die Vereinigung zur Förderung eigener Zwecke benutzt –, andererseits aber auch noch nicht von § 89a StGB als Vorbereitung einer schweren staatsgefährdenden Gewalttat erfasst werden können, da noch keine hinreichend enge Beziehung zu einer solchen besteht."[478]

Diese von *Backes* zu Recht als apodiktisch[479] bezeichnete Qualifizierung der hier umschriebenen Verhaltensweisen als „strafwürdig" zeigt, dass der Gesetzgeber über sein Ziel hinausgeschossen ist. Zwar wird in der Tat eine Strafbarkeitslücke beschrieben, jedoch steht in dieser Lücke kein strafwürdiges Verhalten.

Die Begründung nennt den Schwachpunkt der Norm selbst: Die fehlende hinreichende Beziehung zu einer Tat nach § 89a I StGB. Genau diese ist aber gerade die Legitimation der weiten Vorverlagerung. Die Strafwürdigkeit kann auch nicht damit begründet werden, dass „bereits im Zeitpunkt der Aufnahme oder des Unterhaltens von Beziehungen zu einer terroristischen Vereinigung mit dem Ziel, sich in der Begehung einer schweren staatsgefährdenden Gewalttat unterweisen zu lassen, [...] eine – abstrakte – Gefahr für Leib und Leben der potentiellen Opfer begründet [wird]"[480], die eine Strafbewehrung dieses Verhaltens rechtfertigt. Aus der nicht hinreichenden Beziehung zu einer Tat nach § 89a I StGB folgt dies nicht. Diese Begründung ist die Dienbarmachung des Konzepts des Rechtsgüterschutzes für den extensiven Gebrauch von Strafrecht und läuft der eigentlich strafbarkeitsbegrenzenden Funktion dieses Konzeptes zuwider. In § 89b StGB wird die Vorfeldpönalisierung auf die Spitze getrieben. Es soll schon eine Tathandlung ausreichen, die dazu führt, dass ohne weitere Zwischenschritte die Vorbereitung einer terroristischen Gewalttat in Angriff genommen werden kann.

Es wird hier also nicht mehr nur allein die Vorbereitungshandlung für strafwürdig erachtet. Um eine Strafbarkeit auszulösen, reicht vielmehr nunmehr sogar schon die Bereitung des Nährbodens aus, der unter Umständen (was keineswegs sicher ist!) dazu führt, dass der Täter in das Stadium der Vorbereitung einer Straftat übergeht. Eine Handlung in diesem Stadium stellt, wie angesprochen, jedoch nicht zwangsweise eine strafwürdige abstrakte Gefahr dar. Von einer kon-

478 BT-Drs. 16/12428, S. 21.

479 Backes, StV 2008, S. 654, 659.

480 BT-Drs. 16/12428, S. 18.

kreten Gefährdung oder gar dem Eintritt eines Schadens ist sie gar noch weiter entfernt.[481]

(2) Begrenzung des Anwendungsbereichs

Der Anwendungsbereich der Norm ist zu verkleinern. Die derzeitige Fassung der Norm, die die Vorbereitung der Vorbereitung unter Strafe stellt, ist zu weit und liegt damit außerhalb der Grenze des Grundgesetzes. *Sieber* schlägt vor, die Kontaktaufnahme erst dann als strafbar anzusehen, wenn sie in der Absicht der Begehung einer Tat nach § 89a I StGB erfolgt und nicht wie derzeit lediglich in der Absicht der Unterweisung.[482] Hierdurch soll die Tathandlung von der Ebene der Vorbereitung der Vorbereitung auf die Ebene einer einfachen Vorbereitungshandlung heruntergesetzt werden. Wenngleich *Sieber* unter Verweisung auf die Anhörung der Praktiker im Rechtsausschuss des Bundestages die Nachweisbarkeit dieser Absicht und damit die Praxistauglichkeit seines Vorschlags feststellt, bestehen diesbezüglich trotzdem erhebliche Zweifel.[483]

Eine bessere Alternative wäre die gänzliche Beschränkung auf die Wahrnehmung einer Ausbildung. Die Strafbarkeit der passiven Wahrnehmung einer Ausbildung mit terroristischen Inhalten ist ein ausreichend präventives strafrechtliches Mittel. Dass derartige Unterweisungen als strafwürdiges Verhalten gesehen werden können, wurde oben zu § 89a I StGB bereits dargelegt. Im Kontext einer Ausbildung unter der Führung einer terroristischen Vereinigung nach § 129 a und b StGB ist auch für die Randbereiche des § 89a I StGB ein hinreichender Deliktsbezug gegeben. Liegt die passive Wahrnehmung einer Terrorausbildung unter Führung einer terroristischen Vereinigung vor, kann sogar auf das Erfordernis der schwammigen subjektiven Bestimmung verzichtet werden. Dies ist vor dem Hintergrund, dass keine schützenswerten Freiheitsinteressen von die-

---

481 So auch: Gierhake, ZIS 2008, S. 397, 403; Weisser, ZStW 121 (2009), S. 131, 151; diese Ausuferung kritisierend auch Backes, StV 2008, S. 654, 660: „Diese Ausdehnung in das Vorfeld des Vorfelds verliert sich im Uferlosen, wenn man bedenkt, dass die neuen Vorbereitungsdelikte selbständige Tatbestände sind, an denen wiederum Teilnahme möglich ist.“; NK/Paffgen, § 89b Rn 2 spricht von der „Vorbereitung der Vorbereitung der Vorbereitung einer schweren staatsgefährdenden Gewalttat.“; Gazeas, et al., NStZ 2009, S. 593, 601 konstatieren zu Recht, dass „die vom Gesetzgeber herangezogene abstrakte Gefahr [...] im Zeitpunkt der Kontaktaufnahme in Anbetracht der vielen bis zur Durchführung einer eventuellen Gewalttat noch zu absolvierenden Zwischenschritte kaum auszumachen [ist].“

482 Sieber, NStZ 2009, S. 353, 362.

483 Siehe die kritischen Redebeiträge im Bundestag: BT-Plenarprotokoll 16/202 vom 29.01.2009, S. 21830 B ff.

sem Handlungsverbot tangiert werden, möglich.[484] Diese Regelungsalternative ist auch im nachfolgend zu erörternden Entwurf des Bundesrates enthalten. Sie stellt durch ihre geringere Vorverlagerung, die ausreichenden objektiven Strafbarkeitselemente sowie der Tatsache, dass sie keine schützenswerten Freiheitsinteressen tangiert, eine bessere Lösung dar. Darüber hinaus gilt es festzuhalten, dass auch diese schon abgemilderte Regelung über die einschlägigen Vorgaben der EU und des Europarats hinausgehen, die lediglich das aktive Ausbilden „in Kenntnis der Tatsache, dass die vermittelten Fähigkeiten für diesen Zweck eingesetzt werden sollen" unter Strafe stellen wollen.[485]

*cc) Regelung des § 91 StGB*

Die Bedenken hinsichtlich des § 91 StGB konzentrieren sich auf die Tatbestandsalternative des Zugänglichmachens. Unter Verzicht eines Vorsatzerfordernisses hinsichtlich der zu fördernden Tat sowie unter Verzicht auf den fördernden Charakter des Schriftinhalts kommt es bei dieser Regelung einzig auf die Eignung der Umstände der Verbreitung der Schrift an, die Bereitschaft zur Begehung einer Tat nach § 89a I StGB zu fördern oder zu wecken. Wenn es jedoch nicht auf den Schriftinhalt und auch nicht auf einen Förderungsvorsatz ankommt, so wird demjenigen, der eine Schrift zugänglich macht, das Risiko der Verwirklichung einer Tat nach § 89a I StGB teilweise aufgebürdet. Diese Verantwortlichkeit des Ersthandelnden ist dem Strafrecht nicht fremd. Ohne konkre-

484 So auch USC § 2339D (a): "*Whoever knowingly receives military type training from or on behalf of any organization designated [...] as a foreign terrorist organization shall be fined under this title or imprisoned for ten years, or both*"; Auch das Australische Strafgesetzbuch sieht in Section 102.5(2) eine solche Regelung vor: "*A person commits an offence if: (a) the person [...] intentionally receives training from, an organisation; and (b) the organisation is a terrorist organisation.*" Ablehnend: NK/Paeffgen, § 89a Rn 24, der eine „wenigstens in groben Zügen vorhandene Vorstellung" der angestrebten Tat fordert.

485 Art. 3 I c des EU-Rahmenbeschlusses zur Terrorismusbekämpfung i.d.F. Vom 28.1.2008 (Rahmenbeschluss 2008/919/JI, Abl L 330/21 v. 9.12.2008 zur Änderung des Rahmenbeschlusses 2002/475/JI zur Terrorismusbekämpfung, ABl L 164/3 v. 22.6.2002), online verfügbar unter: http://eur-lex.europa.eu/LexUriServ/LexUriServ.do?uri=OJ:L:2008:330:0021:0023:DE:PDF, zuletzt geprüft am: 01.02.2010; Art. 7 der Council of Europe Convention on the Prevention of Terrorism v. 16.5.2005 (Council of Europe Treaty Series No. 196), online verfügbar unter: http://conventions.coe.int/Treaty/EN/Treaties/Html/196.htm, zuletzt geprüft am 01.02.2010; siehe auch: Explanatory Report zum Europaratsübereinkommen, Art. 7 Rn 116, online verfügbar unter: http://conventions.coe.int/Treaty/EN/Reports/Html/196.htm, zuletzt geprüft am 01.02.2010: „This provision does not criminalise the fact of receiving such know-how or the trainee."

ten Deliktsbezug, der insbesondere mangels konkreter Bestimmung der Schrift zu Förderzwecken bei § 91 StGB nicht gegeben ist, ist dies jedoch nicht zulässig. Anschaulich verdeutlichen dies *von Hirsch/Wohlers*, die fordern, dass „der Ersthandlung eine Qualität immanent ist, aufgrund derer es auch unter normativen Gesichtspunkten angemessen erscheint, demjenigen, der diese Handlung vornimmt, die Verantwortung aufzuerlegen für die Konsequenzen, die aus der Zweithandlung resultieren können."[486] Für den Fall einer Aufforderung zur Zweithandlung sowie bei einer zielgerichteten, d.h. deliktsbezogenen, Unterstützungshandlung ist diese Qualität anzunehmen. Weist die Ersthandlung jedoch keine dieser Kriterien auf, ist eine Strafbarkeit dieser Handlung abzulehnen.

Auch ist unklar, welche Anforderungen an das Zugänglichmachen gestellt werden. Zugänglich macht eine Schrift doch schon, wer sie unabhängig von dem Kontext ihrer Einbettung im Internet zum freien Download oder zur freien Einsicht zur Verfügung stellt. Allein die unbeschränkte Einsichtsmöglichkeit ist schließlich in der Lage, die Vorbereitungshandlungen eines entschlossenen Täters zu fördern. Genauso fallen auch künstlerische Werke unter die Norm, wenn etwa Anschlagsplanungen detailliert in einem Spielfilm dargestellt werden. *Sieber* weist darüber hinaus noch auf die problematischen Fälle des Einstellens einer Schrift in ein kritisches Diskussionsforum über Terrorismus und Islam hin sowie auf den Fall, dass eine internationale Versandbuchhandlung ein Chemiebuch mit entsprechenden Inhalten in nahöstliche Staaten vertreibt.[487]

Tatbestandseingrenzend wirkt die Sozialadäquanzklausel des § 91 II StGB. Sie entspricht in ihrer Weite der umfassenden mit großer Reichweite ausgestatteten Tatbestandsformulierung. Das genannte Beispiel des Spielfilms fällt als Handlung zu Zwecken der Kunst nicht unter § 91 I StGB. Problematisch erscheint jedoch das Beispiel des Schulbuchvertriebs, da insoweit eine kommerzielle und weniger eine wissenschaftliche oder lehrende Zielsetzung dahinter steht. *Sieber* sieht in der – bei dieser Tatbestandsausgestaltung gleichsam unverzichtbaren – Weite der Sozialadäquanzklausel eine Erhöhung der Unbestimmtheit der Norm.[488] In der Tat ist der Anwendungsbereich sowohl des Tatbestandes als auch der Sozialadäquanzklausel derart weit, dass die Norm selbst kaum einen sicher bestimmbaren Anwendungsbereich hat. Vielmehr mutet sie wie ein Diskussionsvorschlag an, der von Wissenschaft und Rechtsprechung seine Konkretisierung erfahren soll. In ihrer derzeitigen Fassung greift die Norm auch in schützenswerte Freiheitsräume ein. Dies geschieht insbesondere dadurch, dass

486 von Hirsch, et al., in: Hefendehl, et al. (Hg.), Die Rechtsgutstheorie, Baden-Baden 2003, S. 196, 207.

487 Sieber, NStZ 2009, S. 353, 363.

488 Sieber, NStZ 2009, S. 353, 363.

nicht nur Anleitungen zu einer schweren staatsgefährdenden Gewalttat, sondern auch dazu geeignete (neutrale) Schriften unter die Norm fallen. Zwar berücksichtigt die Sozialadäquanzklausel die wichtigsten Informationsinteressen, eine Auswirkung auf die Meinungs- und Informationsfreiheit ist jedoch trotzdem gegeben.[489]

Gegen die Norm bestehen daher erhebliche Bedenken hinsichtlich ihrer Bestimmtheit und darüber hinaus ist ihr Wirkungsgrad wegen großer Kontroll- und Vollzugsdefizite im World Wide Web nur in begrenztem Maße relevant. Es besteht vielmehr die Gefahr ausufernder Ermittlungstätigkeiten auf diesem Gebiet. Die Rolle der Internetprovider und ihre strafrechtliche Verantwortlichkeit hierbei, insbesondere die Reichweite ihrer beruflichen Pflichten gem. § 91 II StGB, sind ebenfalls noch ungeklärt.

Die Norm schlägt in ihrer grundsätzlichen Zielrichtung einen richtigen Weg ein. Das Internet als globaler Informations- und Kommunikationsraum wird in großem Maße von Terroristen genutzt. Es liegt auf der Hand, dass auch die Abwehr des Terrorismus vor diesem Bereich nicht Halt machen darf. In ihrer konkreten Ausgestaltung hingegen ist die Norm allerdings insbesondere hinsichtlich der Tatbestandsalternative des Zugänglichmachens einzuschränken. Dies könnte durch die Einführung einer subjektiven Komponente geschehen.[490] Hierdurch wäre es möglich, einen größeren Deliktsbezug herzustellen. Eine Leitlinie stellen diesbezüglich die Vorgaben und Empfehlungen der EU sowie des Europarats dar.[491] Sie erfassen nur das Verbreiten oder sonstige öffentliche Zugänglichma-

---

489 So auch: Sieber, NStZ 2009, S. 353, 363; Als Beispiel sei das Anarchist's Cookbook genannt. Dies ist die wohl bekannteste Anleitung zum Bau von Sprengvorrichtungen. Diese Anleitung wurde bisher millionenfach aus dem Internet heruntergeladen. Jeder, der diese Datei auf seinem Rechner gespeichert hat und sich in ein Peer-to-Peer Netzwerk (eMule, Torrent, etc.) einloggt, würde dann automatisch eine Anleitung verbreiten und sich entsprechend der Vorschrift strafbar machen, auch wenn er lediglich aus Neugier diese Datei heruntergeladen hatte. Welche Konsequenzen dies haben kann, zeigt ein Fall aus England: Hier wurden zwei 17jährige wegen des Besitzes von für terroristische Zwecke relevanten Materials vor Gericht gestellt, da sie aus Neugier das „Anarchist's Cookbook" aus dem Internet heruntergeladen hatten. (Siehe hierzu: http://news.bbc.co.uk/2/hi/uk_news/7030096.stm, zuletzt geprüft am 01.02.2010.). Wie weit dieses Schriftstück bereits verbreitet ist, lässt sich daran erkennen, dass es „for entertainment purposes" im Internet frei zugänglich ist (http://www.anarchistcookbookz.com/download-the-anarchist-cookbook-for-free/, zuletzt geprüft am: 01.02.2010).

490 NK/Paeffgen, § 91 Rn 17, 19 sieht bereits in dem besonderen objektiven Eignungserfordernis der Schrift erhöhte Anforderungen an den subjektiven Tatbestand bzgl. dieses Tatbestandsmerkmals, weshalb er zumindest sichere Kenntnis der Eignung der Schrift für notwendig hält.

491 Art. 3 I c des EU-Rahmenbeschlusses zur Terrorismusbekämpfung i.d.F. Vom

chen[492] einer Botschaft mit dem Vorsatz, zur Begehung einer terroristischen Straftat anzustiften, wenn dieses Verhalten eine Gefahr für die Begehung einer terroristischen Straftat begründet.

### *dd) Einführung der Regelungen aus Gründen der Ermittlungseffizienz*

Ebenso befremdlich wirkt die in der Entwurfsbegründung vorgenommene stete Wiederholung von Aussagen, die betonen, dass die Tatbestände so und nicht anders formuliert wurden, um Hürden in der Beweisbarkeit des subjektiven Tatbestandes oder schlichte Ermittlungshürden abzubauen. Es entsteht der Eindruck, dass die Normen nicht neutral einen Tatbestand umschreiben sollen, sondern vielmehr auf die effiziente Verfolgung potentieller Täter zugeschnitten sind.[493] Damit wird der Weg der Möglichkeit der heimlichen Überwachung des weiten, mutmaßlich terroristischen Raums konsequent weitergegangen. Diesen Eindruck bestätigt der Fraktionsvorsitzende der CDU im Bundestag *Kauder,* der in der Bundestagsdebatte bezüglich des Gesetzentwurfs auf genau diese Funktion hinwies :

> „Das Zauberwörtchen heißt 'verfahrensrechtliche Bezugsnorm'. [...] [M]an braucht bestimmte Tatsachen, aufgrund deren man eine Ermittlungsmaßnahme einleiten kann. [...] Deswegen wollen wir, dass die Strafbarkeit vorverlagert wird, damit man durch die bestimmten Tatsachen des vorverlagerten Deliktes einen Anknüpfungspunkt hat, um Ermittlungsmaßnahmen durchführen zu können. [...] Das Wesentliche ist, dass wir verfahrensrechtliche Bezugsnormen schaffen, die es bisher nicht gibt. § 30 des Strafgesetzbuches reicht nicht aus [...], weil man am Anfang eines Ermittlungsverfahrens die Existenz einer terroristischen Vereinigung nicht nachweisen kann, da man die Tatbestandselemente noch nicht aufgedeckt und enttarnt hat."[494]

### *ee) Fazit*

Die neu eingeführten Regelungen sind eine konsequente Fortsetzung des Weges einer umfassenden Pönalisierung von Handlungen, die als mit terroristischen Taten typischerweise in Zusammenhang stehend qualifiziert werden. In ihrer

---

28.1.2008; Art. 5 der Council of Europe Convention on the Prevention of Terrorism v. 16.5.2005.

492 Eine entsprechend dieser Regelung restriktive Auslegung des § 91 StGB befürwortend: NK/Paeffgen, § 91 Rn 6. Zugleich weist *Paeffgen* auf den Widerspruch hin, dass nach dem Gesetzeswortlaut und der Gesetzesbegründung die Weitergabe bereits an eine einzige Person zur Strafbarkeit ausreicht, gleichzeitig aber der öffentliche Friede als Schutzgut der Norm angeführt wird. Dies ebenfalls kritisierend: Gazeas, et al., NStZ 2009, S. 593, 601 f.

493 Radtke, et al., ZIS 2008, S. 383, 394 spricht von der gezielten Erhöhung des Fahndungsdrucks, was mit den straftheoretischen Wirkungsweisen des Strafrechts kollidiere.

494 BT-Plenarprotokoll 16/202 vom 29.01.2009, S. 21842 B.

grundsätzlichen Tendenz, insbesondere im Hinblick auf die Strafbarkeit der Ausbildung in einem terroristischen Ausbildungslager, sind die Normen auch richtig. Sie verfolgen sowohl einen legitimen Zweck und sind weitestgehend auch verhältnismäßig. Allerdings weisen sie in ihrer tatbestandlichen Weite und Unbestimmtheit in ihren Randbereichen verfassungsrechtlich problematische Regelungen auf. In dieser Hinsicht wäre eine stärkere Orientierung an den (restriktiveren) Empfehlungen der EU hilfreicher gewesen. Die Überschreitung der von der EU vorgelegten Leitlinien führt zu den genannten problematischen Regelungen. Im Ergebnis wird es, wie im Rahmen der §§ 129 ff. StGB auch, Aufgabe der Gerichte sein, die Tatbestandsmerkmale der neuen Regelungen auszulegen.[495] Dies dürfte, wie die Erfahrung mit dem ebenfalls sehr weit gefassten Tatbestand des § 129a StGB zeigt, in eher restriktiver Weise geschehen. Darüber hinaus ist zu erwarten, dass auch das Bundesverfassungsgericht über die Verfassungsmäßigkeit der neuen Normen entscheiden wird.

## 4. Entwurf des Bundesrates (Hessischer Entwurf)[496]

### *a) Strafbarkeit der Teilnahme an Terrorausbildungen*

Einen weiteren diese Materie regelnden Gesetzesentwurf hatte Hessen am 30.11.2007 in den Bundesrat eingebracht. Dieser Entwurf sieht zum einen die Pönalisierung der Teilnahme an Ausbildungsangeboten in terroristischen Ausbildungslagern, sog. Terror-Camps, vor und darüber hinaus auch die Wiedereinführung der Sympathiewerbung aus § 129a StGB, die im Jahre 2003 im Zuge der Anpassung der Vorschrift an europäische Vorgaben vorgenommen worden war.[497] Ziel der Regelungen ist es, eine Strafbarkeitslücke zu schließen, die durch die Straffreiheit des bloßen Sich-Aufhaltens in einem terroristischen Ausbildungslager liege.[498] Im Entwurf wird beschrieben, dass Vereinigungen, die Ausbildungen mit terroristischen Inhalten und Zielen anbieten, gerade dadurch massiv ihr Gefährdungspotential erhöhten. Teilnehmer einer solchen Ausbildungsmaßnahme zeigten sich bereit, ein solches Gefährdungspotential zu tragen.[499] Daher und aufgrund der typischerweise höheren Gefährlichkeit von Personen, die sich einer

495 Bader, NJW 2009, S. 2853, 2856.

496 BR-Drs. 827/07 vom 15.11.2007.

497 Gesetz zur Umsetzung des Rahmenbeschlusses des Rates vom 13. Juni 2002 zur Terrorismusbekämpfung und zur Änderung anderer Gesetze vom 22. Dezember 2003, BGBl I, S. 2836.

498 BR-Drs. 827/07 vom 15.11.2007, S. 1.

499 BR-Drs. 827/07 vom 15.11.2007, S. 3.

derartigen Ausbildung unterzogen haben, sei eine Strafbarkeit der Ausbildung in solchen Lagern zur Gewährleistung eines umfassenden Schutzes der deutschen Bevölkerung geboten. Die Terrorausbildung sei „eine unmittelbare und reale Bedrohung für unsere Sicherheit.“[500] Die hessische Regelung unterscheidet sich von der des BMJ im Wesentlichen dadurch, dass sie sich systematisch konsequent als Ergänzung zu § 129a StGB versteht und materiellrechtlich auf einen Bezug zu einer konkreten Tat, zu deren Zweck die Ausbildung vorgenommen wird, verzichtet. Der Gesetzesentwurf erklärt in seiner Begründung, dass es, „[u]m dem von den Teilnehmern solcher Ausbildungslager ausgehenden Gefährdungspotential wirkungsvoll entgegentreten zu können“, nötig sei, die bestehende Gesetzeslücke zu schließen und eine Strafbarkeit unabhängig davon zu schaffen, ob der Betreffende in einem solchen Lager auf eine gezielte Terroraktion vorbereitet werde, er sonst aktiv den Fortbestand oder die Ziele der Organisation fördere oder noch keine konkrete Vorstellung über den Einsatz des im Ausbildungslager Erlernten erkennbar sei. Anders als der Entwurf des BMJ stellt der hessische Entwurf die bloße Teilnahme an Ausbildungsmaßnahmen unter Strafe. Auf ein aktives Eintreten für die Ziele und den Fortbestand der Organisation kommt es also wie bislang in der Tatbestandsalternative des Unterstützens einer terroristischen Vereinigung gerade nicht an.[501] Beschränkt wird die Strafbarkeit durch die Verknüpfung des Ausbildungszwecks mit den Katalogtaten des § 129a I und II StGB. Die Ausbildung muss also nur den in § 129a I und II StGB genannten Zielen dienen. Eine Strafbarkeit der Kontaktaufnahme zum Zwecke der Ausbildung, wie in § 89b StGB normiert, sieht der Entwurf nicht vor.

### *b) Strafbarkeit der Sympathiewerbung*

Über die Pönalisierung des Aufenthaltes in Ausbildungslagern hinaus, fordert die hessische Regierung in ihrem Entwurf auch die Wiedereinführung der Strafbarkeit der „Sympathiewerbung“, die 2003 im Zuge der Umgestaltung des § 129a StGB infolge der Anpassung der Vorschrift an die EU-Richtlinie aus der Regelung entfernt worden war.[502] Nach der Begründung des Entwurfes sei es nicht hinnehmbar, wenn das deutsche Strafrecht das Werben für Terrororganisationen nicht sanktioniere und beispielsweise die gegenüber größeren Menschenmengen erfolgende Aufforderung billige, sich mit den Zielen derartiger Vereinigungen zu solidarisieren. Gerade auch das Werben um Sympathie für eine terro-

500 So der hessische Innenminister *Banzer* laut einer Pressemitteilung des Hessischen Justizministeriums vom 18.9.2007.

501 BR-Drs. 827/07 vom 15.11.2007, S. 3.

502 Den wesentlichen Unterschied zwischen der früheren und der heutigen Rechtslage anschaulich darstellend: BGH NStZ 2007, 635 ff.

ristische Vereinigung bereite den Nährboden für terroristische Gewalt. Zudem würden den Strafverfolgungsbehörden durch die derzeitige Straflosstellung solcher Sympathisanten Ermittlungsansätze verwehrt, um in terroristische Netzwerke eindringen zu können. Der Anwendungsbereich könne durch die bereits unter der früheren Gesetzeslage erfolgte einschränkende Auslegung des Tatbestandsmerkmals des „Werbens" sinnvoll eingegrenzt werden.[503]

Eine dementsprechende Ausdehnung der Strafbarkeit auf die Fälle der Sympathiewerbung würde allerdings trotz der einschränkenden Auslegung dazu führen, dass „[d]as Strafrecht [...] zuständig für das sog. Sympathisantenumfeld in seiner gesamten Weiträumigkeit"[504] werden würde. Darüber hinaus lehren die Erfahrungen, die in Deutschland mit der RAF gemacht wurden, dass die Kriminalisierung von Sympathiewerbung die Gefahr der Radikalisierung gemäßigter Sympathisanten birgt. Nicht zuletzt deshalb wurde die Strafbarkeit der Sympathiewerbung aus dem Gesetz entfernt.

### *c) Territorialer Anwendungsbereich*

Auch im Bereich der territorialen Dimension soll die Vorschrift erweitert werden. Es soll durch eine Ergänzung des Strafanwendungsrechts die Möglichkeit der Verfolgung von im Ausland begangenen Taten nach §§ 129a, 129b StGB erweitert werden, sofern durch sie die innere Sicherheit und staatliche Ordnung der Bundesrepublik Deutschland gefährdet ist.[505] Die Norm weite grundsätzlich den Anwendungsbereich des deutschen Strafrechts unabhängig vom Recht des Tatorts auf verschiedene Auslandstaten gegen inländische Rechtsgüter aus und diene insbesondere auch der Sicherheit und Integrität der Bundesrepublik Deutschland.[506] Durch die Globalisierung des Terrorismus und das weltweite Operieren verschiedener terroristischer Vereinigungen besteht die Notwendigkeit, auch die Verfolgbarkeit von terroristischen Bestrebungen im Ausland, die einen nationalen Bezug aufweisen, sicherzustellen. Dies geschieht mit Hilfe der Ausdehnung des territorialen Anwendungsbereiches in § 129b StGB.

---

503 BR-Drs. 827/07 vom 15.11.2007, S. 1.

504 Frehsee, in: Frehsee, et al. (Hg.), Der Rechtsstaat verschwindet, Berlin 2003, S. 275, 286.

505 BR-Drs. 827/07 vom 15.11.2007, S. 1.

506 BR-Drs. 827/07 vom 15.11.2007, S. 1.

# F. Strafprozessuale Folgen

Eine Schlüsselposition bei der Bewertung des strafrechtlichen Anti-Terror-Systems nehmen die strafprozessrechtlichen Normen ein. Daher stellt sich die Verknüpfung der Delikte gegen den Terrorismus mit vielfältigen strafprozessualen Folgeregelungen als eine weitere Konsequenz der terroristischen Bedrohung dar. Diese Regelungen zeichnen sich zum einen durch die Tatsache aus, dass sie teilweise gezielt für die Bekämpfung des Terrorismus entwickelt wurden, zum zweiten, dass sie den Ermittlungsbehörden eine heimliche Vorgehensweise ermöglichen und zum dritten, dass sie proaktiven Charakter besitzen. Das Arsenal an strafprozessualen Eingriffsbefugnissen, das beispielsweise mit § 129a StGB verknüpft ist, reicht von der Telefon- und Gesprächsüberwachung (§ 100a S. 1 Nr. 1 c), § 100c II Nr. 1 b) StPO) über die Durchsuchung ganzer Gebäude (§ 103 I 2 StPO), den Einsatz Verdeckter Ermittler (§ 110a I 1 Nr. 2 StPO), die Einrichtung von Kontrollstellen (§ 111 StPO) und die Raster- sowie Schleppnetzfahndung (§ 98a I 1 Nr. 2 StPO, § 163d I StPO) bis hin zur Untersuchungshaft ohne Haftgrund (§ 112 III StPO). Hinzu treten für Taten nach § 129a StGB weitere Einschränkungen wie die erweiterte Befugnis zum Verteidigerausschluss (§ 138a II, V StPO), die Überwachung des schriftlichen Verkehrs zwischen dem Beschuldigten und seinem Strafverteidiger (§ 148 II StPO) und schließlich die Möglichkeit einer Kontaktsperre während der Untersuchungshaft (§§ 31 ff. EGGVG). Aufgrund der starken Vernetzung materiell-rechtlicher Normen mit strafprozessualen Befugnisnormen liegt deren Bedeutung und die Kritik an diesen Normen[507] vordringlich in eben jener Vernetzung begründet. Weniger bedeutsam ist daher die Analyse einzelner Befugnisnormen. Daher ist hier nur auf einzelne im Zusammenhang mit der Terrorbekämpfung hervorzuhebende Normen einzugehen.

## I. Untersuchungshaft

Im Bereich der Anordnung der Untersuchungshaft stehen den Gerichten spezielle Möglichkeiten für Verdächtige nach §§ 129a ff. StGB zur Verfügung. Gem. § 112 III StPO ist nach dem Wortlaut die Anordnung der Untersuchungshaft ohne

507 Pawlik, Der Terrorist und sein Recht, München 2008, S. 33 spricht von einer verfahrensrechtlichen Überbeanspruchung des in § 129a StGB sanktionierten Unrechts; *Kauder* sieht in den verfahrensrechtlichen Bezugsnormen gerade den wesentlichen Nutzen von materiell-rechtlichen Vorfelddelikten: BT-Plenarprotokoll 16/202 vom 29.01.2009, S. 21842 B.

speziellen Haftgrund für Verdächtige nach § 129a I und II und § 129b StGB möglich. § 112 III StPO erfuhr jedoch durch das BVerfG eine einschränkende Auslegung, so dass einer der anderen in § 112 StPO geregelten Haftgründe vorliegen muss, wobei an deren Voraussetzungen weniger strenge Maßstäbe angelegt werden müssen.[508]

## II. Kontaktsperre und Verteidigerbeschränkungen

### 1. Regelungen in Deutschland

Besondere Haftregelungen halten auch die §§ 31-34 EGGVG für Terrorverdächtige bereit, die es erlauben, aufgrund von § 129a oder b StGB Inhaftierten den Kontakt zur Außenwelt, insbesondere den Kontakt zu ihrem Verteidiger, zu versagen.[509] Diese besonders kritische Regelung wurde im Zuge der RAF Prozesse eingeführt, als Verteidiger der Terroristen zu ihren Mittelsmännern wurden und halfen, Informationen auszutauschen oder Waffen in die JVA einzuschmuggeln. Ebenso kann gem. § 148 II StPO der Schriftverkehr zwischen dem Beschuldigten und seinem Verteidiger einer gerichtlichen Kontrolle unterzogen werden.

### 2. Vergleichbare Regelungen im Ausland

Bei einem kurzen Blick in das europäische Ausland ist zu konstatieren, dass gleiche oder ähnliche Regelungen in den meisten anderen Ländern, zum Teil sogar in verschärfter Form, existieren. Im spanischen Recht richtet sich die maximale Dauer der Untersuchungshaft nach dem für das in Rede stehende Delikt geltenden Strafrahmen. Da die meisten Terrorstraftaten nach dem spanischen Strafgesetzbuch (Código Penal, CP) einen Strafrahmen von mehr als sechs Monaten und in nicht geringer Zahl auch über 6 Jahren aufweisen, können Terrorverdächtige zwölf respektive 24 Monate festgehalten werden, wobei die Höchstdauer der Untersuchungshaft noch verdoppelt werden kann. Bezüglich der Vollstreckung der Untersuchungshaft stehen die Formen der *comunicado*-Haft und der *incomunicado*-Haft zur Verfügung. Letzteres entspricht in etwa § 31-34 EGGVG. Allerdings gilt diese Regelung in Spanien nicht nur für Terrorverdächtige, sondern kann bereits bei Vorliegen des Haftgrundes der Verdunkelungsge-

508 BVerfGE 19, 342 ff.

509 Kühne, Strafprozessrecht, Heidelberg 2007, S. 130 f.

fahr verhängt werden (Art. 506 I LECrim[510]). Dem *incomunicado* wird ein Pflichtverteidiger zur Seite gestellt. Ein Wahlverteidiger hat weder Zugangs- noch Kommunikationsrechte. Auch Angehörige dürfen nicht über Verhaftung und Aufenthaltsort informiert werden. Die Höchstdauer der *incomunicado*-Haft beträgt fünf Tage mit der Option auf eine dreitägige Verlängerung. Ähnliche Regelungen existieren auch in Frankreich[511], Großbritannien[512] und den Niederlanden, wo gar das Abhören von Gesprächen zwischen dem Inhaftierten und seinem Verteidiger möglich ist.[513]

## III. Proaktive und strukturorientierte Ermittlungen

Wie bereits erwähnt besitzen die Ermittlungen, die aufgrund von Verdachtslagen nach § 129a ff. StGB durchgeführt werden, proaktiven Charakter. Das bedeutet, dass diese Informationsgewinnungseingriffe Teil einer Ermittlung sind, deren Ziel nicht nur oder sogar nur nachgeordnet die Aufklärung einer Straftat ist, sondern die vielmehr darauf abzielen, Informationen zu gewinnen, die eine weitergehende Ermittlung möglich machen. Es handelt sich hierbei daher weniger um verdachtsaufklärende Maßnahmen als vielmehr um verdachtsbegründende Maßnahmen. Durch die weite Vorverlagerung, die den Vorschriften des Terrorismusstrafrechts immanent ist, rücken verdachtsbegründende Ermittlungen in diesem Bereich in die Sphäre antizipierter Strafverfolgung, wie sie zum Teil dem Polizeirecht zugeordnet wird.[514] Die Proaktivität der Ermittlungen sind Teil des Systems einer strukturorientierten Ermittlungsweise im Bereich des Terrorismus. Dahinter steht die Bestrebung, unabhängig von speziellen Verdachtslagen bzgl. einzelner Straftaten eine „Durchleuchtung eines Tätigkeitsfeldes mehrerer Personen, die man [...] für die Mitglieder einer aktiven kriminellen Organisation

---

510 Ley de Enjuiciamento Criminal.

511 Kühne, Strafprozessrecht, Heidelberg 2007, S. 677 f.

512 Kühne, Strafprozessrecht, Heidelberg 2007, S. 657; Der Anti Terrorism Crime And Security Act von 2001 (ATCSA 2001) sah sogar vor, dass nicht abschiebbare, terrorverdächtige Ausländer ohne richterlichen Beschluss festgehalten werden können. Der ATCSA 2001 wurde jedoch durch das House of Lords in der Entscheidung *A & Others vs. Secretary of State for the Home Department* für mit der EMRK unvereinbar erklärt.

513 Kühne, Strafprozessrecht, Heidelberg 2007, S. 131.

514 Welchem Bereich die antizipierte Strafverfolgung genau zugeordnet werden soll, ist sehr umstritten. Es wird vertreten, dass sie zum Polizeirecht gehörig ist, dem Strafverfahrensrecht unterliegt oder gar eine Aufgabe sui generis sei. Eine ausführliche Bearbeitung dieser Frage nimmt vor: Rudolph, Antizipierte Strafverfolgung, Köln 2005.

hält“[515] vorzunehmen, um damit eine „strukturelle Aufhellung des Gesamtkomplexes“[516] zu erreichen. Einher mit dieser Zielsetzung geht auch der Verlust von speziellen Eingriffsschwellen wie der konkreten Gefahr oder dem Anfangsverdacht. Die weitgehende Aufnahme der strafprozessualen Ermittlungseingriffe in die Polizeigesetze der Länder unterstützt diese Entwicklung, die sich in ihrer Begründung auf die Notwendigkeit dieser Ermittlungsmöglichkeiten angesichts der Gefahren der Organisierten Kriminalität und des Terrorismus berufen. Betrachtet man jedoch die Vorschriften, die das StGB für die Bekämpfung des Terrorismus bereithält, so fällt auf, dass sie die antizipierte Strafverfolgung auf diesem Gebiet in das Strafrecht inkorporieren. Durch die weite und unbestimmte Tatbestandsfassung ist es möglich, einen Anfangsverdacht zu erlangen und mit Hilfe der Regelungen der StPO Ermittlungen im Rahmen der Strafverfolgung zu betreiben, die äußerlich gesehen Informationsgewinnungsermittlungen im Vorfeld einer konkreten Gefahr darstellen, mithin also als antizipierte Strafverfolgung bezeichnet werden können. Gerade die präventive Ausrichtung der Strafbarkeit nach § 129a ff. StGB, das frühe Eingreifen sowie die Reichweite des Tatbestandes in zeitlicher wie materieller Dimension beleuchtet anschaulich den Verlust der strafrechtsbegrenzenden Funktion der Eingriffsschwellen wie dem Anfangsverdacht sowie das Verschwimmen der Grenzen zwischen Straf- und Polizeirecht und verdeutlichen die nahtlose Verknüpfung aller Strafverfolgungsbehörden und Gefahrenabwehrbehörden[517] zu einem verschmelzenden Terrorabwehrkomplex.

515 Bezogen auf den Bereich der Organisierten Kriminalität, der aber in dieser Hinsicht ohne Weiteres auf die Verfolgung terroristischer Straftaten anwendbar ist: Rudolph, Antizipierte Strafverfolgung, Köln 2005, S. 22.

516 Rudolph, Antizipierte Strafverfolgung, Köln 2005, S. 22.

517 Auf die Nachrichtendienste, die ebenso Teil dieser Verknüpfung sind, wird im Rahmen der Erörterungen bezüglich des ganzheitlichen Bekämpfungsansatzes und des nachrichtendienstlichen Trennungsgebotes eingegangen.

# G. Der sog. ganzheitliche Bekämpfungsansatz

Bereits im Jahre 1975 konstatierte *Stümper* für den Bereich der Polizeiarbeit, dass es nicht mehr um den „kriminalpolitisch etwas kleinbürgerlichen Aspekt [...] einer für sich allein zu sehenden Einzeltat" gehe, sondern um „die Beseitigung der Kriminalität schlechthin."[518] Um diesem Anspruch genüge zu tun, forderte er seinerzeit ein „gesamtkriminalstrategisches" oder „übergreifendes kriminalstrategisches Konzept."[519] Dieses operative Konzept der verdeckten Vorermittlung und Vorfeldüberwachung hat sich im Rahmen der Terrorismusbekämpfungsgesetze auch im materiellen Recht niedergeschlagen. Durch die Pönalisierung von Vorfeldbereichen werden die Möglichkeiten der Strafverfolgung, aber auch der Bestrafung selbst, großflächiger und breiter, so dass die Strategie der Beseitigung der terroristischen Kriminalität schlechthin in diesen Normen zum Ausdruck kommt. Durch immer weitere Ausdehnung der Anwendungsbereiche der Normen im materiellen[520] wie im prozessualen[521] Bereich erfassen die Regelungen immer mehr potentielle Sachverhalte und ermöglichen eine adaptive Anwendung der Normen auf sich ergebende Veränderungen und nicht vorhergesehene Einzelfälle. Aufgrund der Natur der Sache betrifft eine global operierende Terrorgruppe auch die Tätigkeitsbereiche der Geheim- und Nachrichtendienste, deren Befugnisse sich auf staatsschutzrelevante Bereiche konzentrieren. Neue Gesetze und Gesetzesinitiativen versuchen ausweislich ihrer Begründung (vermeintlich) noch vorhandene Löcher in der angestrebten lückenlosen Überwachung, Ermittlung und Ahndung terroristischer Aktivitäten zu stopfen.[522] Als Bezeichnung für diese umfassende Kooperation verschiedener Behörden hat sich der Begriff des „ganzheitlichen Bekämpfungsansatzes" herausgebildet.[523] Sein Ziel ist es, auf allen Ebenen und in allen Bereichen Maßnahmen gegen den internationalen Terrorismus zu realisieren.[524] Der ganzheitliche Bekämpfungsansatz zieht seine Rechtfertigung aus der Tatsache, dass der internationale Terrorismus

518 Stümper, Kriminalistik 1975, S. 49, 52.

519 Stümper, Kriminalistik 1975, S. 49, 52.

520 In territorialer Dimension siehe nur § 129b StGB, in funktionaler Dimension siehe die Bestrebungen der Wiedereinführung der Strafbarkeit der Sympathiewerbung (s.o.: E. III. 4. b)) sowie die Normen des GVVG (s.o.: E. III.).

521 Man betrachte nur die politischen Diskussionen um die Einführung verdeckter Ermittlungsmethoden wie die Online-Durchsuchung oder die Debatte um das Folterverbot sowie die Bedeutung der Normen als strafprozessuale Brückennormen.

522 Siehe die Zielsetzungen des GVVG oder des Hessischen Gesetzesentwurfs oben E. III.

523 Hierzu: Diwell, in: FS Nehm, S. 101–109.

524 Zu diesen Bereichen gehören neben dem Straf- und Strafprozessrecht vor allem das Polizeirecht, das Recht der Nachrichtendienste, das Vereinsrecht sowie das Ausländerrecht.

auf allen Ebenen aktiv ist und seine Konzentration auf sog. weiche Ziele, seine Netzwerkstruktur sowie sein eigentlich strafrechtsresistentes Täterprofil es erfordern, Frühaufklärung zu betreiben. Die Schaffung und Anpassungen ermittlungstechnischer Rechtsgrundlagen für die Strafverfolgungsbehörden vor allem im Bereich „clandestiner Techniken strafprozessualer Grundrechtseingriffe“[525] wie auch die Natur der Sache als staatsschutzrelevanter Topos führen dazu, dass Gefahrenabwehr, Strafverfolgung und nachrichtendienstliche Ermittlungs- und Überwachungstätigkeit näher zusammenrücken und sich bereichsweise überschneiden. Zum einen geschieht dies durch die Vorverlagerung von Strafbarkeit im materiellen Strafrecht. Durch die Pönalisierung von Handlungen, die geeignet sind, eine konkrete Gefährdung oder Verletzung eines Rechtsguts herbeizuführen oder aufgrund ihres speziellen Charakters die Wahrscheinlichkeit einer derartigen Gefährdung oder Verletzung nahelegen, wird Gefährdung zur Straftat und Gefahrenabwehr zu Strafverfolgung. Zum anderen wird durch die Einführung von immer mehr und immer weiter reichenden Befugnissen zur heimlichen Ermittlung in der StPO – exemplarisch sei hier die Telekommunikationsüberwachung genannt – die Art und Weise der Informationsgewinnung durch die Strafverfolgungsbehörden der nachrichtendienstlichen Praxis angenähert. Darüber hinaus ist durch die Schaffung des Gemeinsamen Terrorabwehrzentrums (GTAZ) in Berlin-Treptow sowie durch das Gemeinsame-Dateien-Gesetz[526] eine noch engere Verquickung von Strafverfolgungsbehörden und Nachrichtendiensten insbesondere auf dem Gebiet des Informationsaustausches entstanden. Diese beiden Umstände – die Überschneidung der Tätigkeitsfelder sowie die verstärkte und institutionalisierte informationelle Zusammenarbeit – bergen Probleme in sich.

# I. Terrorismusbekämpfung und nachrichtendienstliches Trennungsgebot

Wie die vorangegangenen Untersuchungen zeigen, ist die Informationsgewinnung einer der wichtigsten Aspekte der Bestrebungen, terroristische Aktivitäten zu überwachen und die Umsetzung etwaiger Anschlagspläne zu verhindern. Durch das Sammeln von Informationen über verdächtige Regungen in bestimmten Milieus und die Überwachung von Kommunikation und Kontakten soll eine

525 Paeffgen, GA 2003, S. 647.

526 Gesetz vom 22.12.2006, BGBl I 2006, 3409; ausführlich über das Geminsame Dateien Gesetz und das nachrichtendienstliche Trennungsgebot: Ruhmannseder, StraFo 2007, S. 184 ff.; Wolff, et al., JA 2008, S. 81 ff.

Informationslage geschaffen werden, auf deren Grundlage ein Eingreifen der Sicherheitsbehörden erfolgen kann. Als möglicher „Lieferant" derartiger Informationen fungieren nicht nur die Polizei, sondern naturgemäß auch die Geheimdienste, da es sich oftmals um Informationsgewinnung auch noch weit im Vorfeld von befugniseröffnenden Verdachtslagen, insbesondere auch im Ausland, handelt. Jedoch ist in Deutschland eine Kooperation von Geheimdiensten und Polizeibehörden nicht ohne Weiteres möglich. Eine Zusammenarbeit unterliegt speziellen Regelungen, die eine zu enge Verquickung von nachrichtendienstlichen Maßnahmen, die sich vor allem durch Heimlichkeit auszeichnen, und polizeilichen Maßnahmen, die sich in erster Linie durch eine größere Eingriffstiefe auszeichnen, verhindern sollen. Oberbegriff dieser Trennung ist das nachrichtendienstliche Trennungsgebot.

## 1. Historische Entwicklung und Inhalt des Trennungsgebotes

Historischer Ausgangspunkt des Trennungsgebotes ist der sog. „Polizei-Brief" der Alliierten Militärgouverneure an den Parlamentarischen Rat vom 14.4.1949. Darin wurde der Rat ermächtigt, eine Bundesgesetzgebungskompetenz zur Errichtung eines Nachrichtendiensts zur „Sammlung und Verbreitung von Auskünften über umstürzlerische, gegen die Bundesregierung gerichtete Tätigkeiten"[527] im Grundgesetz zu verankern. Eine nach dieser Vorschrift geschaffene Behörde sollte aber keine Polizeibefugnisse haben. Gleichzeitig ermächtigte der Brief den Bund zur Errichtung von Polizeibehörden für andere als die obigen Materien.[528] Mit ein Grund der Installation einer Trennung zwischen Polizei und Nachrichtendienst waren sicherlich die Erfahrungen aus den Gestapo-Verbrechen im Dritten Reich sowie der Föderalismusgedanke.[529]

Da Wissen nicht nur sprichwörtlich Macht bedeutet, war es den Alliierten wie auch den Mitgliedern des Parlamentarischen Rates von Beginn der BRD an ein besonderes Anliegen, eine große, sich aus verdachtsunabhängigen Nachforschungen speisende Wissensressource – die Geheimdienste – von den Inhabern exekutiver Zwangsbefugnisse – Polizei – zu trennen. Eine Trennung sollte in zweierlei Hinsicht etabliert werden. Zum einen sollte sie auf organisatorischer

527 Nr. 2 des „Polizei-Briefs" vom 14.4.1949, online verfügbar unter: www.verfassungen.-de/de/de49/grundgesetz-schreiben49-3.htm, zuletzt geprüft am 01.02.2010.

528 Nr. 1 des „Polizei-Briefs" vom 14.4.1949, online verfügbar unter: www.verfassungen.-de/de/de49/grundgesetz-schreiben49-3.htm, zuletzt geprüft am 01.02.2010.

529 Zu diesem und anderen Gründen der Dekretierung des Trennungsgebots durch die Alliierten vgl. Gusy, ZRP 1987, S. 45, 46; Nehm, NJW 2004, S. 3289, 3290.

Ebene bestehen. Hierzu verbietet das Trennungsgebot eine organisatorische Angliederung der Nachrichtendienste an Polizeistellen.[530] Eine zweite Beschränkung erfährt das Verhältnis zwischen Nachrichtendiensten und Polizei in der funktionellen Ausprägung des Trennungsgebotes dadurch, dass den Nachrichtendiensten polizeiliche Befugnisse vorenthalten bleiben.[531]

Ihren Ursprung hat diese funktionelle Trennung in drei prinzipiellen Unterscheidungen zwischen Geheimdiensten und der Polizei.[532] Sie erklärt sich zuerst aus der Verschiedenheit der Aufgaben: Der polizeiliche Aufgabenbereich liegt in der Aufklärung von Straftaten aufgrund eines Anfangsverdachtes und der Verhinderung konkreter Gefahren, der der Nachrichtendienste hingegen in der Aufklärung von Bedrohungsszenarien im Vorfeld eines Anfangsverdachtes. Die zweite Abgrenzung zwischen Polizei und Nachrichtendiensten erfolgt aufgrund der Verschiedenheit der Befugnisse. So haben die Verfassungsschutzbehörden die Befugnis zu nachrichtendienstlicher, d.h. heimlicher, Informationsermittlung, ohne jedoch die klassischen polizeilichen Befugnisse wie die Durchsuchung, die Beschlagnahme oder die Verhaftung zu besitzen. Die Polizei hingegen, die diese Befugnisse besitzt, hat keine so weit reichenden Informationsermittlungsbefugnisse. Als drittes Kriterium der Unterscheidung kann die Verschiedenheit der Arbeitsweisen herangezogen werden, die sich jedoch aus den beiden vorangegangenen Unterscheidungskriterien ergibt. Die Nachrichtendienste arbeiten vornehmlich zur Informationsgewinnung, die Polizei hingegen konkret zur Gefahrenabwehr. Aus dieser dreifachen Unterscheidung ergibt sich auch der Sinn und Zweck der Trennung. Dort, wo der Schwerpunkt der Arbeit auf der Sammlung von – auch verdachtsunabhängigen – Informationen liegt, sollen keine exekutiven Befugnisse vorhanden sein. Dort, wo die Befugnisse liegen, sollen nicht zu viele Informationsermittlungskompetenzen vorhanden sein. Kurz auf eine Formel gebracht: „Wer alles weiß, soll nicht alles dürfen, wer alles darf, soll nicht alles wissen."[533]

## 2. Die rechtliche Einordnung des Trennungsgebotes

Die rechtliche Einordnung des Trennungsgebotes ist umstritten. Insbesondere herrscht Uneinigkeit darüber, ob dem nachrichtendienstlichen Trennungsgebot

530 § 1 I 1 BNDG; § 2 I 3 BVerfSchG; § 1 IV MADG.

531 § 2 III BNDG; § 8 III BVerfSchG; § 4 II MADG.

532 Siehe hierzu: Gusy, in: Möllers, et al. (Hg.), Jahrbuch Öffentliche Sicherheit 2008/2009, Frankfurt am Main 2008, S. 177, 181.

533 Gusy, KritV 1994, S. 242, 243; ebenso: Sandkuhl, in: FS Hamm, S. 615, 617 mwN; Zöller, JZ 2007, S. 763, 767.

Verfassungsrang zukommt.[534] Ob dieser Streit mittlerweile als beigelegt betrachtet werden kann[535], mag bezweifelt werden.[536] *Gusy* weist jedoch zutreffend darauf hin, dass dieser Frage keine rechtliche Bedeutung zukommt, wenn und soweit nicht „eine gesetzliche Umgestaltung der Sicherheitsarchitektur oder gar eine Abschaffung des Trennungsgebotes zwischen Polizei und Nachrichtendiensten beabsichtigt wäre."[537] Deshalb kann mit der wohl herrschenden Meinung davon ausgegangen werden, dass das Trennungsgebot ein einfachgesetzliches Gebot ist. Bedeutender ist jedoch die Frage, ob und wenn ja inwieweit das Trennungsgebot die Zusammenarbeit und Kooperation der Ermittlungsbehörden untereinander zu beeinflussen vermag.

## 3. Ganzheitlicher Bekämpfungsansatz, Kooperation und Trennungsgebot

Der Gedanke, der hinter dem ganzheitlichen Bekämpfungsansatz steht, ist klar: Dem Terrorismus, der geheim und global operiert, muss auch geheim und global begegnet werden. Dabei ist global kein rein territorial zu verstehender Begriff. Vielmehr drückt er eine universelle Betätigung von Terrornetzwerken wie auch ein universelles Vorgehen gegen sie aus. Die gesetzlichen Neuregelungen der Terrorismusbekämpfungsgesetzgebung reichen von geheimdienstlicher Aufklärung im Ausland, über ausländerrechtliche Regelungen, Restriktionen im Vereinsrecht, Befugnisse zum Eingriff in vertrauliche Daten vor allem finanzieller Natur, bis hin zur Strafverfolgung. Wie oben bereits dargestellt, ergibt sich aus der Natur des Terrorismus wie auch aus anderen Faktoren, eine enge Verzahnung der verschiedenen Sicherheitsbehörden. Im Vordergrund aller Bemühungen steht die Früherkennung von Gefährdungslagen und die Verhinderung konkreter Anschlagspläne. Vielfach entwickeln sich Gefährdungslagen und gedeihen An-

534 Ablehnend: Dorn, Das Trennungsgebot in verfassungshistorischer Perspektive, Berlin 2004; König, Trennung und Zusammenarbeit von Polizei und Nachrichtendiensten, Stuttgart 2005, S. 151 ff.; Nehm, NJW 2004, S. 3289, 3290: „[D]as Trennungsgebot hat überhaupt keinen Verfassungsrang."; bejahend hingegen: Brenner, Bundesnachrichtendienst im Rechtsstaat, Baden-Baden 1990, S. 48 ff.; Gusy, ZRP 1987, S. 45 ff.; Wesslau, Vorfeldermittlungen, Berlin 1989, S. 221 ff.; Zöller, Informationssysteme und Vorfeldmaßnahmen von Polizei, Staatsanwaltschaft und Nachrichtendiensten, Heidelberg 2002, S. 311 ff.

535 So aber Nehm, NJW 2004, S. 3289; 3290.

536 Vgl. nur: Roggan, et al., NJW 2007, S. 876, der sich für ein Trennungsgebot mit Verfassungsrang ausspricht.

537 Gusy, in: Möllers, et al. (Hg.), Jahrbuch Öffentliche Sicherheit 2008/2009, Frankfurt am Main 2008, S. 177, 184.

schlagspläne im Ausland. Da auf derartige Vorgänge inländische Sicherheitsbehörden keinen Zugriff haben, ist eine Kooperation mit in- und ausländischen Geheimdiensten notwendig, um die notwendigen Informationen zu erhalten. Insbesondere auf diesem Gebiet der Auslandsermittlung sind nachrichtendienstliche Kompetenzen gefragt. Auch die Überwachung verdächtiger, wenngleich sonst bislang unauffälliger Personen und Organisationen ist ein ebenso probates wie notwendiges Mittel zur Zielerreichung wie es konkrete Eingriffsmaßnahmen für den Fall sind, dass sich der Verdacht erhärtet. Für alle Bereiche sind unterschiedliche Behörden zuständig. Sie arbeiten, was im Hinblick auf das Trennungsgebot von einiger Wichtigkeit ist, sowohl institutionell als auch im Hinblick auf Art und Umfang ihrer Befugnisse getrennt. Eine Durchmischung von Organisation und Kompetenz findet nicht statt. Die verschiedenen Institutionen sind ein ineinandergreifendes Räderwerk, das zu diesem Zweck notwendigerweise Überschneidungs- und Berührungspunkte besitzt. Der Polizei wird die Gefahrenvorsorge sowie die vorbeugende Verbrechensbekämpfung als Aufgabe übertragen. Dazu erhält sie rechtliche Befugnisse wie die Möglichkeit der auditiven und visuellen Überwachung oder des Einsatzes von V-Leuten. Damit wird sie zwar im Aufgabenfeld des Verfassungsschutzes tätig, und ihr werden dabei auch nachrichtendienstliche Mittel an die Hand gegeben, nichtsdestotrotz darf sie nur bei einer Gefahrenindikation durch bestimmte Verdachtsmomente tätig werden, und eine flächendeckende Überwachung bleibt ihr versagt. Das Trennungsgebot bleibt dadurch gewahrt.[538] Den Nachrichtendiensten bleiben diese polizeilichen Befugnisse verwehrt, sie können jedoch im Rahmen ihrer Möglichkeiten mit heimlichen Überwachungsmethoden eine umfassende(re) Überwachung vornehmen. Auf einigen Feldern, wie insbesondere dem der Abwehr des internationalen Terrorismus, kommt es dabei jedoch unweigerlich zu Kompetenz- und Informationsüberschneidungen.

## 4. Zusammenarbeit der Sicherheitsbehörden

Neben der Wahrung der gebotenen Trennung existiert demnach also auch ein breites Feld der Zusammenarbeit zwischen den Sicherheitsbehörden. Dort, wo Aufgabenfelder ineinander übergehen, gilt es vor allen Dingen, einen Informationsfluss herzustellen, der rechtsstaatlichen Anforderungen genügt, sich aber auch dergestalt durch Effizienz auszeichnet, als dass relevante Daten von anderen Stellen nicht nochmals zeit- und ressourcenraubend ermittelt werden müssen, sondern von der Behörde, die diese Daten schon erhoben hat, zur Verfügung

538 Vgl. Nehm, NJW 2004, S. 3289, 3293.

gestellt werden.[539] Im Rahmen der Terrorismusbekämpfung ist es in erster Linie dieser Informationsaustausch, der die Zusammenarbeit kennzeichnet. Im Gegenzug muss aber in den Bereichen, wo sich Aufgabenfelder nicht überlappen, die Trennung gewahrt bleiben und eine planmäßige informationelle Zusammenarbeit unterbleiben. Die notwendige und erlaubte Kooperation in Angelegenheiten der Terrorismusproblematik darf nicht zu einer generellen Informationsaustauschbeliebigkeit führen, die die begründete Trennung zwischen den Institutionen aushebelt und umgeht. Ebensowenig darf eine der Besonderheit der Terrorismusproblematik geschuldete Informationsgewinnung zu anderen als zu diesem Zwecke genutzt werden, wenngleich die Strafverfolgungsbehörden ein hohes Interesse daran haben. Das Bundesverfassungsgericht hat in seiner Entscheidung zur sog. Online-Durchsuchung[540] sowie zu den zahlreichen Entscheidungen zu den Konturen des Rechts auf informationelle Selbstbestimmung[541] rechtsstaatliche Pflöcke eingeschlagen, die die Strafverfolgungsinteressen und das Grundrecht der Bürger auf informationelle Selbstbestimmung, insbesondere auch im Hinblick auf Problemlagen im Zusammenhang mit dem technischen Fortschritt, in rechtsstaatlich ausgewogenem Maße sinnvoll miteinander verbinden. Für die originären nachrichtendienstlichen Ermittlungsbereiche gilt jedoch, dass eine Informationsweitergabe an die Polizei durch das Trennungsgebot nicht berührt, nachgerade dadurch sogar geboten ist. Denn das aus dem Trennungsgebot resultierende Fehlen von Exekutivbefugnissen auf der Seite der Nachrichtendienste macht es unumgänglich, Informationen zum Zwecke einer im eigenverantwortlichen Bereich der Polizei liegenden exekutiven Behandlung weiterzugeben, wenn die Tätigkeit der Nachrichtendienste weiterhin ihre Berechtigung haben soll.[542] Die informationelle Zusammenarbeit von Nachrichtendiensten, Polizei und Staatsanwaltschaften stellt demnach die funktionelle Kehrseite des Trennungsgebotes dar.[543] Sinn und Zweck des Trennungsgebotes ist nicht die informationelle Abschottung von Polizei und Nachrichtendiensten.[544]

---

539 Dazu jüngst: BVerfGE 112, 304, 319 f., das die Nutzung der Möglichkeiten der informellen Zusammenarbeit zur Vermeidung sog. „additiver" Grundrechtseingriffe anmahnt; darauf hinweisend auch Möstl in: Protokoll der 24. Sitzung der 16. Wahlperiode des Innenausschusses vom 6. November 2006, Protokoll Nr.: 16/24, S. 24.

540 BVerfG, 1 BvR 370/07 vom 27.2.2008.

541 BVerfGE 65, 1 ff.; 113, 29 ff.; 115, 166 ff.; 115, 320 ff.; 120, 378 ff.; BVerfG, NJW 2007, S. 2464 ff.

542 So auch Möstl in: Protokoll der 24. Sitzung der 16. Wahlperiode des Innenausschusses vom 6. November 2006, Protokoll Nr.: 16/24, S. 23.

543 Nehm, NJW 2004, S. 3289, 3294.

544 Möstl in: Protokoll der 24. Sitzung der 16. Wahlperiode des Innenausschusses vom 6. November 2006, Protokoll Nr.: 16/24, S. 22.

Die informationelle Zusammenarbeit darf jedoch, wie bereits erwähnt, nicht zur gezielten Erlangung von Zufallsfunden für nicht-nachrichtendienstliche Zwecke eingesetzt werden.[545] Insbesondere im Bereich der Ermittlungen bezüglich der Terrorfinanzierung kann es hierbei zu Problemen kommen. Dadurch, dass Konten zum Gegenstand staatsschutzrelevanter Ermittlungen werden, kommt es durch ein engmaschigeres Ermittlungsnetz immer häufiger zu „Beifang", der an die Strafverfolgungsbehörden weitergegeben wird. Dies führt beispielsweise zu einer erhöhten Überwachungsdichte in den Bereichen der Betrugs- und Steuerdelikte, die ohne die Anti-Terror-Kompetenzen für die Geheimdienste nicht existierte. Eine derartige „planmäßige" Zusammenführung von jeweils vorhandenen Erkenntnissen widerspräche dem Grundgedanken des Trennungsgebotes. Sie ließe gleichsam die jeweiligen gesetzlichen Voraussetzungen für Datenerhebungen verschwimmen und ermöglichte die Nutzung von Informationen durch die Polizei, die sie qua polizei- oder strafprozessrechtlicher Tatbestände selber nicht besitzen dürfte.[546] Ein generelles informationelles Trennungsgebot existiert jedoch nicht. Vor allen Dingen ist auch die planmäßige Zusammenführung von Erkenntnissen in sich überschneidenden Kompetenzbereichen notwendig und zulässig.[547] Regelungen und Einrichtungen wie das Gemeinsame-Dateien-Gesetz oder das Gemeinsame Terrorabwehrzentrum in Berlin/Treptow verbinden den notwendigen Informationsfluss mit einem durchdachten System datenschutzrechtlicher Sicherungsmechanismen, die schon zuvor existierten und für die neuen technischen Möglichkeiten modifiziert wurden. Lediglich in den sog. „Projektdateien"[548] sowie in der ungeklärten Definition von sog. „Eilfällen"[549] liegen noch Probleme, die einer genaueren Betrachtung und Analyse bedürfen und eine eventuelle Nachbesserung nach sich ziehen könnten.

## 5. Fazit

Der ganzheitliche Bekämpfungsansatz stellt die richtige Richtung auf dem eingeschlagenen Weg dar. Terrornetzwerke nutzen gezielt jeden sich bietenden Raum aus, um sich Vorteile zu verschaffen. Will man ihnen diese Wege blockieren, muss man auch auf allen Ebenen tätig werden. Im Bereich Terrorismus und

---

545 Kutscha, in: Roggan, et al. (Hg.), Handbuch zum Recht der Inneren Sicherheit, Berlin 2006, S. 78 ff.

546 Kutscha, in: Roggan, et al. (Hg.), Handbuch zum Recht der Inneren Sicherheit, Berlin 2006, S. 78, 81; ebenso: Sandkuhl, in: FS Hamm, S. 615, 625 ff.

547 Hierzu näher: Wolff, et al., JA 2008, S. 81–88.

548 Roggan, et al., NJW 2007, S. 876, 878 f.

549 Wolff, et al., JA 2008, S. 81–88.

Staatsschutz darf und muss großflächig ermittelt werden, um positive Ergebnisse zu erzielen. Im konkreten Fall von Nachrichtendiensten und Polizei wird durch institutionelle Trennung gewährleistet, dass die Polizei nicht gezielt Nachrichtendienste für polizeiliche Zwecke instrumentalisiert. Genauso wird garantiert, dass die Nachrichtendienste nicht Befugnisse der Polizei per Amtshilfe in Anspruch nehmen. Zur Effektivierung der Ermittlungen sowie zur Vermeidung „additiver" Grundrechtseingriffe ist eine informationelle Kooperation unumgänglich. Diese muss auch an die technische Entwicklung angepasst werden. Die Tatsache, dass die Speicherung personenbezogener Daten in einer gemeinsamen Datei einen Eingriff in das Recht auf informationelle Selbstbestimmung darstellt, macht eine grundrechtsschonende, einschränkende Regelung zum Datenaustausch notwendig. In den Spezialgesetzen (Artikel 10 Gesetz, Bundesverfassungsschutzgesetz, Gemeinsame-Dateien-Gesetz, etc.) sind solche Vorkehrungen in ausreichendem Maße enthalten.

Zusammenfassend lässt sich zum Verhältnis von Nachrichtendiensten und Polizei sagen, dass das Instrumentarium der Nachrichtendienste darauf ausgelegt ist, in bestimmten staatsschutzrelevanten, neuralgischen Bereichen großflächig zu ermitteln. Dort, wo sich polizeilich relevante Sachlagen ergeben, werden diese im Wege des Informationsaustauschs an die zuständigen Behörden weitergegeben. Diese ermitteln dann institutionell unabhängig und ausgestattet mit einem für diese Art der Ermittlung besser geeigneten Instrumentarium in die Tiefe. Nachrichtendienste ermitteln also heimlich, möglichst eingriffsunintensiv in der Breite, die Polizei ermittelt punktuell eingriffsintensiv in die Tiefe. Die für diese Aufgabenteilung nötigen Informationen werden im Wege einer informellen Kooperation bereitgestellt. Institutionell und befugnisbezogen bleiben die Behörden jedoch getrennt. Die jüngsten Entwicklungen weisen jedoch Tendenzen auf, die sich zunehmend für eine weitere Annäherung von Polizei und nachrichtendienstlichen Organisationen aussprechen.[550]

## II. Integrationspolitik als „milderes" Mittel

Der ganzheitliche Ansatz enthält neben eingriffsintensiven Maßnahmen auch solche, die sich den Ursachen des Terrorismus annehmen. Man geht davon aus, dass durch eine gelungene Integration von Menschen mit Migrationshintergrund in die westliche Wertegesellschaft, soziale Frustration, mangelnde Identifizierung mit dem Heimatstaat, sprachliche und religiöse Barrieren sowie parallelge-

550 Siehe: http://www.spiegel.de/politik/deutschland/0,1518,651329,00.html, zuletzt geprüft am: 01.02.2010; Wolff, DÖV 2009, S. 597–606.

sellschaftliche Segregation überwunden und so radikalen Tendenzen und Überzeugungen wirksam entgegengetreten werden kann. Insofern bildet auch die soziale Arbeit auf diesem Gebiet einen Teil des ganzheitlichen „Bekämpfungs“ansatzes, insbesondere auf dem Gebiet der interreligiösen Verständigung. Ein wichtiger Schritt auf diesem Gebiet ist die Einrichtung der Islamkonferenz zur Förderung des interreligiösen Dialogs in Deutschland.

# H. Gefahren der Strafrechtserweiterung

Wie bereits aufgezeigt ist das Strafrecht Gegenstand von Erweiterungstendenzen in territorialer, temporaler sowie funktionaler Hinsicht. Es werden also nicht nur Sachverhalte mit internationalen Bezügen durch Strafnormen erfasst, sondern die strafrechtlichen Normen greifen immer früher in Lebenssachverhalte ein und erfüllen damit nicht nur den Zweck der klassischen Repression, sondern fungieren auch als präventiv ausgerichtete Gefahrenabwehrnormen mit einer engen Verknüpfung zu prozessualen Eingriffsmöglichkeiten. Diese schon Realität gewordenen Tendenzen werden auf dem Spielfeld der Gedanken weiter ausgebaut, nicht zuletzt seit der ehemalige Bundesinnenminister *Schäuble* sich vehement gegen ein „Denkverbot" auf diesem Gebiet ausgesprochen hat.[551] Seither geistern allerhand Ideen und Denkanstöße durch die Wissenschafts- und Medienwelt, die sich mit der Behandlung von Terroristen befassen. Von der durch das Bundesverfassungsgericht für verfassungswidrig erklärten Vorschrift des präventiven Abschusses eines Passagierflugzeuges nach § 14 III LuftSiG[552] über die Forderung nach einem Bürgeropfer in bestimmten Notstandslagen[553], der Forderung nach einem Feindstrafrecht[554] oder eine kriegsrechtsähnlichen Präventionsrecht[555] bis hin zur Feststellung des amerikanischen Heimatschutzministers *Chertoff*, dass der anwaltliche Beistand in einem Strafverfahren in erster Linie ein Hindernis für die Informationsgewinnung sei.[556] Anhand dieser Aussagen kann man erkennen, dass zumindest in den Gedankenspielen die Erweiterung des Strafrechts noch längst nicht abgeschlossen ist.

---

551 Schäuble in: Schäuble, et al., Der SPIEGEL 50/2007, S. 27, 29.

552 BVerfGE 115, 118; siehe hierzu: Archangelskij, Das Problem des Lebensnotstandes am Beispiel des Abschusses eines von Terroristen entführten Flugzeuges, Berlin 2005; Hirsch, in: FS Küper, S. 149 ff.; Höfling, et al., JZ 2005, S. 1080–1088; Isensee, in: FS Jakobs, S. 205–234. Den Abschuss eines entführten Flugzeuges aus rein strafrechtlicher Sicht bewertet: Jerouschek, in: FS Schreiber, S. 185–198.

553 Depenheuer, Selbstbehauptung des Rechtsstaates, Paderborn 2008, S. 75 ff.

554 Siehe zu dem von *Jakobs* begründeten Konzept unten: H. II.

555 Siehe zu dem von *Pawlik* begründeten Konzept unten: H. III.

556 Chertoff in: Schäuble, et al., Der SPIEGEL 50/2007, S. 27, 28; In diesem Zusammenhang äußert sich *Chertoff* auch zu den Vorwürfen, es gäbe Misshandlungen in Guantánamo: „Wir wollen diese Leute ja nicht misshandeln, aber wir brauchen nun mal Informationen von ihnen."

# I. Verschwörungstatbestände

Ein schon durchaus konkreteres Beispiel der Erweiterung des Strafrechts ist der Tatbestand der Verschwörung (*conspiracy*), der auf dem Gebiet des Terrorismus vor allem in den USA große Bedeutung hat. Der Verschwörungstatbestand hat vor allen Dingen dahingehend eine besondere Relevanz, dass er die großen Nachweisprobleme, die bei Normen bestehen, die die Verknüpfung eines bestimmten Verhaltens mit einem konkreten Anschlagsplan erfordern, ausblendet.[557] Darüber hinaus bildet er ein wirksames Mittel zur Pönalisierung von Verhalten von Personen, das (noch) nicht mit einer als terroristische Organisation anerkannten Gruppierung in Verbindung gebracht werden kann.[558] Der Tatbestand der *conspiracy* setzt also bei einem antizipierten, potentiell gefährlichen Verhalten an. Dies birgt Gefahren in mehrerer Hinsicht. Zum einen, dass missverständliches Verhalten als gefährlich eingestuft wird und somit Handlungen zum Gegenstand der Strafverfolgung werden, die wohl nicht zu einer Schädigung geführt hätten (sog. „false positives") oder aber dass ein zu frühes Eingreifen zu einer zu vagen und damit für eine Verurteilung unzureichenden Tatsachen- und Beweisgrundlage führt, so dass real gefährliche Täter durch das Raster fallen (sog. „false negatives").[559]

Wie auch die Strafbarkeit der Mitgliedschaft in einer terroristischen Vereinigung nach deutschem Recht, basiert die *conspiracy* auf der Gefährlichkeit eines Zusammenwirkens mehrerer Personen. In zeitlicher Hinsicht beginnt die Strafbarkeit der *conspiracy* im Moment der Übereinkunft mehrerer Personen, eine schädigende Handlung begehen zu wollen. Die Bestimmung dieses Moments ist jedoch problematisch, da das geforderte „unlawful agreement" das Ergebnis mehrerer Kommunikationsprozesse ist und das Umschlagen von einem noch zu unbestimmten Informationsaustausch zu einer konkreten Übereinkunft ein fließender Prozess ist. Ebenso schwierig ist zu bestimmen, welche Personen eines Kreises von Verdächtigen in ausreichendem Maße an dieser Übereinkunft bzgl. eines speziellen Ziels teilnehmen. Die „general rules" der *conspiracy* enthalten hierfür drei wichtige Regelungen: Erstens können auch Personen, die nicht in direktem Kontakt zueinander stehen, jedoch in dem Bewusstsein ein mit anderen gemeinsames Ziel zu verfolgen, Teil einer einzigen conspiracy sein. Zweitens muss zumindest die Art des Delikts klar sein, auf das die conspiracy abzielt.

557 „Conspiracy charges [...] punish amorphous conduct based on a 'patchwork' of evidence.", Margulies, Roger Williams Univ. Legal Studies Paper No. 46, S. 1, 2; „Wir müssen nicht den Nachweis führen, dass jemand persönlich einen Anschlag verüben wollte.", Chertoff in: Schäuble, et al., Der SPIEGEL 50/2007, S. 27.

558 Chesney, Southern California Law Review Vol. 80, 2007, S. 425, 427.

559 Chesney, Southern California Law Review Vol. 80, 2007, S. 425, 448.

Drittens ist jedoch nicht notwendig, dass Art und Weise der Begehung, Tatzeit oder -ort oder das Opfer des Delikts näher konkretisiert worden sind.[560] Die Reichweite der Strafbarkeit der *conspiracy* erstreckt sich – wie einige Urteile belegen[561] – gar so weit, dass Personen, die im Namen der islamischen Jihadbewegung eine werbende Website betreiben, der Verschwörung zu Taten, die im Namen der weltweiten Bewegung des islamischen Jihad begangen werden, ohne dass eine Verbindung zu einer speziellen dieser Bewegung angehörigen Gruppierung notwendig wäre, angeklagt werden können.[562]

Diese generellen Ausführungen zeigen, dass insbesondere bei der Bekämpfung des Terrorismus auf die *conspiracy* als effizientes Mittel des Strafrechts zurückgegriffen wird. Schon für sich gesehen kleine und unbedeutend erscheinende Handlungen, die in irgendeiner Art und Weise mit einer terroristischen Vereinigung in Verbindung stehen, können mittels des Tatbestandes der *conspiracy* in ein breiteres Handlungsgeflecht eingefügt werden, um so frühzeitig gegen den Verursacher dieser Handlung eine strafrechtliche Handhabe zu erreichen und ihm eine Beteiligung und damit eine Verantwortung an allgemeinen terroristischen Zielen und Komplotten zuzuschreiben. Vor allem aufgrund dieser großen Reichweite der *conspiracy* wird sie auch als „typisches Feindstrafrecht"[563] bezeichnet.

Es bleibt die Frage, ob ein Tatbestand der Verschwörung auch für das deutsche Strafrecht eine Alternative darstellt. § 30 StGB, der die Verbrechensverabredung unter Strafe stellt, enthält ähnliche Ansätze wie der Tatbestand der *conspiracy*, ohne jedoch deren tatbestandliche Reichweite zu erreichen. Diese Konzentration der Strafbarkeit auf Verhalten, das einer Person in concreto zugeschrieben werden kann bzw. dessen Zurechnung nach spezifischen subjektiven Kriterien erfolgt, ist ein wichtiges Mittel der Wahrung des strafrechtlichen Bestimmtheitsgrundsatzes. Eine Abkehr hiervon und die Schaffung eines tatbestandlich so weit gefassten Delikts würde einer verfassungsrechtlichen Prüfung kaum standhalten. Darüber hinaus wäre ein solcher Tatbestand der Motivation einer gezielten Minderung von Beweisanforderungen zur strafrechtlichen Verurteilung eines Täters geschuldet. Dies kann und darf in einem rechtsstaatlichen Strafrecht in diesem Maße nicht sein und würde einen weiteren Schritt in die Erweiterung der ohnehin schon ausgedehnten Strafbarkeit von Vorfeldhandlungen

---

560 Chesney, Southern California Law Review Vol. 80, 2007, S. 425, 455 f.

561 Siehe die analysierten Entscheidungen in: Chesney, Southern California Law Review Vol. 80, 2007, S. 425, 465 ff.

562 So geschehen in: *United States v. Ahmad*, No. 04-cr-301 (D. Conn. 2004), online verfügbar unter: http://nefafoundation.org/miscellaneous/FeaturedDocs/U.S._v_Ahmad_Indictment.pdf, zuletzt geprüft am 01.02.2010.

563 Asada, in: FS Tiedemann, S. 313, 322.

bedeuten, ohne dies an konkrete Handlungserfordernisse oder andere strafbarkeitsbegrenzende Voraussetzungen zu knüpfen.

# II. Feindstrafrecht

Durch die Herausforderungen, die der internationale Terrorismus dem Rechtsstaat bereitet, sieht sich der Rechtsstaat einem (vermeintlichen) Dilemma gegenüber. Der US-Heimatschutzminister *Chertoff* beschreibt dies dadurch, dass er die fehlende Funktionalität der beiden bislang vorhandenen Rechtsinstrumente, des klassischen Strafrechts sowie des internationalen Kriegsrechts, beklagt.[564] Fraglich bleibt jedoch, ob dies gleichzeitig impliziert, dass ein Recht zwischen diesen beiden Systemen geschaffen werden muss. Die Anpassungsvorgänge, die das Strafrecht an dieses Problem heranführen, sind bereits dargestellt worden. Daneben gibt es jedoch auch, in der Wissenschaft wie auch in der Rechtswirklichkeit, Entwürfe eines solchen Sonderrechts. Insbesondere das Konzept des Feindstrafrechts – entwickelt von *Günther Jakobs* – lässt einen Blick auf Ausprägungen eines derartigen Sonderrechts zu. Daneben ist das Gefangenenlager von Guantánamo mit dem dort angewandten Sonderrechtssystem als Inkarnation dieses Konzeptes von besonderem Interesse. Auch wenn *Jakobs*' Thesen nicht explizit als Legitimation der Vorgänge in Guantánamo angeführt werden, so zeigt eine nähere Betrachtung, dass die theoretischen Grundstrukturen des *Jakobs'schen* Feindstrafrechts ihren Weg in die Realität gefunden haben. Auf die von *Jakobs* geschaffene theoretische Grundlage sowie auf die Rechtswirklichkeit von Guantánamo soll im Folgenden eingegangen werden.

## 1. Feindstrafrecht als staatliches Eindringen in das Internum seiner Bürger

Das Feindstrafrecht wurde von *Jakobs* zum ersten Mal im Jahre 1985 als These formuliert.[565] Im thematischen Kontext der Kriminalisierung von Handlungen im Vorfeld einer Rechtsgutsverletzung konstatiert *Jakobs*, dass existierende strafrechtliche und strafprozessuale Regelungen diejenigen, auf die sie abzielen,

564 „Das ist doch der Kern des Problems. Wir haben bislang nur zwei Modelle, um mit solchen Herausforderungen umzugehen: unser klassisches Rechtssystem und das internationale Kriegsrecht. Beide greifen nicht.“, SCHÄUBLE in: SCHÄUBLE, ET AL., Der SPIEGEL 50/2007, S. 27, 29.

565 JAKOBS, ZStW 97 (1985), S. 751.

nicht als Bürger, sondern als Feinde behandeln. *Jakobs* Theorie nimmt ihren Ausgangspunkt in der Beschreibung der Unzulässigkeit des Eindringens des Staates in das Internum seiner Bürger. Internum ist dabei die dem Bürger ureigenste Privatsphäre inklusive seiner sozialen Kontakte. Davon zu unterscheiden ist das externe Verhalten des Bürgers. Nach *Jakobs* hat der Staat nur dann das Recht, das Internum des Bürgers zu untersuchen und zu bestimmen, wenn dieser ein extern störendes Verhalten an den Tag gelegt hat, das – zur Beseitigung der Störung und zur Bestimmung der Strafwürdigkeit – auf seine internen Voraussetzungen hin zu untersuchen und dementsprechend zu bewerten ist. Dringt der Staat ohne den extern störenden Anhaltspunkt in das Internum des Bürgers ein, so tut er dies, um potentielle, aus einer unlauteren Haltung eines Bürgers entstehende zukünftige Handlungen zu unterbinden. Es wird also nicht von einer Störung auf eine mögliche Haltung geschlossen, die anschließend untersucht wird, sondern es wird gezielt nach Haltungen gesucht, die eine potentiell gefährliche und störende Handlung prognostizieren lassen. Eine derartige Behandlung des Bürgers nennt *Jakobs* eine „Diminuierung des Subjekts“[566] und ordnet es „einem Strafrecht eigener Art [zu], das vom bürgerlichen Strafrecht deutlich unterschieden ist“[567]. Dieses Strafrecht eigener Art nennt er Feindstrafrecht. Es „optimiert Rechtsgüterschutz, das bürgerliche Strafrecht optimiert Freiheitssphären.“[568] Hier formuliert *Jakobs* zum ersten Mal die Dichotomie von Feindstrafrecht und Bürgerstrafrecht. Zum Feindstrafrecht gehören laut *Jakobs* – neben dem Versuch der Beteiligung gem. § 30 StGB – alle Delikte, die Vorbereitungshandlungen im Privatbereich pönalisieren.[569] Die immer größer werdende Zahl derartiger Normen schreibt *Jakobs* der Konturlosigkeit des Rechtsgutsbegriffs zu. Mit der Lehre vom Rechtsgut könne jedwedes Verhalten „in den Ruch der Sozialschädlichkeit gebracht werden“.[570] Der Täter werde lediglich dadurch definiert, dass er eine Gefahr für das Rechtsgut darstelle. Diese Gefahrgrenze sei darüber hinaus beliebig vorverlegbar.[571] *Jakobs* stellt also bereits 1985 eine faktisch vorhandene Mischung von Feind- und Bürgerstrafrecht fest, vor der er zugleich warnt. Das Feindstrafrecht sei, wenn überhaupt, „nur als ein ausnahmsweise geltendes Notstandsstrafrecht begründbar“.[572] Im Gegensatz zum heute vorherrschenden Verständnis, wonach *Jakobs* nicht nur deskriptiv, sondern auch normativ mit dem

566 Jakobs, ZStW 97 (1985), S. 751, 756.

567 Jakobs, ZStW 97 (1985), S. 751, 756.

568 Jakobs, ZStW 97 (1985), S. 751, 756.

569 In diesem Zusammenhang nennt *Jakobs* auch §§ 129, 129a StGB: Jakobs, ZStW 97 (1985), S. 751, 757.

570 Bung, HRRS 2/2006, S. 63, 64.

571 Jakobs, ZStW 97 (1985), S. 753.

572 Jakobs, ZStW 97 (1985), S. 751, 784.

Modell des Feindstrafrechts umgehe und es befürworte, besagt seine 1985 getroffene Aussage noch ganz klar: „Die Bindungen [des Rechtsstaats, Anm. d. Verf.] sind für den freiheitlichen Staat konstitutiv; wer sie löst, gibt ihn preis. Das Vorhandensein von Feindstrafrecht ist also nicht ein Zeichen der Stärke des freiheitlichen Staates, sondern ein Zeichen dafür, daß er insoweit überhaupt nicht vorhanden ist.“[573] Mit dieser seiner ersten Veröffentlichung zur feindstrafrechtlichen Thematik löste *Jakobs* noch kein erhebliches Echo aus.[574]

## 2. Merkmale des Feindstrafrechts

Mit seinem Vortrag „Das Selbstverständnis der Strafrechtswissenschaft vor den Herausforderungen der Gegenwart (Kommentar)“[575], einem Kommentar auf einen Vortrag *Winfried Hassemers* auf einer Tagung mit dem Titel „Die deutsche Strafrechtswissenschaft vor der Jahrtausendwende“ Ende 1999 in Berlin, löste *Jakobs* hingegen eine ausgiebige[576]Debatte aus, die in den Folgejahren eine bis-

573 Jakobs, ZStW 97 (1985), S. 751, 783.

574 Greco, GA 2006, S. 96, 100 mwN.

575 Jakobs, in: Eser, et al. (Hg.), Die deutsche Strafrechtswissenschaft vor der Jahrtausendwende, München 2000, S. 47.

576 Das Feindstrafrecht ablehnend: Albrecht, ZStW 117 (2005), S. 852–864; Albrecht, Kriminologie, München 2005, § 6 D; Albrecht, Betrifft Justiz 22 (2006), S. 289–298; Ambos, Der Allgemeine Teil des Völkerstrafrechts, Berlin 2004, S. 62 ff.; Aponte, in: Uwer (Hg.), "Bitte bewahren Sie Ruhe", Berlin 2006, S. 131–163; Aponte, HRRS 8-9/2006, S. 297, 303; Arnold, HRRS 8-9/2006, S. 303–315; Brunkhorst, in: Uwer (Hg.), "Bitte bewahren Sie Ruhe", Berlin 2006, S. 103, 109 ff.; Bung, HRRS 2/2006, S. 63–71, Bung, HRRS 8/2006, S. 317–321; Cancio Meliá, ZStW 117 (2005), S. 267–289; Crespo, ZIS 2006, S. 413–427; Düx, ZRP 2003, S. 189, 194 f.; Eser, in: Eser, et al. (Hg.), Die deutsche Strafrechtswissenschaft vor der Jahrtausendwende, München 2000, S. 437–448; Gössel, in: FS Schroeder, S. 33–50; Greco, GA 2006, S. 96–113; Hassemer, StraFo 2005, S. 312–318, Hassemer, HRRS 4/2006, S. 130–143; Hefendehl, StV 2005, S. 156, 158 f.; Heinrich, ZStW 121 (2009), S. 94–130; Hörnle, GA 2006, S. 80–95; Jahn, Das Strafrecht des Staatsnotstandes, Frankfurt am Main 2004, S. 234 f.; Kindhäuser, in: FS Schroeder, S. 81, 94 ff.; Krauss, in: Uwer (Hg.), "Bitte bewahren Sie Ruhe", Berlin 2006, S. 79–101; Kunz, in: FS Eser, S. 1375–1392; Landau, NStZ 2007, S. 121–128; Morguet, Feindstrafrecht, Berlin 2009; Muñoz Conde, Über das "Feindstrafrecht", Berlin 2007; Nehm, in: Heger, ZStW 117 (2005), S. 887; Neumann, in: Uwer (Hg.), "Bitte bewahren Sie Ruhe", Berlin 2006, S. 299–314; Palazzo, in: FS Tiedemann, S. 15–28; Prittwitz, ZStW 113 (2001), S. 774–799, Prittwitz, in: Institut für Kriminalwissenschaften und Rechtsphilosophie Frankfurt a. M. (Hg.), Jenseits des rechtsstaatlichen Strafrechts, Frankfurt am Main 2007, S. 225–252; Rosenau, Das Feindstrafrecht Jakobs' als Feind, Japan 2008; Roxin, Strafrecht AT, § 2 Rn. 126 ff.;

weilen scharfe[577], bis hin zur Unsachlichkeit reichende[578] Form annahm. Die Debatte wurde auch außerhalb Deutschlands geführt[579] und das Konzept des Feindstrafrechts traf überwiegend auf Ablehnung teilweise jedoch auch auf Zustimmung.[580]

Der Berliner Kommentar *Jakobs'* aus dem Jahr 1999 enthält zunächst Ausführungen zur Funktion der Strafe, zur Normgeltung sowie zur Personalität. Anschließend stellt er vier Merkmale des Feindstrafrechts auf, die die diesem zugehörigen Normen charakterisieren: Zum einen zeichne sich eine feindstrafrechtliche Regelung durch eine Vorverlagerung der Strafbarkeit auf das Vorbereitungsstadium der Tat, also ihren präventiven Charakter, aus. Zum zweiten gäbe es keine diesem frühen Stadium angemessene Strafreduktion. So werde ein Totschläger, der schon unmittelbar zur Tatbestandsverwirklichung angesetzt hat, gem. §§ 212, 22 StGB zu fünf bis 15 Jahren Haft verurteilt, ein Rädelsführer einer terroristischen Vereinigung, der lediglich die Absicht hat, eventuell in der Zukunft eine solche Tat zu begehen oder durchführen zu lassen, werde dagegen mit drei

---

Sack, Bürgerrechte & Polizei, S. 1–18; Saliger, JZ 2006, S. 756–762; Scheffler, in: FS Schwind, S. 123–146; Schneider, ZStW 113 (2001), S. 499–515; Schulz, ZStW 112 (2000), S. 653–664, Schulz, in: Uwer (Hg.), "Bitte bewahren Sie Ruhe", Berlin 2006; Schünemann, GA 2001, S. 205, 210 ff.; Schünemann, in: FS Nehm, S. 219–227; Silva Sánchez, Die Expansion des Strafrechts, Frankfurt am Main 2003; Sinn, ZIS 2006, S. 107–117; Strate, HRRS 7/2004, S. 239–245; Streng, in: Uwer (Hg.), "Bitte bewahren Sie Ruhe", Berlin 2006, S. 227, 231 ff.; siehe auch die Beiträge in: Vormbaum (Hg.), Kritik des Feindstrafrechts, Münster 2009; Zöller, Terrorismusstrafrecht, Heidelberg 2009, S. 112 ff.

577 Greco, GA 2006, S. 96, 113 bezeichnet den Feindstrafrechtsbegriff in legitimatorisch-affirmativer Dimension als „schädlich", in deskriptiver als „unmöglich" und in denunziatorisch-kritischer Dimension als „bestenfalls entbehrlich"; sich an diese begriffliche Trias anlehnend und zu einem ähnlichen Ergebnis kommend: Roxin, Strafrecht AT, § 2 Rn 127 ff.

578 Malek, HRRS 8/2006, S. 316–317; Schulz, in: Uwer (Hg.), "Bitte bewahren Sie Ruhe", Berlin 2006, S. 315–333 überschreibt seinen Aufsatz mit einem Zitat aus der „Zauberflöte": „Die Wahrheit, sey sie auch Verbrechen".

579 zur Situation in Kolumbien siehe: Aponte, Krieg und Feindstrafrecht, Baden-Baden 2004; zur regen Diskussion um das Konzept im spanischsprachigen Rechtsraum siehe auch: Zaffaroni, El enemigo en el derecho penal, Madrid 2006; sowie die umfangreichen Sammelwerke: Cancio Meliá, Manuel; Gómez-Jara Díez, Carlos (Hg.), Derecho penal del enemigo - Vol. 1, Cancio Meliá, Manuel; Gómez-Jara Díez, Carlos (Hg.), Derecho penal del enemigo - Vol. 2

580 Pérez del Valle, in: FS Jakobs, S. 515–528; Polaino Navarrete, in: FS Jakobs, S. 529–552; mit einem ähnlichen Konzept: Depenheuer, Selbstbehauptung des Rechtsstaates, Paderborn 2008; ebenfalls für ein spezielles Recht für Terroristen: Pawlik, Der Terrorist und sein Recht, München 2008.

bis 15 Jahren nur marginal milder bestraft. Zum dritten führt er die Wortwahl des Gesetzgebers an, der weithin von Bekämpfungsgesetzgebung und nicht von Strafgesetzgebung spricht, und zuletzt den Abbau prozessualer Garantien. Hierfür nennt *Jakobs* §§ 31 ff. EGGVG als klassisches Beispiel.[581]

### *a) Theorie der Normgeltung*

Um die theoretische Herleitung des Feindstrafrechts nachvollziehen zu können, gebietet sich eine zumindest kurze Auseinandersetzung mit *Jakobs'* Theorie der Normgeltung und der Person.[582]

In *Jakobs'* Theorie der Normgeltung sind Tat und anschließende Strafe des Staates ein Kommunikationsprozess, sind „Mittel symbolischer Interaktion"[583] oder „normative Verständigung".[584] Der Delinquent drückt durch sein kriminelles Verhalten die Negierung der strafrechtlichen Verhaltensnorm aus. Der Staat antwortet auf diese Negierung der Norm mit Strafe. Bezüglich der Wirkungen der Strafe auf den Täter unterscheidet *Jakobs* zwischen Bedeutung und Zweck der Strafe.[585] Die Bedeutung der Strafe ist der Widerspruch des Staates gegen den Normwiderspruch des Täters. Der Zweck der Strafe ist die nachfolgende „kognitive Untermauerung" dieses Widerspruchs durch Übelszuführung. Durch den Schuldspruch wird dem Täter also aufgezeigt, dass seine Negierung der Norm marginalisiert, d.h. in die Unbedeutsamkeit verdrängt wird, um dadurch wiederum der Gesellschaft die Botschaft zukommen zu lassen, dass diese punktuelle Negierung der Norm ihre generelle Geltung in keinster Weise beeinträchtigt und dass das Vertrauen in die Geltung und Wirkung der Norm auch weiterhin bestehen kann. Somit ist die Geltung der Norm nicht nur positivistisch festgestellt, sondern sie wird durch diese Botschaft auch kognitiv untermauert, das Normvertrauen mithin wieder hergestellt. Mit dem Vollzug der Strafe wird die Botschaft des Schuldspruchs bekräftigt. In dieser kommunikativen Dreiecksbeziehung[586] „Staat (bzw. Norm)-Delinquent-Gesellschaft" versteht sich Strafe als direkte Kommunikation zwischen Staat und Delinquent und als indirekte Kommunikation, d.h. als über den Delinquenten vermittelte Botschaft, zwischen Staat und Gesellschaft.

---

581 JAKOBS, in: ESER, ET AL. (HG.), Die deutsche Strafrechtswissenschaft vor der Jahrtausendwende, München 2000, S. 47, 51 f.

582 JAKOBS, Norm, Person, Gesellschaft, Berlin 1999.

583 JAKOBS, Norm, Person, Gesellschaft, Berlin 1999, S. 98 ff.

584 JAKOBS, Norm, Person, Gesellschaft, Berlin 1999, S. 63 ff.

585 JAKOBS, Staatliche Strafe, Paderborn 2004.

586 *Bung* spricht von einem „triangulären Verhältnis" BUNG, HRRS 2/2006, S. 63, 67.

Ein besonderes Problem kommt dann auf, wenn der Nachrichtenmittler, der Delinquent, aus irgendeinem Grund nicht in der Lage ist, die Botschaft des Staates zu empfangen oder an die Gesellschaft weiterzuleiten. Dies ist insbesondere dann der Fall, wenn dem Delinquenten die Einsichts*fähigkeit* fehlt, was etwa bei einem aufgrund § 20 StGB Schuldunfähigen zutrifft[587], oder wenn ihm der Einsichts*willen* fehlt. Letzterer spielt in *Jakobs'* Konzeption der Person, insbesondere im Hinblick auf die Einbettung des Feindstrafrechts in dieses theoretische Konstrukt, eine besondere Rolle, wie später zu erörtern sein wird.

### *b) Theorie der Person*

Der Mensch im Naturzustand ist nach *Jakobs* das Individuum, das nur nach Lust oder Unlust agierende Wesen. Zur Person wird ein Individuum im hier relevanten Falle, wenn es die „kognitive Mindestsicherheit personellen Verhaltens"[588] bietet. Das tut es dann, wenn es als „Adressat normativer Erwartungen"[589] diese Mindestsicherheit dergestalt erfüllt, dass es sich „hinreichend rechtstreu"[590] verhält. Personalität ist demnach also kein Status, der mit der Geburt oder einem anderen Zeitpunkt erworben wird, sondern eine an die Erfüllung bestimmter Bedingungen geknüpfte Auszeichnung, die verdient werden muss:

> „Wirkliche, orientierungsleistende Personalität kommt also nicht allein dadurch zustande, dass sie postuliert wird, vielmehr müssen bestimmte Bedingungen hinzutreten. Deshalb ist der Satz, ‚rechtlich hat jeder Mensch den Anspruch, als Person behandelt zu werden', unvollständig; es muss zudem festgelegt werden, wer welche Bedingungen der Verwirklichung dieser Personalität herbeizuführen hat, und hierbei dürfte es selbstverständlich sein, dass die Sorge für eine hinreichende kognitive Untermauerung jedenfalls insoweit im Lastenheft der Person selbst steht, als es sich um die einigermaßen verlässliche Leistung von Rechtstreue handelt. Der Satz muss also richtig lauten, ‚jeder, der zumindest einigermaßen verlässlich Rechtstreue leistet, hat den Anspruch, als Person behandelt zu werden', und wer diese Leistung nicht erbringt, wird eben fremdverwaltet, was heißt, nicht als Person behandelt."[591]

Person im Recht ist laut *Jakobs* also, wer „eine kognitive Mindestgarantie normgemäßen Verhaltens gibt".[592] Feind oder Nicht-Person ist, wer durch dauerhafte

587 Vgl. Sinn, ZIS 2006, S. 107, 113 ff.

588 Jakobs, in: Eser, et al. (Hg.), Die deutsche Strafrechtswissenschaft vor der Jahrtausendwende, München 2000, S. 47, 52.

589 Jakobs, ZStW 117 (2005), S. 247, 257.

590 Jakobs, ZStW 117 (2005), S. 247, 259.

591 Jakobs, ZStW 117 (2005), S. 839, 843.

592 Jakobs, in: Eser, et al. (Hg.), Die deutsche Strafrechtswissenschaft vor der Jahrtausendwende, München 2000, S. 47, 51.

Abkehr vom Recht diese Garantie nicht mehr gewährleisten kann.[593] Diese Feinde der Rechtsordnung kündigen durch die beständige und wiederholte Negierung der Normen der Gesellschaft ihre Mitgliedschaft in derselben auf und verwirken damit sowohl ihren Status als Person als auch ihren Anspruch auf die bürgerlichen Garantien des Rechts soweit es die Gesellschaft für notwendig erachtet, ihnen zu ihrer eigenen Sicherung vor dem Feind diese Garantien zu nehmen. Wer – so *Jakobs* – „sich nicht in einen bürgerlichen Zustand zwingen läßt, kann den Segnungen des Begriffs der Person nicht teilhaftig werden."[594] Dadurch gibt *Jakobs* einem Menschen die Möglichkeit durch dauerhafte Abkehr vom Recht, den Gesellschaftsvertrag aufzukündigen. Von der anderen Seite aus gesehen, gibt er damit dem Staat die Macht, einen Menschen *per definitionem* aus der Gesellschaft auszuschließen, indem er ihn als Feind brandmarkt.

### *c) Depersonalisierung*

Unter Bezugnahme auf Kant legt *Jakobs* seine Überzeugung dar, nach der aus der Sicht der Anwender von Rechtszwang dieser „als Verhinderung eines Hindernisses der Freiheit mit der Freiheit nach allgemeinen Gesetzen zusammen stimmend, d. i. Recht"[595] ist. Auf die Frage, was der Zwang gegen eine Person im Hinblick auf den Gezwungenen darstelle, gebe Kant jedoch , so *Jakobs*, keine Antwort. Erst Feuerbach habe sich mit dieser Frage beschäftigt und sie wie folgt beantwortet:

> „Der Gezwungene […] wird 'nach Naturgesetzen' bestimmt, was in der Umkehrung heißt: nicht nach Vernunftgesetzen. Zwar ist es ein Vernunftgesetz, den Rechtsbrecher zu zwingen, von seinem Tun abzulassen oder ihn zu bestrafen, aber der Zwang selbst liegt in der Natur; mit anderen Worten, das Vernunftgesetz erlaubt oder gebietet es, beim Rechtszwang nach Naturgesetzen zu verfahren. Damit steht auch fest, wie der Gezwungene *insoweit* und *nur insoweit*, als er gezwungen wird, zu charakterisieren ist, nämlich eben nicht als Person, nicht als Träger von Rechten und Pflichten, sondern als Naturwesen, als Individuum. [...] Rechtszwang ist zwar rechtlich richtige Verwaltung des Organisationskreises des

---

593 Jakobs, in: Eser, et al. (Hg.), Die deutsche Strafrechtswissenschaft vor der Jahrtausendwende, München 2000, S. 47, 52; Hier zeigt sich eine Ähnlichkeit zu v. Liszt, ZStW 3 (1883), S. 1, 36ff, der für die „Unschädlichmachung der nicht besserungsfähigen Verbrecher" (S. 36) eintrat, die nach seiner Ansicht die Gewohnheitsverbrecher darstellten. Diese bezeichnete er als „Krebsschaden" (S. 36) oder als „grundsätzliche Gegner der Gesellschaftsordnung" (S. 37). Siehe zu v. Liszt: sowie die Ausführungen von Koch, in: Hilgendorf/Weitzel (Hg.), Der Strafgedanke in seiner historischen Entwicklung, Berlin 2007, S. 127, 135 ff.

594 Jakobs, HRRS 3/2004, S. 88, 92.

595 Kant, Die Methaphysik der Sitten, Stuttgart 1990, S. 231.

> Gezwungenen, aber sie ist eben *Fremd*verwaltung und damit eine Verkleinerung des personalen Bereichs des Gezwungenen."[596]

*Jakobs* zieht daraus den Schluss, dass jeder, der nicht nur *juristisch* sondern auch rechts*wissenschaftlich* arbeite, erkennen müsse, dass der Zwang eine Depersonalisierung des Gezwungenen sei.[597] Juristisch und auch rechtswissenschaftlich korrekt ist jedoch eher der Schluss, dass sich der Zwang gegenüber dem Gezwungenen zwar als Beschneidung seiner persönlichen Freiheitssphäre darstellt, diese persönliche Freiheitssphäre aber entgegen *Jakobs'* Auffassung gerade nicht als mit seinem Status als Person, seiner Persönlichkeit per se, gleichzusetzen ist, womit sich der Zwang auch nicht als (partielle) Depersonalisierung darstellt.

## 3. Von der Deskription zur Affirmation

In der dritten Phase ab 2002 vertieft *Jakobs* seine Position und versieht sie mit Klarstellungen in einigen Bereichen und untermauert sie mit einer rechtsphliosophischen Herleitung. Er stützt sein Feindstrafrecht zunächst auf Rousseau, später auf Fichte und schließlich auf Hobbes. Zum Ende seines rechtsphliosophischen Exkurses rekurriert er noch auf eine Fußnote in Kants Werk „Zum ewigen Frieden".[598] Im Folgenden nennt *Jakobs* deutlicher die Kennzeichen des Feindstrafrechts und bringt diese zum ersten Mal in Zusammenhang mit der Problematik des Terrorismus. Der Terrorist wird in dieser Phase zum „Proto-Feind" und damit zum plastischen Beispiel für diese Kategorie.[599] An dieser Stelle vermischen sich bloße Theorie, Gedankenspiele und rein beschreibende Elemente zum ersten Mal mit affirmativ-legitimatorischen Elementen. Inmitten dieses mit Wohlwollen immer noch als deskriptiv zu bezeichnenden Absatzes, spricht *Jakobs* den Mitteln, „die man gegen Terroristen anwenden *muß*, um nicht unterzugehen", feindstrafrechtliche Qualität zu. Hier wendet er den Blick von der Beschreibung verwendeter Mittel als feindstrafrechtlich hin zu der Feststellung, dass dem Problem des Terrorismus nur durch die Anwendung von Feindstrafrecht Herr zu werden sei[600] und dass die von ihm beschriebene „Verschmutzung des Strafrechts" eine „notwendige" sei.[601]

596 Jakobs, in: Rosenau, et al. (Hg.), Straftheorie und Strafgerechtigkeit, S. 168 f.

597 Jakobs, in: Rosenau, et al. (Hg.), Straftheorie und Strafgerechtigkeit, S. 169.

598 Jakobs, HRRS 3/2004, S. 88, 89 ff. Kritisch äußern sich zur philosophischen Herleitung sowie besonders zur Heranziehung der *Kant'schen* Fußnote: Bung, HRRS 2/2006, S. 63, 69 ff. und ebenso Arnold, HRRS 8-9/2006, S. 303, 305 ff.

599 Jakobs, ZStW 117 (2005), S. 839–851; Jakobs, HRRS 8/2006, S. 289–297.

600 Jakobs, HRRS 3/2004, S. 88, 92.

601 Jakobs, ZStW 117 (2005), S. 839, 841.

## 4. Stellungnahme

Betrachtet man *Jakobs'* Feindstrafrecht als das, was er immer wieder beteuert, dass es sei, nämlich eine Bestandsaufnahme des geltenden Rechts, so kommt man nicht umhin, ihm zumindest ein Verdienst zuzugestehen: Er hat eine Debatte angestoßen, die – zumindest auch – aufgrund seiner streitbaren Begriffswahl eine so große Beachtung nicht nur innerhalb der juristischen Fachwelt gefunden hat und die nach dem Abklingen der ersten emotionalen Reaktionen und nach dem mehrmaligen Aufruf zu mehr Sachlichkeit seit nunmehr vielen Jahren intensiv geführt wird.

Nichtsdestotrotz sieht sich das *Jakobs'sche* Feindstrafrecht einer Vielzahl von Kritik gegenüber. Im Folgenden soll kurz auf das der Theorie zu Grunde liegende Menschenbild eingegangen und eine ausführlichere Auseinandersetzung mit dem Feindbegriff versucht werden. Anschließend soll auf die Begrenztheit des Konzeptes auf *Jakobs'* normtheoretisches Verständnis eingegangen werden und die totalitäre Dimension des Konzeptes kurz beschrieben werden.

### *a) Jakobs' Personenverständnis und der „Überwert" der Gesellschaft*

*Jakobs'* Theorie baut auf einem Menschenbild auf, das nur in seinem Personen- und Normensystem gilt. Im triangulären Verhältnis zwischen Norm, Person und Gesellschaft ist die Person nur Mittel zum Zweck und existiert nur aus der Gesellschaft heraus, d.h. die Gesellschaft macht die Person erst zu einer solchen.[602] Der einzig geltende Wert ist also die Gesellschaft[603], deren latente Angst und Sorge um die Geltung der Norm im Falle des Normbruchs durch den Gebrauch der Person als Botschaftsmittlerin minimiert werden, im Idealfall beseitigt werden soll. Die Person wird dabei als einsichtiger, fügsamer Mensch idealisiert. Stellt sie sich nicht als solcher dar, so wird sie zum Feind degradiert, gegen den zum Wohle der Gesellschaft vorgegangen werden muss. Dabei wird der Person ihr „Person-Sein" genommen, sie wird entpersonalisiert und aus der Gesellschaft exkludiert. In die Gesellschaft zurückkehren kann die Unperson durch Erfüllung ihrer Pflicht, den Nachweis der kognitiven Mindestgarantie normgemäßen Verhaltens zu erbringen.

In einem Staat, in dem die Menschenwürde als unantastbares Gut in der Verfassung festgeschrieben ist, steht eine „personale Würde", die „das Ergebnis ei-

---

602 „Personen werden von der Gesellschaft [...] konstituiert", JAKOBS, Norm, Person, Gesellschaft, Berlin 1999, S. 106.

603 ARNOLD, HRRS 8-9/2006, S. 303, 305.

ner Option [ist], die vollzogen werden muss"[604] diesem Grundsatz diametral gegenüber. Das Recht, als Person behandelt zu werden, ist Teil einer menschenwürdigen Behandlung. Das Bundesverfassungsgericht verbietet, „den Menschen zum bloßen Objekt des Staates zu machen oder ihn einer Behandlung auszusetzen, die seine Subjektqualität prinzipiell in Frage stellt."[605] Menschenwürde besitze jeder, „ohne Rücksicht auf seine Eigenschaften, seine Leistungen und seinen sozialen Status [...] auch die Menschen [...], die die Würde des anderen Menschen aufs schwerste verletzt haben."[606] „Schlechthin verboten ist damit jede Behandlung des Menschen durch die öffentliche Gewalt, die [...] die Achtung des Wertes vermissen lässt, der jedem Menschen um seiner selbst willen, kraft seines Personseins, zukommt."[607] Eine Entpersonalisierung des Täters oder – schlimmer noch – des bloß Verdächtigen ist also schon aus diesem Grunde in einem rechtsstaatlichen Strafrecht nicht möglich.

*Jakobs* hingegen ist der Ansicht, dass es sich bei der Depersonalisierung um Statusverluste handele, „die vom Verlierenden selbst verschuldet sind; denn der Rechtszwang wird durch Unrecht herausgefordert [...], ist also vom Gezwungenen zu verantworten. Wer diese Verantwortung unterschlägt und dem Gezwungenen die Fähigkeit abspricht, seinen Status als Person im Recht zu verkleinern und im Grenzfall auch zu verspielen, nimmt ihn als Person nicht ernst."[608] Zu Ende gedacht bedeutet dies, dass nicht die Behandlung eines Täters als Unperson menschenunwürdig ist, sondern es vielmehr menschenunwürdig ist, dies gerade nicht zu tun. Allerdings ist zu konstatieren, dass *Jakobs* den Begriff der Persönlichkeit und der Menschenwürde nicht gänzlich analog versteht:

> „Jeder Mensch ist jederzeit als Person zu behandeln, etwa in dem Sinn, der bei *Kant* als *angeborene* Persönlichkeit benannt wird. Aber um diese angeborene Persönlichkeit geht es hier nicht, sondern um den *rechtlichen* Status, der übrigens auch bei *Kant* bis hin zum „Sklavenstand" verloren gehen kann. Der nahezu entleerte Begriff verbietet nicht, das zur Erhaltung der orientierenden Wirkung der Rechtsordnung Erforderliche zu tun, insbesondere gegen den für die Turbolenzen Verantwortlichen; der Begriff verbietet nur, dabei mit Spott und Hohn zu verfahren."[609]

Vor dem Hintergrund, dass *Kant* als einzig angeborenes Recht des Menschen das der Freiheit sieht[610], ist jedoch für das Verständnis von *Jakobs* Ausführungen zum Feindstrafrecht auch der Schluss zu ziehen, dass jeder jederzeit auch auf

604 Jakobs, ZStW 117 (2005), S. 839, 843 dort: Fußnote 8.

605 BVerfGE 87, 209, 228.

606 BVerfGE 87, 209, 228.

607 BVerfGE 115, 118, 121.

608 Jakobs, in: Rosenau, et al. (Hg.), Straftheorie und Strafgerechtigkeit, S. 169.

609 Jakobs, in: Rosenau, et al. (Hg.), Straftheorie und Strafgerechtigkeit, S. 171 f.

610 Kant, Die Methaphysik der Sitten, Stuttgart 1990, S. 238.

eine menschenwürdige Behandlung „verzichten" kann. Diese von *Jakobs* propagierte vollkommene Freiheit beschreibt *Pawlik*:

> „[Es] soll nicht die Natur [...], sondern die eigene Leistung darüber entscheiden, welche Stellung jemandem zukommt. [...] Den harten Kern meiner Personalität – meine Menschenwürde – soll ich kraft meiner Stellung als Träger angeborener, unveräußerlicher Menschenrechte nicht verwirken können. Der Spaten des Leistungsprinzips biegt sich auf dem undurchdringlichen Boden meines rechtlichen Grundstatus gleichsam um. Es ist diese Stoppregel, an der *Jakobs* rüttelt. [...] In seiner Konzeption kommt das Leistungsprinzip [...] erst ganz zu sich. Es verschlingt jenen Rest an Paternalismus, an dem der rechts- und staatstheoretische Liberalismus unter dem Stichwort der Unveräußerlichkeit der Menschenrechte bislang unbeirrt festgehalten hat."[611]

Das Feindstrafrecht erlaubt daher aufgrund des durch die dauerhafte Abwendung des Täters vom Recht konkludent ausgesprochenen Verzichts auf eine Behandlung als Person auch die menschenunwürdige Behandlung des Täters. Diese ist daher im Verhältnis zum Täter nicht von vornherein unzulässig. Die einzige Schranke liegt vielmehr darin, ob der Staat aus moralischen (nicht rechtlichen!) Überlegungen heraus auf eine derartige Behandlung nicht lieber verzichtet.

### *b) Der Feindbegriff*

Lässt man sich dennoch auf *Jakobs*' Theorie ein, gilt es, zur Untersuchung, ob das Feindstrafrecht eine treffende Analyse der Realität bereithält, sich zunächst mit dem Begriff des Feindes zu beschäftigen. Nur wenn man weiß, wer ein Feind ist, wann er ein solcher wird und wie er als Feind behandelt wird, kann man die deskriptive Dimension des Konzeptes beurteilen.

Laut *Jakobs* bleibt der Verbrecher im Regelfall Person im Recht.[612] Unperson wird er erst dann, wenn der Bogen des kontrafaktischen Durchhaltens der Norm überspannt ist.[613] Dies sei nicht beim notorisch ohne Licht fahrenden Radfahrer[614] der Fall, auch nicht bei dem „einmal oder wenige Male eine Pflicht aus dem riesigen Bündel [der] Pflichten"[615] nicht Erfüllenden. Wohl auch noch nicht beim einmalig oder öfter massiv falsch Agierenden, auch beim Mörder nicht, da bei ihm die Hoffnung auf Festigung der Personalität durch Bestrafung noch be-

---

611 Pawlik, Der Terrorist und sein Recht, München 2008, S. 38, 39.

612 Jakobs, HRRS 8/2006, S. 289, 292.

613 Zum Zwischenstatus eines „unsicheren Kantonisten" vgl. Jakobs, ZStW 117 (2005), S. 839, 843; diesen Zwischenstatus kritisch als Teil eines totalisierenden Personenbegriffs bezeichnend: Saliger, JZ 2006, S. 756, 762.

614 Jakobs, HRRS 8/2006, S. 289, 292.

615 Jakobs, HRRS 8/2006, S. 289, 292.

steht. Sicherlich aber schon bei demjenigen, der einen einzigen Mord als Mitglied und im Auftrag einer kriminellen Vereinigung begeht. Dies zeigt, dass die Beurteilung des Zeitpunkts der Überspannung des Bogens eine gewisse Elastizität besitzt.[616] Und genau diese Elastizität ist es, die dem Feindstrafrecht seine so willkürlichen Züge verleiht und es zu einem politischen Strafrecht macht. Es gibt keine verlässliche Grenze, kein verlässliches Moment, in dem die Regelfallbehandlung als Person im Recht in eine Sonderbehandlung als entpersonalisiertes Individuum umschlägt.[617] *Aponte* beschreibt dieses Moment auch nicht in einem zeitlichen Rahmen, vielmehr werde der Zeitpunkt von Fall zu Fall festgelegt, was eine Einordnung des Feindstrafrechts als politisches Strafrecht bedeute: „In den meisten Fällen werden sie zu Feinden nicht aufgrund der Besonderheit ihrer Tat (oder Haltung), sondern aufgrund der Entscheidung, sie als Feinde zu markieren und zu behandeln. Zwischen einem Tatverdächtigen als Bürger und einem Tatverdächtigen als Feind steht also eine Entscheidung.“[618] Und er führt weiter aus: „Das Feindstrafrecht ist ein von Natur aus politisches Recht, das in eine Rechtsform gebracht wurde; seine wichtigsten Merkmale werden nicht von der Straf- oder Strafprozessdogmatik, sondern eben von der Politik bestimmt.[619] Ebenso formuliert auch *Streng*, wenn er sagt, dass die Menschen „abhängig von der Definitionsmacht der politisch Herrschenden und/oder der Akteure im Strafrechtssystem hinsichtlich ihres Status als Bürger oder als Feind“[620] sind. Es verhält sich damit nicht so, wie *Jakobs* es sagt, dass die „Exklusion in einer freiheitlichen Gesellschaft [...] immer eine Selbstexklusion“[621] ist. Die Entscheidung *zum Normbruch* ist eine eigene des Individuums, die Exklusion aus dem Personenstatus dagegen nicht. Einer Bestimmung als Feind geht also eine politische Entscheidung voraus, die Konstruktion eines Feindes.[622] Diese Entscheidung ist jedoch, wie oben gesagt, von einer gewissen Elastizität und Ungenauigkeit geprägt. Der Einwand *Jakobs*', diese Ungenauigkeit entstehe aus der Tatsache, dass das Feind- und das Bürgerstrafrecht in der Realität nie in Reinform vorkommende Idealtypen seien und Mischformen nun mal ungenau seien [623], vermag es nicht, die Problematik aufzulösen. Im Gegenteil, er vertuscht die

616 Jakobs, HRRS 8/2006, S. 289, 292.

617 So auch: Eser, in: Eser, et al. (Hg.), Die deutsche Strafrechtswissenschaft vor der Jahrtausendwende, München 2000, S. 437, 445; Streng, in: Uwer (Hg.), "Bitte bewahren Sie Ruhe", Berlin 2006, S. 227, 246.

618 Aponte, in: Uwer (Hg.), "Bitte bewahren Sie Ruhe", Berlin 2006, S. 131, 145 f.

619 Aponte, in: Uwer (Hg.), "Bitte bewahren Sie Ruhe", Berlin 2006, S. 131, 146.

620 Streng, in: Uwer (Hg.), "Bitte bewahren Sie Ruhe", Berlin 2006, S. 227, 246.

621 Jakobs, HRRS 8/2006, S. 289, 293.

622 Aponte, HRRS 8-9/2006, S. 297, 300.

623 Jakobs, HRRS 8/2006, S. 289, 293.

Schwächen des Konzeptes. Wer daran geht – um in einem von *Jakobs* gewählten Bilde zu sprechen[624] – aus einer Gesetzesmaische ein Recht und einen Tätertypus zu destillieren und fordert, die reinen Alkohole (Feind- und Bürger(strafrecht)) voneinander zu trennen, darf sich nicht mit den Fuselstoffen abfinden, sondern muss die reinen Alkohole mit all ihren Bestandteilen benennen, um einem Trennungsverfahren Aussicht auf Erfolg zu ermöglichen. Immerhin betont *Jakobs*, er beschreibe die *Rein*formen. Zu einer solchen Beschreibung müsste aber auch eine genauere Konturierung des Feindbegriffs gehören.

### *aa) Definition und Kritik des Feindbegriffs*

Soweit *Jakobs* eine Definition des Feindes vornimmt[625], so stützt sie sich auf bestimmte Phänotypen des Verbrechens, auf die Vermutung, dass die kognitive Mindestsicherheit personellen Verhaltens nicht garantiert ist sowie auf ein diese Haltung demonstrierendes externes Verhalten. Kerneigenschaft des *Jakobs'schen* Feindes ist also die aus der dauerhaften Abwendung vom Recht resultierende, fehlende kognitive Mindestsicherheit. Diese kann allerdings in den seltensten Fällen sicher festgestellt werden. Daher werden Kriterien definiert, aufgrund derer sich die Vermutung anstellen lässt, ein Individuum garantiere nicht oder nicht länger die kognitive Mindestsicherheit und sei somit keine Person mehr, sondern Feind. Dazu werden einzelne Kriminalitätsbereiche bestimmt, die als besondere Indikatoren für die Einordnung eines Täters als Feind fungieren sollen. Diese und bestimmte externe Erscheinungsformen des Handelns sind Indizien, die die Vermutung nicht-personalen Handelns begründen. Zur Bestimmung der Feinde mittels bestimmter Kriminalitätsfelder, die einen vermeintlichen Schluss auf die nicht vorhandene Rechtstreue des Delinquenten zulassen, schreibt *Sinn*:

> „Die Feststellung bestimmter Kriminalitätsbereiche genügt dazu (zur Definition unvernünftig Handelnder, Anm. d. Verf.) nicht, weil das Fehlen normativer Ansprechbarkeit immer eine Vermutung bleiben muss. Hinzu kommt, dass mit derartigen Mutmaßungen die Errungenschaften der Aufklärung und des Idealismus geradezu

---

624 Jakobs, HRRS 8/2006, S. 289, 293.

625 „Der Feind ist ein Individuum, das sich in einem nicht nur beiläufigen Maß in seiner Haltung […], oder seinem Erwerbsleben […] oder, hauptsächlich, durch seine Einbindung in eine Organisation […], also jedenfalls vermutlich dauerhaft vom Recht abgewandt hat und insoweit die kognitive Mindestsicherheit personellen Verhaltens nicht garantiert und dieses Defizit durch sein Verhalten demonstriert.", Jakobs, in: Eser, et al. (Hg.), Die deutsche Strafrechtswissenschaft vor der Jahrtausendwende, München 2000, S. 47, 52.

auf den Kopf gestellt würden, denn in der Person ist die Vernunft und nicht deren Unvernunft zu vermuten."[626]

*Sinn* stellt hier richtigerweise klar, dass ein Verweis auf typische Kriminalitätsfelder zur Klassifizierung von Feinden nicht ausreichend ist. Er begründet dies mit der Tatsache, dass eine Vermutung, auf die des Kriminalitätsbereiches wegen geschlossen wird, keine ausreichende Aussagekraft hinsichtlich der normativen Ansprechbarkeit besitzt. Des Weiteren müsse zuvörderst von der Vernunft eines Individuums ausgegangen werden, was dazu führt, dass das Gegenteil, nämlich die vorhandene normative Ansprechbarkeit, zu vermuten ist. Somit kann an dieser Stelle nicht nur festgehalten werden, dass anhand von Kriminalitätsbereichen keine Täterklassifizierung vorgenommen werden kann, vielmehr steht auch das Konzept der „*Bring*schuld"[627] normativen Verhaltens den aufklärerischen und idealistischen Personenvorstellungen entgegen.[628] Das normgemäße Verhalten steht damit nicht im Lastenheft der Person, sondern vielmehr steht der Nachweis des Gegenteils für den angeklagten Fall im Lastenheft des Staates. Ausdruck dessen ist unter anderem die Unschuldsvermutung.[629] Denkt man *Jakobs*' Modell weiter, so müsste der einer Tat in einem der feindträchtigen Kriminalitätsbereiche Verdächtige solange gesichert werden, bis von seinem normgemäßen Verhalten ausgegangen werden kann. Kann dies nicht eindeutig festgestellt werden, bleibt er zu bekämpfender Feind. Das macht ihn zwar nicht sofort zum Schuldigen, aber er bleibt zu Sichernder. Auch wenn mit dieser Argumentation der Einstufung der Untersuchungshaft, zumindest in ihrer Ausprägung des Haftgrundes aus § 112a StPO, als feindstrafrechtlich in die Hände gespielt zu werden scheint, so besteht doch ein wichtiger Unterschied. Der Staat ist in der Pflicht, im Falle der Untersuchungshaft nicht nur einen dringenden Tatverdacht, sondern ebenfalls die eine Untersuchungshaft rechtfertigenden Begleitumstände nachzuweisen. Ebenso ist sie zeitlich begrenzt, so dass nicht der Beweis des normgemäßen Verhaltens durch den Verdächtigen, sondern der Nichtbeweis des strafbaren Verhaltens durch den Staat innerhalb einer Frist zum Ende der Inhaftierung führt.

---

626 Sinn, ZIS 2006, S. 107, 114.

627 Jakobs, ZStW 117 (2005), S. 839, 843.

628 So auch: Gössel, in: FS Schroeder, S. 33, 41, der in Jakobs' Personenbegriff ein Zurückwerfen des Menschen „auf den Stand vor dem Beginn der Grund- und Menschenrechtsdebatte" und als Negation einer „Jahrhunderte währende[n] Entwicklung" sieht.

629 So auch: Schünemann, GA 2001, S. 205, 211, der den Personenstatus inkl. aller Rechte ebenfalls unabhängig „der Qualität des deliktischen Verhaltens" immer als Voraussetzung ansieht.

*bb) Betrachtung des Feindes vom Bürgerbegriff aus*

Nähert man sich dem Feindbegriff in Abgrenzung zu seinem genauen Gegenteil, dem Bürger, so ergibt sich folgendes Bild. Der Bürger ist in *Jakobs*' Konzept vor allem ein von Einsicht geprägter Mensch. Anschaulich erläutert *Jakobs* dies am Beispiel der Untersuchungshaft:

> „[V]ergleichbar der Sicherungsverwahrung erkennt sie [die Untersuchungshaft, Anm. d. Verf.] den Beschuldigten nicht als Person an, sondern erschöpft sich ihm gegenüber in physischem Zwang, dies nicht, weil der Beschuldigte dem Prozeß beiwohnen muß – am Prozeß nimmt auch eine beschuldigte *Person* teil, und zwar aus Einsicht –, sondern weil er dazu durch die Inhaftierung gezwungen wird."[630]

Für *Jakobs* ist eine Person ein sich einsichtig in seinen Prozess und seine folgende Strafe fügender Mensch. Es ist nicht notwendig, eine Person zur Prozessteilnahme zu zwingen oder sie mittels Untersuchungshaft von einer möglichen Entziehung vor dem Prozess durch Flucht abzuhalten, da sie sich aus Einsicht und verständig auf den Prozess einlässt. Vor dem Hintergrund, dass Kriminalstrafe nur Kommunikationsmittel zur Marginalisierung des Normbruchs ist, ist dieses verklärte Bild des Straftäters nur folgerichtig. Einer Strafe bedürfte es eigentlich nicht, da die straffällig gewordene Person ihr Fehlverhalten einsieht und damit die kognitive Mindestsicherheit personellen Verhaltens erbringen kann. Die Strafe wird in erster Linie nur notwendig, um der Gesellschaft das Normvertrauen zurückzugeben bzw. dieses zu bestärken und um gegenüber dem Täter das Unwerturteil kognitiv zu untermauern.

> „Sich Rechtstreue anzugewöhnen oder gar sich abschrecken zu lassen, solches sind keine personalen Reaktionen: Personen bedürfen keiner Gewöhnung oder Abschreckung, da sie [...] als rechtlich gesonnene Kommunikationsteilnehmer dargestellt werden. Nur derjenige muß durch Gewöhnung und Abschreckung gelenkt werden, der nicht per se rechtlich gesonnen ist."[631]

Dieses Idealbild des Straftäters geht jedoch an der Wirklichkeit vorbei. In den seltensten Fällen ist eine derartige Einsicht vorhanden und jede Zwangsmaßnahme hat – je nach Auffassung mehr oder minder – zumindest auch den Zweck, spezialpräventiv zu wirken, den Täter gerade durch die Strafe zur Einsicht zu bringen. Bei *Jakobs* richtet sich diese „latente Funktion" der Strafe aber gerade nicht an Personen im Recht, sondern an „das nach Lust und Unlust bilanzierende Individuum" – die Nicht-Person.[632] Geht man von *Jakobs*' Begriff der Person

630 Jakobs, HRRS 8/2006, S. 289, 296.

631 Jakobs, in: Eser, et al. (Hg.), Die deutsche Strafrechtswissenschaft vor der Jahrtausendwende, München 2000, S. 47, 50.

632 Jakobs, in: Eser, et al. (Hg.), Die deutsche Strafrechtswissenschaft vor der Jahrtausendwende, München 2000, S. 47, 50.

aus, so bedürfte es zu deren Einsicht – wenn überhaupt – lediglich des Aussprechens einer bloßen Missbilligung, des bildlich erhobenen Zeigefingers.[633] Die Erfahrung zeigt aber, dass dies nicht der Fall ist. Ein Beispiel dafür ist § 218 IV StGB, nach dem ein unter den genannten Voraussetzungen vorgenommener Schwangerschaftsabbruch rechtswidrig, also mit einem Unwerturteil belegt, aber straffrei ist. Dieses Unwerturteil wird aber in den wenigsten Fällen als solches wahrgenommen. Stellt man sich auf den Standpunkt des *Jakobs'schen* Personenbegriffs, dann ist jede strafrechtliche Behandlung schierer Zwang, dann wird jeder Bürger, jede Person zum exkludierten Feind.[634] Die Bezeichnung als Feind setzt bei *Jakobs* also schon da ein, wo der Täter oder der Verdächtige das Idealbild der einsichtigen, in dem von *Jakobs* geforderten Maße normativ ansprechbaren Person nicht mehr erfüllt. Markiert man die Linie des Beginns des Feindstrafrechts schon dort, so kann mit Recht von existierendem Feindstrafrecht ausgegangen werden. Dies bestätigt *Jakobs* – wie dargelegt – dadurch, dass in der Tat nach seiner Auffassung jeder Zwang eine Depersonalisierung darstellt. Eine solche Sichtweise greift aber zu weit.

### *c) Beschränktheit des Konzepts auf Jakobs' normtheoretischen Kontext*

Wie gezeigt funktioniert *Jakobs*' Feindstrafrecht in seiner deskriptiven Form nur innerhalb seines normtheoretischen Kontextes. Nur dort bleibt die Prämisse bestehen, dass die Strafe als Teil des Bürgerstrafrechts einzig den Bürger als einsichtige Person anspricht und über ihn das Normvertrauen in die Gesellschaft projiziert und die Geltung der Normen als die die Gesellschaft regelnden Institutionen festigt. Geht man von dieser Prämisse aus und gesteht der Strafe keine anderen Funktionen als die Stärkung des Normvertrauens zu, wird die strafrecht-

633 Dass trotzdem eine Strafe folgen muss, hängt nicht mit der Einsicht der Person zusammen, sondern damit, dass zur Vermeidung der Erodierung der Norm, an das strafbare Verhalten des Täters „dergestalt angeschlossen werden [muss], daß die Unmöglichkeit deutlich wird, durch den Normbruch zur Gemeinsamkeit zu gelangen“. Ebenso muss die durch die Tat vorgenommene „Gestaltung der äußeren Welt der Personen“ durch einen gestalterischen Akt – durch Strafe – rückgängig gemacht werden. JAKOBS, Norm, Person, Gesellschaft, Berlin 1999, S. 103 ff.

634 JAKOBS, in: ROSENAU, ET AL. (HG.), Straftheorie und Strafgerechtigkeit, S. 167 ff.; so auch JASCH, in: UWER (HG.), "Bitte bewahren Sie Ruhe", Berlin 2006, S. 267, 277: „Die Androhung und Verhängung von Strafe ist stets Exklusion [...]. Auch wenn die Exklusion nicht die Extremform einer Beseitigung der Gefahr oder des Gefährlichen erreicht, auch wenn das dabei verwendete Verfahren sich nicht als Sonderrecht präsentiert, handelt es sich bei der Kriminalstrafe doch um einen klaren Ausschluss von gesellschaftlicher Teilhabe, um eine gesellschaftliche Konstruktion des nicht dazugehörigen »Anderen«.“

liche, staatliche Handlung zu einer reinen Zwangsmaßnahme und zur reinen Sicherung gegenüber denen, die sich nicht als idealisierte Person im *Jakobs'schen* Sinne präsentieren. Ausgehend davon wäre ein Großteil des Strafrechts Feindstrafrecht.

Ebenso spiegelt sich in der Konzeption des Feindstrafrechts auch *Jakobs'* sich auf *Niklas Luhmanns* Systemtheorie beziehender Ansatz des Funktionalismus wider.[635] Dieser stellt nicht auf die subjektiven Merkmale des Täters ab, wie die positive Kenntnis des Sachverhalts, Schuld oder Vorsatz, sondern ermittelt anhand externer Kriterien die persönliche Verantwortlichkeit des Täters. Diese Kriterien wiederum orientieren sich an den Bedürfnissen der Gesellschaft. Dieses radikal positiv generalpräventive System zeigt sich deutlich in der „Abkehr von der Person des Straftäters zugunsten abstrakter Bedürfnisse des 'Systems'"[636], die im Feindstrafrecht zu finden ist. Der Täter wird zum Objekt gesellschaftsbefriedender Maßnahmen gemacht. *Jakobs* wird seiner Linie der strikten Verfolgung positiv generalpräventiver Aspekte untreu, wenn er den Feind zur zentralen Figur seines Sonderrechts macht und genau auf das einzelne Individuum und seine Einsichtsfähigkeit oder seinen Einsichtswillen, mithin subjektive Kriterien, abstellt und darüber hinaus strikt negativ spezialpräventive Maßnahmen für den als Feind klassifizierten Täter vorsieht.[637] Diese Abkehr von der sonst von *Jakobs* verfochtenen Lehre der positiven Generalprävention, auf die sich sein gesamtes System stützt, erklärt sich jedoch vor dem Hintergrund des *Jakobs'schen* Verständnisses von Strafe:

> „Wenn die Strafe [...] die normative Identität der Gruppe bestätigt, so liegt auf der Hand, daß nur ein Gruppenmitglied betraft werden kann: Niemand sonst kann die normative Identität angreifen [...]. Erfolgt eine Störung durch Externe, so wird diese [...] kognitiv erledigt, was heißt, der Feind werde an seinen Unternehmungen gehindert."[638]

Der Feind als aus der Gesellschaft exkludiertes Individuum ist nicht mehr Gruppenmitglied und kann demnach die normative Identität der Gesellschaft nicht angreifen. Maßnahmen gegen Feinde der Gesellschaft sind daher keine Strafen, da Strafe das Normvertrauen wiederherstellen soll, eine Erschütterung des Normvertrauens jedoch nicht stattgefunden hat, da die Autoren des Rechtsbruchs keine ernstzunehmenden, am gesellschaftlichen normativen Diskurs teilnehmen-

---

635 Zum Funktionalismus vgl. zusammenfassend: SCHÜNEMANN, in: SCHÜNEMANN (HG.), Grundfragen des modernen Strafrechtssystems, Berlin 1984, S. 1, 45 ff.

636 SCHNEIDER, ET AL., in: UWER (HG.), "Bitte bewahren Sie Ruhe", Berlin 2006, S. 335, 339.

637 STRENG, in: UWER (HG.), "Bitte bewahren Sie Ruhe", Berlin 2006, S. 227–248 bezeichnet diese Tatsache als „theorieinternen Widerspruch".

638 JAKOBS, Norm, Person, Gesellschaft, Berlin 1999, S. 109.

den, vollwertigen Personen waren. Vollzieht man nun wieder einen Schwenk der Perspektive hin zur Gesellschaft, so erscheint eine positiv generalpräventiv wirkende *Strafe* damit nicht mehr notwendig und ist im *Jakobs'schen* Verständnis auch zwecklos, da der Betroffene ja weder durch Strafe ansprechbar ist noch die normative Identität der Gesellschaft von ihm hätte erschüttert werden können. Dies führt zu zwei Konsequenzen: Zum einen muss die Gesellschaft erstens nichts desto weniger vor diesen Feinden geschützt werden. Da dies jedoch nicht mehr im Rahmen einer Kommunikationsbotschaft, also durch Strafe, geschehen kann, muss der Staat sich anderer Maßnahmen bedienen, die sich rein an ihrer Effektivität im Hinblick auf den Schutz und die Sicherheit der Gesellschaft orientieren. Dies führt zweitens zu einer Entgrenzung der Eingriffsintensität der Maßnahmen und damit zwangsläufig zu deren Unverhältnismäßigkeit.[639]

### *d) Feindstrafrecht als totalitäres Konzept*

Ein weiterer Punkt der gegen *Jakobs'* Konzept vorgebrachten Kritik ist dessen Nähe zu totalitären Systemen wie dem Feindbegriff von Carl Schmitt[640] oder der normativen Tätertypenlehre der sogenannten Kieler Schule.[641] Dadurch, dass das Feindstrafrecht sich, abgesehen von der versuchten Bestimmung des Feindes anhand von Kriminalitätsbereichen, in erster Linie am Individuum orientiert und dieses zum Ausgangspunkt des gesamten Konzeptes macht, ist es derart subjektbezogen, dass die objektive Tat in den Hintergrund tritt. In den Anwendungsbereich des Feindstrafrechts fallen damit anhand subjektbezogener Eigenschaften zu bestimmende Täter oder Verdächtige und nicht bestimmte Taten oder deren Begehungsweise. Ein objektiver Anknüpfungspunkt fehlt. Es ist daher nicht von der Hand zu weisen, dass das Feindstrafrecht als Täterstrafrecht bezeichnet werden kann.[642] Ob es nun in einem Atemzug mit der Tätertypenlehre oder dem Feindbegriff *Carl Schmitts* genannt werden kann oder diese Konzepte überhaupt

---

639 Vgl. hierzu: SCHNEIDER, ET AL., in: UWER (HG.), "Bitte bewahren Sie Ruhe", Berlin 2006, S. 335, 341 f.

640 SCHMITT, Der Begriff des Politischen, Berlin 1987, S. 26 ff.; gegen diesen Vergleich führt *Jakobs* die lediglich deskriptive Dimension seiner Analyse an. Über den Bezug von *Schmitt* zum Feindstrafrecht siehe auch: APONTE, Krieg und Feindstrafrecht, Baden-Baden 2004, S. 136 ff.; KALECK, in: UWER (HG.), "Bitte bewahren Sie Ruhe", Berlin 2006, S. 281, 290 ff.

641 Vgl. DAHM, Der Tätertyp im Strafrecht, Leipzig 1940; gegen die Gleichsetzung zwischen Feindstrafrecht und NS-Recht: SCHULZ, ZStW 112 (2000), S. 653, 659 f.; einige Parallelen aufzeigend: SCHNEIDER, ET AL., in: UWER (HG.), "Bitte bewahren Sie Ruhe", Berlin 2006, S. 335, 344.

642 CANCIO MELIÁ, ZStW 117 (2005), S. 267, 284, 286 f.; CRESPO, ZIS 2006, S. 413, 420 f.

aufgreift, kann dahingestellt bleiben. In seiner Subjektbezogenheit trägt das Feindstrafrecht jedenfalls täterstrafrechtliche und damit auch „faschistoide" Züge.[643]

## *e) Fazit*

Ein Feindstrafrecht oder wie auch immer genanntes Sonderrecht, das den feindstrafrechtlichen Regeln des *Jakobs'schen* Konzeptes gehorcht, kann wegen seiner fehlenden Würdigung des Grundsatzes der personalen Würde und unter der Voraussetzung eines Menschenbildes, das nicht den vernünftigen Menschen als Ausgangspunkt hat, vor den Grundsätzen des Rechtsstaates nicht bestehen. Auch wegen seiner nicht vorhandenen Trennschärfe und seiner Abhängigkeit von politischen Entscheidungen kann das Feindstrafrecht nicht als Strafrecht dienen.

Aus *Jakobs*' jüngster Stellungnahme zum Feindstrafrecht[644] geht nochmals deutlich hervor, dass die Beschreibung des Reintypus des Feindstrafrechts durchaus als eine Kritik an der derzeitigen Situation des Strafrechts zu verstehen ist. Ebenso deutlich tritt jedoch auch die Auffassung *Jakobs*' zutage, dass die Kraft des Faktischen den Staat dazu zwingt, Feindstrafrecht anzuwenden, da ein (Bürger-)Strafrecht „ohne Wohl auf Dauer kein wirkliches Recht"[645] sein werde. Leide das Recht jedoch an einer Art Vollzugsdefizit in dem Sinne, dass zwar jedermann weiß, dass eine strafbare Handlung verboten ist, sich jedoch nicht sicher sein kann, dass ihm eine derartige Handlung nicht widerfährt, so *müsse* der Staat eine Feindbehandlung praktizieren.[646]

Die beschreibende Funktion kann also, wenn man die aufgezeigten Ungenauigkeiten in der Bestimmung des Feindbegriffs hinnimmt, als Indikator für ein zu präventives und nur auf Sicherung und Gefahrenabwehr bedachtes Strafrecht dienen, und in seiner begrifflichen Deutlichkeit bzgl. einzelner Tatbestände das erreichen, was *Jakobs* in der Breite mit seinem Konzept schon jetzt erreicht hat: eine ausführliche rechtstheoretische und kriminologische Debatte. Darüber hinaus ist *Jakobs* zu Gute zu halten, dass er in kaum übertreffbarer Deutlichkeit aufgezeigt hat, wohin der Weg des Strafrechts bei weiterer und extremerer Verfolgung des Präventions- und Sicherheitsparadigmas führen kann. Das erhöht den analytischen Wert des Konzeptes im Sinne einer Bestandsaufnahme des status quo des Strafrechts nicht, wie oben bereits dargelegt, dient jedoch als vorzeigbare Warnung für diejenigen, die blind der Logik des „Wer nichts zu verber-

643 Rosenau, in: FS Venzlaff, S. 286, 289.
644 Jakobs, in: Rosenau, et al. (Hg.), Straftheorie und Strafgerechtigkeit, S. 167 ff.
645 Jakobs, in: Rosenau, et al. (Hg.), Straftheorie und Strafgerechtigkeit, S. 172.
646 Jakobs, in: Rosenau, et al. (Hg.), Straftheorie und Strafgerechtigkeit, S. 181.

gen hat, muss auch nichts befürchten“ folgen. Daneben allerdings wohnt dem *Jakobs'schen* Feindstrafrecht auf analytischer Ebene kein weiterer Nutzen inne. Auf affirmatorischer oder legitimatorischer Ebene ist das Konzept wie gezeigt nicht tragbar und macht es einfach(er) für die rechtsstaatliche „Unsicherheit“ im Gegensatz zur (nicht notwendigerweise) verbesserten Sicherheit durch ein Feindstrafrecht zu optieren[647], dem lediglich durch eine moralische Selbstbeschränkung des Staates Grenzen gesetzt werden.

## III. Kriegsrechtäquivalentes Recht sui generis nach *Pawlik*

### 1. Strafrechtliche Systemwidrigkeit terroristischer Taten

Ebenfalls für ein Sonderrecht eigener Art tritt *Pawlik*[648] ein. Neben *Hassemer*[649] und *Jakobs*[650] ist er der dritte Vertreter, der ein eigenes Sicherheitsrecht fordert. Allen drei Ansätzen ist gemein, dass sie das klassische Strafrecht durch die Orientierung an einem übergeordneten Sicherungszweck vor einer unlösbaren Herausforderung stehen sehen. Gemeinsam ist ihnen auch die Konsequenz, ein Sicherheitsrecht sui generis zu schaffen, das diesem von allen als notwendig erkannten Sicherungs- oder Präventionsgedanken Rechnung trägt. Während *Hassemer* allerdings ein rechtsstaatliches Sicherheitsstrafrecht fordert, das sich in erster Linie an rechtsstaatlich zwingenden Begrenzungen orientiert, fordert *Jakobs* wie zuvor erörtert ein Feindstrafrecht. *Pawlik* geht einen Mittelweg.

Wie *Jakobs* ordnet auch er die Normen des Anti-Terror-Strafrechts als mit dem klassischen Strafrecht unvereinbar ein. Verhaltensweisen im Internum der Bürger würden aufgrund eines Bedrohungsunrechts in unverhältnismäßig hohem Maße pönalisiert.[651] Diese überzogenen Strafrahmen seien nichts anderes als der Versuch, eine präventive Sicherungshaft in das Strafrechtssystem zu integrieren.[652] Dies würde jedoch voraussetzen, dass die hohen Strafdrohungen dadurch zu legitimieren seien, dass man die bloße hinter den im Internum vorgenommenen Handlungen stehende Absicht oder Gesinnung als strafbarkeitsbegründendes

---

647 In diesem Sinne auch: OGOREK, in: GRAULICH, ET AL. (HG.), Terrorismus und Rechtsstaatlichkeit, Berlin 2007, S. 203, 216 ff.

648 PAWLIK, Der Terrorist und sein Recht, München 2008.

649 HASSEMER, HRRS 4/2006, S. 130–143.

650 Zu seinem Konzept des Feindstrafrechts siehe oben H. II.

651 PAWLIK, Der Terrorist und sein Recht, München 2008, S. 31.

652 PAWLIK, Der Terrorist und sein Recht, München 2008, S. 26 f.

Moment heranzöge.[653] Da eine solche Strafbarkeitslegitimation allerdings systemwidrig sei, könne sie nicht innerhalb des klassischen Strafrechtssystems existieren.[654] Die Systemwidrigkeit der reinen Sicherheitslogik beschreibt er in Anlehnung an *Liszts* Lehre der Spezialprävention wie folgt:

> „Was im Krieg sein gutes Recht hat – die Ausschaltung des Gegners –, führt indessen im Kontext des Strafrechts zu schwerwiegenden axiologischen Friktionen. Konsequent durchgeführt, tendiert eine Spezialprävention à la *Liszt* zur Preisgabe sowohl des Schuld- als auch des Tatprinzips. Die künftige Gefährlichkeit des Delinquenten ist unabhängig von dem Gewicht der sozialen Störung, die sich in der vergangenen Tat manifestierte, insbesondere auch davon, ob diese Tat schuldhaft begangen worden ist, oder nicht. [...] Der Widerspruch bricht auf, sobald versucht wird, eine der Sache nach kriegsrechtlich, d.h. radikal-spezialpräventive Zielsetzung in der Form einer Strafrechtsnorm zu realisieren. Genau dies geschieht in der Strafgesetzgebung zur Bekämpfung des Terrorismus."[655]

Um die Konsequenzen, die *Pawlik* hieraus zieht, nachvollziehen zu können, ist es zunächst notwendig, seine Einordnung terroristischer Taten näher zu beleuchten.

## 2. Terrorismus als funktionales Äquivalent zum Krieg

Im Gegensatz zu der überwiegenden Ansicht sieht *Pawlik* im Terrorismus gerade keine Form der Kriminalität, sondern vielmehr ein „funktionales Äquivalent zum traditionellen Staatenkrieg".[656] Zu diesem Schluss führen *Pawlik* das Zerstörungspotential terroristischer Anschläge, die Ziele, die Terroristen verfolgen, sowie ihre fehlende Regelbefolgungsbereitschaft.[657]

### *a) Zerstörungspotential*

*Pawlik* sieht in den Anschlägen des 11. September 2001 noch nicht den Höhepunkt terroristischen Zerstörungspotentials. Vielmehr sei auch der Einsatz von Massenvernichtungswaffen durch Terroristen grundsätzlich zu befürchten. Terroristen seien daher in der Lage, ein kriegsähnliches Zerstörungspotential zu entwickeln.[658] Die dadurch ermöglichte Steigerung der Quantität der Zerstörung

653 Pawlik, Der Terrorist und sein Recht, München 2008, S. 35.
654 Pawlik, Der Terrorist und sein Recht, München 2008, S. 35.
655 Pawlik, Der Terrorist und sein Recht, München 2008, S. 26.
656 Pawlik, Der Terrorist und sein Recht, München 2008, S. 22.
657 Pawlik, Der Terrorist und sein Recht, München 2008, S. 18.
658 Pawlik, Der Terrorist und sein Recht, München 2008, S. 19.

und der Opferzahlen führe zu einer neuen Qualität terroristischer Taten, die nicht mehr dem Gebiet der Kriminalität als vielmehr einem kriegsäquivalenten Bereich zuzuordnen seien.[659]

### *b) Terroristische Zielsetzung*

Nach *Pawlik* bedeutet die terroristische Zielsetzung die Fortschreibung „der Tendenz zur Totalisierung des Krieges"[660] im 20. Jahrhundert. Unter Berufung auf *Preuß*, der in seiner Analyse des Zweiten Weltkriegs die Grenzen des herkömmlichen Kriegsbegriffs als überschritten ansieht, kommt auch *Pawlik* zu dem Schluss, dass im mit terroristischen Mitteln ausgetragenen Streit zwischen philosophischen Wahrheiten und um kategorische Fragen[661] „die Selbstbehauptung nur die Vernichtung des anderen" bedeuten könne.[662] Für fundamentale Terroristen gäbe es keine Bereitschaft zu Verhandlungen über Frieden. Vielmehr werde Feindschaft verabsolutiert.

### *c) Regelbefolgungsbereitschaft*

Im dritten Punkt führt *Pawlik* seine Argumentationslinie entlang des Begriffs des totalen Krieges weiter. Dem Bild des totalen Krieges entspreche, dass sich Terroristen nicht an allgemeine Kriegsregeln gebunden fühlen, was zu einer „Rebarbarisierung der Kampfweise" auf hohem technischen Niveau führe.[663] Da Terroristen nie eine bestimmte, ihnen besondere Privilegien einräumende kriegsrechtliche Position[664] innegehabt hätten, müssten sie den drohenden Verlust dieser Stellung nicht in ihr Kalkül einbeziehen. Darüber hinaus laufe die Logik der Abschreckung leer, da Terroristen in ihrer Kosten-Nutzen-Rechnung anderen Parametern folgten als dies Akteure des klassischen Krieges täten.[665] Wo der Märtyrertod das verklärte oberste Ziel ist, versagen die genannten Instrumente.

---

659 Pawlik, Der Terrorist und sein Recht, München 2008, S. 19.

660 Pawlik, Der Terrorist und sein Recht, München 2008, S. 20.

661 Die kategorische Unterscheidung zwischen Gläubigen und Ungläubigen auf der einen Seite sowie die schwarz-weiß malerische Kategorisierung George W. Bushs in Gut und Böse und „Wer nicht für uns ist, ist gegen uns!" verdeutlichen die Unversöhnlichkeit der gegenüberstehenden Positionen.

662 Preuss, Krieg, Verbrechen, Blasphemie, Berlin 2003, S. 47 zitiert nach: Pawlik, Der Terrorist und sein Recht, München 2008, S. 20.

663 Pawlik, Der Terrorist und sein Recht, München 2008, S. 21.

664 Wie die völkerrechtliche Stellung als Kriegspartei oder der Kombattantenstatus für den einzelnen Kämpfer.

665 Pawlik, Der Terrorist und sein Recht, München 2008, S. 21.

## 3. Notwendigkeit eines Regelsystems sui generis

*Pawliks* Folgerungen aus den oben dargelegten Untersuchungen beruhen auf zwei Säulen. Zum einen zeige die durchgeführte Untersuchung, dass Terrorismus ein funktionelles Äquivalent zum Krieg darstelle. Dem Angegriffenen dürfe es daher nicht verwehrt werden, sich bei der Bekämpfung des Terrorismus „an Wertungen kriegsrechtlicher oder zumindest kriegsrechtsähnlicher Provenienz zu orientieren.“[666] Zum zweiten sei Terrorismus aber von der vollständigen Abkehr „von jeder Form symmetrischer Kriegsführung“[667] gekennzeichnet. Daher könne nicht auf das klassische Kriegsvölkerrecht zurückgegriffen werden, da dieses auf den Prinzipien der Symmetrie und der Reziprozität beruhe.[668] Schließlich sei es nicht erwünscht, dass Terroristen, die gerade die Aufhebung der Unterscheidung zwischen Kombattanten und Nichtkombattanten praktizierten, in den Genuss der Vorteile des Kombattanten- oder Kriegsgefangenenstatus kommen würden.[669]

Daher müsse ein Regelsystem sui generis geschaffen werden, das einen Mittelweg beschreibt. Neu an diesem System sei daher die Verknüpfung einer asymmetrischen normativen Grundstruktur mit kriegsrechtsähnlichen Mitteln. Dies werde notwendig, da „die strikte Unterscheidung zwischen einer normativ asymmetrischen Friedensordnung in Gestalt des Polizei- bzw. Strafrechts mit relativ eng umgrenzten Eingriffsbefugnissen auf der einen Seite und eines weitaus robusteren, auf der Prämisse grundsätzlicher normativer Symmetrie zwischen den Konfliktparteien beruhenden Kriegsrechts auf der anderen Seite“[670] von der Realität überholt worden sei.

### *a) Unvereinbarkeit des geltenden Anti-Terror-Strafrechts mit dem Tat- und Schuldprinzip*

Die Forderung nach einem an kriegsrechtlichen Elementen angelehnten Gefahrenabwehrrecht gelte, so *Pawlik*, „in Deutschland noch weithin als skandalös“.[671] Er konstatiert jedoch, dass der Gesetzgeber bereits jetzt die zur Gefahrenabwehr erforderlichen Maßnahmen ergreife, sie jedoch in „die auf den ersten Blick gefälligeren äußeren Formen der herkömmlichen Rechtsgebiete der Gefahrenab-

666 Pawlik, Der Terrorist und sein Recht, München 2008, S. 22.
667 Pawlik, Der Terrorist und sein Recht, München 2008, S. 22.
668 Pawlik, Der Terrorist und sein Recht, München 2008, S. 22.
669 Pawlik, Der Terrorist und sein Recht, München 2008, S. 23.
670 Pawlik, Der Terrorist und sein Recht, München 2008, S. 23.
671 Pawlik, Der Terrorist und sein Recht, München 2008, S. 24.

wehr bzw. [des] Strafrecht[s]“[672] kleide. Dies führe zu besagten schwerwiegenden axiologischen Verwerfungen.

Seine These, dass bereits ein Gefahrenabwehrrecht im euphemistischen Kleide des Strafrechts existiert, verdeutlicht *Pawlik* anhand einer Analyse der §§ 129a/b sowie 89a StGB. Er führt aus, dass die erwähnten Normen zur Abwehr terroristischer Gefahren in den internen Bereich des Bürgers eindrängen und durch diese Beeinträchtigung der Privatsphäre „den unbestrittenen Kern des Tatprinzips, die Straflosigkeit von Gedanken, ins Wanken“[673] brächten. Die in §§ 129 a/b StGB erfassten Verhaltensweisen überstiegen in ihrer Intensität nicht durchweg die Gefährlichkeit von Gedanken. Zwar gibt er zu, die Eigendynamik von Gruppen führe zu einer spezifischen Gefährlichkeit. Er gibt jedoch ebenfalls zu bedenken, dass die bloße „Gründung einer terroristischen Vereinigung, die noch eine umfangreiche Konsolidierungs- und Planungsphase durchlaufen muss [...] nicht typischerweise gefährlicher als ein bis in alle Einzelheiten ausgearbeiteter Deliktsplan“[674] sei. Das pönalisierte Unrecht sei daher nicht dasjenige eines Vorfeldtatbestandes zum Schutz von Leib und Leben der potentiellen Opfer, sondern lediglich ein diffuses Bedrohungsunrecht.[675]

Darüber hinaus bezeichnet *Pawlik* das Verhältnis der §§ 129 a/b StGB mit dem Schuldprinzip als „prekär“[676]. Da nach dem grundsätzlichen Gedanken des Schuldprinzips die Strafe in keinem Fall höher sein dürfe als die Schuld des Täters[677], sei der außerordentlich harte Strafrahmen des § 129a StGB mit der Limitierungsfunktion des Schuldprinzips angesichts des lediglich vorliegenden diffusen Bedrohungsunrechts nicht vereinbar.

Die Bestimmung des § 89a StGB füge sich in die Reihe der mit dem Tat- und Schuldprinzip nicht zu vereinbarenden Anti-Terror-Normen ein.[678] Hier werde eine Strafbarkeit von sechs Monaten bis zu zehn Jahren dadurch begründet, das zu dem – straflosen – bloßen Erwerb bestimmter Fertigkeiten eine Anschlagsabsicht hinzukommt. Dies bringt Pawlik zu dem Schluss, dass es „[u]nter dem Strich [...] die böse Absicht [sei], die einem ansonsten noch dem Privatbereich zuzuschlagenden Verhalten einen kriminellen Charakter verleihen soll.“[679]

672 Pawlik, Der Terrorist und sein Recht, München 2008, S. 24.
673 Pawlik, Der Terrorist und sein Recht, München 2008, S. 28.
674 Pawlik, Der Terrorist und sein Recht, München 2008, S. 28.
675 Pawlik, Der Terrorist und sein Recht, München 2008, S. 29, 30.
676 Pawlik, Der Terrorist und sein Recht, München 2008, S. 31.
677 Vgl. Roxin, Strafrecht AT, § 3 Rn 52; sowie die weiteren Nachweise in Pawlik, Der Terrorist und sein Recht, München 2008, S. 31 Fn. 143.
678 Pawlik, Der Terrorist und sein Recht, München 2008, S. 35.
679 Pawlik, Der Terrorist und sein Recht, München 2008, S. 35.

### b) *Unverhältnismäßigkeit der strafprozessualen Befugnisse*

Angesichts der zahlreichen strafprozessualen Ermittlungsbefugnisse[680], die mit den strafrechtlichen Anti-Terror-Normen verknüpft sind, spricht *Pawlik* von einer „verfahrensrechtlichen Überbeanspruchung des dort [in den Normen, Anm. d. Verf.] sanktionierten Unrechts".[681] In Anbetracht der Tatsache, dass die Hauptbedeutung der strafrechtlichen Anti-Terror-Normen in ihrer strafprozessualen Schlüsselposition liege[682], sei dies umso bedenklicher.

## 4. Rahmen des kriegsrechtlich orientierten Präventionsrechts

### a) *Präventivhaft*

*Pawlik* stellt unter Zitierung von *Roellecke* der Konturierung eines kriegsrechtlich orientierten Rechtsregimes den Satz „Feinde ehrt und vernichtet man" voran, um so zum Ausdruck zu bringen, dass es sich bei dem von ihm als unvermeidbar angesehenen Recht um ein Recht handelt, das nicht entpersonalisiert. In Auseinandersetzung mit *Jakobs'* Feindstrafrecht stellt er heraus, dass eine Entpersonalisierung nach *Jakobs'* Auffassung nicht gleichzeitig auch eine Entpersonalisierung innerhalb eines anderen Bewertungsrahmens darstelle. Die oben beschriebene reine Sicherheits- und Gefahrenabwehrlogik stelle sich in anderer (strafrechtlicher) Terminologie als radikale Spezialprävention dar. Diese sei in einem klassischen strafrechtlichen Bewertungsrahmen einer Entpersonalisierung gleichzusetzen. Eine Entpersonalisierung in diesem Bewertungsrahmen müsse sich jedoch nicht auch in einem anderen Bewertungsrahmen als Entpersonalisierung darstellen. Daher sei *Jakobs'* Begriff des Feindstrafrechts als normative Kategorie untauglich. Der Gegner werde als Person wahrgenommen, die sich dauerhaft einer gefährlichen Organisation angeschlossen hat. Als solche wäre nach kriegsrechtlichen Maßstäben ihre Inhaftierung bis zum Ende der Feindseligkeiten sowie ihre Tötung auch außerhalb konkreter Kampfhandlungen möglich. Aufgrund der gezogenen Analogie zwischen Krieg und Terrorismus müsse dies grundsätzlich daher auch für Terroristen gelten. Schließlich dürfe niemandem „ein Rechtsvorteil daraus erwachsen, dass er sich nicht der Formen des herkömmlichen Krieges, sondern eines funktionalen Äquivalents zu diesem be-

680 Siehe dazu auch oben: F.

681 Pawlik, Der Terrorist und sein Recht, München 2008, S. 33, 34.

682 Dies ist eine in der Literatur weit verbreitete und auch hier vertretene Auffassung.

dient."[683] Die Frage nach der Legitimation des *targeted killing* lässt *Pawlik* unbeantwortet. Er tritt jedoch für die Möglichkeit einer vorbeugenden Inhaftierung von Terrorverdächtigen ein. *Pawlik* erkennt, dass hierbei dem differenzierten Bild der Terrorszene Rechnung getragen werden muss. Der zu allem entschlossene Terrorist müsse anders behandelt werden als der Helfershelfer oder der bloße Sympathisant. Als Konsequenz fordert er eine detaillierte Reglung der Inhaftierungsvoraussetzungen. Angesichts der Schwere der Sanktion, dem Freiheitsentzug, müsse dabei das Gefährdungspotential des Verdächtigen in die Bewertung einfließen. Zur Ausfüllung der geforderten detaillierten Regelung könne, so *Pawlik*, auf die bereits bestehenden Normen der §§ 129a oder 89a StGB zurückgegriffen werden. „Sie legen die Voraussetzungen fest, unter denen Gefährder frühzeitig aus dem Verkehr gezogen werden dürfen."[684]

Dem Verdächtigten gesteht *Pawlik* dabei eine Rechtsschutzgarantie zu. Im Falle des Terrorverdächtigen fehle es an einer mit dem Fall des klassischen Staatenkriegs vergleichbaren Evidenz, da in letzterem die Unterscheidbarkeit zwischen Zivilist und Kombattant Voraussetzung für die Zubilligung des Kombattantenstatus sei.[685] Im Gegensatz zur in Guantánamo geübten Praxis, die diese Evidenz fingiert und den Gefangenen zunächst den Zugang zu den ordentlichen Gerichten verwehrt hat[686], spricht sich *Pawlik* für eine verbindliche Statuserklärung aus, die „in einem Rechtsstaat letztlich nur ein Gericht herbeiführen [kann], das dabei ohne jede Absenkung der ansonsten geltenden Verfahrensstandards operieren muss."[687]

Hinsichtlich der Dauer der Inhaftierung löst sich *Pawlik* ebenfalls vom kriegsrechtlichen Grundsatz der Inhaftierung bis zum Ende der Feindseligkeiten, da ein konkreter Anfang oder ein eindeutig definierbares Ende der Feindseligkeiten nicht sicher auszumachen sind. Zur Lösung dieses Problems bedient er sich der für die Dauer der Sicherungsverwahrung geltenden Grundsätze einer grundsätzlichen Höchstdauer von zehn Jahren, einer regelmäßigen Überprüfungspflicht sowie der Möglichkeit der Aussetzung der Vollstreckung zur Bewährung als Mindeststandards.[688]

683 Pawlik, Der Terrorist und sein Recht, München 2008, S. 42.
684 Pawlik, Der Terrorist und sein Recht, München 2008, S. 43.
685 Pawlik, Der Terrorist und sein Recht, München 2008, S. 44.
686 Siehe hierzu unten: H. IV.
687 Pawlik, Der Terrorist und sein Recht, München 2008, S. 44.
688 Pawlik, Der Terrorist und sein Recht, München 2008, S. 45.

### *b) Der Terrorverdächtige als Informationsquelle*

Einen Unterschied zum herkömmlichen Kriegsrecht macht *Pawlik* auch bei der Heranziehung der Terrorverdächtigen zum Zwecke der Informationsgewinnung aus. Während der Kriegsgefangene nicht zu einer solchen herangezogen werden dürfe, um ihn nicht in einen unauflösbaren Konflikt mit seinem eigenen Staat zu bringen, gelte dieser Gesichtspunkt nicht für den inhaftierten terroristischen Gefährder.[689] Allerdings müsse es ein Verwertungsverbot für Aussagen geben, die den Inhaftierten selbst belasten. Als Vorbild führt er hier die Regelung des § 97 I 2 InsO an, die den Schuldner verpflichtet, Tatsachen zu offenbaren, die geeignet sind, eine Verfolgung wegen einer Straftat oder Ordnungswidrigkeit herbeizuführen und in § 97 I 3 InsO ein Verwertungsverbot in einem Straf- oder Bußgeldverfahren gegen den Schuldner selbst oder einen Angehörigen enthält.[690] Im Hinblick auf die Reichweite des § 136a StPO will er jedoch eine Abstufung vornehmen. Während er Methoden, die mutmaßlich in US-Gefangenenlagern angewandt wurden[691], als außerhalb des Akzeptablen ansieht, hält er aus taktischen Gründen eingesetzte Täuschungen der Vernehmenden über das Aussageverhalten von Mitinhaftierten oder den Sinn der Befragung, dem Versprechen gesetzlich nicht vorgesehener Gegenleistungen oder den Einsatz eines Lügendetektors auch gegen den Willen des Befragten für nicht a priori ausgeschlossen. Dies gelte umso mehr, als eine strafprozessuale Schlechterstellung des Gefangenen durch das bereits erwähnte Verwertungsverbot damit nicht einhergehe.[692]

### *c) Opferbereitschaft*

Zum Abschluss seiner Ausführungen über den Rahmen des kriegsrechtlich orientierten Präventionsrechts nimmt *Pawlik* die Opfergrenze der von Maßnahmen nach diesem Recht betroffenen Unbeteiligten in den Blick.[693] Unter Heranziehung der beiden Pole des gewöhnlichen Polizeirechts und des herkömmlichen Kriegsrechts, das in der Frage der sog. Kollateralschäden sogar den Tod von unbeteiligten Zivilisten in Kauf nimmt, plädiert er auch hier für einen Mittelweg. Er verweist auf die Notwendigkeit einer effektiven Informationsgewinnung, die eine enge Zusammenarbeit und Verschmelzung von Befugnissen der Strafverfolgungsbehörden, der Polizeien sowie der Geheimdienste, mithin die Abschaffung

---

689 Pawlik, Der Terrorist und sein Recht, München 2008, S. 46.

690 Pawlik, Der Terrorist und sein Recht, München 2008, S. 46.

691 Namentlich erwähnt er Schläge, Schlafentzug, „Waterboarding“ oder stundenlanges Frieren-Lassen in eiskalten Temperaturen.

692 Pawlik, Der Terrorist und sein Recht, München 2008, S. 46, 47.

693 Pawlik, Der Terrorist und sein Recht, München 2008, S. 47 ff.

des nachrichtendienstlichen Trennungsgebotes fordert.[694] Dabei sei es notwendig, die klassische Gefahrenabwehr durch eine vermehrte Gefahrenvorsorge zu ersetzen, was unweigerlich zur Folge habe, dass Unbeteiligte vermehrt in das Visier der Sicherheitsbehörden geraten. Diese Notwendigkeit sei jedoch hinnehmbar, da die „Kollateralschäden des herkömmlichen Kriegsrechts [...] heute mithin vor allem die verhältnismäßig milde Gestalt von vermehrten Eingriffen in die informationelle Selbstbestimmung"[695] habe. In diesem Zusammenhang kritisiert er das durch die restriktive Rechtsprechung des BVerfG in dieser Frage an den Tag gelegte „Maß an Askese" und bezweifelt, dass dies die letzte Antwort auf die Fragen des Kampfes gegen den Terrorismus bleiben werde. In einer postheroischen Gesellschaft wie der unseren, die „sich selbst als Zielgerade der gesellschaftlichen Entwicklung"[696] interpretiere, dürfe angesichts der terroristischen Herausforderung der Frage nicht ausgewichen werden, „ob und inwieweit wir bereit sind, im Kampf gegen den Terror Verzicht zu leisten".[697] Man brauche dazu nicht gleich eine alteuropäische oder rousseauische Bürgerethik und die Bereitschaft zum Lebensopfer zu beschwören.[698] Schließlich seien die zu erduldenden Eingriffe in aller Regel von ungleich geringerem Gewicht.

## 5. Eigene Stellungnahme

### *a) Terrorismus als Kriegsform*

*Pawliks* Argumentation baut grundlegend auf der These auf, dass Terrorismus ein funktionales Äquivalent zum Krieg darstellt. Nur aufgrund dieser These ist der nächste Schritt in seiner Argumentation, die Anwendung kriegsrechtsähnlicher Regeln sei notwendig und erlaubt, gültig. Dieses grundlegende Argument stützt er auf seine Analyse des Zerstörungspotentials der Terroristen, ihre Ziele sowie ihre nicht vorhandene Regelbefolgungsbereitschaft.

Zum ersten Punkt beruft er sich auf die Kriegsqualität des terroristischen Zerstörungspotentials und sieht dort den Punkt, wo Quantität in Qualität um-

---

694 Pawlik, Der Terrorist und sein Recht, München 2008, S. 47, 48.

695 Pawlik, Der Terrorist und sein Recht, München 2008, S. 48.

696 Münkler, Die neuen Kriege, Reinbek 2003, S. 750.

697 Pawlik, Der Terrorist und sein Recht, München 2008, S. 49.

698 Pawlik 25.02.2008; Allerdings zeigt insbesondere der Verweis auf Depenheuer, Selbstbehauptung des Rechtsstaates, Paderborn 2008. und die Diskussion um den inzwischen für verfassungswidrig erklärten § 14 III LuftSiG, dass jedoch genau dies geschieht und es nicht bei Eingriffen von geringem Gewicht bleibt bzw. bleiben soll.

schlage.[699] Dies mag zwar nachvollziehbar sein, wenn man alleine die großen terroristischen Anschläge der Vergangenheit auf das World Trade Center oder die Madrider Vorstadtzüge in die Bewertung einfließen lässt. Sicher ist auch das *denkbare* Zerstörungspotential unermesslich hoch, lässt man der Phantasie freien Lauf.[700] Die Realität sind jedoch eher Anschläge auf Flugzeuge, Botschaften, Militäreinrichtungen oder ähnliche Ziele. Dies soll keineswegs derartige terroristische Pläne und Taten verharmlosen. Allerdings reichen Anschläge dieses den „Normal"fall abbildenden Formats nicht an das Maß heran, das benötigt wird, um haltbar eine neue kriegsäquivalente Qualität terroristischer Anschläge vertreten zu können. Das Recht tut jedoch gut daran, sich genau an diesen „Normal"fällen zu orientieren und nicht in den extremen Auswüchsen die Herleitung allgemeiner Rechtssätze zu suchen.

Auch hinsichtlich *Pawliks* Bewertung der terroristischen Zielsetzung, in denen er eine Parallele zum Begriff des totalen Krieges zieht, stellt sich die Frage, ob dies wirklich zutrifft. Totaler Krieg aus kriegsrechtlicher Betrachtungsweise ist die Aufhebung der Unterscheidung von Militär und Zivil sowie Kombattanten und Nichtkombattanten.[701] Von dieser Warte aus ist die Bewertung nachvollziehbar. Aber aus strafrechtlicher Sicht existiert eine solche Unterscheidung nicht, so dass aus der Tatsache, dass Terroristen die Unterscheidung nicht vornehmen, nicht zwingend eine Totalisierung des Konflikts, wie sie *Pawlik* vornimmt, gefolgert werden kann.[702]

Die Argumentation *Pawliks* zum dritten Punkt, dem der Regelbefolgungsbereitschaft geht ebenfalls von einer kriegsrechtlichen Betrachtungsweise aus und konstatiert zutreffend, dass der Terrorismus nicht auf die Ausübung von kriegsrechtlich verbotener willkürlicher Gewalt verzichten werde und dass die übliche Logik der Abschreckung gegenüber Terroristen leerlaufe.[703] Diese Analyse zeigt jedoch weniger, dass Terrorismus funktionales Äquivalent zum Krieg ist, als

699 Pawlik, Der Terrorist und sein Recht, München 2008, S. 19.

700 Die bekannten Szenarien insbesondere in Zusammenhang mit dem Einsatz von Massenvernichtungswaffen durch Terroristen zeichnen ein in der Tat beängstigendes Bild denkbarer terroristischer Vorgehensweise.

701 Kaldor, zitiert nach: Pawlik, Der Terrorist und sein Recht, München 2008, S. 20.

702 Pawlik, Der Terrorist und sein Recht, München 2008, S. 21 f. führt zur Unterstützung seiner Ansicht ein Zitat des ehemaligen Chefs der Hizbollah im Libanon an, das aussagt, dass der Kampf der Hizbollah einzig die Vernichtung des Feindes zum Ziel habe. Allerdings richtet sich der Kampf der Hizbollah gegen die Existenz Israels. Der Konflikt um den israelischen Staat folgt jedoch eigenen Regeln, so dass eine für diesen Konflikt gültige Aussage, nicht als allgemeingültige Aussage betrachtet werden kann.

703 Pawlik, Der Terrorist und sein Recht, München 2008, S. 21.

vielmehr, dass das Phänomen des Terrorismus nicht unter das kriegsrechtliche Rechtsregime zu subsumieren ist.

*Pawliks* Analyse zeigt daher vor allem, dass Terrorismus weder mit den Regeln des klassischen Strafrechts ohne dessen Weiterentwicklung zu fassen ist, noch sich unter die Regeln des Kriegsrechts subsumieren lässt. Die Konsequenz, um den Kriegsbegriff zur Beschreibung des Terrorismus nicht mehr herumzukommen, erscheint daher nicht so unvermeidbar, wie er darzustellen versucht.[704]

### *b) Begrenzungsmöglichkeiten und Risiken*

Wenn nun jedoch auch das Kriegsrecht nicht geeignet ist, das Phänomen des Terrorismus zu erfassen, dann ist *Pawliks* Schluss, das Terrorabwehrrecht in ein kriegsrechtsähnliches Recht einordnen zu müssen, innerhalb seiner Argumentation konsequent. Das bedeutet aber, dass die Grenzen dieses Rechts neu gefunden werden müssen. Wie schwer es ist, in Situationen, die von einer terroristischen Bedrohungslage geprägt sind, Schranken eines Rechts sui generis zu finden, sieht man am Beispiel des Gefangenenlagers in Guantánamo, das ganz der Zweckorientierung anheim gefallen ist. Entgegen *Pawliks* Vermutung, ist der Verweis auf Guantánamo durchaus gestattet und keine reflexartige Abwehrhaltung.[705]

Die Etablierung eines zwischen den Lagern des Kriegsrechts und des Strafrechts stehenden Rechtsregimes, das gerade jenseits garantiert rechtsstaatlicher Verfahrensformen operiert, birgt eine Reihe von Unwägbarkeiten.[706] So birgt ein neues Recht ohne prinzipielle Grenzen, die Gefahr eines Dammbruchs. Eine zentrale Frage, die *Pawlik* in den Raum stellt, ist die Frage, ob jemandem ein Rechtsvorteil daraus erwachsen dürfe, dass er sich nicht der Formen des herkömmlichen Krieges bedient.[707] Er selbst verneint diese Frage und stützt darauf die Konsequenz einer vorbeugenden Inhaftierung sowie seine Ansicht, dass prinzipiell alle Möglichkeiten der Informationsgewinnung zulässig seien, die sich zwischen § 136a StPO und von ihm als inakzeptabel zurückgewiesener körperlicher oder seelischer Misshandlung bewegen. Dies wird die Frage nach sich ziehen, warum dann Serienmörder, oder um das beliebteste populistische Beispiel zu nennen, der sog. Kinderschänder in den Genuss der Rechtsvorteile des klassischen Strafrechts kommen sollen. Die prompte Antwort wird lauten, dass derar-

704 Pawlik, Der Terrorist und sein Recht, München 2008, S. 18.

705 Pawlik, Der Terrorist und sein Recht, München 2008, S. 42.

706 Zabel, HRRS 7/2009, S. 297, 299.

707 Pawlik, Der Terrorist und sein Recht, München 2008, S. 42.

tige Kriminelle eben kein kriegsähnliches Zerstörungspotential aufweisen. Das tut das Gros der Terroristen jedoch auch nicht.

Daneben mahnt *Zabel* zu Recht an, dass bereits unklar sei, wie „bürgerstrafrechtliche und kriegsrechtliche Strukturen aufeinander bezogen und wo [...] die Grenzen zwischen den jeweiligen Ressorts zu ziehen sind."[708] Deutlich wird diese Problematik, wenn *Pawlik* davon spricht, bei der Neutralisierung terroristischer Gefahren erhalte der Gesetzgeber „keine carte blanche" und dürfe „nicht maßlos vorgehen".[709] Diese Aussage führt, wie es *Zabel* treffend ausdrückt, „schon deshalb in Turbolenzen [sic!], weil nicht erkennbar ist, ob die Frage der (Un-)Verhältnismäßigkeit noch dem herkömmlichen Verfassungsrecht oder der Dogmatik des Kriegsrechts zugeschlagen oder ob sie einfach, wie bei bestimmten „Gefahrenabwendungsmethoden", pragmatisch funktionalisiert wird."[710]

### *c) Rechtsschutz und Statusbestimmung*

Erfreulich ist, dass *Pawlik* den Leser seiner Ausführungen, im Gegensatz zu *Jakobs*, nicht im Unklaren darüber lässt, wer eine rechtsverbindliche Statusklärung des Terrorverdächtigen und damit die Einordnung der Person unter das Straf- oder das Sonderrecht vornimmt. Diese Aufgabe soll den ordentlichen Gerichten zuteil werden, die über den Status des Verdächtigen „ohne jede Absenkung der ansonsten geltenden Verfahrensstandards" entscheiden sollen. Allerdings bleibt er die Antwort schuldig, ob die „ansonsten" geltenden Verfahrensstandards die des herkömmlichen Strafprozesses sind oder Regeln eigener Art, die in dem neu zu schaffenden Rechtssystem Geltung beanspruchen.

### *d) Notwendigkeit der Duldung von Kollateralschäden*

Hinsichtlich der näheren Konturierung des Rahmens, in dem sich das kriegsrechtsähnliche Präventionsrecht bewegen soll, greift *Pawlik* auf die bestehenden strafrechtlichen Regelungen zurück. Im Ergebnis dürfte ein solches Recht daher in etwa so aussehen, wie die bestehenden strafrechtlichen Regelungen es bereits vorsehen. Entscheidende Unterschiede sollen jedoch darin bestehen, dass die Haftdauer sich an den Maßstäben der Sicherungsverwahrung orientieren soll und die Grenzen der zulässigen Verhörmethoden erweitert werden. Darüber hinaus fordert er erweiterte Befugnisse der Ermittlungsbehörden zur Informationsgewinnung, was – in der Kriegsrechtsterminologie – Kollateralschäden vor al-

---

708 Zabel, HRRS 7/2009, S. 297, 299.

709 Pawlik, Der Terrorist und sein Recht, München 2008, S. 40.

710 Zabel, HRRS 7/2009, S. 297, 299.

lem auf dem Gebiet der informationellen Selbstbestimmung nach sich ziehe. Diese Kollateralschäden seien der Preis, den man zahlen müsse.[711] Dabei äußert *Pawlik* Kritik an den Entscheidungen des BVerfG, die zu restriktiv ausfielen, da sie zu Zeiten einer sorglosen Ruhe gefällt worden seien. Die Zweifel *Pawliks* am Gefahrenbewusstsein der Richtermehrheit[712] sind jedoch nicht angebracht. Dies illustriert das jüngste Beispiel des fehlgeschlagenen Anschlags auf ein Passagierflugzeug auf dem Weg von Amsterdam in die USA. Eine Erweiterung der Datensammelbefugnisse der Ermittlungsbehörden würde zu einer immer größer werdenden Datenflut führen, deren Auswertung kaum mehr möglich wäre und die wohl keinen oder einen allenfalls sehr geringen Sicherheitsvorteil hätte. Im Falle des genannten Anschlagsversuchs waren es schließlich nicht mangelnde Informationen als vielmehr gerade ihre mangelhafte Auswertung, die die beinahe erfolgreiche Realisierung des Anschlagsplans zur Folge hatte. Bezeichnenderweise ist die erste Reaktion auf den vereitelten Anschlagsversuch, die Befugnisse und Sicherheitsvorkehrung zu verschärfen, was zu stundenlangen Abfertigungsstaus auf Flughäfen und zu der erneuerten Forderung nach erniedrigenden Nacktscannern führte.[713] Das Beispiel zeigt, dass die schon vorhandene Datensammlung und die bestehenden Befugnisse zur Abwehr terroristischer Gefahren ausreichend sind.[714] § 14 III LuftSiG illustriert zudem die Gefahr, dass durch die Schaffung eines Sonderrechts eben nicht nur eine scheinbar geringe Opferbereitschaft gesetzlich eingefordert wird.

### *e) Fazit*

Daher ist eine Weiterentwicklung des klassischen Strafrechts der Schaffung eines Sonderrechts vorzuziehen. Das Strafrecht garantiert hohe rechtsstaatliche Standards. Die von *Pawlik* aufgezeigten Systemwidersprüche, die keine axiologischen Verwerfungen sind[715], werden durch die Integration der Regelungen in das bestehende strafrechtliche System aufgefangen oder zumindest abgemildert.

711 Pawlik, Der Terrorist und sein Recht, München 2008, S. 48 f.

712 Gemeint ist das Urteil BVerfGE 115, 320 ff. zur Rasterfahndung; Pawlik, Der Terrorist und sein Recht, München 2008, S. 49.

713 Dass diese Geräte – auch „Spannerkasten" genannt – ihren Namen zu Recht tragen, zeigen die veröffentlichten Bilder der Aufnahmen solcher Scanner: http://www.spiegel.de/reise/aktuell/0,1518,669462,00.html, zuletzt geprüft am 01.02.2010. Im zitierten Artikel spricht der Autor von einer „Peepshow für den Computer". Allerdings sind mittlerweile Geräte entwickelt worden, die die gescannte Person lediglich als Piktogramm anzeigt.

714 Auch die Anschlagspläne der sog. „Sauerlandgruppe" konnten mit den bereitstehenden Ermittlungsmethoden vereitelt werden.

715 Siehe die Bewertung der von *Pawlik* kritisierten Normen in dieser Arbeit.

Dies hat zudem zur Folge, dass Neuerungen in weitaus kritischerer Weise hinterfragt und bewertet werden, als wenn sie in ein zweckorientiertes Sonderrecht eingegliedert werden.

Was *Pawlik* als nicht wünschenswert, aber unvermeidbar kennzeichnet[716], ist nach hier vertretener Auffassung in Wirklichkeit durchaus in dieser von ihm propagierten Form vermeidbar. Die kritisierte Besonnenheit des BVerfG ist daher als überaus positiv zu bewerten. Wie gezeigt, ist die Argumentation *Pawliks*, die Terrorismus als neuartigen Typus des Krieges ausweisen will, nicht zwingend. Terrorismus ist daher weiterhin als Form von Kriminalität anzusehen. *Pawliks* Sonderrecht ist ein Wechsel der Klaviatur, das gespielte Lied allerdings soll, wie die Verweise auf das bereits geltende Strafrecht zeigen, weitgehend gleich bleiben, verzerrt durch rechtsstaatlich bedenkliche Dissonanzen. Die Auflösung des Widerspruchs zum klassischen Strafrecht durch die Ausgliederung der problematischen Normen und die Schaffung eines Sonderrechts mag das Strafrecht dogmatisch vielleicht etwas sauberer machen, ein rechtsstaatlicher Gewinn liegt darin jedoch nicht. Das Rechtssystem *Pawliks* bietet daher nicht die Möglichkeit „[d]ie terroristischen Herausforderungen [zu] bewältigen, ohne die rechtsstaatliche Substanz unseres Gemeinwesens anzutasten“[717], da immer die (naheliegende) Gefahr eines Dammbruchs und der Eingliederung anderer Kriminalitätsformen in das Rechtsregime des Sonderrechts besteht. *Zabel* fragt sich daher zu Recht, „[w]ie weit eine Zivilgesellschaft die Exklusion rechtsfeindlicher Orientierungen vorantreiben [kann], ohne den freiheitsgewährleistenden Kern der je eigenen Ordnung preiszugeben; wann also [...] der „effektive“ Umgang mit Formen extremistischer Gewalt seinerseits zur Kapitulation vor der Logik einer ins Extrem gesteigerten Gefahrenvorsorge [führt].[718] Der von *Pawlik* vertretene Weg birgt zumindest das große Risiko, dass es zu dieser besorgten Kapitulation kommt. Nach der hier vertretenen Auffassung ist der von *Pawlik* vertretene Weg damit gerade nicht „der einzige Weg hinaus aus der unfruchtbaren Konfrontation zwischen den Verfechtern eines wirklichkeitsenthobenen Rechtsstaatsideals, die als weltliche Vettern der Zeugen Jehovas mit jedem neuen Eingriffsgesetz das endgültige Ende des Rechtsstaat hinaufziehen sehen, und einer Haltung die *Di Fabio* jüngst kritisch als die 'intellektuelle Lust am antizipierten Ausnahmezustand' bezeichnete“.[719]

---

716 Pawlik, Der Terrorist und sein Recht, München 2008, S. 40.

717 Pawlik, Der Terrorist und sein Recht, München 2008, S. 51.

718 Zabel, HRRS 7/2009, S. 297, 300.

719 Pawlik, Der Terrorist und sein Recht, München 2008, S. 50; das Zitat di Fabios stammt aus: di Fabio, Westen muss Westen bleiben, online verfügbar unter: http://www.welt.de/welt_print/article1354254/Westen_muss_Westen_bleiben.html, zuletzt geprüft am: 01.06.2011.

## IV. Guantánamo

Einer der bemerkenswertesten Auswüchse des „War on Terrorism" ist ohne Zweifel das Gefangenenlager Camp Delta (ehemals Camp X-Ray) in Guantánamo Bay auf Kuba. Nicht nur, dass sich hieran die Gemüter der Bürgerrechtler weltweit erhitzten, auch die juristische Behandlung unter völkerrechtlichen wie strafrechtlichen Gesichtspunkten war und ist Gegenstand unzähliger Beiträge in den Medien und der Fachliteratur. Von den umstrittenen Umständen der Unterbringung und Behandlung der Gefangenen und den in der Kritik stehenden Verhörmethoden abgesehen, steht „Guantánamo" als Synonym vor allen Dingen für die Inhaftierung von Menschen, denen nur in begrenztem Maße und nach langer juristischer Auseinandersetzung Zugang zu einem die Rechtmäßigkeit ihrer Inhaftierung überprüfenden Verfahren gewährt wurde. Sie sind die Betroffenen eines Systems, das sich zwischen den Garantien des rechtsstaatlichen Strafverfahrens und den international elaborierten Prinzipien des Kriegs- und Völkerrechts bewegt. Insbesondere das jahrelange Fernhalten der Gefangenen von der Möglichkeit juristischen Vorgehens gegen ihre Inhaftierung verdeutlicht, dass hier Regelungen angewandt werden, die nicht denjenigen entsprechen, die unter normalen Umständen von einer Nation wie den USA erwartet werden können.[720] Rechtsgrund für die Verwehrung eines Verfahrens ist der Status der Gefangenen als „unlawful combatants". Die juristische Debatte entzündet sich nun vor allen Dingen an zwei Streitpunkten. Zum einen an der Figur des „unlawful combatant" selbst, einer rechtlichen Einstufung, die die betreffenden Personen aus der Reichweite und dem Anwendungsbereich der Genfer Konventionen entfernt und zum zweiten an der unzureichenden Möglichkeit der gerichtlichen Überprüfung der Rechtmäßigkeit der Inhaftierung und der weitgehenden Verwehrung des Zugangs zu ordentlichen Gerichten der Vereinigten Staaten.

### 1. Der „unlawful enemy combatant"

Um die Inhaftierungspraxis in Guantánamo nachvollziehen zu können, ist es zunächst von entscheidender Bedeutung, den Status der Gefangenen näher zu untersuchen. Da in Guantánamo sowohl Personen interniert werden, die im Rahmen des bewaffneten Konflikts in Afghanistan verhaftet wurden, als auch solche, die mutmaßlich mit Al-Quaida in Verbindung stehen, ohne eine aktive Rolle in dem benannten Konflikt zu spielen, ist die Einordnung schwierig und umstrit-

720 Zum Gesamtkomplex des Verhältnisses zwischen der Existenz des Gefangenenlagers in Guantánamo und den allgemeinen Menschenrechten siehe: Hucke, Der Schutz der Menschenrechte im Lichte von Guantánamo, Saarbrücken 2008.

ten.[721] Insgesamt geht die US-Regierung jedoch davon aus, dass alle in Guantánamo inhaftierten Personen, „unlawful combatants“ sind, auf die nur nach politischem Ermessen die Regelungen der Genfer Konventionen Anwendung finden oder nicht:

> „I declare that the provisions of Geneva [sic] will apply to our present conflict with the Taliban. [...] I determine that the Taliban detainees are unlawful combatants and, therefore, do not qualify as prisoners of war under Article 4 of Geneva [sic].“[722]

Im Military Commissions Act 2006 wird der Status des „unlawful enemy combatant" wie folgt definiert:

> "The term 'unlawful enemy combatant' means —
> (i) a person who has engaged in hostilities or who has purposefully and materially supported hostilities against the United States or its co-belligerents who is not a lawful enemy combatant (including a person who is part of the Taliban, al-Qaida, or associated forces)
> (ii) a person who, before, on, or after the date of the enactment of the Military Commissions Act of 2006, has been determined to be an unlawful enemy combatant by a Combatant Status Review Tribunal or another competent tribunal established under the authority of the President or the Secretary of Defense."[723]

Es erfolgt also eine negative Abgrenzung des „unlawful combatant“ vom „lawful combatant“, der in Übereinstimmung mit Artikel 4 der Genfer Konvention über die Behandlung der Kriegsgefangenen als Kriegsgefangener (prisoner of war) qualifiziert werden kann.[724] Ebenso werden die Entscheidungen der sog.

---

721 Die genaue völkerrechtliche Einordnung der verschiedenen Personengruppen und ihre Einordnung in den Anwendungsbereich der Genfer Konventionen sowie die völkerrechtliche Natur der Konfliktparteien sollen in dieser Arbeit keiner vertieften Untersuchung zugeführt werden. Siehe hierzu ausführlich DÖRMANN, IRRC March 2003, S. 45–73; HUCKE, Der Schutz der Menschenrechte im Lichte von Guantánamo, Saarbrücken 2008, S. 52 ff. mwN.

722 George W. Bush, Memorandum on Humane Treatment of Taliban and al Qaeda Detainees, 7. Februar 2002, abgedruckt in: GREENBERG, The torture papers, Cambridge 2005, S. 134.

723 Chapter 47 A Subchapter I Section 948a Military Commissions Act 2006.

724 *Article 4*
A. Prisoners of war, in the sense of the present Convention, are persons belonging to one of the following categories, who have fallen into the power of the enemy:
1. Members of the armed forces of a Party to the conflict as well as members of militias or volunteer corps forming part of such armed forces.
2. Members of other militias and members of other volunteer corps, including those of organized resistance movements, belonging to a Party to the conflict and operating in or outside their own territory, even if this territory is occupied, provided that such militias or volunteer corps, including such organized resistance movements, fulfil the following

Combatant Status Review Tribunals (CSRT) und anderer durch die US-Regierung eingesetzter Gremien über den Status einzelner Gefangener festgeschrieben und als gültig übernommen.[725] Der „unlawful enemy combatant" ist nach der Definition der US-Regierung demnach ein Status, der sich zwischen dem eines Kriegsgefangenen und dem eines regulären Strafgefangenen befindet. Er steht damit zwischen Straf- und Kriegsrecht. Die Begründung dieser Rechtsfigur geht auf das Verständnis der Anschläge vom 11. September als kriegerischen Akt bzw. als Angriff innerhalb eines bewaffneten Konflikts zurück. Aufgrund dieses Verständnisses gelangt die US-Regierung zu dem Schluss, Terroristen seien nicht strafrechtlich, sondern kriegsrechtlich zur Verantwortung zu ziehen. Dies würde jedoch bedeuten, den Terroristen den Status von Kriegsgefangenen zuerkennen zu müssen, was deren Internierung in einem Lager wie Guantánamo nicht zuließe. In der Argumentation der US-Regierung wird die Abweichung von den Regeln der Genfer Konventionen dadurch begründet, dass Sinn und Zweck dieser internationalen Verträge die Minimierung ziviler Opfer in bewaffneten Auseinandersetzungen sei, Terroristen aber gerade durch ihre Handlungen die Maximierung ziviler Opfer intendierten. Dieses Phänomen des asymmetrischen Krieges stehe mit den hinter den Konventionen stehenden Zielsetzungen im Widerspruch. Zivilisten, die die Grenze zwischen Militär und Zivilbevölkerung durchbrächen und trotzdem am bewaffneten Konflikt partizipierten, täten dies unrechtmäßig („unlawfully"), weshalb sie als „unlawful combatants" einzustufen seien.[726]

## 2. Die Presidential Military Order vom 13. November 2001

Der Begriff „unlawful combatant" geht zurück auf die Entscheidung *ex parte Quirin* des United States Supreme Court.[727] Danach wurden Personen, die, ohne sich durch eine Uniform oder ähnliche Erkennungszeichen („fixed and distincti-

conditions:
(a) That of being commanded by a person responsible for his subordinates;
(b) That of having a fixed distinctive sign recognizable at a distance;
(c) That of carrying arms openly;
(d) That of conducting their operations in accordance with the laws and customs of war. [...].

725 Zu den CSRT und der Praxis der Statusüberprüfung siehe unten H. IV. 3. c).

726 Diesen für die Argumentation der US-Regierung beispielhaften Gedankengang führt näher aus: Yoo, et al., Virginia Journal of International Law 2003, S. 207–228.

727 *ex parte Quirin*, 317 U.S. 1 (1942).

ve emblems“) als Feinde kenntlich zu machen, innerhalb der feindlichen Linien Sabotageakte begingen, der ausschließlichen Gerichtsbarkeit von Militärkommissionen unterstellt und es wurde ihnen der Zugang zu den ordentlichen Gerichten und zu einem Verfahren vor einer Jury verwehrt.[728] Basierend auf dieser Entscheidung ordnete der amerikanische Präsident George W. Bush in seiner Presidential Military Order vom 13. November 2001[729] (im Folgenden: Presidential Military Order) an, Kämpfer der Taliban sowie mit Al-Quaida in Verbindung stehende Personen[730], derer die Vereinigten Staaten habhaft geworden sind, in geeigneten Haftanstalten unterzubringen und unter die Gerichtsbarkeit von Militärkommissionen zu stellen.[731] Die genauen Umstände der Haftanstalten wie auch der Haftbedingungen sowie das Procedere der Militärkommissionen sind laut der Presidential Military Order vom Verteidigungsministerium näher auszuarbeiten.[732] Ungeachtet dessen wird das Verfahren vor den Militärkommissionen in der Order in Grundzügen jedoch noch weitergehend konkretisiert. So bestimmt sie, dass die Militärkommissionen über die Tatsachenbasis sowie über

---

728 *ex parte Quirin*, 317 U.S. 1 (1942), 35 s.:
„Our Government, by thus defining lawful belligerents entitled to be treated as prisoners of war, has recognized that there is a class of unlawful belligerents not entitled to that privilege, including those who though combatants do not wear 'fixed and distinctive emblems'. [...]
By a long course of practical administrative construction by its military authorities, our Government has likewise recognized that those who during time of war pass surreptitiously from enemy territory into our own, discarding their uniforms upon entry, for the commission of hostile acts involving destruction of life or property, have the status of unlawful combatants punishable as such by military commission.“

729 Presidential Military Order, Detention, Treatment, and Trial of Certain Non-Citizens in the War Against Terrorism of November 13, 2001, 66 Fed. Reg. 57, 883 (Nov. 16, 2001), abgedruckt in: Greenberg, The torture papers, Cambridge 2005, S. 25 ff.

730 Presidential Military Order Sec. 2 (a) definiert die „individual[s] subject to this order“ und überlässt die Bestimmung, wer die Voraussetzungen hierfür erfüllt oder nicht dem Präsidenten selbst (*„any individual [...] with respect to whom I determine [...]“*).

731 Presidential Military Order Sec. 1 (e):
To protect the United States and its citizens, and for the effective conduct of military operations and prevention of terrorist attacks, it is necessary for individuals subject to this order pursuant to section 2 hereof to be detained, and, when tried, to be tried for violations of the laws of war and other applicable laws by *military tribunals*. (Hervorhebung durch den Verfasser).
Die Ermächtigung, derartige Anweisungen zu erlassen, geht zurück auf die Authorization for Use of Military Force Joint Resolution, 115 Stat. 224 (AUMF) vom 18. September 2001, online verfügbar unter: http://en.wikisource.org/wiki/Authorization_for_Use_of_Military_Force, zuletzt geprüft am 01.02.2010.

732 Presidential Military Order Sec. 3.

deren rechtliche Bewertung entscheiden.[733] Ebenfalls besagt sie, dass die Rolle des Verteidigers auch der Spezifikation des Verteidigungsministeriums unterliegt [734] und dass die Geheimhaltung von sensiblen Informationen gewahrt bleiben muss.[735] Daneben regelt sie, dass das letztendliche Entscheidungsrecht über Entscheidungen der Kommissionen beim Präsidenten oder dem Verteidigungsminister liegt[736] und enthält Bestimmungen über die erleichterte Zulässigkeit von belastenden Beweisen.[737] Diese Regelungen bilden den Ausgangspunkt der juristischen Auseinandersetzung um die Rechte der Inhaftierten. Durch die Begrenzung des Zugangs zu ordentlichen US-Gerichten ist die Frage der Zulässigkeit eines *habeas corpus*-Antrages, der einen solchen Zugang gewähren würde, die zentrale Frage in der Bewertung der Reichweite der Rechte der Inhaftierten. In Ermangelung einer abschließenden Entscheidung über diese Rechtsfrage hat bis dato daher noch keine Auseinandersetzung mit den materiellen Rechten der Guantánamo-Häftlinge stattgefunden. Im Folgenden sollen nun die Rechtsprechung des US Supreme Court in dieser Materie nachgezeichnet und die wichtigsten Konsequenzen sowie die Reaktion der amerikanischen Regierung hierauf dargestellt werden, um so ein klareres Bild der rechtlichen Situation der Guantánamo Häftlinge zu erhalten.

## 3. Die Guantánamo-Häftlinge und das Recht auf *habeas corpus*

### *a) Bedeutung des „unlawful combatant"-Status für die Inhaftierung*

Vor der näheren Untersuchung der Entscheidungen und der legislativen Reaktionen, die durch sie provoziert wurden, erscheint es aufschlussreich, die wichtigsten Tatsachen aufzuzeigen, die die US-Regierung veranlasst hat, das Gefangenenlager speziell in Guantánamo Bay auf Kuba einzurichten und die Insassen als „unlawful combatants" zu qualifizieren. Vordringlichstes Ziel bei der Ausgestal-

---

733 Presidential Military Order Sec. 4 (c) (2).

734 Presidential Military Order Sec. 4 (c) (5).

735 Presidential Military Order Sec. 4 (c) (4).

736 Presidential Military Order Sec. 4 (c) (8).

737 Presidential Military Order Sec. 4 (c) (3):
(c) Orders and regulations [...] shall include[...] rules [...] which shall at a minimum provide for -- [...]
(3) admission of such *evidence as would, in the opinion of the presiding officer of the military commission* [...], have *probative value to a reasonable person*. (Hervorhebungen durch den Verfasser).

tung der Regelungen war zum einen, ein Maximum an Informationsgewinn sicherzustellen und zum anderen, die des Terrorismus verdächtigen Personen von weiteren Anschlagsplanungen abzuhalten. Der Minister für Heimatschutz (Secretary of Homeland Security) *Chertoff* hat dies eindrucksvoll formuliert:

> „Im amerikanischen Gerichtssaal unter amerikanischem Recht müssen wir Beweise in einer für alle Parteien nachprüfbaren Weise sammeln und Zeugen präsentieren. [...]
>
> Für uns ist schwierig, dass jeder Verdächtige in amerikanischen Verfahren das Recht auf einen Anwalt und Aussageverweigerung hat. Was tut ein guter Anwalt? Er rät seinem Mandanten als Erstes zu schweigen. Wenn wir also einen Anwalt zulassen, bedeutet das, dass wir keine Informationen mehr bekommen. Im Endeffekt würde das dazu führen, dass Menschen sterben müssen. Man würde diesen Leuten die Gelegenheit geben, sofort gegen das Rechtssystem anzukämpfen. Wir wollen die Leute ja nicht misshandeln, aber wir brauchen nun mal Informationen von ihnen."[738]

Das Maximum an Information soll also dadurch erreicht werden, dass den Inhaftierten der Zugang zu einem Strafverfahren nach amerikanischem Recht verwehrt wird und sie mittels der Einordnung als „unlawful combatants" unter die Gerichtsbarkeit von Militärkommissionen gestellt werden können, wodurch ihre prozessualen Rechte ebenfalls beschnitten werden.[739] Die Entziehung der Gefangenen aus der Reichweite der Regelungen, die auf sie anwendbar wären, würde man ihnen den Status von Kriegsgefangenen zuerkennen, hat darüber hinaus die Konsequenz, dass die Verpflichtung der Repatriation nicht auf sie anwendbar ist und den Vereinigten Staaten die Handhabe gibt, die Insassen auch nach der offiziellen Beendigung des „war on terror" in Gewahrsam zu belassen.[740] Darüber hinaus spielt die Tatsache, dass Guantánamo sich außerhalb des US-Territoriums befindet eine große Rolle. Dies erlaubte es der US-Regierung zu argumentieren, dass es sich bei den Gefangenen um Ausländer handele, die nicht innerhalb des Territoriums der Vereinigten Staaten festgehalten würden, was dazu führe, dass die US-Gerichte nicht für sie zuständig seien und sie kein Recht besäßen, einen *habeas corpus*-Antrag vor den amerikanischen Gerichten zu stellen.

---

738 Chertoff in: Schäuble, et al., Der SPIEGEL 50/2007, S. 27, 28.

739 Dies spiegelt auch die Presidential Military Order in Sec. 1 (f) wider:
„[...] [I]t is not practicable to apply in military commissions under this order the principles of law and the rules of evidence generally recognized in the trial of criminal cases in the United States district courts."

740 Dorf, What Is An "Unlawful Combatant" And Why It Matters, online verfügbar unter http://writ.news.findlaw.com/dorf/20020123.html, zuletzt geprüft am 01.02.2010.

### *b) Der Status des „unlawful combatant" und das „plea bargaining"*

Anders als im deutschen Strafverfahren, das sich erst in jüngerer Zeit intensiv mit der Thematik des *plea bargaining* oder, nach der im Deutschen verwandten Terminologie, mit den „Deals" oder der Verständigung im Strafprozess[741] beschäftigt, ist das Aushandeln des Strafmaßes in den USA Gang und Gäbe und eine akzeptierte Rechtspraxis.[742] Neben anderen Voraussetzungen ist es hierbei von entscheidender Bedeutung, dass der Deal freiwillig (*voluntary*) erfolgt.[743] Es ist nun bekannt geworden, dass in einigen Strafverfahren im Zuge des „war on terror" die Inaussichtstellung der Einstufung als „unlawful combatant" als „Argument" verwandt wurde, um ein *guilty plea*, ein Schuldbekenntnis, zu erreichen.[744] Wie zuvor schon kurz beschrieben und wie im Folgenden näher dargestellt, hat die Einstufung als „unlawful combatant" erhebliche negative Auswirkungen zur Folge. Daher wird ein *guilty plea* in der Regel die „bessere" Alternative für den Angeklagten sein. Dies ist jedoch umso fragwürdiger, als dass die Rechtmäßigkeit der Inhaftierung der „unlawful combatants" nicht abschließend geklärt ist und auch nicht sicher ist, ob die Tatsachengrundlagen für eine solche Einstufung überhaupt vorlagen. Die Beispiele zeigen, dass Guantánamo nicht nur per se ein „legal black hole"[745] ist und sich dadurch vom normalen Strafverfahren absondert, sondern seinen Schatten auch bis in die Realität der rechtsstaatlichen Strafverfolgung wirft.

### *c) Das Recht auf habeas corpus*

Das US-amerikanische Rechtssystem kennt zwei Arten des Rechts auf *habeas corpus*. Zum einen Artikel I (9) (2) der Verfassung (constitutional law) sowie eine einfachgesetzliche (statutory law) Garantie in 28 USC § 2241. Der entscheidende Unterschied zwischen beiden ist die Tatsache, dass nach dem Supreme Court Urteil im Fall *Johnson v. Eisentrager* nur amerikanische Staatsangehö-

---

741 Beachte nunmehr die durch das Gesetz zur Regelung der Verständigung im Strafverfahren vom 29.7.2009, BGBl. I 2009, S. 2353 eingeführten Regelungen.

742 Meyer, HRRS 5/2006, S. 178, 179 f.; Takei, Boston College Law Review 47 (2006), S. 581, 587 ff.

743 Meyer, HRRS 5/2006, S. 178, 179 f.

744 Zu den Einzelfällen siehe Meyer, HRRS 5/2006, S. 178, 179 mwN; Takei, Boston College Law Review 47 (2006), S. 581, 584 ff. benennt ebenfalls Beispiele und formuliert die Wahl, vor die die Angeklagten gestellt werden: „Either plead guilty and accept a fixed sentence from the Justice Department, or refuse to cooperate and be thrown into the legal black hole of enemy combatant detention."

745 Steyn, ICLQ 53 (2004), S. 1–15.

rige und Personen, die auf amerikanischem Territorium festgehalten werden, in den Genuss des verfassungsrechtlich garantierten *habeas corpus*-Rechts kommen, wohingegen Ausländer, die außerhalb der Vereinigten Staaten festgehalten werden, die konstitutionellen *habeas corpus*-Rechte nicht besitzen[746] und die einfachgesetzlichen ihnen per Gesetzgebungsakt verwehrt werden können. Alle Gesetze, die im Zusammenhang mit der Inhaftierung von Personen in Guantánamo von der US-Regierung erlassen wurden, erwähnen dies ausdrücklich und schließen daher außerhalb der Vereinigten Staaten gefangen gehaltene, ausländische Gefangene von dem Recht auf *habeas corpus* aus.[747] Die Geschichte, die der genauere Blick auf die gerichtlichen Entscheidungen zum *habeas corpus*-Recht der Guantánamo-Häftlinge schreibt, zeigt das stete Bemühen der US-Regierung auf, die den Häftlingen durch den Supreme Court eröffneten Handlungsspielräume durch prompte legislative Reaktion wieder zu schließen. Während der United States Court of Appeals for the District of Columbia Curcuit (CADC) im Fall *Boumediene v. Bush*[748] weiterhin die Argumentation aufrecht erhält, dass Guantánamo als extraterritoriales Gebiet gilt, über das die Gerichte der Vereinigten Staaten keine Gerichtsbarkeit ausüben, ließen die in diesem thematischen Zusammenhang ergangenen Entscheidungen des Supreme Courts schon bevor er dies ausdrücklich feststellte die Vermutung zu, dass der Supreme Court den Gefangenen das Recht auf *habeas corpus* zusprechen würde.[749] Aus diesem Grund änderte die US-Regierung ihre Argumentation dahingehend, dass, sollte den Gefangenen prinzipiell ein Recht auf *habeas corpus* zugesprochen werden,

---

746 So die Interpretation der Regierung und des CADC von *Johnson v. Eisentrager*, 339 U.S. 763 (1950). Zur anderslautenden Interpretation durch den Supreme Court in *Boumediene v. Bush* siehe unten: H. IV. 3. c) ee).

747 Zuletzt siehe: Sec. 7 Military Commissions Act 2006, der 28 USC § 2241 folgendermaßen ergänzt:
„[...]inserting the following new subsection (e):
'(e)(1) No court, justice, or judge shall have jurisdiction to hear or consider an application for a writ of habeas corpus filed by or on behalf of an alien detained by the United States who has been determined by the United States to have been properly detained as an enemy combatant or is awaiting such determination.'“, online verfügbar unter: http://ccrjustice.org/files/report_MCA.pdf, zuletzt geprüft am 01.02.2010.

748 Urteil des CADC vom 20. Februar 2007, online verfügbar unter: http://pacer.cadc.uscourts.gov/docs/common/opinions/200702/05-5062b.pdf, zuletzt geprüft am 01.02.2010.

749 Wenngleich auch dies nicht ohne weiteres vorhersehbar war, nachdem Präsident Bush in seiner Amtszeit zwei neue Richter, Samuel Alito für Sandra Day O'Connor sowie John Roberts anstelle von William H. Renquist, an den Supreme Court berufen konnte, von denen man annahm, dass sie seiner Auffassung der Dinge näher stünden. Siehe hierzu: Brugger, HFR 2006, S. 90–99.

die von ihr eingerichteten Combatant Status Review Tribunals (CSRT) und Military Commissions zumindest eine adäquate Alternative zu Verfahren vor den ordentlichen Gerichten darstellten und so dem Anspruch auf *habeas corpus* genüge getan werden.

*aa) Rasul v. Bush*

Die gerichtliche Auseinandersetzung mit den Fällen der Guantánamo-Häftlinge begann vor dem Supreme Court mit dem Urteil im Fall *Rasul v. Bush.*[750] Die Entscheidung behandelt den Fall von vier britischen und australischen Männern, die im Grenzgebiet von Afghanistan und Pakistan ergriffen und in Guantánamo inhaftiert worden waren. Der Supreme Court hatte zu entscheiden, ob die Häftlinge die Möglichkeit haben, US-Gerichte zur Überprüfung ihrer Haft anzurufen. Diese Möglichkeit war ihnen von der Regierung mit der Argumentation verweigert worden, dass sie als auf ausländischem Boden gefangen gehaltene Ausländer außerhalb der Reichweite der US-Gerichtsbarkeit stünden. Kernpunkt des Verfahrens war nunmehr, ob Guantánamo der Gerichtsbarkeit der Vereinigten Staaten unterliegt und, im Falle der positiven Beantwortung dieser Frage, welche Rechte den Klägern daraus erwachsen.

Guantánamo Bay wurde den USA von Kuba verpachtet, mit Bestimmungen im Pachtvertrag, die Kuba „ultimate sovereignty“[751] über das Gebiet zusicherten, den USA aber die Ausübung von „complete jurisdiction and control“ garantierten.[752] Nach Meinung der Gerichtsmehrheit überwog die Zusicherung der Gerichtszuständigkeit und Kontrolle die formale Souveränität Kubas über Guantánamo, was dazu führte, dass den Klägern prinzipiell die Möglichkeit eröffnet wurde, US-Gerichte anzurufen. Verbunden mit der Kompetenzzuschreibung für die amerikanischen Gerichte war die Anwendbarkeit des statutory *habeas corpus*-Rechts auf die Gefangenen in Guantánamo. Eine Erörterung der Frage, ob ausländische Gefangene in Guantánamo auch konstitutionelle Rechte besitzen, fand nicht statt.

---

750 Eine umfassende Dokumentation des Falles mit Tonaufnahmen der mündlichen Verhandlung, dem Urteilsvolltext und einer Zusammenfassung findet sich im Internet: The Oyez Project, *Rasul v. Bush*, 542 U.S. 466 (2004), online verfügbar unter: http://www.oyez.org/cases/2000-2009/2003/2003_03_334/, zuletzt geprüft am 01.02.2010.

751 Art. 3 Agreement Between the United States and Cuba for the Lease of Lands for Coaling and Naval stations – February 23, 1903, online verfügbar unter: http://avalon.law.yale.edu/20th_century/dip_cuba002.asp, zuletzt geprüft am 01.02.2010.

752 Art. 3 Agreement Between the United States and Cuba for the Lease of Lands for Coaling and Naval stations – February 23, 1903, online verfügbar unter: http://avalon.law.yale.edu/20th_century/dip_cuba002.asp, zuletzt geprüft am 01.02.2010.

### *bb) Reaktion der US-Regierung auf Rasul v. Bush*

Da sich die Freiräume und Rechte, die das Urteil des Supreme Courts den Gefangenen eröffneten, lediglich auf „statutory rights“, also einfachgesetzlichen Regelungen, stützten, war es der US-Regierung möglich, diese Rechte per legislativem Akt wieder zu beschneiden. Dies wurde durch die Verabschiedung des Detainee Treatment Act 2005 (im Folgenden: DTA)[753] erreicht. Neben Regelungen über die Behandlung der Häftlinge enthielt Sec. 1005 (e) DTA die Bestimmung, 28 USC § 2241 dergestalt zu erweitern, dass das Recht auf *habeas corpus* vor amerikanischen Gerichten für Gefangene aus Guantánamo ausgeschlossen bleibt. Die Überprüfung der Rechtmäßigkeit der Inhaftierung sollte weiter den CSRT unterliegen, die durch den DTA jetzt eine gesetzliche Legitimation erhielten. Es wurde lediglich die Möglichkeit geschaffen, die CSRT Entscheidungen vor dem CADC überprüfen zu lassen. Die Überprüfbarkeit der Entscheidungen wurde jedoch auf Verfahrensfragen limitiert. Gegenstand der Überprüfung war auch nur das Protokoll der Anhörung vor den CSRT. Das nachträgliche Einbringen von Sachargumenten oder Entlastungsbeweisen war nicht möglich. Vielmehr musste um eine erneute Anhörung vor einem CSRT ersucht werden. Ausdrücklich war dem CADC auch nicht die Kompetenz zugeschrieben, dass er bei seiner Überprüfung auch eine Freilassung anordnen darf.[754] Darüber hinaus enthält der DTA in Sec. 1005 (h) (2) eine Regelung, die die Anwendbarkeit des DTA auch auf alle vor dem Inkrafttreten des DTA anhängig gewordenen Fälle erstreckt.[755]

### *cc) Hamdan v. Rumsfeld*

Zunächst hatte sich der Supreme Court in der Entscheidung *Hamdan v. Rumsfeld*[756] mit der Frage auseinanderzusetzen, ob die Rückwirkung des DTA auf den

753 Online verfügbar unter: http://jurist.law.pitt.edu/gazette/2005/12/detainee-treatment-act-of-2005-white.php, zuletzt geprüft am 01.02.2010.

754 In der mündlichen Verhandlung des Falls *Boumediene v. Bush* (Protokoll online verfügbar unter: http://www.oyez.org/cases/2000-2009/2007/2007_06_1195/argument/, zuletzt geprüft am 01.02.2010) hat der Vertreter der Regierung nach mehrmaligem Nachfragen eingeräumt, dass es einer ausdrücklichen Kompetenzzuweisung wohl nicht bedürfe und das CADC eine Freilassung anordnen dürfe.

755 „(h) Effective Date- [...]
(2) REVIEW OF COMBATANT STATUS TRIBUNAL AND MILITARY COMMISSION DECISIONS- Paragraphs (2) and (3) of subsection (e) shall apply with respect to any claim whose review is governed by one of such paragraphs and that is pending on or after the date of the enactment of this Act.“

756 Umfassende Dokumentation des Falls: The Oyez Project, *Hamdan v. Rumsfeld*, 548

Fall anzuwenden sei. Dass generell rückwirkende Regelungen zulässig sind, bestritt das Gericht nicht, ordnete den vorliegenden Fall jedoch anders ein und entschied, dass trotz der Klausel in Sec. 1005 (h) (2) der Antrag zulässig sei.[757] *Hamdan* brachte vor, dass die Militärkommission, die seinen Fall verhandeln sollte, hierfür nicht zuständig sei, dass vielmehr ein Kriegsgericht gemäß den Regeln der Genfer Konvention sowie des Uniform Code of Military Justice (UCMJ) seinen Fall zu verhandeln hätte. Ebenso sei das ihm angelastete Delikt, *conspiracy*, kein vor einem Kriegsgericht verhandelbares Delikt, da die zuständigen Statuten dies nicht vorsähen. Darüber hinaus sei das gesamte Verfahren, insbesondere die Beweisregelungen, rechtswidrig.[758]

Das Gericht entschied, dass eine bloße exekutive Order des Präsidenten zur Einrichtung von Militärkommissionen nicht ausreiche, da eine Ausnahme aufgrund des Fehlens einer „military necessity" nicht vorläge und das angeklagte Delikt ohne Ermächtigung durch den Kongress nicht vor einer Militärkommission verhandelbar sei.[759] Des Weiteren hielt das Gericht den gemeinsamen Artikel 3 der Genfer Konventionen von 1949 für anwendbar und die Verfahrensregelungen für Verfahren vor den Militärkommissionen für damit unvereinbar. Insbesondere kritisierte das Gericht den erschwerten Zugriff des Angeklagten auf Beweismittel bzw. die umfassende Vorenthaltung von Beweisen sowie die Praxis der Verhandlung in Abwesenheit des Angeklagten und verwies darauf, dass der gemeinsame Artikel 3 der Genfer Konventionen von 1949 „Verurteilungen [...] ohne vorhergehendes Urteil eines ordnungsmäßig bestellten Gerichtes, das die von den zivilisierten Völkern als unerlässlich anerkannten Rechtsgarantien bietet" verbietet. Es ließ dabei jedoch ebenso wie die Konvention offen, was ein ordnungsmäßig bestelltes Gericht ist und welches die geforderten Rechtsgarantien sind.

### *dd) Reaktion der US-Regierung auf Hamdan v. Rumsfeld*

Die Regierung nahm sich in der Folge vor allem der vom Gericht als ungenügend kritisierten parlamentarischen Legitimation an, und so verabschiedete der

---

U.S. 557 (2006), online verfügbar unter: http://www.oyez.org/cases/2000-2009/2005/2005_05_184/, zuletzt geprüft am 01.02.2010; zur Entscheidung und insbesondere zum MCA: Egli, AJP 8/2007, S. 1019–1030.

757 Diese Entscheidung gründet sich auf Auslegungsfragen und die Interpretation der Gesetzgebungsmaterialien und ist daher hier nicht von Bedeutung.

758 Hierbei ging es insbesondere um die Zulässigkeit des Beweises vom Hörensagen, die mangelnde Vereidigung von Zeugen, das Vorenthalten von Beweismitteln für die Verteidigerseite aus Geheimhaltungsgrün-den und die Besetzung der Kommissionen.

759 *Hamdan v. Rumsfeld*, 548 U.S. 557 (2006), Abschnitt IV und V.

Kongress vier Monate nach der Entscheidung den Military Commissions Act 2006 (im Folgenden MCA).[760] Mit diesem Gesetz setzte sich die Reihe von „court stripping measures“[761] fort. Die Hürden, die der Supreme Court im Verhältnis zu den Genfer Konventionen aufgestellt hatte, wurden elegant und einfach dadurch übersprungen, dass die Militärkommissionen schlichtweg für „ordnungsmäßig bestellte Gerichte“ erklärt wurden und auch die Verfahrensregelungen als solche definiert wurden, die die von den zivilisierten Völkern als unerlässlich anerkannten Rechtsgarantien bieten.[762] Die Unvereinbarkeit mit dem UCMJ wurde dadurch aufgelöst, dass die Regelungen des UCMJ für unanwendbar erklärt wurden, soweit dies nicht im MCA ausdrücklich vorgesehen war.[763] Explizit wurden die UCMJ-Regelungen ausgeschlossen, die die Verpflichtung zu einem schnellen Verfahren enthalten. Das waren insbesondere diejenigen Regelungen, die die unverzügliche Information des Angeklagten über die Vorwürfe, die ihm zur Last gelegt wurden, festschreiben, darüber hinaus die Normen, die das Verbot der „compulsory self-incrimination“ enthalten[764] sowie die die Verteidigungsrechte im Verfahren betreffenden Vorschriften.[765] Die Genfer Konventionen wurden als Rechtsquelle, auf die sich ein „alien unlawful enemy combatant“ berufen kann, ausgeschlossen und *conspiracy* und andere Delikte wurden als zulässige verfolg- und anklagbare Delikte ausgewiesen. Durch Folter („torture“) erwirkte Aussagen wurden als vor Gericht unzulässig erklärt. Die Zulassung von durch Zwang („coercion“) erhaltenen Aussagen wurde dem Richter gestattet, wenn unter Berücksichtigung aller Umstände die erhaltene Aussage als verlässlich eingestuft werden konnte und ausreichenden Beweiswert besaß oder wenn Gerechtigkeitsinteressen („interests of justice“) durch eine Zulassung am besten gedient werden konnte.[766] Der MCA enthielt jedoch auch Regelungen zu Gunsten des Angeklagten. So war nunmehr ein Richter zu bestellen, der der Kommission vorsitzt. Neben einem vom Militär gestellten Verteidiger war der Angeklag-

760 Online verfügbar unter: http://www.ccrjustice.org/files/report_MCA.pdf, zuletzt geprüft am 01.02.2010.

761 Mittel, um Anträge und Klagen von in Guantánamo Inhaftierten von den US-Gerichten fernzuhalten, d.h. den Rechtsweg zu beschneiden.

762 Sec. 3 (a) MCA, der 10 U.S.C. § 948b (f) so einfügt.

763 Sec. 3 (a) MCA formuliert 10 U.S.C § 948b (c) und (d) insoweit.

764 Das umfasst das Recht des Angeklagten, sich nicht selbst belasten zu müssen, die Belehrung hierüber sowie die Unzulässigkeit von durch Zwang („coercion“) erhaltener Beweise oder Aussagen.

765 Hierzu gehören das Recht des Kreuzverhörs, der umfassenden Sachverhaltsaufklärung vor der Anklage, der Information bzgl. der ihm zur Last gelegten Delikte, der Vertretung durch einen Anwalt während der Sachverhaltsermittlung insbesondere während der Verhöre sowie das Recht der Ermöglichung des Vorbringens von Entlastungsbeweisen.

766 So der durch Sec. 3 (a) MCA eingefügte 10 U.S.C. § 948r.

te berechtigt, einen zivilen Anwalt einzuschalten, der US-Bürger sein musste und eine Freigabe bzgl. einer gewissen Geheimhaltungsstufe erhalten haben musste. Der benannte Anwalt war allerdings nicht mit den üblichen Rechten eines Verteidigers im Verfahren ausgestattet. Aus dem Gerichtssaal durfte der Angeklagte nunmehr nur aus Gründen der Sicherheit der anderen Verfahrensteilnehmer sowie bei fortwährender Störung verwiesen werden. Die Behandlung von als geheim eingestuften Beweismitteln änderte sich jedoch nicht.[767] Zwar war es dem vom Militär gestellten Verteidiger gestattet, bei der Beweiswürdigung solcher geheimer Beweise anwesend zu sein, er war jedoch nicht befugt, mit dem Angeklagten hierüber im Detail zu reden, vielmehr war es ihm lediglich gestattet, eine vom Militär autorisierte Zusammenfassung weiterzugeben.

#### *ee) Boumediene v. Bush*

Anfang Juni 2008 begannen die ersten Verhandlungen vor den Militärkommissionen nach den Regeln des MCA in Guantánamo. Behandelt wurden die Fälle der so genannten „Gitmo Five".[768] Die gerichtliche Auseinandersetzung um die Zulässigkeit der Regelungen des MCA war zu diesem Zeitpunkt jedoch noch in vollem Gange. Dem Supreme Court lag ein weiterer Fall, *Boumediene v. Bush*, zur Entscheidung vor.[769] Hierin musste er zunächst darüber befinden, ob die Vor-

767 Diese Tatsache stellt der Vertreter der Antragsteller in *Boumdiene v. Bush* in der mündlichen Verhandlung des Falls vom 5. Dezember 2007 vor dem Supreme Court (Protokoll online verfügbar unter: http://www.oyez.org/cases/2000-2009/2007/2007_06_1195/argument/, zuletzt geprüft am 01.02.2010) heraus, indem er die Fälle von *Murat Kurnaz* und *Ait-Idir* vorbringt. *Kurnaz* wurde beschuldigt, mit einem Al-Quaida Mitglied in Zusammenhang zu stehen, der sich bei einem Selbstmordattentat in die Luft gesprengt habe. In seinen CSRT Anhörungen konnte *Kurnaz* mangels Beistand durch einen Anwalt und mangels Zugriff auf Informationen darauf nur erwidern, dass keine Umstände ihn veranlasst hätten davon auszugehen, der Bekannte sei ein Terrorist. Als ihm nach den entsprechenden Gerichtsentscheidungen ein Anwalt zur Seite gestellt werden durfte, konnte innerhalb von 24 Stunden herausgefunden werden, dass sich der vermeintliche Selbstmordattentäter bester Gesundheit erfreut, friedlich in Dresden wohnt und kein Terrorist war oder ist. Im Fall von Ait-Idir wurde diesem vorgeworfen, mit einem Al-Quaida Mitglied in engem Kontakt zu stehen. Der Name des betreffenden sei jedoch geheim und könne ihm deshalb nicht genannt werden.

768 Gitmo ist die im Militärjargon gebräuchliche Abkürzung für Guantánamo. Die fünf Angeklagten sind: Chaled Scheich Mohammed, Ramzi Binalshibh, Mustafa Ahmed al-Hawsawi, Walid bin Attasch alias Challad und Ali Abd al-Asis Ali. Die „Gitmo-Five" sollen nunmehr vor einem ordentlichen Strafgereicht angeklagt werden. Der Versuch, den Prozessort nach New York in die Nähe von Ground Zero zu legen, scheiterte am Widerstand der Bevölkerung.

769 553 U.S. ___ (2008), Urteil online verfügbar unter: http://www.supremecourtus.gov/

schriften des MCA dazu dienen, den Guantánamo-Häftlingen den Zugang zu ordentlichen Gerichten zu verwehren, und ob dies eine unzulässige Suspendierung des verfassungsrechtlich verbürgten Rechts auf *habeas corpus* sei.[770] Sollte auch diese Frage bejaht werden, schlösse sich hieran eine weitere bedeutsame Frage zur Entscheidung an, deren Beantwortung das Gericht bislang erfolgreich gemieden hatte: Nämlich die nach der verfassungsrechtlichen Stellung der in Guantánamo inhaftierten Ausländer, und ob diese in den Genuss des verfassungsrechtlichen *habeas corpus*-Rechts kämen oder nicht. Der CADC, das einzige US-Gericht, das als Berufungsinstanz in den Statuten des DTA und MCA zugelassen ist, gab der Argumentation der Regierung vollumfänglich recht. Dies war jedoch wenig überraschend, da die Regierung nicht umsonst dieses Gericht als einzige Berufungsinstanz der CSRT-Anhörungen benannt hat. In seiner Entscheidung vom 12. Juni 2008 revidierte der Supreme Court diese Entscheidung und stellte fest, dass den in Guantánamo inhaftierten Ausländern das verfassungsmäßige Recht auf *habeas corpus* zusteht. Darüber hinaus erklärte er das Verfahrenssystem, das der DTA und der MCA etablierten, als unzulässige Beschneidung des *habeas corpus*-Rechts für inadäquat und unzulässig. Um zu diesem Ergebnis zu gelangen, standen den Richtern drei Probleme im Wege, die es zu lösen galt. Zum einen die territoriale Situation, d.h. inwiefern die Tatsache, dass Kuba Souveränität über Guantánamo besitzt, der Entscheidung entgegensteht, zum zweiten, ob nicht gegenteilige Rechtsprechung, insbesondere *Johnson v. Eisentrager*, eine derartige Ausdehnung des Anwendungsbereiches der Verfassung verbieten und zum dritten, ob die derzeitigen Regelungen nicht als adäquater Ersatz für das klassische *habeas corpus* Recht fungieren können.

(1) Die territoriale Situation

Wie auch in den zuvor betrachteten Fällen, war einer der entscheidenden Streitpunkte der, wie die absolute Kontrolle der USA über Guantánamo Bay sowie die formal nach dem Pachtvertrag bestehende Souveränität Kubas sich auf das in Rede stehende Recht der Gefangenen auswirkt. Nachdem der Supreme Court in

---

opinions/07pdf/06-1195.pdf, zuletzt geprüft am 01.02.2010. Die im Folgenden zitierten Seitenzahlen sind die der isolierten Entscheidung; ebenfalls wird dieses Urteil behandelt von Book, et al., ZIS 2008, S. 325–332; Alle relevanten Dokumente dieser Entscheidung finden sich auch unter: http://www.oyez.org/cases/2000-2009/2007/2007_06_1195/, zuletzt geprüft am 01.02.2010; Eine deutschsprachige ausführliche Entscheidungsbesprechung: Stuckenberg, JZ 2009, S. 85–93.

770 Artikel I (9) (2) der Verfassung lässt eine Suspendierung des Rechts auf *habeas corpus* nur unter engen Voraussetzungen zu:
„The Privilege of the Writ of Habeas Corpus shall not be suspended, unless when in Cases of Rebellion or Invasion the public Safety may require it.“

*Rasul v. Bush* klar herausstellte, dass sich das einfachgesetzliche *habeas corpus*-Recht und die Zuständigkeit des Gerichts auf das Gebiet erstrecken, wurde diese Auffassung hier erneut bestätigt. Das Gericht unterscheidet in seiner Entscheidung zwischen einer bestehenden de iure Souveränität, die Kuba ausübt, und einer de facto Souveränität, die die USA innehaben.[771] Da die USA unter Berücksichtigung aller Umstände alle Rechte in Guantánamo Bay ausüben, die klassischerweise die Souveränität über ein Gebiet kennzeichnen und im Gegensatz die formale Souveränität Kubas diesem Staat keines dieser klassischen Rechte belässt, zieht das Gericht daraus den Schluss, dass Guantánamo Bay als Sonderfall betrachtet werden muss.

(2) Entgegenstehende Entscheidungen insb. *Johnson v. Eisentrager*

Die Entscheidung beschäftigt sich zudem eingehend mit der Liste von Entscheidungen, die Sachverhalte betreffen, die die Reichweite der Verfassung und des *habeas corpus*-Rechts zum Gegenstand haben. Beginnend im 16. Jahrhundert über das Jahr der Verkündung der Amerikanischen Verfassung 1789 bis heute zählt das Gericht verschiedene Entscheidungen auf, um im Anschluss daran herauszustellen, dass der vorliegende Sachverhalt aufgrund der besonderen territorialen Situation und aufgrund des besonderen Status der Gefangenen als „enemy combatants" mit keinem dieser Fälle direkt vergleichbar ist.

In der Folge beschäftigt sich das Gericht auch mit der Problematik der Nationalität der Antragsteller und geht auf Entscheidungen ein, die es seiner Ansicht nach erlauben, Reichweite und Umfang des Geltungsbereichs der Verfassung von praktischen Erwägungen abhängig zu machen, anstatt einer ausschließlich formalen Betrachtungsweise anzuhängen, die die Nationalität des Antragstellers als entscheidenden Kriterium in den Vordergrund stellt. Ebenso interpretierte die Gerichtsmehrheit auch die Entscheidung *Johnson v. Eisentrager*, die bis dahin die Basis der Verweigerung konstitutioneller Rechte durch die Regierung bildete.

Die Interpretation der Regierung der Entscheidung *Johnson v. Eisentrager* basierte auf dem Wortlaut der Entscheidung. Denn gemäß dem Wortlaut der Entscheidung war die Tatsache entscheidend, dass die Angeklagten keine Verbindung irgendeiner Art mit dem Territorium der USA hatten.[772]

771 „Accordingly, for purposes of our analysis, we accept the Government's position that Cuba, and not the United States, retains *de jure* sovereignty over Guantanamo Bay. As we did in *Rasul*, however, we take notice of the obvious and uncontested fact that the United States, by virtue of its complete jurisdiction and control over the base, maintains *de facto* sovereignty over this territory.", *Boumediene v. Bush*, 553 U.S. ___ (2008), S. 24 f.

772 339 U.S. 763 (1950), S. 778 f.:

Hieraus zog die Regierung den Schluss, dass auch im Fall von Guantánamo aufgrund der formal bestehenden Souveränität Kubas nach dieser Entscheidung verfahren werden müsse. Das Gericht lehnte dies jedoch aus drei Gründen ab. Zum einen weist es auf die in seinen Augen nicht vorhandene Vergleichbarkeit zwischen dem damaligen Fall und der besonderen Situation von Guantánamo hin, zum zweiten darauf, dass sich weite Teile der *Eisentrager*-Entscheidung mit praktischen Gesichtspunkten auseinandersetzt, die auch rechtlicher Beachtung bedürften, und zum Dritten darauf, dass eine sich rein an formalen Souveränitätsgesichtspunkten orientierende Interpretation der Reichweite von Verfassungsrechten mit früheren Präzedenzfällen unvereinbar wäre.[773] Aufgrund dieser Argumentation könnten die von der Regierung angebrachten Aussagen der *Eisentrager*-Entscheidung nicht isoliert betrachtet werden. Vielmehr war das Gericht der Ansicht, dass die Entscheidungen *Reid*, *Eisentrager* sowie die *Insular Cases* einen gemeinsamen funktionalen und weniger formalen Ansatz in Fragen der Extraterritorialität von Verfassungsrechten aufweisen.[774] Darüber hinaus wäre die Folge der Bestätigung der Regierungsargumentation, dass durch die Abgabe von Souveränität über ein Gebiet an eine dritte Partei und gleichzeitiges Pachten dieses Gebietes unter Bedingungen wie in Guantánamo geschehen, ein rechtsfreier Raum geschaffen werden könnte, der der Regierung die Macht ver-

---

„We are here confronted with a decision whose basic premise is that these prisoners are entitled, as a constitutional right, to sue in some court of the United States for a writ of *habeas corpus*. To support that assumption, we must hold that a prisoner of our military authorities is constitutionally entitled to the writ, even though he (a) is an enemy alien; (b) has never been or resided in the United States; (c) was captured outside of our territory and there held in military custody as a prisoner of war; (d) was tried and convicted by a Military Commission sitting outside the United States; (e) for offenses against laws of war committed outside the United States; (f) and is at all times imprisoned outside the United States. [...]

[T]hese prisoners at no relevant time were within any territory over which the United States is sovereign, and the scenes of their offense, their capture, their trial and their punishment were all beyond the territorial jurisdiction of any court of the United States."

773 Die Mehrheitsmeinung bezieht sich hier auf die Anfang des 20. Jahrhunderts entschiedenen sog. *Insular Cases* sowie die Entscheidung *Reid v. Covert*, 351 U. S. 487 (1956), bei denen die problematische Extraterritorialität über einen „functional approach" behandelt wurden.

774 „Nothing in *Eisentrager* says that *de jure* sovereignty is or has ever been the only relevant consideration in determining the geographic reach of the Constitution or of *habeas corpus*. [...] A constricted reading of *Eisentrager* overlooks what we see as a common thread uniting the Insular Cases, *Eisentrager*, and *Reid*: the idea that questions of extraterritoriality turn on objective factors and practical concerns, not formalism.", *Boumediene v. Bush*, 553 U.S. ___ (2008), S. 34.

liehe, die Verfassung nach eigenem Gutdünken anzuwenden oder davon abzusehen.[775] Aus diesen Überlegungen heraus formuliert das Gericht drei Kriterien, an denen sich die Reichweite des *habeas corpus* Rechts orientieren soll.[776] Zum einen sei zu beachten, welcher Nationalität der Gefangene angehört, welchen Status er besitzt sowie das Verfahren, das zur Bestimmung dieses Status angewandt wurde. Daneben sei der Ort der Verhaftung und Inhaftierung bedeutsam. Und zuletzt seien die praktischen Hindernisse, die die Gewährung des *habeas corpus*-Rechts begründen würden, zu beachten. Im vorliegenden Fall war vor allem das Kriterium der besonderen rechtlichen Natur von Guantánamo Bay von Bedeutung sowie die geringen praktischen Hindernisse, da die Gefangenen fernab von aktiven Kampfhandlungen und nahe dem Territorium der USA festgehalten wurden und teilweise noch werden.

(3) Die Bewertung des bisherigen Verfahrens

Im letzten Teil der Entscheidung befasst sich das Gericht mit der Frage, ob das Verfahren der Überprüfung einer Entscheidung eines CSRT vor dem CADC den Anforderungen eines adäquaten *habeas corpus*-Verfahrens entspricht.[777] Es kommt zu dem Schluss, dass vor allem die nur eingeschränkte Möglichkeit der Begegnung der durch die Regierung vorgebrachten Tatsachen sowie die restriktiven Beweisregelungen – insbesondere wird hier die Tatsache, dass Entlastungszeugen nur gehört werden, wenn sie „reasonably available“ sind, genannt – dieses Verfahren als einem *habeas corpus*-Verfahren nicht gleichwertig erscheinen lassen. Hierbei wird vor allen Dingen nochmals auf die Regelung verwiesen, die es den „enemy combatants“ untersagt, im Berufungsverfahren vor dem CADC neue Entlastungsbeweise einzubringen, sondern sie auf ein neues Verfahren vor einem CSRT verweist. Das Gericht entscheidet sich allerdings bewusst gegen eine klare Formulierung von Kriterien, die ein alternatives Verfahren als

775 „... the power to switch the Constitution on or off at will", *Boumediene v. Bush*, 553 U.S. ___ (2008), S. 35.

776 „[W]e conclude that at least three factors are relevant in determining the reach of the Suspension Clause: (1) the citizenship and status of the detainee and the adequacy of the process through which that status determination was made; (2) the nature of the sites where apprehension and then detention took place; and (3) the practical obstacles inherent in resolving the prisoner's entitlement to the writ.“, *Boumediene v. Bush*, 553 U.S. ___ (2008), S. 36 f.

777 Insbesondere dieser Teil ist Gegenstand heftiger Kritik des vorsitzenden Richters Roberts in seiner *dissenting opinion*, da der Supreme Court wegen besonderer Dringlichkeit der Frage keine Entscheidung des CADC über ein nach diesen Regelungen durchgeführtes Verfahren abwartet, sondern ohne konkreten Anlass diese Prüfung vornimmt.

gleichwertiges Verfahren qualifizieren würden. Die Entscheidung hierüber überlässt es den Gerichten, die über die *habeas corpus*-Anträge der Häftlinge zu befinden hätten. Es stellt lediglich fest, dass die Mindestgarantien, die das Gericht grob umreißt, auf ein Verfahren hindeuten, das dem des einfachgesetzlichen *habeas corpus*-Rechts gem. 28 USC § 2241 sehr ähnlich sein dürfte.[778] Dieses Versäumnis wirft der Vorsitzende Richter *Roberts* in seiner *dissenting opinion* der Gerichtsmehrheit ebenfalls vor. Sie habe den Gefangenen dadurch, dass sie sich einer Frage, ohne ein konkretes Verfahren vor dem CADC abzuwarten, angenommen und die letztendliche Klärung der von ihr offen gelassenen Rechtsfragen an die unteren Gerichte verwiesen habe, einen Bärendienst erwiesen. Nach seiner Meinung sei das bislang bestehende Verfahren ausreichend gewesen.[779] Im Hinblick auf die vom Gericht angemahnte Dringlichkeit aufgrund der nun schon zu lange andauernden Haft kritisierte er, dass die Häftlinge kein Berufungsverfahren ihrer CSRT Anhörungen vor dem CADC angestrengt hätten, sondern stattdessen um das *habeas corpus*-Recht stritten. Das Ergebnis hiervon sei nun, dass die noch offenen Rechtsfragen durch mehrere Instanzen gehen müssten. Hätte man ein Verfahren gemäß den etablierten Regelungen durchgeführt, hätte der Instanzenzug direkt beim CADC begonnen. Die von der Gerichtsmehrheit gewählte Lösung nehme somit sehr viel mehr Zeit in Anspruch.[780]

(4) Stellungnahme

In dieser, seiner bislang letzten Entscheidung in Sachen Guantánamo hat der Supreme Court der US-Regierung in deutlicher Sprache die Grenzen der Belastbarkeit des *habeas corpus*- Rechts aufgezeigt. Nach der durch die ersten Entscheidungen und den darauf folgenden legislativen Akten entstandenen „ping-pong situation“[781] hat sich die Gerichtsmehrheit entschieden, dem Spiel ein (vorläufiges) Ende zu setzen. Der Supreme Court hat in der Anerkennung von Verfassungsrechten zugunsten der Guantánamo-Häftlinge deren Aussicht auf eine faire

778 Hierbei ist 28 USC § 2241 in seiner ursprünglichen Form gemeint, d.h. ohne die für „enemy combatants“ angefügte Zusatzregelung.

779 „Today the Court strikes down as inadequate the most generous set of procedural protections ever afforded aliens detained by this country as enemy combatants.“, *Boumediene v. Bush*, 553 U.S. ___ (2008), S. 1 der dissenting opinion von Chief Justice Roberts.

780 „The Court's analysis leaves them with only the prospect of further litigation to determine the content of their new habeas right, followed by further litigation to resolve their particular cases, followed by further litigation before the D. C. Circuit—where they could have started had they invoked the DTA procedure.“, *Boumediene v. Bush*, 553 U.S. ___ (2008), S. 28 der dissenting opinion von Chief Justice Roberts.

781 de Londras, The Modern Law Review 2008, S. 36, 37.

Chance, die Rechtmäßigkeit ihrer Inhaftierung vor Gericht überprüfen zu lassen, in erheblichem Maße gesteigert. Nichtsdestotrotz ist der Einwand von Chief Justice *Roberts* nicht von der Hand zu weisen. In der Tat hat es das Gericht versäumt, klare Kriterien eines adäquaten *habeas corpus*-Verfahrens zu benennen. Insbesondere erscheint problematisch, dass das bislang geltende Verfahren in weiten Teilen durch Auslegung an die von der Gerichtsmehrheit umrissenen Anforderungen angepasst werden kann. Auch das Recht der Häftlinge, Zeugen zu benennen, ist ihnen im MCA und im DTA gestattet. Dass diese allerdings nur gehört werden, wenn sie „reasonably available" sind, macht dieses Recht de facto weitgehend unbrauchbar. Mit Spannung war erwartet worden, wie der US-Gesetzgeber auf dieses Urteil reagiert. Die Befürchtungen waren, dass sich in der Sache wenig bis nichts ändert und vielmehr die Voraussage von *Roberts* eintritt, nämlich dass sich die Gefangenen weiterhin durch die Instanzen quälen müssen, in dem Bemühen ein faires und adäquates Verfahren zu erreichen. Es gilt aus europäischer Sicht jedoch auch zu beachten, dass in den USA des Terrorismus Verdächtige nicht als Strafgefangene behandelt werden, sondern der internationale Terrorismus als Krieg angesehen wird. Durch diese Interpretation wird das klassische Strafrecht ausgeblendet. Jedoch selbst dann, wenn man diese Auffassung als richtig und gegeben annimmt, so ist der nächste Schritt der USA, die Unterschiede zum klassischen Krieg wieder derart zu betonen, dass daraus ein Sonder(kriegs)recht bezüglich der Behandlung der Häftlinge entsteht, besorgniserregend.[782] Mit der Einführung eines „functional test" für die Reichweite der Verfassung hat das Gericht zumindest für die Zukunft der Tatsache Rechnung getragen, dass die Behandlung von Gefangenen in Kriegszeiten in rechtsstaatlich geordneten Bahnen verläuft. Zurück bleiben jedoch noch zwei weitere Mängel. Zum einen hat sich das Gericht nicht mit der Frage der Rechtsgrundlage und der Rechtmäßigkeit des „unlawful combatant status" befasst und sich zum anderen bei der Frage nach konstitutionellen Rechten für die Gefangenen ausschließlich auf territoriale Argumente gestützt. Würden die USA ein ähnliches Gefangenenlager für ausländische Terrorverdächtige im weiter entfernten Ausland errichten, in einem Gebiet, in dem sie keine mit Guantánamo Bay vergleichbare Stellung einnehmen, so bliebe auch unter diesem Urteil den Gefangenen das verfassungsrechtliche *habeas corpus*-Recht verwehrt.[783] Trotz der Mängel und trotz der bleibenden Fragen ist dieses Urteil ein Signal an die USA und an den Rest der Welt,

782 de Londras, Journal of Conflict and Security Law 2007, S. 223, 235 mwN kritisiert dies ebenfalls und darüber hinaus insbesondere die Tatsache, dass durch diese „conceptual confusion" der Blick auf das internationale Völkerrecht verloren geht, das ihrer Ansicht nach ein ausreichendes Instrumentarium zur Behandlung der Problematik bereithält (ebda., S. 260).

783 de Londras, The Modern Law Review 2008, S. 36, 52.

dass die Prinzipien der freien Welt auch in Zeiten von Angst und Bedrohung noch ihrer Bedeutung entsprechend bewahrt werden. Auch wenn Justice *Scalia* eine düstere Prognose, was die Bedeutung dieses Urteils anbelangt, aufstellt,[784] so war es dennoch ein bedeutsamer Schritt hin zu einer besseren Balance von Freiheit und Interessen der nationalen und internationalen Sicherheit.

(5) Konsequenzen aus der Entscheidung

Nach dem Urteil des Supreme Court in Sachen *Boumediene v. Bush* wurden alle weiteren *habeas corpus*-Anträge vor dem D.C. District Court konsolidiert.[785] Darüber hinaus hat der D.C. District Court die Freilassung *Boumedienes* verfügt, da nach Auffassung des Gerichts die von der Regierung vorgelegten Beweismittel gänzlich unzureichend seien.[786] Der Versuch, den Prozess gegen die sog. „Gitmo Five" nach New York vor ein ziviles Gericht zu verlegen, ist jedoch am Widerstand der Bevölkerung gescheitert.[787]

*ff) Rasul v. Myers vor dem CADC*

(1) Die Entscheidung Rasul v. Myers

Auch wenn die Frage nach dem Recht auf *habeas corpus* zugunsten der Gefangenen entschieden wurde, so sind andere Fragen im Zusammenhang mit Guantánamo noch ungeklärt. Dies zeigt sich im Besonderen, wenn man die jüngste Entscheidung des CADC vom 11. Januar 2008 betrachtet[788], die sich mit der Klage von vier ehemaligen Guantánamo-Häftlingen befasste, darunter derselbe *Rasul*, der schon vor dem Supreme Court die erste Entscheidung zugunsten der Inhaftierten erstritten hatte.

Die Kläger forderten Schadensersatzzahlungen, da sie gefoltert worden seien, ihnen ein ordentliches Gerichtsverfahren verwehrt worden sei, sie in ihrer Religionsausübung behindert worden seien und ihr Glaube verspottet worden

---

784 „The Nation will live to regret what the Court has done today.", 553 U.S. ___ (2008), S. 25 der dissenting opinion von Justice Scalia.

785 *In re Petitioners Seeking Habes Corpus Relief in Relation to Prior Detentions at Guantánamo Bay*, 567 F.Supp.2d 83 (D.D.C. 2008).

786 *Boumediene v. Bush*, Civil Case No. 05-1166 (RL), slip op., (D.D.C. Nov. 20, 2008), online verfügbar unter: https://ecf.dcd.uscourts.gov/cgi-bin/show_public_doc?2004cv1166-279, zuletzt geprüft am 01.02.2010.

787 http://www.spiegel.de/politik/ausland/0,1518,674959,00.html, zuletzt geprüft am 01.02.2010.

788 Urteil des CADC in *Rasul v. Myers*, online verfügbar unter: http://pacer.cadc.uscourts.gov/ docs/common/opinions/200801/06-5209a.pdf, zuletzt geprüft am 01.02.2010.

sei.[789] Der CADC lehnte die Anträge der Kläger ab. Ihre Anträge auf Schadensersatz, die auf das Alien Tort Statute und auf die Genfer Konventionen gestützt waren, lehnte das Gericht mit folgender Begründung ab: Um erfolgreich eine Klage gegen Bundesbeamte vorbringen zu können, müsse der verwaltungsgerichtliche Rechtsweg erschöpft sein, sofern das den Beamten vorgeworfene Verhalten im Rahmen der ihnen aufgetragenen Tätigkeiten liege oder während dieser Tätigkeit passiere.[790] Für Beamte, die – und hier folgte das Gericht dem Vorbringen der Regierung – mit der Aufgabe betraut sind, den Krieg gegen den Terror erfolgreich zu gestalten, und im Speziellen damit, Terrorverdächtige festzuhalten und Informationen von ihnen zu erhalten, gilt, dass ihre Haft- und Verhörpraxis zumindest „*incidental*", d.h. mit den ihnen in diesem Bereich übertragenen Pflichten in Zusammenhang stehend, ist.[791] Hiergegen wandten sich die Kläger mit dem Argument, dass das Verhalten der Offiziere kriminell und daher nicht mit ihren Pflichten vereinbar gewesen sei, so dass es der verwaltungsgerichtlichen Rechtswegerschöpfung nicht bedurft habe. Das Gericht entkräftet das Argument der Kläger dadurch, dass, selbst wenn die Vorwürfe so zuträfen (was noch zu beweisen wäre), es im Fall von Offizieren des Militärs, die für die Inhaftierung und das Verhör von feindlichen Kämpfern verantwortlich sind, vorhersehbar gewesen wäre, dass diese im Zusammenhang mit ihrer Aufgabe ein unter normalen Umständen als kriminell zu bezeichnendes Verhalten anwenden würden.[792] Dies führe dazu, dass nach dem sog. Westfall Act, der die Amtshaftung regelt, zunächst der Verwaltungsrechtsweg hätte beschritten werden müssen, was die Kläger jedoch nicht getan hätten. Das Vorbringen bzgl. der Verletzung des Rechts auf ein faires Verfahren sowie der Verletzung ihrer Religionsfreiheit gemäß der Verfassung und des Religious Freedom Restauration Act (RFRA) lehnte das Gericht mit der üblichen Begründung ab, dass „unlawful combatants" keine Rechte aus der Verfassung geltend machen könnten und

789 Eine ausführlichere Zusammenfassung der Vorbringen der Kläger sowie eine Anmerkung zur Entscheidung: MENON, JICJ 2008, S. 323–345.

790 „[...] within the scope of employment or incidental to the conduct authorized."

791 Urteil des CADC in *Rasul v. Myers*, S. 16:
„[w]here high-level military officials are charged with winning the war on terror, and specifically with detaining and obtaining information from suspected terrorists, the officials' policies on detention and interrogation, and their supervision of the implementation of those policies, is at least 'incidental' to those duties."

792 Urteil des CADC in *Rasul v. Myers*, S. 22 f.:
„While it may generally be unexpected that seriously criminal conduct will arise 'in the prosecution of the business,' here it was foreseeable that conduct that would ordinarily be indisputably 'seriously criminal' would be implemented by military officials responsible for detaining and interrogating suspected enemy combatants."

wenn doch, sie eine Entschädigung für die Verletzung dieser Rechte nur erhalten könnten, wenn die Beklagten gewusst hätten, dass im Zeitpunkt des schädigenden Ereignisses, den Klägern diese Rechte zustünden, was hier nicht der Fall gewesen sei.[793] Einer besonderen Erwähnung bedarf die Abweisung der auf den RFRA gestützten Anträge. Nach 42 U.S.C. § 2000bb-1 (a)-(d) ist es der Regierung untersagt, die freie Religionsausübung einer Person zu erschweren. Der CADC interpretierte diese Vorschrift als genauso weitreichend wie das Recht der freien Religionsausübung, das im First Amendment der US-Verfassung[794] festgeschrieben ist. Hieraus folgerte das Gericht, dass der Begriff der *„person"* im RFRA genauso interpretiert werden müsse, wie es in der Verfassung geschehe. Im Anschluss daran zitierte es einige Fälle, in denen der Begriff *„people"* dergestalt definiert wurde, dass hierfür ein bestimmtes Maß an Verbundenheit und Zugehörigkeit vonnöten sei, das die Guantánamo Häftlinge nicht erfüllten. Ebenso zitierte das Gericht die Entscheidung *Johnson v. Eisentrager*, die auch in den Supreme Court Entscheidungen als Präzedenzfall für die Verwehrung konstitutioneller Rechte für die Guantánamo Häftlinge herangezogen worden war, in der „enemy aliens" nicht als von den Worten *„any person"* erfasst gelten. Dies galt in der zitierten Entscheidung jedoch nur für den Fall des Fifth Amendment, um zu verhindern, dass feindliche Kämpfer aufgrund der Tatsache, dass sie keiner Armee angehören und ohne Uniform in den Kampf zogen, mehr Rechte erhielten als Angehörige des Militärs. Auch diese Argumentation kann Gegenstand von Kritik sein. Sie zeigt jedoch, dass insbesondere im Hinblick auf das in Rede stehende Grundrecht eine Analogie in der Argumentation nicht angenommen werden kann. Auch das Wort „people" ist mit dem Wort „person" nicht vergleichbar. In ihrer *concurring opinion* schrieb Richterin *Janice Rogers Brown*:

> „There is little mystery that a 'person' is 'an individual human being [...] as distinguished from an animal or a thing.' Unlike the majority, I believe Congress '[did not] specifically intend to vest the term 'persons' with a definition [...] at odds with its plain meaning.'" [...]
>
> „*Verdugo* [Entscheidung, in der enemy aliens nicht als unter den Begriff 'people' fallend definiert wurden, Anm. d. Verf.] did rely on a definitional analysis, explaining that the Fourth Amendment did not apply to nonresident aliens outside of our

793 Zur Etablierung dieses verfassungsmäßigen Rechts ist es nach amerikanischem Recht nötig, dass eine vernünftige Person / ein vernünftiger Offizier das in Rede stehende Verhalten als rechtswidriges Verhalten erkennen würde. Da die bis dato bestehende Rechtsprechung die Frage nach der verfassungsrechtlichen Stellung der „enemy combatants" aber dergestalt beantwortet hat, dass diesen keine Rechte aus der Verfassung zustünden, könnten die Offiziere von einer *„qualified imunity"* profitieren.

794 „Congress shall make no law respecting an establishment of religion, or prohibiting the free exercise thereof;".

borders, in part, because 'the people' referred to in the Amendment identifies a 'class of persons who are part of a national community or who have otherwise developed sufficient connection with this country to be considered part of that community.' [...] While 'the people' are merely a 'class of persons,' *the relevant inquiry for RFRA purposes is 'who are 'persons'?' The answer is obvious— 'persons' are individual human beings, of whom the American people are just one class.*" [...]

„It leaves us with the unfortunate and quite dubious distinction of being the only court to declare those held at Guantanamo are not 'person[s].' This is *a most regrettable holding* in a case where plaintiffs have alleged high-level U.S. government officials treated them as less than human."[795]

(2) Stellungnahme

Neben allen Vorgängen im Gefangenenlager von Guantánamo, von seiner bloßen Existenz bis hin zu den auf die dort Inhaftierten zugeschnittenen Verfahrensregelungen, die auf eine Maximierung der Informationsgewinnung ausgerichtet sind, ist dieses zuletzt erörterte Urteil und die dahinter stehende Geisteshaltung mit Besorgnis zu registrieren. Der Urteilstenor enthält eine erschreckend wortgetreue Wiedergabe der Überlegungen zu einem Feindstrafrecht, die *Jakobs* angestellt hat. Ohne näher auf die Diskussion um die rechtliche Zulässigkeit der (Rettungs-)Folter eingehen zu wollen, was den Rahmen dieser Arbeit sprengen würde, ist dieses Urteil abgesehen von dem ihr zugrunde liegenden Sachverhalt in besonderer Weise bemerkenswert, da sich in der Rhetorik des Urteils die auch von *Jakobs* schon angestellte Exklusion von Terroristen aus dem Personenstatus widerspiegelt.[796] Die Frage, ob man *Jakobs* Vorbringen, er beschreibe bloß Zustände, anerkennt oder ob man ihn als Urheber der Exklusionsargumentation sieht, kann dahingestellt bleiben. Es ist jedoch festzustellen, dass die von *Jakobs* theoretisch formulierten Gedanken nicht nur in der Rechtspraxis von Ländern, die sich seit Jahren im Ausnahmezustand befinden[797], sondern auch in der des „Land of the free" angekommen sind.

*gg) Guantánamo nach der Wahl Barack Obamas zum US-Präsidenten*

Die Scharte im Ansehen der Vereinigten Staaten, die Guantánamo geschlagen hat, wollte der neu gewählte Präsident *Obama* auswetzen und versprach daher schon im Wahlkampf die Schließung des Lagers. Allerdings stellte ihn dieses

795 Urteil des CADC in *Rasul v. Myers*, S. 4, 7 und 9 der *concurring opinion* [Hervorhebungen durch den Verfasser].

796 Zur Folterdiskussion siehe die Beiträge in: Beestermöller, Gerhard; Brunkhorst, Hauke (Hg.), Rückkehr der Folter; Nitschke, Peter; Bielefeldt, Heiner (Hg.), Rettungsfolter im modernen Rechtsstaat sowie Roxin, in: FS Eser, S. 461–472.

797 Siehe hierzu Aponte, Krieg und Feindstrafrecht, Baden-Baden 2004.

Vorhaben vor das entscheidende Problem, wie mit den Inhaftierten weiter zu verfahren ist und insbesondere wo sie in Zukunft in Haft sein werden. Als eine seiner ersten Amtshandlungen beantragte er in Kooperation mit seinem Verteidigungsminister *Gates* ein Moratorium, d.h. eine Aussetzung der Verhandlungen vor den Militärkommissionen, von 120 Tagen.[798] *Obama* versprach nach seinem Amtsantritt, das Lager binnen einer Frist bis Januar 2010 schließen zu wollen. Es gelang ihm jedoch nicht, diese Frist einzuhalten. Zwar wurden einige der Häftlinge in eine Haftanstalt in den USA überführt, wo ihnen nun vor ordentlichen Gerichten der Prozess gemacht werden soll, eine endgültige Klärung der Frage, wo die Häftlinge in Zukunft untergebracht werden sollen, steht jedoch noch aus. Offenbar soll eine Haftanstalt nahe Chicago zu diesem Zweck umgebaut werden. Das ursprüngliche Vorhaben, viele der in Guantánamo Inhaftierten wieder freizulassen, erweist sich angesichts der jüngsten Entwicklungen ebenfalls als problematisch. Nach dem vereitelten Anschlag auf einen Transatlantikflug nach Detroit durch einen im Jemen ausgebildeten nigerianischen Staatsbürger[799] und der Konzentration terroristischer Aktivitäten im Jemen sollen insbesondere die jemenitischen Gefangenen weiter in Haft bleiben. Zudem zeigt sich, dass die Rückfallquote der aus dem Gefangenenlager entlassenen Häftlinge höher ist als erwartet.[800] So dürfte sich die endgültige Schließung von Guantánamo noch eine Weile hinauszögern. Dass das Lager jedoch geschlossen wird, scheint sicher. Dies würde einen Schlussstrich unter dieses Kapitel ziehen. Die Justiz werden jedoch die Verfahren gegen die ehemals dort Inhaftierten und deren Verfahren wegen (mutmaßlicher) Folter und Misshandlung noch lange beschäftigen.

---

798 http://www.spiegel.de/politik/ausland/0,1518,602506,00.html, zuletzt geprüft am 01.02.2010.

799 http://www.spiegel.de/politik/ausland/0,1518,669354,00.html, zuletzt geprüft am 01.02.2010.

800 http://www.zeit.de/online/2009/22/guantanamo-haeftlinge-entlassung, zuletzt geprüft am 01.02.2010.

# I. Strafrechtsbegrenzung

## I. Justizgewährung – Rechtsschutz gegen heimliche Ermittlungsmaßnahmen

In der Folge der Terroranschläge in New York, Madrid und London und den glücklicherweise vereitelten Anschlägen auf Nahverkehrszüge in Deutschland sowie der Aufklärung von Anschlagsplanungen der Terrorzelle im Sauerland wurde wie gezeigt der deutsche Gesetzgeber nicht müde, weitere Präventivmaßnahmen zum Schutze der Bevölkerung zu entwerfen und in Gesetzesform zu gießen. Gerade die im Gefahrenvorfeld und im Geheimen operierenden Ermittlungsmaßnahmen der StPO wie auch der entsprechenden Gesetze der Polizeibehörden, Geheimdienste und Verfassungsschutzbehörden des Bundes und der Länder zeigen den schwierigen Spagat zwischen der notwendigen Heimlichkeit der Ermittlungsmethoden und der rechtsstaatlichen Bindung an Recht und Gesetz auf. Um überhaupt erfolgversprechend im Gefahrenvorfeld operieren zu können, besteht zu sich im Verborgenen abspielenden Überwachungs- und Ausspähungsmaßnahmen keine ersichtliche Alternative. Auf der anderen Seite aber stehen immer Betroffene einer derartigen Maßnahme, die mangels Kenntnis der gegen sie durchgeführten Ermittlungen nicht gegen deren Rechtmäßigkeit die Gerichte anrufen können. Einen angemessenen Ausgleich zwischen diesen Interessen zu finden, ist Aufgabe des Gesetzgebers, so dass bestimmte intensive Grundrechtseingriffe nur zum Schutz bestimmter Rechtsgüter und erst von bestimmten Verdachts- oder Gefahrenstufen an vorgesehen werden dürfen.[801] In dem Verbot unangemessener Grundrechtseingriffe finden auch die Pflichten des Staates zum Schutz anderer Rechtsgüter ihre Grenze.[802] Der Gesetzgeber ist daher verpflichtet, entsprechende Eingriffsschwellen durch eine gesetzliche Regelung zu gewährleisten.[803] Um die Rechtsstaatlichkeit auf diesem Gebiet zu wahren, existieren im deutschen Recht daher Mechanismen, die sich von zwei Seiten dem oben beschriebenen Dilemma zuwenden. Zum einen werden Hürden aufgebaut, die von den Ermittlungsbehörden bis zur rechtmäßigen Anordnung einer Maßnahme übersprungen werden müssen, und zum anderen gibt das Gesetz den Betroffenen die Möglichkeit, im Nachhinein die Rechtswidrigkeit der Maßnahme feststellen zu lassen. Dies kann natürlich erst geschehen, wenn der Betroffene über die Maßnahme informiert wurde, was nach gesetzlich festgelegten Fris-

801 BVerfG, 1 BvR 370/07, Absatz-Nr. 243.

802 BVerfGE 115, 320, 358.

803 BVerfGE 100, 313, 383 f.; 109, 279, 350 ff.; 115, 320, 346.

ten geschehen muss.[804] Im Widerstreit der Interessen der Behörden nach größtmöglicher Effektivität der Ermittlungsinstrumente und denen der Betroffenen nach individuellem Grundrechtsschutz verwundert es kaum, dass die Höhe der Hürden, die Länge der Fristen und die Möglichkeiten der gerichtlichen Überprüfung der Maßnahmen nicht immer in gleicher Weise beurteilt werden. Um jedoch den Effektivitätseifer sowie die tief in die Persönlichkeitssphäre der Betroffenen eingreifenden Maßnahmen in rechtsstaatliche Bahnen zu lenken, bedarf es einer Instanz, die Richtlinien für einen verbindlichen Ausgleich zwischen diesen Interessen vorgibt. In einem modernen demokratischen Rechtsstaat fällt diese Aufgabe den unabhängigen Gerichten zu, die, wie die nachfolgende Analyse zeigen wird, diese Aufgabe nicht nur in Deutschland, sondern auch im Ausland, weitgehend zu erfüllen im Stande sind.

## II. Das Bundesverfassungsgericht in Deutschland – Exemplarische Darstellung anhand der Entscheidung zur „Online-Durchsuchung"

Insbesondere das BVerfG hat in der jüngeren Vergangenheit immer wieder die rechtsstaatlichen Grenzen der präventiven Ermittlungsbemühungen aufgezeigt.[805] Vor allen Dingen in seinem Urteil zum heimlichen Zugriff auf informationstechnische Systeme („Online-Durchsuchung")[806] hat das Gericht in grundsätzlicher Art und Weise für die Online-Durchsuchung im Besonderen, aber anwendbar auch auf alle anderen eingriffsintensiven Ermittlungsmaßnahmen, die Anforderungen an die Angemessenheit der Grundrechtseingriffe klargestellt, die heimliche Ermittlungen in der Persönlichkeitssphäre des Betroffenen bewirken.[807] In ausgleichender Weise werden in dieser Entscheidung die Wichtigkeit der durch die Maßnahme zu schützenden Rechtsgüter sowie der Konkretisierungsgrad der abzuwendenden Gefahr dem durch die Maßnahme verursachten Eingriff in die Rechte des Betroffenen gegenübergestellt.

---

804 Zu den einzelnen Rechtsschutzmöglichkeiten vgl. Singelnstein, NStZ 2009, S. 481–486.

805 Vgl. die Entscheidungen zum „Großen Lauschangriff" BVerfGE 109, 279 ff.; zur Präventiven polizeilichen Telekommunikationsüberwachung BVerfGE 113, 348; zur „Rasterfahndung" BVerfGE 115, 320; oder jüngst zur Vorratsdatenspeicherung: BVerfG, Urteil vom 2.3.2010, 1 BvR 256/08; nicht die Ermittlungsbefugnisse betreffend, jedoch die rechtsstaatlich liberale Grundtendenz des Gerichts ebenfalls bestätigend: „Luftsicherheitsgesetz" BVerfGE 115, 118.

806 Zu den technischen Hintergründen siehe: Buermeyer, HRRS 4/2007, S. 154–166.

807 BVerfGE 120, 274.

## 1. Tatsachenbasis und konkrete Gefahr

Ein wichtiges Augenmerk legten die Richter dabei vor allem darauf, dass die Anordnung von derart tief in die Persönlichkeitssphäre des Betroffenen eingreifenden Ermittlungsmethoden auf einer hinreichend konkreten Tatsachenbasis fußen und nicht auf „ein durch relativ diffuse Anhaltspunkte für mögliche Gefahren gekennzeichnetes Geschehen“[808] gestützt werden. Jegliche Annahmen und Schlussfolgerungen bedürfen eines „konkret umrissenen Ausgangspunktes im Tatsächlichen“[809], so dass „selbst bei höchstem Gewicht der drohenden Rechtsgutsbeeinträchtigung [...] auf das Erfordernis einer hinreichenden Eintrittswahrscheinlichkeit nicht verzichtet werden [kann].“[810] Diese Tatsachenbasis und die Konkretheit der Gefahr, der mit der Durchführung der Ermittlungen begegnet werden soll, bestimmt sich dabei nach drei Kriterien: zum einen natürlich nach den Besonderheiten des vorliegenden Einzelfalls, aber auch nach der zeitlichen Nähe des Umschlagens einer Gefahr in einen Schaden und zum Dritten über den Bezug auf individuelle Personen als Verursacher.[811] Somit soll die Anordnung derartiger Maßnahmen lediglich aufgrund von „Vermutungen oder allgemeine[n] Erfahrungssätze[n]“[812] und eine zu breite Streuung bezogen auf den Kreis der Betroffenen verhindert werden. Ebenso verhindert das Erfordernis einer konkreten Gefahr eine noch weitergehende Verlagerung des Eingriffsanlasses in das Vorfeld einer im Einzelnen noch nicht absehbaren konkreten Gefahr für die Schutzgüter der Ermächtigungsnorm.[813]

## 2. Rang des zu schützenden Rechtsguts

Neben dem Kriterium der konkreten Gefahr stellt der Rang des zu schützenden Rechtsguts ein weiteres Gewicht in der Waagschale dar. Ein Eingriff von solcher Intensität wie der des Zugriffs auf ein informationstechnisches System bedarf als Anordnungsvoraussetzung einer konkreten Gefahr für ein überragend wichtiges Rechtsgut. Nach der Definition des BVerfG fallen hierunter die Rechtsgüter Leib, Leben und Freiheit der Person, mithin also in erster Linie individuelle Rechtsgüter von höchstem Rang. Daneben sind als überragend wichtige Rechtsgüter „solche Güter der Allgemeinheit anzusehen, deren Bedrohung die Grund-

808 BVerfGE 120, 274, 329.
809 BVerfGE 120, 274, 327; BVerfGE 113, 348, 386; 115, 320, 360 f.
810 BVerfGE 120, 274, 327.
811 BVerfGE 120, 274, 328 f.
812 BVerfGE 120, 274, 328.
813 BVerfGE 120, 274, 329.

lagen oder den Bestand des Staates oder die Grundlagen der Existenz der Menschen berührt. Hierzu zählt etwa auch die Funktionsfähigkeit wesentlicher Teile existenzsichernder öffentlicher Versorgungseinrichtungen."[814] Diese Aussagen verdeutlichen, dass das BVerfG auch weiterhin durch die Bestimmung der beeinträchtigten Rechtsgüter die Verhältnismäßigkeit von strafprozessualen Eingriffsmaßnahmen bestimmt. In dieser Entscheidung wird deutlich, dass das Rechtsgutskonzept auch in der verfassungsgerichtlichen Rechtsprechung in strafrechtsbegrenzender Art und Weise Bedeutung hat.

## 3. Stellungnahme

Das BVerfG erkennt die Herausforderungen, denen sich der Gesetzgeber gegenübersieht und nimmt seine Bemühungen ernst. Ebenso anerkennt es dessen Gestaltungsspielraum. Jedoch gibt es Richtlinien vor, entlang derer die sorgfältig gezogene Linie der Verfassungsmäßigkeit verläuft. Im Falle der heimlichen Eingriffsmaßnahmen bestimmt sich diese Linie anhand von drei Kriterien: der Eingriffstiefe, der Prognosesicherheit sowie dem Rang des geschützten Rechtsguts.

### *a) Eingriffstiefe*

Je tiefer eine Maßnahme in die Freiheitssphäre eines Betroffenen einschneidet, desto höher sind die Anforderungen, die an die der Maßnahme zu Grunde liegenden Kriterien gestellt werden müssen. In besonderem Maße gilt dies für heimliche Eingriffe, d.h. für Eingriffe, von deren Anordnung und Durchführung der Betroffene zunächst keinerlei Kenntnis erlangt. Vor allen Dingen die Heimlichkeit steigert die Eingriffsintensität der Maßnahme erheblich.[815] Zwar nimmt der Betroffene den Eingriff nicht wahr und ist dadurch in seinem Bewusstsein gar kein Betroffener. Diese Tatsache führt aber nicht dazu, dass dadurch die Eingriffsqualität negiert werden könnte. Im Gegenteil führt die fehlende Kenntnis der durchgeführten Ermittlungen zu einer Verteidigungsunfähigkeit. Die Fähigkeit zur Verteidigung gegen staatliches Eindringen in das Private und die Möglichkeit der Abwehr solcher Eingriffe sind allerdings Wesensmerkmale des Rechtsstaats, die ihn nicht nur beschreiben, sondern gar als notwendige Bedingung für seine Existenz fungieren. Dass sich heimliche Ermittlungen und das Er-

---

814 BVerfGE 120, 274, 328; Ob diese Rechtsgüter der Allgemeinheit schon tangiert sind, wenn das Vertrauen der Bevölkerung in den Schutz durch den Staat erschüttert ist, dürfte mit Recht bezweifelt werden. So jedoch der RegE des GVVG, BT-Drs. 16/12428, S. 13.

815 Volkmann, JZ 2006, S. 918, 919 f.

fordernis der Verteidigungsfähigkeit zunächst einmal ausschließen, führt nicht zur gänzlichen Verfassungswidrigkeit derartiger Maßnahmen, wohl aber dazu, dass in diesem Fall ein strenger Verhältnismäßigkeitsmaßstab angelegt und darüber hinaus in besonderem Maße die nachträgliche Überprüfbarkeit sichergestellt werden muss.

### *b) Prognosesicherheit und Rang des Schutzguts*

Neben der Eingriffsintensität ist die Prognosesicherheit ein weiteres wichtiges Abwägungskriterium, das, da es sich bei Prognosen immer um Annahmen mit Unsicherheitsfaktor handelt, in seiner Bestimmung und Konkretisierung wohl die meisten Probleme bereitet. Die Prognosesicherheit als Kriterium setzt sich zusammen aus einer Faktenbasis, aufgrund derer eine Prognose abgegeben wird, sowie der Gefahreneintrittswahrscheinlichkeit. Qualität und Umfang der Tatsachenbasis, das Entwicklungsstadium eines dergestalt bestimmten Sachverhaltes hin zu einem Schadenseintritt sowie die Antizipation dieser Entwicklung bestimmen so die Prognosesicherheit.

Die Kriteriumstrias wird schließlich durch den Rang des zu schützenden Rechtsguts komplettiert. Die Verschiebung und das Verhältnis dieser drei Kriterien untereinander bestimmen im Ergebnis das Koordinatensystem der Angemessenheit eines staatlichen Eingriffs. Dabei stellt die Eingriffstiefe der Maßnahme den Maßstab dar, der aus der Kombination des Ranges des Schutzguts und der Prognosesicherheit aufgewogen werden kann. Ist das Schutzgut von herausragendem Rang, sind an die Tatsachenbasis geringere Anforderungen zu stellen, ohne dass jedoch vage Vermutungen ausreichen. Je niedriger der Rang des Schutzgutes ist, desto höher sind die Anforderungen an die Prognosesicherheit. Der Maßstab, den die Eingriffstiefe setzt, ändert sich mit der Intensität der Maßnahme. Weniger intensive Eingriffe erfordern dann auch weniger „Gegengewicht“, was den Rang des Schutzgutes sowie die Faktenbasis und die Gefahreneintrittswahrscheinlichkeit anbelangt. Was aber ist unter einer „konkreten“ Gefahr zu verstehen? Welche Anforderungen sind an die Tatsachenbasis zu stellen? Und wie wahrscheinlich muss ein Gefahreintritt sein? *Volkmann* führt zu Recht Bedenken dahingehend an, ob dann nicht schon Gerüchte und Meldungen bspw. anderer Geheimdienste oder Regierungen, womöglich gar mit zweifelhafter Herkunft, als Tatsachenbasis fungieren könnten, wenn der Rang des Schutzguts nur ausreichend hoch ist. Und er führt weiter aus, dass man unproblematisch argumentieren könnte, dass im Falle terroristischer Anschlagsgefahren das Schutzgut immer von unendlich hohem Rang sei, schließlich seien die prognostizierten

Schäden in diesen Fällen enorm.[816] In der Tat birgt dieser wie jeder Abwägungsprozess das Risiko der Überproportionierung eines Kriteriums. Um jedoch beim Beispiel der Online-Durchsuchung zu bleiben, war sich das BVerfG hierbei durchaus bewusst, dass es sich bei diesem Ermittlungsinstrument in vornehmlichster Linie um eines gegen die terroristische Bedrohung handelt. Durch die Formulierung strenger Verhältnismäßigkeitsanforderungen in diesem Bewusstsein schließt sich eine Argumentation wie oben angeführt schon von vornherein aus.

## III. Rechtsschutz durch die einfachen Gerichte

Neben dem BVerfG, das in aufgezeigter Art und Weise die Grenzen der Maßnahmenanordnung bestimmt hat, kommt den weiteren Gerichten die Aufgabe zu, die Rechtmäßigkeit heimlicher Ermittlungen im Nachhinein zu kontrollieren sowie auf die Einhaltungen der gesetzlichen Voraussetzungen bei deren Anordnung zu achten. Diese vor- wie auch gegebenenfalls nachgeschaltete richterliche Kontrolle ist für die Rechtsstaatlichkeit entsprechender Maßnahmen unverzichtbar.[817]

### 1. Die vorgeschaltete Kontrolle: Der Richtervorbehalt

Ein in der Rechtsprechung des BVerfG oft und wiederholt eingefordertes und in der Gesetzgebung zur Wahrung der Rechtsstaatlichkeit viel verwandtes Rechtsinstitut ist der sog. Richtervorbehalt. Mit der Zahl der Eingriffsmaßnahmen ist somit in den letzten Jahren auch die Zahl derjenigen Normen gewachsen, die einen Richtervorbehalt vorsehen.[818] Insbesondere bei präventiven, in Grundrechte eingreifenden Maßnahmen schreiben die gesetzlichen Regelungen der entsprechenden Eingriffe vor, dass ein unabhängiger Richter im Vorhinein die Voraussetzungen der Anordnung der in Rede stehenden Maßnahme prüft. Diese aus der erhöhten Schutzbedürftigkeit der Betroffenen resultierende Einrichtung ist in der praktischen Handhabe jedoch von nicht ganz so rechtsstaatlich glänzendem Golde wie es die Theorie verspricht. Auf die theoretische Grundlage, die Probleme in der Praxis, mögliche Lösungsansätze sowie die Relevanz für Ermittlungen im Bereich des Terrorismus soll im Folgenden eingegangen werden.

---

816 Volkmann, JZ 2006, S. 918, 920.

817 Dies betont auch BVerfGE 120, 274, 331.

818 So bspw. in §§ 81a II, 81f I, 100b I, 100d I StPO.

### a) Zweck des Richtervorbehalts

Der Zweck des Richtervorbehalts ist umstritten. Dabei geht es weniger um die unzweifelhafte grundrechtssichernde Funktion des Richtervorbehalts[819] als vielmehr um die Frage, warum die Justiz zu einem Zeitpunkt im Ermittlungsverfahren eingeschaltet wird, der naturgemäß nicht der ihrige ist, sondern dessen Hauptakteur die Staatsanwaltschaft als Herrin des Ermittlungsverfahrens ist.[820] Art. 19 IV GG garantiert schließlich den richterlichen Grundrechtsschutz – allerdings erst im Nachhinein. In Literatur und Rechtsprechung finden sich unterschiedliche Rechtfertigungsansätze für diese frühzeitige Einschaltung der Justiz. Nach einer Ansicht dient sie der Kontrolle der Exekutive.[821] Als ein weiterer Grund wird die Schwere des Eingriffs angeführt. Bestimmte Maßnahmen stellen einen derart schwerwiegenden Eingriff dar, dass sie ohne eine richterliche Überprüfung im Vorhinein nicht hingenommen werden dürfen.[822] Darüber hinaus wird im Richtervorbehalt eine Art vorbeugender Rechtsschutz gesehen, der der Besonderheit der Verfahrenssituation wegen regelmäßiger Unmöglichkeit des rechtzeitigen Rechtsschutzes aufgrund der Überraschungswirkung grundrechtsbeschneidender strafprozessualer Maßnahmen Rechnung trägt.[823] Dabei bleibt die Besonderheit zu erwähnen, dass der Richtervorbehalt kein originärer gerichtlicher Rechtsschutz ist. Hierfür fehlt es an einem ausgestalteten Verfahren wie auch an der Möglichkeit des rechtlichen Gehörs des Betroffenen.[824] Dieses fehlende rechtliche Gehör werde jedoch durch den Richtervorbehalt in gewissem Maße kompensiert.[825] Überdies sei zur Abwehr irreparabler Schäden eine frühzeitige Überprüfung geboten und aus eben diesem Grund könne nicht auf den nachträglichen Rechtsschutz gebaut werden.[826]

Sinn und Zweck des Richtervorbehalts besteht wohl im Zusammenspiel der

819 Beispielhaft für Art. 13 I GG: BVerfGE 57, 346. 355.

820 Gusy, GA 2003, S. 672.

821 Lin, Richtervorbehalt und Rechtsschutz gegen strafprozessuale Grundrechtseingriffe, Frankfurt am Main [u.a.] 1998, S. 234; BVerfGE 42, 212, 220: Den Ermittlungsrichter trifft „als Kontrollorgan der Strafverfolgungsbehörden die Pflicht [...] sicherzustellen, dass der Eingriff in die Grundrechte messbar und kontrollierbar bleibt.“; BVerfGE 103, 142, 151: „Der Richtervorbehalt zielt auf eine vorbeugende Kontrolle der Maßnahme durch eine unabhängige und neutrale Instanz ab.“

822 BVerfGE 51, 97, 110; Gusy, GA 2003, S. 672, 673, 676 mwN.

823 Brüning, in: Organisationsbüro Strafverteidigervereinigungen (Hg.), Opferschutz, Richterrecht, Strafprozessreform, Berlin, 2005, S. 105, 114 ff.; Gusy, GA 2003, S. 672, 674.

824 Gusy, GA 2003, S. 672, 677 f.

825 BVerfGE 9, 89, 97; BVerfGE 103, 142, 162.

826 Brüning, in: Organisationsbüro Strafverteidigervereinigungen (Hg.), Opferschutz, Richterrecht, Strafprozessreform, Berlin, 2005, S. 105, 115 f.; Gusy, GA 2003, S. 672, 674.

aufgeführten Kriterien. Er soll dadurch eine *zu* sehr nach Effektivitätsgesichtspunkten ausgerichtete Ermittlungsarbeit auf Kosten genauer Prüfung der Voraussetzungen der Anordnungen einer Maßnahme verhindern. Herauszuheben ist auch die Bedeutung als Möglichkeit des vorbeugenden Quasirechtsschutzes. Richtervorbehalte sind vornehmlich dann im Gesetz festgeschrieben, wenn es um Maßnahmen geht, die zum einen eine besondere Eingriffsintensität aufweisen und zum zweiten ein Überraschungsmoment ausnutzen, weswegen keine Möglichkeit eines vorbeugenden Rechtsschutzes besteht, bevor nicht die Maßnahme vollzogen wurde und der irreversible Grundrechtseingriff stattgefunden hat. Zur effektiven Sicherung der Grundrechte, der Sicherstellung der materiell-rechtlichen Voraussetzungen einer Maßnahme und zum Schutz des Bürgers vor Eingriffen, deren Wirkungen irreversibler Natur sind und derer er sich nicht vor Vollzug der Maßnahme erwehren kann, existiert das Institut des Richtervorbehalts. Dieser erlangt besondere Bedeutung vor allen Dingen durch die richterliche sachliche und persönliche Unabhängigkeit.[827] Hierdurch werde – zumindest theoretisch – gewährleistet, dass „der Richter [...] frei von Weisungen aus der Distanz als unbeteiligter Dritter entscheiden“[828] kann.

### *b) Umfang der Prüfung*

Von besonderer Bedeutung ist der Umfang der Prüfungskompetenz des Ermittlungsrichters. Das BVerfG führt dazu aus:

> „Aus dem Anspruch aus Art. 19 IV GG auf eine wirksame gerichtliche Kontrolle folgt grundsätzlich die Pflicht, die angefochtenen Akte der öffentlichen Gewalt in rechtlicher und tatsächlicher Hinsicht vollständig zu überprüfen; eine Bindung der Gerichte an die von der Exekutive getroffenen Feststellungen und Wertungen ist dem Grundgesetz fremd. [...] Die Pflicht zur vollständigen Überprüfung hat Grenzen. Die gerichtliche Überprüfung kann nicht weiter reichen als die materiell-rechtliche Bindung der Exekutive.“[829]

Dem Ermittlungsrichter steht demnach also die Kompetenz zu, eine vollständige Rechtmäßigkeitskontrolle durchzuführen. Dabei umfasst die richterliche Aufgabe auch die Konkretisierung unbestimmter Rechtsbegriffe. Das Merkmal der Gefahr im Verzug und prognostische Teile des Gefahrbegriffs sind Elemente der Unbestimmtheit und damit ebenfalls grundsätzlich gerichtlich überprüfbar. Diesbezüglich besitzen die Gerichte auch die Letztentscheidungsbefugnis. Unbestimmte Rechtsbegriffe können auch nicht im Rahmen der Ausübung von exeku-

827 Ostendorf, et al., JuS 2001, S. 1063, 1065; BVerfGE 77, 1, 51.
828 Talaska, Der Richtervorbehalt, Hamburg 2007, S. 69.
829 BVerfGE 103, 142, 156.

tivem Ermessen ausgefüllt werden.[830] Begrenzt ist die richterliche Kompetenz dadurch, dass die Anordnung auf Basis der faktischen Bedingungen mit dem konkreten Handlungsfeld der Beamten als Ausgangspunkt unter Berücksichtigung der situationsbezogenen Grenzen von Erkenntnismöglichkeiten und deren möglicher Unvollständigkeit und vorläufiger Natur erfolgt.[831] Eine vollständige Zweckmäßigkeitskontrolle umfasst die richterliche Prüfungskompetenz nicht, wohl aber eine Verhältnismäßigkeitsprüfung.

### *c) Problematische Realität – „Gefahr im Verzug" und andere Eilbefugnisse*

Das grundrechtssichernde Verfahrensmodell des Richtervorbehalts kann die ihm zugedachte Wirkung im Ermittlungsverfahren jedoch nur ungenügend ausfüllen. Durch die gesetzlich festgeschriebene Möglichkeit in nahezu allen Bereichen, in denen ein Richtervorbehalt vorgesehen ist, besteht die Möglichkeit, in Eilfällen die richterliche Genehmigung, bei Vorliegen von Gefahr im Verzug bzw. der Gefährdung der Maßnahme durch Zuwarten bis zur Einholung der richterlichen Entscheidung, durch die staatsanwaltschaftliche zu ersetzen.[832] Dies birgt verständlicherweise die Gefahr, dass diese Ausnahmegenehmigung zu einer „Selbstermächtigung"[833] mutiert, da die Strafverfolgungsbehörden selbst natürlich ein großes Interesse an der Durchführung der Maßnahme haben. Diese beiden als Regel-Ausnahme-Verhältnis konzipierten Möglichkeiten der Genehmigung einer Maßnahme drehten sich in der Vergangenheit in ihrem Verhältnis zueinander um, so dass die Ausnahmeanordnung durch die Staatsanwaltschaft zur Regel und die als Regelfall erdachte richterliche Anordnung zur Ausnahme wurde.[834]

---

830 BVerfGE 103, 142, 157.

831 BVerfGE 103, 142, 159.

832 In manchen Fällen (z.B. § 81a StPO) kann auch eine Ermittlungsperson (§ 152 GVG) die Maßnahme anordnen. Im Falle des § 100d StPO hingegen kann die Genehmigung durch die Kammer des LG nur durch die des Vorsitzenden Richters ersetzt werden. Eine staatsanwaltschaftliche Anordnung ist nicht möglich. Vgl. Meyer-Goßner, § 100d Rn. 1.

833 Lepsius, JURA 2002, S. 259, 262.

834 Geppert, DRiZ 1992, S. 405, 410; Müller, AnwBl. 1992, S. 349, 350 f.; Roxin, NStZ 2007, S. 616; Weber, DRiZ 1991, S. 116 f. verwendet die Begriffe „Formaljustiz" und „Wachhund, der weder bellt noch beißt."; Asbrock, ZRP 1998, S. 17, 18 spricht von einem „rechtsstaatlichen Trostpflaster"; Amelung, NStZ 2001, S. 337, 339; Asbrock, in: Organisationsbüro Strafverteidigervereinigungen (Hg.), Opferschutz, Richterrecht, Strafprozessreform, Berlin, 2005, S. 131 ff.; Brüning, Der Richtervorbehalt im strafrechtlichen Ermittlungsverfahren, Baden-Baden 2005, S. 195 ff.; Lepsius, JURA 2002, S. 259, 263; Lilie, ZStW 111 (1999), S. 807, 811 ff.; Lin, Richtervorbehalt und Rechtsschutz gegen strafprozessuale Grundrechtseingriffe, Frankfurt am Main [u.a.] 1998, S.

Das BVerfG sah sich daher genötigt, in einem Grundsatzurteil die Verhältnisse wieder gerade zu rücken[835] und klarzustellen, dass die richterliche Anordnung wieder zum Regelfall werden müsse.[836] Daneben widmet es sich auch ausführlich dem richterlichen Alltag und betont die Notwendigkeit der Anpassung der organisatorischen und verfahrensmäßigen Vorgaben an den Anspruch der Sicherung der individuellen Freiheitsrechte, was die Ausstattung der Gerichte mit finanziellen und personellen Ressourcen wie auch die Erreichbarkeit und fachliche Qualifikation der mit der Wahrnehmung dieser Aufgabe betrauten Richter betrifft.[837] Die auf dem öffentlichen Sparzwang beruhende, anders liegende tatsächliche Situation wird von dem Gericht gesehen, jedoch nicht als rechtfertigendes Argument anerkannt. Vielmehr nutzt das Gericht diese Tatsache, um die Bedeutung verfassungsrechtlicher Vorgaben gegen vordergründige Sachzwänge zu behaupten[838] und schiebt damit einer wirklichkeitswissenschaftlichen Anleitung des Verfassungsrechts einen Riegel vor.[839]

### *d) Effektivierung der grundrechtssichernden Funktion des Richtervorbehalts*

Zur Effektivierung der grundrechtssichernden Funktion des Richtervorbehalts und seiner praktischen Alltagsumsetzung hat das BVerfG im angesprochenen Grundsatzurteil wichtige Eckpunkte herausgestellt. Wenngleich sich das Urteil auf den Fall der Wohnungsdurchsuchung und den missbräuchlichen Gebrauch der Eilkompetenz bezieht, so sind die gemachten Ausführungen durchaus auch auf andere präventiv-polizeilichen Maßnahmen, die unter Richtervorbehalt stehen, im Grundsatz übertragbar.[840] Dabei weist das BVerfG ähnlich wie in seinem

---

309 ff.; Nelles, Kompetenzen und Ausnahmekompetenzen in der StPO, Berlin 1980, S. 256 ff.; Park, NStZ 2000, S. 601 f.; Spaniol, in: FS Eser, S. 473 f.; Talaska, Der Richtervorbehalt, Hamburg 2007, S. 81 f.; eine der jüngsten empirischen Untersuchungen bestätigt dieses Ergebnis ebenfalls: Albrecht, et al., Rechtswirklichkeit und Effizienz der Überwachung der Telekommunikation nach den §§ 100a, 100b StPO und anderer verdeckter Ermittlungsmaßnahmen, Freiburg im Breisgau 2003.

835 BVerfGE 103, 142-165.

836 BVerfGE 103, 142, 155: „Im Allgemeinen müssen sowohl die Strafverfolgungsbehörden als auch die Ermittlungsrichter und die Gerichtorganisation im Rahmen des Möglichen sicherstellen, dass auch in der Masse der Alltagsfälle die in der Verfassung vorgesehene 'Verteilung der Gewichte' [...], nämlich die Regelzuständigkeit des Richters, gewahrt bleibt."

837 BVerfGE 103, 142, 152 f.

838 BVerfGE 103, 142, 152 f.

839 Lepsius, JURA 2002, S. 259, 266; Möllers, NJW 2001, S. 1397 f.

840 Rabe von Kühlewein, GA 2002, S. 637, 653 f.; Insbesondere zur Problematik des Ver-

Urteil zur Maßnahme der Online-Durchsuchung darauf hin, dass die Anordnung der Maßnahme nur aufgrund von Tatsachen erfolgen darf. „[R]eine Spekulationen, hypothetische Erwägungen oder lediglich auf kriminalistische Alltagserfahrung gestützte, fallunabhängige Vermutungen"[841] reichen hingegen nicht aus. Darüber hinaus legt das Gericht besonderen Wert darauf, dass im Falle einer Eilzuständigkeit die diese begründenden Voraussetzungen durch die Strafverfolgungsbehörden nicht selbst herbeigeführt werden dürften, da dies zur faktischen Aushebelung des Richtervorbehalts führen würde.[842] In organisatorischer Hinsicht fordert das Gericht, die Erfüllung der „verfassungsrechtliche[n] Verpflichtung der Gerichte, die Erreichbarkeit eines Ermittlungsrichters, auch durch die Einrichtung eines Eil- oder Notdienstes zu sichern."[843] Die Strafverfolgungsbehörden mahnt das BVerfG zu einer gewissenhaften Dokumentation der Sachvoraussetzungen, aufgrund derer die Entscheidung über die Anordnung der Maßnahme getroffen wird.[844] Dies dient zum einen der umfassenden Information des Ermittlungsrichters wie auch der Sicherstellung aller für eine nachträgliche, gerichtliche Überprüfung der Maßnahme erforderlichen, entscheidungsrelevanten Informationen.

### *e) Konsequenzen der Missachtung eines Richtervorbehalts*

Wichtig bleibt ebenfalls die Frage nach den Konsequenzen, die sich aus einer fehlerhaften Anordnung der Maßnahme ergeben. Nicht wenige Stimmen in der Literatur fordern bei jedem formalen Verstoß ein Verwertungsverbot für aus der darauf folgenden Maßnahme erlangte Beweise.[845] *Roxin* stellt für den Fall der Durchsuchung darauf ab, ob eine richterliche Genehmigung mit an Sicherheit grenzender Wahrscheinlichkeit erreicht worden wäre. In diesem Fall solle kein Verwertungsverbot gelten, da eine grundsätzliche Anordnungkompetenz der Staatsanwaltschaft – anders als beim Richtervorbehalt für die Maßnahme der

---

hältnisses des verfassungsrechtlichen Richtervorbehalts aus Art. 13 GG zu einfachgesetzlichen Regelungen siehe: Amelung, NStZ 2001, S. 337, 342 f.

841 BVerfGE 103, 142, 155.

842 BVerfGE 103, 142, 155.

843 BVerfGE 103, 142, 156.

844 BVerfGE 103, 142, 160.

845 Fezer, StV 1989, S. 290, 294; Jahn, et al., NStZ 2005, S. 297, 304; Krehl, JR 2001, S. 491, 494; Krekeler, NStZ 1993, S. 263, 268; Kropp, JA 2003, S. 688 ff.; Nelles, Kompetenzen und Ausnahmekompetenzen in der StPO, Berlin 1980, S. 260; ebenso und die „disziplinierende" Wirkung einer solchen Lösung heraushebend: Asbrock, StV 2001, S. 322, 324; gegen die sog. „Disziplinierungstheorie" Amelung, NStZ 2001, S. 337, 341; näher zu dieser Theorie: Herrmann, in: FS Jescheck, S. 1291, 1299 ff.

akustischen Wohnraumüberwachung nach § 100d StPO – gesetzlich vorgesehen sei.[846] Eine weitere Ansicht unterscheidet die Rangfolge der Richtervorbehalte. So sei zumindest ein Verstoß gegen den verfassungsrechtlichen Richtervorbehalt aus Art. 13 II GG mit einem Verwertungsverbot zu ahnden.[847] Der 4. Senat des BGH bejahte ein Verwertungsverbot in einem Urteil aus dem Jahre 1983 zumindest für den Fall, dass die Maßnahme von einer Person angeordnet wurde, die gesetzlich dazu unter keinen Umständen befugt gewesen war.[848] 1989 stellte der 2. Senat des BGH auf den hypothetischen Ermittlungsverlauf ab und lehnte ein Verwertungsverbot ab, wenn der richterlichen Anordnung keine Bedenken im Wege gestanden hätten.[849] Im Jahre 2003 entschied der 1. Senat, dass allenfalls bei willkürlichem Handeln ein Beweisverwertungsverbot in Betracht käme.[850] Im Jahre 2007 hat nun der 5. Senat klargestellt, dass „[e]ine bewusste Missachtung oder gleichgewichtig grobe Verkennung der Voraussetzungen des für Wohnungsdurchsuchungen bestehenden Richtervorbehalts [...] die Annahme eines Verbots der Verwertung bei der Durchsuchung gewonnener Beweismittel rechtfertigen“ kann.[851] Diese Ansicht verdient Zustimmung. Willentliche und bewusste Verstöße gegen die formellen Voraussetzungen einer Maßnahmenanordnung wie dem Richtervorbehalt unterwandern dessen Sinn und lösen seine grundrechtssichernde Funktion auf. Andere bloß formale Verstöße, etwa die fahrlässige Verkennung der Umstände, die eine Eilkompetenz begründen[852], dürfen hingegen nicht unter allen Umständen zu einem Verwertungsverbot führen. Verglichen mit dem anglo-amerikanischen Rechtsverständnis gilt die fruit-of-the-poisonous-tree-Doktrin im deutschen Strafrecht nicht in gleicher Weise.[853] Der Durchsetzung des Strafanspruches der Gesellschaft wird unter Umständen ein höherer Stellenwert eingeräumt.[854] Maßgeblich für die Beurteilung der Rechtmäßigkeit der Maßnahme ist dann die Frage, ob im Zeitpunkt der Anordnung die

846 Roxin, NStZ 1989, S. 376, 378 f.

847 Burhoff, StraFo 2005, S. 140 ff.; Kassing, JuS 2004, S. 675 ff.; auch: Krekeler, NStZ 1993, S. 263, 268.

848 BGH NStZ 1983, 466.

849 BGH NStZ 1989, 375, 376.

850 BGH NStZ 2004, 449 f.; Für ein striktes Verwertungsverbot in dieser Situation: Müller, AnwBl. 1992, S. 349, 352; Für einen Überblick über die unterinstanzlichen Entscheidungen zu dieser Frage siehe den Überblick bei Brüning, HRRS 6/2007, S. 250, 252 mwN und BGHSt 51, 285, 292 mwN.

851 BGHSt 51, 285 (Leitsatz der Entscheidung).

852 Zumindest derartige Ausnahmen gelten lassend auch: Krekeler, NStZ 1993, S. 263, 268.

853 Zur Auswirkung der unterschiedlichen Rechtsauffassungen in dieser Hinsicht siehe: Herrmann, in: FS Jescheck, S. 1291 ff.

854 Brüning, HRRS 6/2007, S. 250, 253.

materiell-rechtlichen Voraussetzungen vorlagen. Ist dies der Fall und wäre eine richterliche Anordnung „höchstwahrscheinlich"[855] zu erreichen gewesen, unterliegen die gefundenen Beweise keinem Verwertungsverbot, denn dem Zweck des Richtervorbehalts, der Sicherung der materiell-rechtlichen Voraussetzungen und dem Schutz der durch die Maßnahme betroffenen Grundrechte steht ein bloß formeller Fehler nicht im Wege. Auf den Zweck ist jedoch abzustellen.[856] Ihre Grenze findet diese Interpretation natürlich – dem Urteil des BGH folgend – in der bewussten Missachtung oder groben Verkennung des Richtervorbehalts.[857]Dabei liegt eine Missachtung oder eine grobe Verkennung schon dann vor, wenn vor der Anordnung einer Maßnahme nicht einmal der Versuch unternommen wurde, die richterliche Genehmigung einzuholen. Ebenso zeugt eine mangelnde Dokumentation der tatsächlichen Voraussetzungen von einer groben Verkennung der Notwendigkeit der Einholung der richterlichen Genehmigung.[858]

### *f) Beweislastregelung*

An diese Beurteilung schließt sich die Frage nach den Beweislastregelungen im Hinblick auf die Voraussetzungen der Maßnahme an. Da die Verwertung eines Beweises eine für die Staatsanwaltschaft günstige Rechtsfolge der von ihr behaupteten Tatsachen darstellt, liegt die Beweislast nach zutreffender Ansicht im Falle von ohne richterlichen Beschluss erlangten Beweisen bezüglich der Tatsache, dass das Erfordernis des Richtervorbehalts nicht bewusst missachtet oder grob verkannt wurde und die materiell-rechtlichen Voraussetzungen im Zeitpunkt der Maßnahmenanordnung vorlagen, bei der Staatsanwaltschaft. So müsse der Angeklagte nicht die Rechtswidrigkeit der Maßnahme aufgrund grober Verkennung oder Missachtung beweisen, vielmehr obliege es der Staatsanwaltschaft das Nichtvorliegen der ein Verwertungsverbot begründenden Tatsachen zu beweisen.[859]

855 Dies ausdrücklich betonend: Roxin, NStZ 2007, S. 616, 617; BGHSt 51, 285, 291.

856 Amelung, NStZ 2001, S. 337, 341; Brüning, HRRS 6/2007, S. 250, 253.

857 Neben anderen: Beulke, JURA 2008, S. 653, 658; Beulke, Strafprozessrecht, Heidelberg 2008, S. 162; Roxin, NStZ 2007, S. 616, 617; Amelung, et al., NStZ 2005, S. 614.

858 Brüning, HRRS 6/2007, S. 250, 253 f.

859 Amelung, et al., NStZ 2005, S. 614 ff.; Brüning, HRRS 6/2007, S. 250, 254.

## 2. Die nachgeschaltete Kontrolle: Informationspflicht und Überprüfbarkeit

Eine ebenfalls wichtige Rolle in der Justizgewährung bei heimlichen strafprozessualen Informationsgewinnungseingriffen spielt die nachträgliche gerichtliche Überprüfbarkeit der Maßnahmen. Erste Voraussetzung hierfür ist natürlich, dass der von der Maßnahme Betroffene überhaupt informiert wird. Durch die Benachrichtigung ist der Betroffene in der Lage, Sachverhalte richtigzustellen und einen effektiven Rechtsschutz gegen die Maßnahme, also bspw. die Löschung der durch die Maßnahme gewonnen Daten zu erreichen. Problematisch für die Überprüfbarkeit sind allerdings die Ausnahmegenehmigungen. Liegen ermittlungstechnische Gründe wie die mögliche Verwertbarkeit der Informationen in anderen Verfahren vor, so dass eine Offenlegung den Ermittlungszweck gefährdet, darf von einer Benachrichtigung abgesehen werden. Im Bereich der Terrorismusbekämpfung stehen oftmals auch Geheimhaltungsinteressen von in- und ausländischen Geheimdiensten einer Offenlegung im Wege. Der Prozess gegen den Terroristen el Mottasadeq[860] zeigt, wie schwierig eine Beweisaufnahme in diesem Umfeld ist.

## 3. Strafrechtsbegrenzung durch obergerichtliche Tatbestandsauslegung

Eine weitere wichtige Aufgabe der Justiz, die in indirektem Zusammenhang mit der Justizgewährung steht, ist die Vornahme der näheren Konturierung auslegungsbedürftiger Rechtsbegriffe und Tatbestandsmerkmale. Durch die Verwendung großflächiger Normen, die einen möglichst großen Bereich an denkbaren tatbestandlichen Handlungen abdecken sollen, ist der Gesetzgeber auf ungenaue und auslegungsbedürftige Tatbestandsumschreibungen angewiesen. Diese auszulegen und mit Inhalt zu füllen, ist unter anderem auch Aufgabe der Rechtsprechung. Durch die Wahrnehmung dieser Aufgabe ist die Justiz, wie die Vergangenheit gezeigt hat, in der Lage, den großflächigen Normen eine restriktivere Auslegungsstruktur angedeihen zu lassen. Hierdurch ist es ihr möglich, strafbarkeitsbegrenzend zu wirken und verfassungsrechtliche Probleme der Anti-Terror-Normen im Hinblick auf ihre Bestimmtheit zu beseitigen.

860 BGH NstZ 2004, 343-345.

# IV. Internationale Dimension der Justizgewährung: EU- und UN-Terrorlisten

Die Globalisierung des Verbrechens und insbesondere des Terrorismus führten richtigerweise zu einer engeren internationalen Zusammenarbeit bzgl. der Maßnahmen gegen das Verbrechen. In Europa laufen die Fäden internationaler Zusammenarbeit auf diesem Gebiet bei der EU, weltweit bei den Vereinten Nationen zusammen. Diese Zusammenarbeit – vor allem der Exekutivorgane der Staaten – hat zur Folge, dass auf dieser Ebene Maßnahmen beschlossen und angewandt werden, die, gleich dem Strafrecht, einschneidende und freiheitsbeschneidende Wirkungen haben. Diese Vorgehensweise birgt jedoch die große Gefahr der mangelnden rechtsstaatlichen Justizgewährung.

Durch den Erlass der Resolutionen Nr. 1267 (1999), Nr. 1333 (2000) und Nr. 1390 (2002) hat der Sicherheitsrat der Vereinten Nationen Maßnahmen auf den Weg gebracht, die unmittelbare Wirkungen gegenüber Privatpersonen und Organisationen entfalten. Die primäre Maßnahme aufgrund der genannten Resolutionen ist das Einfrieren aller Gelder und Finanzmittel der Taliban, Osama Bin Ladens, der Mitglieder und Gefolgsleute von Al-Quaida sowie sonstiger Personen und Institutionen, die sich als Unterstützer dieser Organisationen betätigen. Dazu führen die Vereinten Nationen eine Liste mit den Namen der Betroffenen. [861] Durch Resolution Nr. 1373 (2001) wird auch den Mitgliedsstaaten aufgegeben, selbständig derartige Listen zu führen und entsprechende Maßnahmen vorzunehmen. Durch die EU-Verordnung Nr. 881/2002 wurde die Liste der Vereinten Nationen in die europäischen Rechtsvorschriften inkorporiert, per Verordnung Nr. 2580/2001 wurde Resolution Nr. 1373 (2001) umgesetzt und eine eigenständige Liste eingerichtet.[862] Es existieren demnach zwei Listen: zum einen die sog. UN-Terrorliste und zum anderen die sog. EU-Terrorliste.

Die Auswirkungen, die eine Aufnahme einer Person in eine dieser Listen zur Folge haben kann, lassen sich am Beispiel des 77jährigen Italieners ägyptischer Herkunft Youssef Nada[863] illustrieren: Auf dem Feld des Vorgehens gegen den

---

861 Die Liste ist einsehbar unter: www.un.org/sc/committees/1267/pdflist.pdf, zuletzt geprüft am 01.02.2010.

862 Siehe hierzu: Durchführungsverordnung (EU) Nr. 1285/2009 des Rates vom 22. Dezember 2009 zur Durchführung von Artikel 2 Absatz 3 der Verordnung (EG) Nr. 2580/2009 über spezifische, gegen bestimmte Personen und Organisationen gerichtete restriktive Maßnahmen zur Bekämpfung des Terrorismus, online verfügbar unter: http://eur-lex.europa.eu/LexUriServ/LexUriServ.do?uri=OJ:L:2009:346:0039:0041:DE:PDF, zuletzt geprüft am 01.02.2010.

863 Für einen kurzen Überblick über den Fall siehe: http://www.swissinfo.org/ger/swissinfo.html?siteSect=126&sid=8602332&cKey=1199804508000&ty=st, zuletzt geprüft am

internationalen Terrorismus bilden diese sog. *Black-Lists* den Ausgangspunkt verschiedener Maßnahmen gegen die Betroffenen. Nada, strenggläubiger Muslim und Geschäftsmann, wurde kurz nach den Anschlägen von New York von Präsident Bush als einer der mutmaßlichen Finanziers der Anschläge genannt, was dazu führte, dass er auf die *Black-List* der Vereinten Nationen gesetzt wurde. Dies hatte zur Folge, dass die Firmen des Geschäftsmannes liquidiert, sein Vermögen und seine Konten eingefroren wurden und ihm die Ein- und Durchreise durch die Schweiz, wo Nada derzeit wohnt, verboten wurden. Nach vierjährigen Ermittlungen, die Nada selbst eingefordert hatte, wurde das Verfahren gegen ihn eingestellt, da man keine belastenden Beweise finden konnte. Nada selbst distanziert sich ausdrücklich von jeglichen terroristischen Aktionen im Namen des Islam. Trotz der Einstellung des Verfahrens blieb Nada weiterhin auf der Liste der Vereinten Nationen, die für alle Mitgliedsstaaten verbindlichen Charakter hat. Der Berichterstatter des Europarats in diesen Angelegenheiten Dick Marty bezeichnete die Schwarzen Listen, wie sie von den Vereinten Nationen und der EU geführt würden, als „zivile Todesstrafe".[864] Insbesondere bemängelte er, dass es für die Betroffenen keinerlei Möglichkeit der Verteidigung und Überprüfung gegen die Aufnahme in eine solche Liste gebe. Diese Praxis führe dazu, dass aufgrund „vager Verdachtsmomente" Personen in das Visier beispielsweise des US-Geheimdienstes CIA gerieten und in Folge dessen in diese Liste aufgenommen würden, ohne dass die Möglichkeit bestünde, gerichtlich dagegen vorzugehen und eine Streichung zu erstreiten. Dies gewinnt umso mehr an Brisanz, wenn man bedenkt, dass vor allen Dingen die Zusammenarbeit bzgl. der Datenübermittlungen von verdächtigen Personen vorangetrieben wird. Bei einer weltweiten Datenverbreitung erhöht sich naturgemäß die Wahrscheinlichkeit, dass ein Staat, der in Besitz der Daten ist, Maßnahmen wie die Aufnahme der Person in eine *Black-List* auf internationaler Ebene vorantreibt. Eine geraume Zeit lang wurden die betreffenden Personen jedoch nicht einmal über die Aufnahme in eine der Listen informiert.[865]

Aus der Listung einer Person oder Organisation, die keine rechtskräftige Verurteilung wegen einer terroristischen Straftat voraussetzt[866], folgen neben anderen Maßnahmen zwei hauptsächliche sog. *smart-sanctions* oder *targeted-sanctions*: Einerseits werden alle Gelder und wirtschaftlichen Ressourcen, die sich im Besitz oder im Eigentum von gelisteten Personen oder Organisationen

01.02.2010.

864 http://www.sueddeutsche.de/politik/383/424142/text/, zuletzt geprüft am 01.02.2010.

865 Dies war im Jahr 2004 noch nicht der Fall: Albin, ZRP 2004, S. 71, 72; Zum genauen Procedere siehe: http://www.sueddeutsche.de/ausland/artikel/753/142440/, zuletzt geprüft am 01.02.2010.

866 Urteil des EuG vom 02.09.2009 – Az T 37/07, T 323/07.

befinden oder von letzteren gehalten oder kontrolliert werden, eingefroren, andererseits wird das Verbot ausgesprochen, diesen Personen oder Organisationen Gelder und wirtschaftliche Ressourcen zur Verfügung zu stellen (sog. Bereitstellungsverbot). Die Kehrseite dieser Maßnahmen sind die Wirkungen, die diese auf Seiten der gelisteten Personen oder Organisationen erzeugt. Sie sind vielfältiger Art und führen zu Konsequenzen auf zivilrechtlichem, strafrechtlichem, asyl- und ausländerrechtlichem sowie unternehmensrechtlichem Gebiet.[867] An dieser Stelle sollen einige exemplarisch dargestellte Konsequenzen die einschneidenden Wirkungen einer Listung verdeutlichen und die Notwendigkeit der im Anschluss geführten Diskussion um Rechtsschutzmöglichkeiten untermauern.

Die zentrale Maßnahme ist die des Einfrierens aller Vermögensmittel des Betroffenen. So werden nicht nur seine Konten gesperrt, sondern die darüber hinausgehende Pflicht zum Einfrieren von wirtschaftlichen Ressourcen verbietet auch die wirtschaftliche Nutzung von Eigentum, sei es die Vermietung der eigenen Wohnung oder die Nutzung des eigenen Pkw als Taxi. Das Bereitstellungsverbot bewirkt, dass dem Betroffenen keine Barmittel zur Verfügung gestellt werden dürfen, was bedeutet, dass an ihn kein Arbeitslohn oder Mietzins ausgezahlt werden darf. Einzig die Güter, die zum persönlichen Verbrauch oder Gebrauch bestimmt sind, werden als vom Bereitstellungsverbot nicht erfasst angesehen.[868] Ebenfalls konkrete Auswirkungen entfaltet die Listung bei der Auszahlungspraxis von Arbeitslosengeld II. An einen auf der Terrorliste Geführten werden wegen des Bereitstellungsverbotes keine entsprechenden Gelder ausgezahlt.

Auch auf strafrechtlichem Gebiet hat die Aufnahme in die Terrorliste Auswirkungen. Zwar führt die Aufnahme in die Liste nicht zwangsläufig zu einem Ermittlungsverfahren wegen des Verdachts der Mitgliedschaft in einer terroristischen Vereinigung, eine Präjudizwirkung kann der Listung allerdings nicht abgesprochen werden. Insbesondere wurden Haftbefehle nach § 112 III StPO unter anderem darauf gestützt, dass der Betroffene selbst auf einer der Listen stehe oder einer auf der Liste stehenden Organisation nahestehe.[869] Darüber hinaus ist der Betroffene auf die Zuweisung eines Pflichtverteidigers angewiesen, da ihm die finanziellen Mittel für einen Wahlverteidiger fehlen. Auch nach Einstellung des Ermittlungsverfahrens kann das Bereitstellungsverbot zu erheblichen Konsequenzen führen. So wurde beispielsweise dem Marokkaner Mzoudi, einem mutmaßlichen Helfer von Mohammed Atta, nach der Einstellung seines Verfahrens

867 Eine ausführliche Darstellung der Konsequenzen findet sich bei: Meyer, et al., HRRS 12/2007, S. 445, 447 ff.

868 Meyer, et al., HRRS 12/2007, S. 445, 448.

869 Meyer, et al., HRRS 12/2007, S. 445, 449 f.

und seiner Entlassung aus der Untersuchungshaft seine ihm zustehende Haftentschädigung nicht ausgezahlt.

Diese Beispiele zeigen, dass eine Listung auf einer der beiden *Black-Lists* einschneidende grundrechtsrelevante Konsequenzen nach sich zieht, ohne dass gegen diese Eingriffe dem Betroffenen die Möglichkeit eines effektiven, individuellen Rechtsschutzes gewährt wird. Hieraus ist die Konsequenz zu ziehen, dass insbesondere auf dem Gebiet der internationalen Zusammenarbeit die Rechtsschutzmöglichkeiten erweitert werden müssen. Die Internationalisierung des (Straf-)Rechts muss mit der Internationalisierung der Rechtsgarantien einhergehen. Rechtsstaaten zeichnen sich dadurch aus, dass der betroffene Bürger sich vor einer unabhängigen Instanz gegen das Vorgehen des Staates zur Wehr setzen kann. Auch wenn die Herstellung von Sicherheit eine Staatsaufgabe ist und von nicht wenigen Stimmen gar als Grundrecht gewertet wird, die Bürger mithin also eine Leistung des Staates in dieser Richtung einfordern, so sind Grundrechte in erster Linie jedoch als Abwehrrechte konzipiert und das Prinzip der Rechtsstaatlichkeit ist eine Bindung des Staates, um gerade das staatliche Handeln zu begrenzen und überprüfbar zu halten. Dieses Prinzip der Rechtsstaatlichkeit im Sinne einer umfassend möglichen gerichtlichen Kontrolle muss auch auf dem Gebiet des Gemeinschafts- und Völkerrechts mitwachsen. Dass dies – wenngleich verspätet – der Fall ist, zeigt ein Blick auf die Entwicklung der Rechtsschutzmöglichkeiten gegen die Aufnahme in eine der Listen.

## 1. Rechtsschutz gegen die Aufnahme in die Liste der UN

Die Rechtsschutzmöglichkeiten gegen die Aufnahme in eine der beiden Terrorlisten richtet sich danach, in welcher der Listen der Betroffene steht. Gegen eine Aufnahme in die UN-Liste stand dem Betroffenen zunächst lediglich der diplomatische Weg über seinen Heimatstaat offen.[870] Seit Ende 2006 existiert die Möglichkeit für betroffene Personen oder Organisationen, persönlich unmittelbar bei den Vereinten Nationen einen sog. de-listing-Antrag zu stellen. Ein verwaltungsinternes Gremium dient dabei als zentrale Anlaufstelle (Focal Point), in dem mit den Staaten, die die Listung betrieben haben bzw. denjenigen, die gegen die Listung sind, eine Lösung gefunden werden soll. Diese Stelle leitet eine Empfehlung an den Sanktionsausschuss der Vereinten Nationen weiter, der dann über die Aufrechterhaltung oder Streichung von der Liste entscheidet. Ein echter Rechtsbehelf für den einzelnen Betroffenen ist dies jedoch nicht, sondern lediglich ein rein diplomatisches Verfahren.

870 Meyer, et al., HRRS 12/2007, S. 445, 453.

## 2. Rechtsschutz gegen die Aufnahme in die Liste der EU

Auf europäischer Ebene haben die Rechtsschutzmöglichkeiten eine positivere Entwicklung vollzogen. Hatten die Betroffenen zunächst auch hier keine Möglichkeit, gegen die Aufnahme in die vom Rat geführte Liste vorzugehen, so hat sich doch in der Rechtsprechung des EuGH ein Wandel vollzogen[871], der nunmehr durch die Ratifizierung des Vertrages von Lissabon in Art. 75 AEUV auch ihren Niederschlag im europäischen Primärrecht gefunden hat. Durch die Entscheidungen des EuG in Sachen *Kadi* und *Yusuf*[872] verwehrte das Gericht den Betroffenen zunächst den Zugang zu einer gerichtlichen Überprüfung der Listung mit der Begründung, dass eine inzidente Kontrolle von Beschlüssen des Sicherheitsrates der Vereinten Nationen durch ein europäisches Gericht nicht möglich sei.[873] Durch das Urteil des EuG vom 12.12.2006[874] wurde den dort Betroffenen die Möglichkeit eingeräumt, eine erneute Prüfung der Rechtmäßigkeit ihrer Aufnahme in die Liste durchführen zu lassen, da für den Eingriff in Grundrechte die erforderliche Begründung gem. Art. 253 EGV fehlte. Die Besonderheit dieses Falles lag darin, dass der Rat selbst im Gemeinsamen Standpunkt und in der angegriffenen Verordnung eine Namensliste erstellte und die Verbindung zum Recht der Vereinten Nationen mithin gelockert war. Das Manko der fehlenden Begründung wurde jedoch behoben und die Anforderungen an die Listungspraxis angepasst. Mit seinem Urteil vom 03.09.2008 hat der EuGH jedoch eine Wende in der Gewährung der gerichtlichen Überprüfung in diesen Fällen vollzogen. Er führt dazu aus:

> „Insoweit ist daran zu erinnern, dass die Gemeinschaft eine Rechtsgemeinschaft ist, in der weder ihre Mitgliedstaaten noch ihre Organe der Kontrolle daraufhin, ob ihre Handlungen mit der Verfassungsurkunde der Gemeinschaft, dem Vertrag, im Ein-

---

871 Für einen kurzen Überblick siehe: Scholz, NVwZ 2009, S. 287–289.

872 EuG Rs. T-315/01 – Kadi; Rs. T-306/01 – Yusuf, vom 21.9.2005; zu diesen Entscheidungen siehe auch: Haltern, JZ 2007, S. 537, 538 ff.; Sauer, NJW 2008, S. 3685 f.

873 „Soweit demnach die Gemeinschaft aufgrund des EG-Vertrags Befugnisse übernommen hat, die zuvor von den Mitgliedsstaaten im Anwendungsbereich der Charta der Vereinten Nationen ausgeübt wurden, ist sie an die Bestimmungen dieser Charta gebunden.“, EuG Rs. T-315/01 – Kadi, Rz. 193 ff.

„In diesem Zusammenhang sind die Gemeinschaftsorgane aufgrund einer gebundenen Befugnis tätig geworden, so dass sie über keinen eigenen Ermessensspielraum verfügten. Insbesondere konnten sie weder den Inhalt der fraglichen Resolutionen unmittelbar ändern noch einen Mechanismus schaffen, der zu einer solchen Änderung führen konnte. Jede Kontrolle der materiellen Rechtmäßigkeit der Verordnung Nr. 881/2002 würde also bedeuten, dass das Gericht inzident die Rechtmäßigkeit der genannten Resolutionen prüft.“, EuG Rs. T-315/01 – Kadi, Rz. 5.

874 EuG Rs. T-228/02 – Volksmudschahedin des Iran, vom 12.12.2006.

> klang stehen, entzogen sind, und dass mit diesem Vertrag ein umfassendes System von Rechtsbehelfen und Verfahren geschaffen worden ist, das dem Gerichtshof die Überprüfung der Rechtmäßigkeit der Handlungen der Organe zuweist."[875]

Der EuGH sieht die Problematik, dass Rechtsakte des Völkerrechts grundsätzlich unabhängig vom Recht der EU gem. Art. 307 EG Bestand haben. Dies dürfe jedoch nicht dazu führen, dass „die Grundsätze [...], die zu den Grundlagen der Gemeinschaftsrechtsordnung selbst gehören, worunter auch der Schutz der Grundrechte fällt, der die Kontrolle der Rechtmäßigkeit der Gemeinschaftsrechtsakte im Hinblick auf ihre Vereinbarkeit mit den Grundrechten durch den Gemeinschaftsrichter einschließt"[876], in Frage gestellt werden. Auch auf den oben erläuterten „Rechtsschutz", den ein Betroffener bei den Vereinten Nationen direkt erreichen kann, geht der EuGH ein:

> „Jedenfalls kann der Umstand, dass es im Rahmen des betreffenden Systems der Vereinten Nationen das Verfahren der Überprüfung vor dem Sanktionsausschuss gibt, auch unter Berücksichtigung der kürzlich an ihm vorgenommenen Änderungen nicht zu einer generellen Nichtjustiziabilität im Rahmen der internen Rechtsordnung der Gemeinschaft führen. Eine solche Nichtjustiziabilität, die eine erhebliche Abweichung von dem im EG-Vertrag vorgesehenen System des gerichtlichen Rechtsschutzes der Grundrechte darstellen würde, erscheint nämlich in Anbetracht dessen, dass das betreffende Verfahren der Überprüfung offenkundig nicht die Garantien eines gerichtlichen Rechtsschutzes bietet, nicht gerechtfertigt."[877]

Der EuGH hat der gegebenen Situation fehlender gerichtlicher Überprüfbarkeit einschneidender, grundrechtsrelevanter Maßnahmen durch die Europäische Gemeinschaft ein Ende bereitet. Zwar ist der durch die Gemeinschaft gewährte Rechtsschutz subsidiär gegenüber dem de-listing-Verfahren der Vereinten Nationen. Allerdings ist er im Falle seines Eingreifens umfassend. Dabei ist er vom Grad der Verbindung zwischen dem Recht der Vereinten Nationen und dem Recht der Europäischen Gemeinschaft unabhängig. *Sauer* hebt zutreffend hervor, dass der EuGH diese Entscheidung unbeeindruckt von den erheblichen politischen Zwängen getroffen hat.[878]

Ohne auf die Probleme einzugehen, die sich aus dieser Entscheidung des EuGH in völkerrechtlicher und europarechtlicher Hinsicht ergeben[879], lässt sich dreierlei feststellen: Die Entscheidung trifft die grundlegende Aussage, dass

875 EuGH Rs. C-402/05 – Kadi, Al-Barakaat , 03.09.2008, Rz. 281.

876 EuGH Rs. C-402/05 – Kadi, Al-Barakaat , 03.09.2008, Rz. 304.

877 EuGH Rs. C-402/05 – Kadi, Al-Barakaat , 03.09.2008, Rz. 321 f.

878 Sauer, NJW 2008, S. 3686, 3688.

879 Vergleiche hierzu näher: Kämmerer, EuR 2009, S. 114–129; ebenfalls auf den Konflikt zum UN-Sanktionensystem hinweisend: Oppermann/Classen/Nettesheim, Europarecht, 4. Aufl., München 2009, S. 668.

Rechtsakte der EU, die internationales Völkerrecht umsetzen, am Gemeinschaftsrecht gemessen und überprüft werden können. Zum zweiten stärkt sie in erheblichem Maße die Rechte des Einzelnen im Hinblick auf die Grundrechte des Eigentums, des rechtlichen Gehörs sowie der effektiven rechtlichen Kontrolle. Und zum dritten schafft sie einen Ausgleich der berechtigten Interessen der Internationalen Gemeinschaft an der effektiven Verfolgung des Terrorismus mit den Justizgewährungsrechten der Betroffenen dadurch, dass sie den Sanktionsorganen erlaubt, die Mitteilung der Listung an die Betroffenen erst nach der Aufnahme in die Liste vorzunehmen. Mit der Ratifizierung des Vertrages von Lissabon ist die Listung als Verwaltungsmaßnahme im Sinne des Art. 75 AEUV nunmehr auf eine rechtliche Grundlage gestellt. Der Justizgewährungspflicht wird in diesen Fällen dadurch nachgekommen, dass Art. 75 Abs. 3 AEUV bestimmt, dass die eine Listung beinhaltenden Rechtsakte „die erforderlichen Bestimmungen über den Rechtsschutz“ vorsehen müssen.[880]

880 Die systematische Stellung des Art. 75 AEUV im allgemeinen Teil des Titels über den Raum der Freiheit, der Sicherheit und des Rechts als „unglücklich“ bezeichnend: Oppermann/Classen/Nettesheim, Europarecht, 4. Aufl., München 2009, S. 668.

# J. Fazit

Betrachtet man die staatsphilosophischen Erklärungen, wurde die Organisationsform Staat aus dem Bedürfnis nach Ordnung und Sicherheit aus der Taufe gehoben. Sieht man auf die darauf folgende Entwicklung vor allen Dingen in der Zeit der Aufklärung, so wird deutlich, dass hier der Akzent in zunehmendem Maße vor allem auf die Freiheit gesetzt wurde. Die Freiheit der Menschen steht, wenn auch in ungezügelter Form, vor dem Staat und auch ihre Zügelung darf nur zum Zwecke des Erhalts der Freiheit und ihrer möglichst ungestörten Ausübung durchgeführt werden. Die Freiheit ist also das fundamentale Prinzip, von dem aus die rechtliche Ausgestaltung des Staates gedacht werden muss. Sicherheit ist zwar die Bedingung der Möglichkeit von Freiheit, darf nach dem hier dargelegten Grundverständnis allerdings über diese Ermöglichungsbedeutung nicht hinausreichen.

Der Ausgleich von Freiheit und Sicherheit im Gefüge staatlicher Terrorismusprävention stellt nicht nur die Welt der Juristen vor eine nahezu unlösbare Aufgabe. Ein Rückzug auf die prima facie einfache ausgleichende Lösung der „praktischen Konkordanz" erscheint in ihrem Ansatz natürlich richtig, ist in ihrer Konkretisierung jedoch umso schwerer.[881] Die Ansichten, wie eine praktische Konkordanz diesbezüglich aussehen könnte, gehen dementsprechend weit auseinander. Eine effiziente Strafverfolgung unter Bewahrung der rechtsstaatlichen Garantien, die Überwachung und Überführung von gefährlichen Terroristen ohne Beeinträchtigungen Unschuldiger, die Verhinderung von Anschlägen und die Gewährung eines Sicherheitsgefühls und auch faktischer Sicherheit ohne die Aufgabe von Freiheitsrechten, mithin der optimale Ausgleich und Einklang von Freiheit und Sicherheit ist genauso wünschens- und erstrebenswert wie unrealistisch. Der bloße Verweis auf den Ausgleich mittels praktischer Konkordanz, auf die Versöhnung der schwer, wenn nicht gar unversöhnlichen Geschwister erscheint hilflos und, wenn er mit langen Ausführungen über die Gefahren der Überbetonung einer der beiden Seiten verbunden ist, banal.[882] Neben allen Ana-

881 Eser, ZStW 108 (1996), S. 86, 127.

882 Richter, HFR 2008, S. 231, 250: „Als Ausweg [...] wird die Herstellung von größtmöglicher Kongruenz von objektiv-existenter Bedrohungslage und Bevölkerungspräferenzen für die Güter Sicherheit und Freiheit vorgeschlagen."
Den Rückgriff auf die praktische Konkordanz zur Vereinbarung von Freiheit und Sicherheit umschreibt Limbach, Terror - eine Bewährungsprobe für die Demokratie, online verfügbar unter http://www.bpb.de/themen/O04P1S,0,Terror_eine_Bew%E4hrungsprobe_f%FCr_die_Demokratie.html, zuletzt geprüft am 01.02.2010: „Es handelt sich um eine rhetorische Formel, die lediglich das Problem umschreibt, aber den Maßstab zu sei-

lysen der derzeitigen Strafrechtssituation, neben allen erkannten Tendenzen und Problemen, bleibt am Ende alleine die Gewissheit, Symptome und Ursachen genannt, ein Heilmittel jedoch nicht gefunden zu haben. Trotz dieser Gewissheit ist es dennoch möglich, ein Terrain abzustecken, in dessen Bereich im politischen wie wissenschaftlichen Diskurs eine akzeptable Lösung erreicht werden kann.

# I. Akzeptanz der tatsächlichen Voraussetzungen

Die erste Voraussetzung für einen klaren Blick auf angebrachte Maßnahmen zur Bewältigung des Problems des Terrorismus ist die Akzeptanz bestehender tatsächlicher Vorgaben, insbesondere im Hinblick auf die den Gegenstand des Terrorismus beschreibenden Tatsachen: Dieser ist global und netzwerkartig organisiert, ohne eine klare hierarchische Struktur aufzuweisen. Er operiert im Geheimen, angepasst an die Gesellschaft und rekrutiert sich auch aus ihr heraus. Seine Anhänger verfolgen ihre Ziele meist bedingungslos und schrecken vor dem eigenen Tod nicht zurück und lassen sich auch von Strafe nicht abschrecken. Die Auswirkungen ihrer Handlungen können verheerend, die Opferzahlen hoch sein.

Es ist unerlässlich, sich diese Bestandsaufnahme bei der Beurteilung der strafrechtlichen Anti-Terror-Maßnahmen stets vor Augen zu halten. Allzu leicht nimmt der Blick auf das Strafrecht rechtsstaatlich verklärte Formen an. Eine solche Auffassung wird jedoch den Herausforderungen, die die gegenwärtige Situation an das Strafrecht stellt, nicht gerecht. Jedoch stellen diese Herausforderungen ebensowenig einen Freibrief für den Gesetzgeber dar und der bloße Verweis auf sie ist per se noch kein ausreichendes Kriterium für die Legitimität strafrechtlicher Normen.

Darüber hinaus gilt es, die Zielsetzungen eines „modernen“ Strafrechts als notwendig und gegeben hinzunehmen. Die Legitimität und Notwendigkeit eines Gefährdungsstrafrechts darf genausowenig im Grundsatz abgelehnt werden wie eine Ausdehnung der Strafbarkeit auf das Vorfeld von Rechtsgutsverletzungen. Die Herausforderung des internationalen Terrorismus impliziert geradezu die Notwendigkeit einer solchen Anpassung des Strafrechts und einer größeren Gewichtung der Prävention im nationalen wie internationalen Gefahrenabwehrrecht inklusive des Strafrechts. Auch wenn einige Bewahrer des klassischen Strafrechts und seiner klassischen Dogmatik diese Anpassung als gefährliche Preisgabe rechtsstaatlichen Territoriums ansehen mögen, so bildet sie doch eine zwingende Notwendigkeit gerade zur Bewahrung rechtsstaatlicher Prinzipien und Grundsätze. Die Verortung der Maßnahmen gegen den Terrorismus im

ner Lösung schuldig bleibt.“

Strafrecht stellt wegen der hohen präventiven Zielsetzung derselben zwar eine Gratwanderung zwischen den Systemen der Strafverfolgung und der Gefahrenabwehr dar, sie bedeutet jedoch in erster Linie die Anwendbarkeit strafrechtlicher Prinzipien und Garantien auf die zu Recht unter kritischer Beobachtung stehenden Regelungen zur Abwehr terroristischer Gefahren.[883] Stimmen, die die Motivation des Gesetzgebers hinter umstrittenen Strafrechtsnormen gutheißen, ihre Umsetzung mittels strafrechtlicher Instrumentarien jedoch als verfassungswidrig brandmarken und stattdessen diffus eine Überarbeitung der existierenden rechtlichen Mittel fordern und wollen, dass bestimmte Verhaltensweisen lediglich ausländerrechtliche Konsequenzen oder eine Überwachung der betreffenden Personen zur Folge haben, verkennen eben jenen Vorteil der Verortung von Regelungen zur Abwehr terroristischer Gefahren im Strafrecht. Auch der Vorschlag der Schaffung eines „rechtsstaatlichen Sicherheitsrechts"[884] würde lediglich die Neuschaffung eines Rechts bedeuten, das freiheitsentziehende Maßnahmen vorsieht, ohne dass es die Fragen der Legitimität der darin enthaltenen Regelungen beantworten könnte. Einzig eine Trennung der Vorfelddelikte von den klassischen strafrechtlichen Tatbeständen könnte hier vollzogen werden, was jedoch die Frage nach der Trennlinie zwischen dem Polizei- und Sicherheitsrecht, dem Sicherheitsstrafrecht sowie dem Strafrecht nach sich zöge und eine Definition der klassischen Straftatbestände bedingen würde. Zu letzteren jedoch müsste man wohl auch Gefährdungsdelikte wie die Straßenverkehrsdelikte oder die Brandstiftungsdelikte zählen.

Die Zusammenführung von Ermittlungskompetenz der Strafverfolgungsbehörden wie der Nachrichtendienste ist eine Notwendigkeit zur effektiven Terrorismusabwehr. Die Zentralisierung von Erkenntnissen und Informationen in einem Terrorabwehrzentrum trägt der großen territorialen Ausbreitung terroristischer Gefahr Rechnung. Sie ist ebenso wichtig wie die Ausstattung der Ermittlungsbehörden mit notwendigem auch prozessualem Instrumentarium. Die Gründung des Gemeinsamen Terrorabwehrzentrums in Berlin-Treptow, das Gemeinsame-Dateien-Gesetz sowie die Reform des BKA-Gesetzes[885] sind daher die konsequenten und richtigen Folgen einer Kräfte bündelnden Sicherheits- und Kriminalpolitik.

---

883 Sieber, NStZ 2009, S. 353, 356 f.

884 Hassemer, HRRS 4/2006, S. 130–143.

885 Gesetz zur Abwehr von Gefahren des internationalen Terrorismus durch das Bundeskriminalamt vom 25.12.2008, BGBl. I 2008, S. 3083 ff.

## II. Grenzen des „modernen" Strafrechts

Die geschilderten Formen eines „modernen" Strafrechts müssten allerdings auch bestimmten Grenzen oder Begrenzungen unterliegen. Diese liegen zum einen in dem Erfordernis, eine mit der Vorverlagerung der Strafbarkeit und mit der Ausdehnung der tatbestandlichen Deliktsreichweite in Einklang stehende Verringerung des Strafrahmens vorzunehmen. Zum zweiten ist die Bestrebung im Zaum zu halten, Straftatbestände zu schaffen, deren Zweck sich beinahe gänzlich in ihrer Verbindung mit verfahrensrechtlichen Bezugsnormen erschöpft. Klar ist, dass die Verbindung heimlicher Ermittlungsmethoden mit Vorfelddelikten grundsätzlich notwendig ist. Führt man sich wieder die Ausgangsproblematik vor Augen, muss den im Verborgenen operierenden, terroristischen Vereinigungen sowie den terroristischen Einzeltätern in ihrem konspirativen Umfeld gleichsam mit heimlichen Ermittlungen begegnet werden. Zur Verhinderung des Entstehens eines Zustandes, der von Kritikern der Anti-Terror-Gesetzgebung als „totale Überwachung" beschrieben wird, ist jedoch auch die Reichweite dieser Ermittlungsmethoden einzugrenzen. Dies kann im Zuge einer restriktiven Deliktsauslegung geschehen, die die Hürde des Anfangsverdachts hinaufsetzt, sowie durch die Einschaltung anderer rechtsstaatlicher Schranken, etwa des Richtervorbehalts.

Eine restriktive Auslegung gelingt unter Rückbesinnung auf die strafbarkeitsbegrenzende Funktion des Rechtsgutskonzeptes, dessen limitierende und kritische Potenz im Wege seiner Einbeziehung in die Verhältnismäßigkeitsprüfung auch in der Lage ist, gegenüber dem Gesetzgeber Wirkung zu entfalten. Abseits dessen ist der demokratisch legitimierte Gesetzgeber frei in seiner Entscheidung, was er unter Strafe stellen will. Der Gebrauch abstrakter Gefährdungsdelikte ist das dogmatische Mittel der Wahl, einen vorgelagerten Rechtsgüterschutz zu erreichen. Die Verbindung mit großflächigen Rechtsgütern ist dabei nicht per se unzulässig. Die Schaffung vager Rechtsgüter und die Beziehung abstrakter Gefährdungshandlungen hierauf können jedoch einen Missbrauch des strafbarkeitsbegrenzenden Rechtsgutskonzeptes darstellen. Diese Missbrauchsfälle sind zu „enttarnen". Dies kann unter anderem auch dadurch gelingen, dass im Rahmen der Verhältnismäßigkeitsprüfung diesen Rechtsgütern eine geringere Schutzwürdigkeit unterstellt wird.

Die Anti-Terror-Delikte sind, aufgrund ihrer Funktion zur Verhinderung terroristischer Anschläge, auf die durch solche tangierten Individualrechtsgüter, insbesondere des Lebens, der körperlichen Unversehrtheit sowie der Freiheit, zurückzubeziehen. Dadurch ergeben sich wegen der dann zu Tage tretenden weiteren Vorverlagerung der Strafbarkeit bei Vorbereitungsdelikten höhere Legitimationsanforderungen und ein gesteigerter Legitimationsdruck.

Die Legitimation von strafrechtlichen Normen aufgrund ihrer Eignung zur Erschütterung des Sicherheitsgefühls der Bevölkerung oder Teilen derselben ist abzulehnen. Diese rein emotionale und empirisch nicht fassbare Kategorie genügt verfassungsrechtlichen Anforderungen nicht.

## III. Absolute rechtsstaatliche Grenzen

Ein zweiter, essentieller Eckpfeiler ist die klare Grenzziehung zu und Distanzierung von Formen eines im wahrsten Sinne des Wortes „Bekämpfungsrechts". Die Erfahrungen, die in Lateinamerika im Kampf gegen die Drogenkartelle gemacht werden, sowie die Lehren, die aus der Inhaftierung von des Terrorismus verdächtigten Personen im Gefangenenlager in Guantánamo Bay zu ziehen sind, zeigen, dass dieser Weg nicht nur nicht zielführend ist, sondern auch essentielle Menschenrechte verletzt. Sowohl die theoretische Grundlage eines Feindstrafrechts als auch seine Umsetzung in die Rechtswirklichkeit schaffen im Kern einen Menschen zweiter Klasse, der grundlegende Freiheitsrechte dadurch verwirkt hat, dass er in den Anwendungsbereich dieses Sonderrechts fällt. Wann dies der Fall ist, ist abhängig von der Definitionsmacht desjenigen, der die Voraussetzungen der Anwendbarkeit des Sonderrechts festlegt. Aus rechtsstaatlichen Erwägungen heraus ist daher der Versuchung zu widerstehen, ein derartiges Recht wegen vermeintlicher Effektivitätssteigerung zu etablieren.

Dabei gilt es zu beachten, dass ein solches Sonderrecht mit allen tatsächlichen wie rechtlichen Folgen der Inhaftierung unter besonderen Bedingungen, der Unterziehung „spezieller" Verhörmethoden bis hin zur Folter, der Verbringung in ausländische Vollzugseinrichtungen, der Nichtgewährung elementarer prozessualer Rechte sowie der Beschneidung von Verteidigerrechten, auch Personen trifft, denen ein strafbares Verhalten im Endeffekt nicht zur Last gelegt werden kann. Auch wenn die Sorge um die eigene Sicherheit als Ratgeber bisweilen radikale Wege aufzeigt, wie sie in der Diskussion um den rechtmäßigen Abschuss eines Passagierflugzeugs oder in der Folterdiskussion zum Ausdruck kommen, ist das Festhalten am Primat der Menschenwürde eine fundamentale und unverrückbare Basis unseres Gemeinwesens, das auch angesichts einer besonderen Bedrohung nicht angetastet werden darf.[886]

886 Dies tangiert jedoch nicht die moralische Bewertung von Handeln in einer durch die entsprechende Regelung im Luftsicherheitsgesetz beschriebenen Situation oder einer Situation, die vergleichbar ist mit derjenigen, in der sich die Ermittler im Fall des entführten und ermordeten Jakob von Metzler befanden.

# IV. Mut zur ehrlichen Evaluation

Viele der die Materie der Terrorismusbekämpfung betreffenden Gesetze sind in periodischen Abständen durch den Bundestag zu evaluieren und auf ihre praktische Bedeutung und Zweckmäßigkeit hin zu untersuchen.[887] Einen Beitrag, den der Gesetzgeber bei der Begrenzung unnötiger Grundrechtseingriffe leisten kann, liegt hierbei in einer ehrlichen Evaluation, die „ergebnisoffen" geführt werden muss, d.h. auch mit der Konsequenz des Kassierens als sich im Nachhinein unzweckmäßig erweisender Regelungen.

# V. Justizgewährung

## 1. Bedeutung der Justizgewährung

Eine elementare Rolle bei der Eingrenzung und rechtsstaatlichen Umhegung des Anti-Terror-Strafrechts kommt der Justiz zu. Die dargestellten Mechanismen zur Begrenzung der strafrechtlichen Regelungen liegen weitgehend im Tätigkeits- und Kompetenzbereich der Justiz. Die Kontrolle der Legislative sowie die Gewährung effektiven Rechtsschutzes sind ureigenste Aufgabe der dritten Gewalt. Die Straftatbestände des Anti-Terror-Strafrechts sind juristisches Neuland und verfassungsrechtlich stets „auf Kante genäht". Oftmals ist dies der großen Reichweite und Unbestimmtheit der Tatbestände geschuldet. Diese Unbestimmtheit zu beseitigen und die Reichweite zu definieren, sprich die Auslegung unbestimmter Rechtsbegriffe und Tatbestandsmerkmale vorzunehmen, ist insbesondere Aufgabe der Justiz.

Die Rechtsprechung hat in der Vergangenheit schon einen guten Weg in diese Richtung genommen. In zentralen Entscheidungen, sowohl im materiellen wie auch im Prozessrecht, zeigt sich die obergerichtliche Rechtsprechung als kontrollierender Faktor mit restriktiver Grundtendenz. Exemplifizieren lässt sich diese Tendenz an den Entscheidungen des Bundesverfassungsgerichts zur „Online-Durchsuchung" oder dem Luftsicherheitsgesetz sowie den Entscheidungen des BGH zur Stärkung des Richtervorbehalts oder zu den Tatbestandsmerkmalen der §§ 129a/b StGB.[888] In diesen Entscheidungen verdeutlicht die Justiz ihre Unabhängigkeit als Stimme der Vernunft und Unaufgeregtheit und fungiert unabhängig vom politischen Tagesgeschäft als ruhender Pol gegenüber der Exekuti-

887 Albers, in: Deutsches Institut für Menschenrechte (Hg.), Menschenrechte, Berlin 2006, S. 21–36.

888 Vgl.: BGH Urteil v. 14.08.2009 – 3 StR 552/08 = BGH NJW 2009, 3448.

ve, die in bisweilen überschießendem Eifer in der Wahrnehmung ihrer – durchaus berechtigten – Interessen handelt.

Die oben erwähnte notwendige Zentralisierung – die national wie international geschehen muss – muss einhergehen mit Transparenz und Justizgewährung. So sind die heimlichen Ermittlungsmaßnahmen nur flankiert mit – auch nachträglichen – Rechtsschutzmöglichkeiten zulässig. Genauso muss diesen Maßnahmen eine unabhängige Kontrollinstanz vorgeschaltet sein. Diese Aufgabe kommt in Gestalt des Richtervorbehalts ebenfalls der Justiz zu. Auch wenn die nach Urteilen des BVerfG auf das zulässige Maß abgesenkten Regelungen bisweilen praktisch schwer handhabbar sind, müssen sich die Ermittlungsbehörden und der Gesetzgeber diesen Schwierigkeiten und Herausforderungen stellen.

Auf internationaler Ebene genügt die Justizgewährung grundsätzlich dadurch rechtsstaatlichen Ansprüchen, dass die strafrechtliche Sanktionsgewalt bei den Nationalstaaten liegt und die nationalen Gerichte diese so gewährleisten. In der Zukunft wird sich diese Sanktionshoheit allerdings internationalisieren, so dass entsprechende Justizgrundrechte auch auf internationaler Ebene zu gewährleisten sind. Wo jetzt schon strafsanktionsähnliche Kompetenzen vorhanden sind, die auf internationalem Recht beruhen, so hat der EuGH einen bedeutenden – wenngleich in seiner Begründung umstrittenen – Schritt hin zu einem richtigen Maß an Justizgewährung dadurch vollzogen, dass er europäische Umsetzungsakte internationalen Völkerrechts für gerichtlich überprüf- und anfechtbar erklärt hat.

Die Justiz hält daher die Mittel in der Hand, durch die Konkretisierung von gesetzlichen Eingriffsschwellen und strafrechtlichen Tatbestandsmerkmalen sowie durch die verfassungsgerichtliche Überprüfung der legislativen Akte im Bereich der Terrorismusabwehr den rechtsstaatlich zulässigen Boden abzustecken, der zur Abwehr terroristischer Gefahren bearbeitet werden kann, und etwaige Grenzübertretungen zu beanstanden.[889] Sie ist dadurch in der Lage, die individuellen Freiheitssphären der Bürger gegenüber den Tendenzen der Kollektivierung zu stärken. Die weitläufige Ansicht, man habe nichts zu befürchten, wenn man nichts zu verbergen habe, wird dadurch zu Gunsten eines individuellen Grundrechtsschutzes zurückgedrängt.

---

889 So auch: Bader, NJW 2009, S. 2853, 2856; Morguet, Feindstrafrecht, Berlin 2009, S. 152 ff. exemplifiziert die korrigierende Wirkung der obergerichtlichen Rechtsprechung anhand der Entscheidungen BGHSt 49, 112 ff. („*Motassadeq*"), BVerfGE 109, 279 ff. („Großer Lauschangriff") sowie BGH NJW 2002, 1779 ff. („Vermögensstrafe").

## 2. Justizgewährung als Alibi?

In Anbetracht des zuvor Erörterten könnte der Gedanke aufkommen, die Justiz werde als Alibi verwendet, um die Probleme lediglich zu verschieben anstatt sie zu lösen. Es lässt sich dem Gesetzgeber allerdings schwerlich vorwerfen, dass er angesichts der aufgezeigten Bedrohungslage nicht alles seiner Ansicht nach Mögliche unternimmt, dieser Bedrohung zu begegnen. Er sieht sich auch der Bevölkerung gegenüber verpflichtet, alles ihm Mögliche zu tun. Dass er dabei gelegentlich die rechtsstaatlichen Grenzen überdehnt, ist insbesondere den neuartigen Herausforderungen in rechtlich ungesichertem Terrain sowie dem politischen wie öffentlichen Druck geschuldet. Verhindert werden kann dies nur, wenn der Gesetzgeber einer effektiven Kontrolle unterliegt. Die regelmäßige Evaluation von Gesetzen ist ein solcher Kontrollmechanismus. Er besteht jedoch in einer Selbstkontrolle, die grundsätzlich nicht so effektiv ist wie die Kontrolle durch ein anderes unabhängiges Organ. Dieses unabhängige Kontrollorgan ist die Rechtsprechung. Über sie ist eine effektive Kontrolle vorzunehmen. Über diesen Weg kann auch die Rechtswissenschaft durch Forschungsbeiträge zu diesem Thema einen großen Teil beitragen. Die Legislative steht unter hohem politischem Druck. Sicherheit ist ein großes Thema, das die Menschen bewegt. Der im Bewusstsein der Bevölkerung eher auf theoretischer Ebene angesiedelte Themenkreis der Rechtsstaatlichkeit und der Grundrechte (auch für den mutmaßlichen Terroristen) erscheint in der Debatte eher unpopulär. Umso wichtiger ist das Durchhalten dieser fundamentalen Grundsätze auch in dafür schwierigen Zeiten. Die Unabhängigkeit der dritten Gewalt und die von ihr bisher eingeschlagene Richtung weisen einen guten Weg des Ausgleichs zwischen legitimen Sicherheitsinteressen und einem dem Grundverständnis unserer Staatsordnung entsprechenden Grundrechts- und Freiheitsschutz.

# Literaturverzeichnis


ALBERS, MARION, Die Determination polizeilicher Tätigkeit in den Bereichen der Straftatenverhütung und der Verfolgungsvorsorge, Berlin 2001, (Schriften zum öffentlichen Recht, 842).

ALBERS, MARION, Die verfassungsrechtliche Bedeutung der Evaluierung neuer Gesetze zum Schutz der Inneren Sicherheit. In: DEUTSCHES INSTITUT FÜR MENSCHENRECHTE (HG.), Menschenrechte - Innere Sicherheit - Rechtsstaat. Konferenz des Deutschen Instituts für Menschenrechte in Berlin am 27. Juni 2005, Berlin 2006, S. 21–36. Zitiert: ALBERS, in: DEUTSCHES INSTITUT FÜR MENSCHENRECHTE (HG.), Menschenrechte, Berlin 2006.

ALBIN, SILKE, Rechtsschutzlücken bei der Terrorbekämpfung im Völkerrecht, ZRP 2004, S. 71–73.

ALBRECHT, HANS-JÖRG; DORSCH, CLAUDIA; KRÜPE, CHRISTIANE, Rechtswirklichkeit und Effizienz der Überwachung der Telekommunikation nach den §§ 100a, 100b StPO und anderer verdeckter Ermittlungsmaßnahmen. Eine rechtstatsächliche Untersuchung im Auftrag des Bundesministeriums der Justiz, Freiburg im Breisgau 2003, (Kriminologische Forschungsberichte aus dem Max-Planck-Institut für Ausländisches und Internationales Strafrecht, 115).

ALBRECHT, PETER-ALEXIS, Das Strafrecht im Zugriff populistischer Politik, StV 1994, S. 265–273.

ALBRECHT, PETER-ALEXIS, "Krieg gegen den Terror" - Konsequenzen für ein rechtsstaatliches Strafrecht, ZStW 117 (2005), S. 852–864.

ALBRECHT, PETER-ALEXIS, Kriminologie. Eine Grundlegung zum Strafrecht, 3., neu bearb. Aufl., München 2005, (Juristische Kurz-Lehrbücher).

ALBRECHT, PETER-ALEXIS, Das nach-präventive Strafrecht: Abschied vom Recht. Sicherheitsstrafrecht als Entwicklung vom Bürgerstrafrecht zum Feindstrafrecht, Betrifft Justiz 22 (2006), S. 289–298.

ALBRECHT, PETER-ALEXIS, Die vergessene Freiheit. Strafrechtsprinzipien in der europäischen Sicherheitsdebatte, 2. Aufl., Berlin 2006.

AMBOS, KAI, Der Allgemeine Teil des Völkerstrafrechts. Ansätze einer Dogmatisierung, Berlin 2004, (Strafrecht und Kriminologie, 16).

AMELUNG, KNUT, Strafrechtswissenschaft und Strafgesetzgebung, ZStW 92 (1980), S. 19–72.

AMELUNG, KNUT, Die Entscheidung des BVerfG zur "Gefahr im Verzug" i.S. des Art. 13 II GG, NStZ 2001, S. 337–343.

AMELUNG, KNUT; MITTAG, MATTHIAS, Beweislastumkehr bei Haussuchungen ohne richterliche Anordnung gemäß § 105 StPO, NStZ 2005, S. 614–617.

ANASTASOPOULOU, IOANNA, Deliktstypen zum Schutz kollektiver Rechtsgüter, München 2005, (Münchener Universitätsschriften Reihe der Juristische Fakultät, 196).

APONTE, ALEJANDRO, Krieg und Feindstrafrecht. Überlegungen über das effiziente Feindstrafrecht anhand der Situation in Kolumbien, 1. Aufl, Baden-Baden 2004, (Rechtsvergleichende Untersuchungen zur gesamten Strafrechtswissenschaft, Folge 3, 28).

APONTE, ALEJANDRO, Feind oder Bürger? Günther Jakobs und das Dilemma eines feindlichen Strafrechts. In: UWER, T. (HG.), "Bitte bewahren Sie Ruhe". Leben im Feindrechtsstaat, 1. Aufl., Berlin 2006 (Schriftenreihe der Strafverteidigervereinigungen), S. 131–163. Zitiert: APONTE, in: UWER (HG.), "Bitte bewahren Sie Ruhe", Berlin 2006.

APONTE, ALEJANDRO, Krieg und Politik - Das politische Feindstrafrecht im Alltag, HRRS 8-9/2006, S. 297–303.

APPEL, IVO, Prävention und Vorsorge. Von der Staatsaufgabe zur rechtlichen Ausgestaltung. In: WAHL, R. (HG.), Prävention und Vorsorge. Von der Staatsaufgabe zu den verwaltungsrechtlichen Instrumenten, Bonn 1995, S. 1–216. Zitiert: APPEL, in: WAHL (HG.), Prävention und Vorsorge, Bonn 1995.

APPEL, IVO, Verfassung und Strafe. Zu den verfassungsrechtlichen Grenzen staatlichen Strafens, Berlin 1998.

APPEL, IVO, Rechtsgüterschutz durch Strafrecht? Anmerkungen aus verfassungsrechtlicher Sicht, KritV 1999, S. 278–311.

ARCHANGELSKIJ, ALEXANDER, Das Problem des Lebensnotstandes am Beispiel des Abschusses eines von Terroristen entführten Flugzeuges, Berlin 2005, (Berliner Juristische Universitätsschriften : Reihe Strafrecht).

ARNOLD, JÖRG, Entwicklungslinien des Feindstrafrechts in 5 Thesen, HRRS 8-9/2006, S. 303–315.

ARZT, GUNTHER; WEBER, ULRICH, Strafrecht Besonderer Teil, Bielefeld 2000. Zitiert: ARZT, ET AL., Strafrecht BT.

ASADA, KAZUSHIGE, Die Gesetzgebung zur "Conspiracy" in Japan. In: SIEBER, U.; DANNECKER, G.; KINDHÄUSER, U. K.; VOGEL, J.; WALTER, T. (HG.), Strafrecht und Wirtschaftsstrafrecht. Dogmatik, Rechtsvergleich, Rechtstatsachen; Festschrift für Klaus Tiedemann zum 70. Geburtstag, Köln 2008, S. 313–323. Zitiert: ASADA, in: FS Tiedemann.

ASBROCK, BERND, Der Richtervorbehalt - prozedurale Grundrechtssicherung oder rechtsstaatliches Trostpflaster?, ZRP 1998, S. 17–19.

ASBROCK, BERND, Anmerkung zu BVerfG, Urt. v. 20.2.2001 - 2 BvR 1444/00, StV 2001, S. 322–324.

ASBROCK, BERND, Der Richtervorbehalt im Ermittlungsverfahren. Kontrollfunktion und Kontrollmöglichkeiten des Richters im Ermittlungsverfahren. In: ORGANISATIONSBÜRO STRAFVERTEIDIGERVEREINIGUNGEN (HG.), Opferschutz, Richterrecht, Strafprozessreform. 28. Strafverteidigertag, Karlsruhe, 5. - 7. März 2004, 1. Aufl, Berlin, 2005 (Schriftenreihe der Strafverteidigervereinigungen), S. 131–141. Zitiert: ASBROCK, in: ORGANISATIONSBÜRO STRAFVERTEIDIGERVEREINIGUNGEN (HG.), Opferschutz, Richterrecht, Strafprozessreform, Berlin, 2005.

ASSOCIATION INTERNATIONALE DE DROIT PÉNAL, Resolution Draft, RIDP (3/4) 2007, S. 509–514.

BACIGALUPO, ENRIQUE, Rechtsgutsbegriff und Grenzen des Strafrechts. In: PAWLIK, M.; JAKOBS, G. (HG.), Festschrift für Günther Jakobs zum 70. Geburtstag am 26. Juli 2007, Köln 2007, S. 1–14. Zitiert: BACIGALUPO, in: FS Jakobs.

BACKES, OTTO, Der Kampf des Strafrechts gegen nicht-organisierte Terroristen. Anmerkung zum Referentenentwurf eines "Gesetzes zur Verfolgung der Vorbereitung von schweren Gewalttaten", StV 2008, S. 654–660.

BADER, MARKUS, Der Straftatbestand der Unterstützung einer terroristischen Vereinigung im Lichte aktueller Rechtsprechung des BGH (zugl. Anmerkung zu BGH, B. v. 19.05.2005 - StB 3/05-8 - BGH, B. v. 16.05.2007 - AK 6/07, StB 3/07 -), NStZ 2007, S. 618–624.

BADER, MARKUS, Das Gesetz zur Verfolgung der Vorbereitung von schweren staatsgefährdenden Gewalttaten, NJW 2009, S. 2853–2856.

BARTON, STEPHAN, "...weil er für die Allgemeinheit gefährlich ist!". Prognosegutachten, Neurobiologie, Sicherungsverwahrung, 1. Aufl, Baden-Baden 2006, (Interdisziplinäre Studien zu Recht und Staat, Bd. 39).

BECK, ULRICH, World risk society, Cambridge 1999.

BECK, ULRICH, Risikogesellschaft. Auf dem Weg in eine andere Moderne, 10. Aufl., Frankfurt am Main 2006, (Edition Suhrkamp, 1365 = N.F., 365).

BECK, ULRICH, Weltrisikogesellschaft. Auf der Suche nach der verlorenen Sicherheit, 1. Aufl., Frankfurt am Main 2007, (Edition Zweite Moderne).

BECK, WOLFGANG, Unrechtsbegründung und Vorfeldkriminalisierung. Zum Problem der Unrechtsbegründung im Bereich vorverlegter Strafbarkeit - erörtert unter besonderer Berücksichtigung der Deliktstatbestände des politischen Strafrechts, Berlin 1992, (Strafrechtliche Abhandlungen, N.F.,76).

BEESTERMÖLLER, GERHARD; BRUNKHORST, HAUKE (HG.), Rückkehr der Folter. Der Rechtsstaat im Zwielicht?, München 2006, (Beck'sche Reihe, 1684).

BENDER, SOLEDAD, Die nachträgliche Sicherungsverwahrung, Frankfurt am Main 2007, (Europäische Hochschulschriften Reihe 2, Rechtswissenschaft, Bd. 4605).

BEULKE, WERNER, Beweiserhebungs- und Beweisverwertungsverbote im Spannungsfeld zwischen den Garantien des Rechtsstaates und der effektiven Bekämpfung von Kriminalität und Terrorismus, JURA 2008, S. 653–666.

BEULKE, WERNER, Strafprozessrecht, 10., völlig neu bearbeitete Auflage, Heidelberg 2008.

BIRNBAUM, JOHANN MICHAEL FRANZ, Über das Erfordernis einer Rechtsverletzung zum Begriff des Verbrechens, mit besonderer Rücksicht auf den Begriff der Ehrenkränkung, NArchCrim 15 (1834), S. 149–183.

BOERS, KLAUS, Kriminalitätsfurcht. Über den Entstehungszusammenhang und die Folgen eines sozialen Problems, Pfaffenweiler 1991, (Hamburger Studien zur Kriminologie, 12).

BOOK, JAN PHILIPP; GENEUSS, JULIA, Gefangene jenseits des Rechts? Zur Entscheidung des U.S. Supreme Court im Verfahren Boumediene v. Bush, ZIS 2008, S. 325–332.

BOTTKE, WILFRIED, Anmerkung zu BGHSt 32, 243, JR 1985, S. 122–125.

BOTTKE, WILFRIED, Das Straftaterfordernis der Rechtsgutsverletzung. In: DÖLLING, D.; LAMPE, E.-J. (HG.), Jus humanum. Grundlagen des Rechts und Strafrecht. Festschrift für Ernst-Joachim Lampe zum 70. Geburtstag, Berlin 2003, S. 463–489. Zitiert: BOTTKE, in: FS Lampe.

BREHM, WOLFGANG, Zur Dogmatik des abstrakten Gefährdungsdelikts, Tübingen 1973, (Juristische Studien, 48).

BRENNER, MICHAEL, Bundesnachrichtendienst im Rechtsstaat. Zwischen geheimdienstlicher Effizienz und rechtsstaatlicher Kontrolle, 1. Aufl., Baden-Baden 1990, (Nomos-Universitätsschriften Recht, 34).

BRUGGER, WINFRIED, Der neue U.S. Supreme Court: Eine konservative Bastion?, HFR 2006, S. 90–99.

BRÜNING, JANIQUE, Der Richtervorbehalt im strafrechtlichen Ermittlungsverfahren. In: ORGANISATIONSBÜRO STRAFVERTEIDIGERVEREINIGUNGEN (HG.), Opferschutz, Richterrecht, Strafprozessreform. 28. Strafverteidigertag, Karlsruhe, 5. - 7. März 2004, 1. Aufl, Berlin, 2005 (Schriftenreihe der Strafverteidigervereinigungen), S. 105–117. Zitiert: BRÜNING, in: ORGANISATIONSBÜRO STRAFVERTEIDIGERVEREINIGUNGEN (HG.), Opferschutz, Richterrecht, Strafprozessreform, Berlin, 2005.

BRÜNING, JANIQUE, Der Richtervorbehalt im strafrechtlichen Ermittlungsverfahren, Baden-Baden 2005, (Kieler rechtswissenschaftliche Abhandlungen, 49).

BRÜNING, JANIQUE, Die Rechtsfolgen eines Verstoßes gegen den Richtervorbehalt; zugleich eine Anmerkung zum Urteil des BGH vom 18. April 2007 (5 StR 546/06 = BGH HRRS 2007 Nr. 463), HRRS 6/2007, S. 250–255.

BRUNKHORST, HAUKE, Folter, Würde und repressiver Liberalismus. In: UWER, T. (HG.), "Bitte bewahren Sie Ruhe". Leben im Feindrechtsstaat, 1. Aufl., Berlin 2006 (Schriftenreihe der Strafverteidigervereinigungen), S. 103–116. Zitiert: BRUNKHORST, in: UWER (HG.), "Bitte bewahren Sie Ruhe", Berlin 2006.

Buermeyer, Ulf, Die "Online-Durchsuchung". Technischer Hintergrund des verdeckten hoheitlichen Zugriffs auf Computersysteme, HRRS 4/2007, S. 154–166.

Bull, Hans Peter, Wie weit reicht das Sicherheitsversprechen des Staates gegenüber seinen Bürgern. In: Graulich, K.; Simon, D. (Hg.), Terrorismus und Rechtsstaatlichkeit. Analysen, Handlungsoptionen, Perspektiven, Berlin 2007 (Interdisziplinäre Arbeitsgruppen - Forschungsberichte), S. 303–314. Zitiert: Bull, in: Graulich, et al. (Hg.), Terrorismus und Rechtsstaatlichkeit, Berlin 2007.

Bung, Jochen, Feindstrafrecht als Theorie der Normgeltung und der Person, HRRS 2/2006, S. 63–71.

Bung, Jochen, Zurechnen-Können, Erwarten-Dürfen und Vorsorgen-Müssen - Eine Erwiderung auf Günther Jakobs, HRRS 8/2006, S. 317–321.

Burhoff, Detlef, Durchsuchung und Beschlagnahme - Bestandsaufnahme zur obergerichtlichen Rechtsprechung, StraFo 2005, S. 140–147.

Cancio Meliá, Manuel, Feind"strafrecht"?, ZStW 117 (2005), S. 267–289.

Cancio Meliá, Manuel, Zum Unrecht der kriminellen Vereinigung: Gefahr und Bedeutung. In: Pawlik, M.; Jakobs, G. (Hg.), Festschrift für Günther Jakobs zum 70. Geburtstag am 26. Juli 2007, Köln 2007, S. 27–52. Zitiert: Cancio Meliá, in: FS Jakobs.

Cancio Meliá, Manuel; Gómez-Jara Díez, Carlos (Hg.), Derecho penal del enemigo: el discurso penal de la exclusión - Vol. 1, Montevideo, Madrid 2006.

Cancio Meliá, Manuel; Gómez-Jara Díez, Carlos (Hg.), Derecho penal del enemigo: el discurso penal de la exclusión - Vol. 2, Montevideo, Madrid 2006.

Chesney, Robert, Beyond Conspiracy? Anticipatory Prosecution and the Challenge of Unaffiliated Terrorism, Southern California Law Review Vol. 80, 2007, S. 425–502.

Chesney, Robert M., The Sleeper Scenario: Terrorism Support Laws and the Demand of Prevention, Harvard Journal on Legislation 42 (2005), S. 1–89.

Conrad, Hermann; Kleinheyer, Gerd (Hg.), Vorträge über Recht und Staat von Carl Gotlieb Svarez, Köln 1960, (Wissenschaftliche Abhandlungen der Arbeitsgemeinschaft für Forschung des Landes Nordrhein-Westfalen, Bd. 10).

Crespo, Eduardo Demetrio, Das "Feindstrafrecht" darf nicht sein! Zur Unzulässigkeit des sogenannten "Feindstrafrechts" und dem Gedanken der Sicherheit unter besonderer Berücksichtigung der wissenschaftlichen Diskussion und Tendenzen in Spanien, ZIS 2006, S. 413–427.

Daase, Christopher, Terrorismus - Begriffe, Theorien und Gegenstrategien. Ergebnisse und Probleme sozialwissenschaftlicher Forschung, Die Friedens-Warte 2001, S. 55–79.

Dahm, Georg, Der Tätertyp im Strafrecht, Leipzig 1940, (Leipziger rechtswissenschaftliche Studien).

de Londras, Fiona, The Right to Challenge the Lawfulness of Detention. An International Perspective on U.S. Detention of Suspected-Terrorists, Journal of Conflict and Security Law 2007, S. 223–260.

de Londras, Fiona, Guantánamo Bay: Towards Legality?, The Modern Law Review 2008, S. 36–58.

Deckers, Rüdiger; Heusel, Johanna, Strafbarkeit terroristischer Vorbereitungshandlungen - rechtsstaatlich nicht tragbar, ZRP 2008, S. 169–173.

Denninger, Erhard, Freiheit durch Sicherheit? Wie viel Schutz der inneren Sicherheit verlangt und verträgt das deutsche Grundgesetz, KritJ 2002, S. 467–475.

Depenheuer, Otto, Selbstbehauptung des Rechtsstaates, 2. Aufl., Paderborn 2008, (Schönburger Gespräche zu Recht und Staat, Bd. 8).

Di Fabio, Udo, Risikoentscheidungen im Rechtsstaat. Zum Wandel der Dogmatik im öffentlichen Recht, insbesondere am Beispiel der Arzneimittelüberwachung, Tübingen 1994, (Jus publicum, 8).

Dietl, Wilhelm; Hirschmann, Kai; Tophoven, Rolf, Das Terrorismus-Lexikon. Täter, Opfer, Hintergründe, Frankfurt am Main 2006.

Díez Ripollés, José Luis, Symbolisches Strafrecht und die Wirkungen der Strafe, ZStW 113 (2001), S. 516–538.

DIWELL, LUTZ, Der ganzheitliche Bekämpfungsansatz - eine neue Strategie in der Auseinandersetzung mit dem islamistisch motivierten Terrorismus. In: GRIESBAUM, R.; HANNICH, R.; SCHNARR, K. (HG.), Strafrecht und Justizgewährung. Festschrift für Kay Nehm zum 65. Geburtstag, Berlin 2006, S. 101–109. Zitiert: DIWELL, in: FS Nehm.

DORF, MICHAEL C., What Is An "Unlawful Combatant" And Why It Matters. The Status Of Detained Al Qaeda And Taliban Fighters, online verfügbar unter http://writ.news.findlaw.com/dorf/20020123.html, zuletzt geprüft am 01.02.2010.

DÖRMANN, KNUT, The legal situation of "unlawful/unpriviledged combatanats", IRRC March 2003, S. 45–73.

DORN, ALEXANDER, Das Trennungsgebot in verfassungshistorischer Perspektive. Zur Aufnahme inlandsnachrichtendienstlicher Bundeskompetenzen in das Grundgesetz vom 23. Mai 1949, Berlin 2004, (Schriften zum öffentlichen Recht, 967).

DUBBER, MARKUS DIRK, Positive Generalprävention und Rechtsgutstheorie: Zwei zentrale Errungenschaften der deutschen Strafrechtswissenschaft aus amerikanischer Sicht, ZStW 117 (2005), S. 485–518.

DÜX, HEINZ, Globale Sicherheitsgesetze und weltweite Erosion von Grundrechten, ZRP 2003, S. 189–195.

EGLI, PATRICIA, Rechtliche Schranken im Kampf gegen den Terrorismus. Hamdan v. Rumsfeld und der Military Commissions Act, AJP 8/2007, S. 1019–1030.

ESER, ALBIN, Entwicklung des Strafverfahrensrechts in Europa. Orientierung an polizeilicher Effektivität oder an rechtsstaatlichen Grundsätzen?, ZStW 108 (1996), S. 86–127.

ESER, ALBIN, Schlussbetrachtungen. In: ESER, A.; HASSEMER, W.; BURKHARDT, B. (HG.), Die deutsche Strafrechtswissenschaft vor der Jahrtausendwende. Rückbesinnung und Ausblick; Dokumentation einer Tagung vom 3. - 6. Oktober 1999 in der Berlin-Brandenburgischen Akademie der Wissenschaften, München 2000, S. 437–448. Zitiert: ESER, in: ESER, ET AL. (HG.), Die deutsche Strafrechtswissenschaft vor der Jahrtausendwende, München 2000.

ESER, ALBIN, Zur Entwicklung von Maßregeln der Besserung und Sicherung als zweite Spur im Strafrecht. In: BRITZ, G.; MÜLLER-DIETZ, H. (HG.), Grundfragen staatlichen Strafens. Festschrift für Heinz Müller-Dietz zum 70. Geburtstag, München 2001, S. 213–236. Zitiert: ESER, in: FS Müller-Dietz.

FEDERLE, MARKUS ALEXANDER, Racketeer Influenced and Corrupt Organizations Act der USA (RICO) - Übertragbarkeit auf deutsche Verhältnisse?, ZStW 110 (1998), S. 767–795.

FEZER, GERHARD, Anmerkung zu BGH, Urt. v. 17.2.1989 - 2 StR 402/88, StV 1989, S. 290–295.

FISCHER, THOMAS (HG.), Strafgesetzbuch und Nebengesetze, 56. Aufl., München 2009, (Beck'sche Kurz-Kommentare, 10). Zitiert: FISCHER, § Rn.

FRANKENBERG, GÜNTER, Kritik des Bekämpfungsrechts, KritJ 2005, S. 370–386.

FREHSEE, DETLEV, Fehlfunktionen des Strafrechts und der Verfall rechtsstaatlichen Freiheitsschutzes. In: FREHSEE, D.; SCHILD, W. (HG.), Der Rechtsstaat verschwindet. Strafrechtliche Kontrolle im gesellschaftlichen Wandel von der Moderne zur Postmoderne; gesammelte Aufsätze, Berlin 2003 (Kriminologische und sanktionenrechtliche Forschungen), S. 275–303. Zitiert: FREHSEE, in: FREHSEE, ET AL. (HG.), Der Rechtsstaat verschwindet, Berlin 2003.

FRISCH, WOLFGANG, An den Grenzen des Strafrechts. In: KÜPER, W.; DENCKER, F.; STREE, W. (HG.), Beiträge zur Rechtswissenschaft. Festschrift für Walter Stree und Johannes Wessels zum 70. Geburtstag, Heidelberg 1993, S. 69–105. Zitiert: FRISCH, in: FS Stree/Wessels.

FRISCH, WOLFGANG, Rechtsgut, Recht, Deliktsstruktur und Zurechnung im Rahmen der Legitimation staatlichen Strafens. In: HEFENDEHL, R.; HIRSCH, A. VON; WOHLERS, W. (HG.), Die Rechtsgutstheorie. Legitimationsbasis des Strafrechts oder dogmatisches Glasperlenspiel?, 1. Aufl, Baden-Baden 2003, S. 215–238. Zitiert: FRISCH, in: HEFENDEHL, ET AL. (HG.), Die Rechtsgutstheorie, Baden-Baden 2003.

FÜRST, MARTIN, Grundlagen und Grenzen der §§ 129, 129a StGB. Zu Umfang und Notwendigkeit der Vorverlagerung des Strafrechtsschutzes bei der Bekämpfung krimineller und terroristischer Vereinigungen, Frankfurt am Main 1989, (Europäische Hochschulschriften Reihe 2, Rechtswissenschaft, 886).

GAEDE, KARSTEN, Kraft und Schwäche der systemimmanenten Legitimationsfunktion der Rechtsgutstheorie am Beispiel des Subventionsbetruges. In: HEFENDEHL, R.; HIRSCH, A. VON; WOHLERS, W. (HG.), Die Rechtsgutstheorie. Legitimationsbasis des Strafrechts oder dogmatisches Glasperlenspiel?, 1. Aufl, Baden-Baden 2003, S. 183–195. Zitiert: GAEDE, in: HEFENDEHL, ET AL. (HG.), Die Rechtsgutstheorie, Baden-Baden 2003.

GARCÌA-PABLOS DE MOLINA, ANTONIO, Asosiaciones ilícitas en el código penal, Barcelona 1978.

GARZÓN, BALTASAR, Die einzige Antwort auf den Terror. Die Sprache des Rechts und der Richter. In: HOFFMANN, H.; SCHOELLER, W. (HG.), Wendepunkt 11. September 2001. Terror, Islam und Demokratie, Köln 2001, S. 199–205. Zitiert: GARZÓN, in: HOFFMANN, ET AL. (HG.), Wendepunkt 11. September 2001, Köln 2001.

GAZEAS, NIKOLAOS; GROSSE-WILDE, THOMAS; KIESSLING, ALEXANDRA, Die neuen Tatbestände im Staatsschutzstrafrecht - Versuch einer ersten Auslegung der §§ 89a, 89b und 91 StGB, NStZ 2009, S. 593–604.

GEPPERT, KLAUS, Kontroll- und Förderungspflichten des Ermittlungsrichters, DRiZ 1992, S. 405–414.

GIEHRING, HEINZ, Politische Meinungsäußerung und die Tatmodalitäten des Werbens und der Unterstützung in den §§ 129, 129a StGB, StV 1983, S. 296–310.

GIERHAKE, KATRIN, Zur geplanten Einführung neuer Straftatbestände wegen der Vorbereitung terroristischer Straftaten, ZIS 2008, S. 397–405.

GÖSSEL, KARL HEINZ, Widerrede zum Feindstrafrecht. Über Menschen, Individuen und Rechtspersonen. In: HOYER, A.; MÜLLER, H.; PAWLIK, M. (HG.), Festschrift für Friedrich-Christian Schroeder zum 70. Geburtstag, Heidelberg 2006, S. 33–50. Zitiert: GÖSSEL, in: FS Schroeder.

GRAF, JÜRGEN-PETER, Stellungnahme zur öffentlichen Anhörung des Rechtsausschusses des Deutschen Bundestages am 22. April 2009 in Berlin, online verfügbar unter http://www.bundestag.de/bundestag/ausschuesse/a06/anhoerungen/Archiv/51_Staatsgef__hrdene_Gewalttaten/04_Stellungnahmen/Stellungnahme_Graf.pdf, zuletzt geprüft am 01.02.2010.

GRECO, LUIS, Über das so genannte Feindstrafrecht, GA 2006, S. 96–113.

GRECO, LUIS, Was lässt das Bundesverfassungsgericht von der Rechtsgutslehre übrig? Gedanken anlässlich der Inzestentscheidung des Bundesverfassungsgerichts, ZIS 2008, S. 234–238.

GREENBERG, KAREN J, The torture papers. The road to Abu Ghraib, 1. Aufl., Cambridge 2005.

GRIESBAUM, RAINER, Stellungnahme zur Vorbereitung der öffentlichen Anhörung, online verfügbar unter http://www.bundestag.de/bundestag/ausschuesse/a06/anhoerungen/Archiv/ 51_Staatsgef__hrdene_Gewalttaten/04_Stellungnahmen/Stellungnahme_Griesbaum.pdf, zuletzt geprüft am 01.02.2010.

GRZESZICK, BERND, Staat und Terrorismus. Eine staatstheoretische Überlegung in praktischer Absicht. In: ISENSEE, J.; KLEIN, E.; HACKE, C.; GRZESZICK, B. (HG.), Der Terror, der Staat und das Recht, Berlin 2004 (Wissenschaftliche Abhandlungen und Reden zur Philosophie, Politik und Geistesgeschichte), S. 55–82. Zitiert: GRZESZICK, in: ISENSEE, ET AL. (HG.), Der Terror, der Staat und das Recht, Berlin 2004.

GUSY, CHRISTOPH, Das verfassungsrechtliche Gebot der Trennung von Polizei und Nachrichtendiensten, ZRP 1987, S. 45–52.

GUSY, CHRISTOPH, Polizei und Nachrichtendienste im Kampf gegen Organisiserte Kriminalität, KritV 1994, S. 242–251.

GUSY, CHRISTOPH, Rechtsgrundlage der Richtervorbehalte nach § 100b StPO, GA 2003, S. 672–692.

GUSY, CHRISTOPH, Gewährleistung von Freiheit und Sicherheit im Lichte unterschiedlicher Staats- und Verfassungsverständnisse. In: WEBER-DÜRLER, B.; KOKOTT, J.; VESTING, T. (HG.), Die Staatsrechtslehre und die Veränderung ihres Gegenstandes. Konsequenzen von Europäisierung und Internationalisierung; Berichte und Diskussionen auf der Tagung der Vereinigung der Deutschen Staatsrechtslehrer in Hamburg vom 1. bis 4. Oktober 2003, Berlin 2004 (Veröffentlichungen der Vereinigung der Deutschen Staatsrechtslehrer), S. 151–190. Zitiert: GUSY, in: WEBER-DÜRLER, ET AL. (HG.), Die Staatsrechtslehre und die Veränderung ihres Gegenstandes, Berlin 2004.

GUSY, CHRISTOPH, Trennungsgebot - Tatsächliches oder vermeintliches Hindernis für effektive Maßnahmen. In: MÖLLERS, M.; VAN OOYEN, R. (HG.), Jahrbuch Öffentliche Sicherheit 2008/2009, 1. Aufl., Frankfurt am Main 2008, S.

177–189. Zitiert: Gusy, in: Möllers, et al. (Hg.), Jahrbuch Öffentliche Sicherheit 2008/2009, Frankfurt am Main 2008.

Hafner, Gerhard, Beistands- und Solidaritätsklausel des Lissabonner Vertrages im Lichte der österreichischen Position. In: Hummer, Waldemar; Obwexer, Walter (Hg.), Der Vertrag von Lissabon, 1. Aufl., Baden-Baden 2009, S. 375-408. Zitiert: Hafner, in: Hummer/Obwexer (Hg.), Der Vertrag von Lissabon, Baden-Baden 2009.

Haltern, Ulrich, Gemeinschaftsgrundrechte und Antiterrormaßnahmen der UNO, JZ 2007, S. 537–547.

Hassemer, Winfried, Symbolisches Strafrecht und Rechtsgüterschutz, NStZ 1989, S. 553–559.

Hassemer, Winfried, Einführung in die Grundlagen des Strafrechts, 2., à jour gebrachte Aufl., München 1990, (Schriftenreihe der Juristischen Schulung, 77).

Hassemer, Winfried, Kennzeichen und Krisen des modernen Strafrechts, ZRP 1992, S. 378–383.

Hassemer, Winfried, Das Symbolische am symbolischen Strafrecht. In: Schünemann, B.; Achenbach, H.; Bottke, W.; Haffke, B.; Rudolphi, H.-J. (Hg.), Festschrift für Claus Roxin zum 70. Geburtstag am 15. Mai 2001, Berlin 2001, S. 1001–1019. Zitiert: Hassemer, in: FS Roxin.

Hassemer, Winfried, Darf es Straftaten geben, die ein strafrechtliches Rechtsgut nicht in Mitleidenschaft ziehen? In: Hefendehl, R.; Hirsch, A. von; Wohlers, W. (Hg.), Die Rechtsgutstheorie. Legitimationsbasis des Strafrechts oder dogmatisches Glasperlenspiel?, 1. Aufl, Baden-Baden 2003, S. 57–64. Zitiert: Hassemer, in: Hefendehl, et al. (Hg.), Die Rechtsgutstheorie, Baden-Baden 2003.

Hassemer, Winfried, Strafrechtlicher Rechtsgüterschutz unter der Verfassung. In: Karras, A.; Androulakis, N. (Hg.), Timetikos tomos gia ton Nikolao K. Androulake. Festschrift für Nikolaos K. Androulakis, Athen 2003, S. 207–224. Zitiert: Hassemer, in: FS Androulakis.

Hassemer, Winfried, Sicherheitsbedürfnisse und Grundrechtsschutz: Umbau des Rechtsstaats?, StraFo 2005, S. 312–318.

Hassemer, Winfried, Sicherheit durch Strafrecht, HRRS 4/2006, S. 130–143.

HASSEMER, WINFRIED, Strafrecht, Prävention, Vergeltung. Eine Beipflichtung. In: HOYER, A.; MÜLLER, H.; PAWLIK, M. (HG.), Festschrift für Friedrich-Christian Schroeder zum 70. Geburtstag, Heidelberg 2006, S. 51–65. Zitiert: HASSEMER, in: FS Schroeder.

HASSEMER, WINFRIED, Strafrecht, Prävention, Vergeltung, ZIS 2006, S. 266–273.

HEFENDEHL, ROLAND, Der Kampf geht weiter: Der Entwurf eines Graffiti-Bekämpfungsgesetzes, NJ 2002, S. 459–462.

HEFENDEHL, ROLAND, Kollektive Rechtsgüter im Strafrecht, Köln 2002.

HEFENDEHL, ROLAND, Das Rechtsgut als materialer Angelpunkt einer Strafnorm. In: HEFENDEHL, R.; HIRSCH, A. VON; WOHLERS, W. (HG.), Die Rechtsgutstheorie. Legitimationsbasis des Strafrechts oder dogmatisches Glasperlenspiel?, 1. Aufl, Baden-Baden 2003, S. 119–132. Zitiert: HEFENDEHL, in: HEFENDEHL, ET AL. (HG.), Die Rechtsgutstheorie, Baden-Baden 2003.

HEFENDEHL, ROLAND, Organisierte Kriminalität als Begründung für ein Feind- oder Täterstrafrecht, StV 2005, S. 156–161.

HEFENDEHL, ROLAND, Mit langem Atem: Der Begriff des Rechtsguts – Oder: Was seit dem Erscheinen des Sammelbandes über die Rechtsgutstheorie geschah, GA 2007, S. 1–14.

HEGENBARTH, RAINER, Symbolische und instrumentelle Funktionen moderner Gesetze, ZRP 1981, S. 201–204.

HEGER, MARTIN, Diskussionsbeiträge der Strafrechtslehrertagung 2005 in Frankfurt/Oder, ZStW 117 (2005), S. 865–888.

HEINE, GÜNTER, Vollzugsdefizite, Programmängel oder Überstrapazierung. Umweltstrafrecht im Rechtsstaat, Leipzig 1995, (Leipziger juristische Vorträge, 5).

HEINRICH, BERND, Die Grenzen des Strafrechts bei der Gefahrprävention. Brauchen oder haben wir ein „Feindstrafrecht"?, ZStW 121 (2009), S. 94–130.

HEINTSCHEL-HEINEGG, BERND VON; JOECKS, WOLFGANG (HG.), Münchener Kommentar zum Strafgesetzbuch Bd. 2. §§ 80 - 184f StGB, München 2005. Zitiert: MünchKomm/BEARBEITER.

HEINTZE, HANS-JOACHIM, Ächtung des Terrorismus durch das Völkerrecht. In: FRANK, H.; HIRSCHMANN, K. (HG.), Die weltweite Gefahr. Terrorismus als internationale Herausforderung, Berlin 2002, S. 67–102. Zitiert: HEINTZE, in: FRANK, ET AL. (HG.), Die weltweite Gefahr, Berlin 2002.

HEINTZEN, MARKUS, Stellungnahme für die öffentliche Anhörung des Rechtsausschusses des Deutschen Bundestages am 22. April 2009, online verfügbar unter http://www.bundestag.de/bundestag/ausschuesse/a06/anhoerungen/Archiv/51_Staatsgef__hrdene_Gewalttaten/04_Stellungnahmen/Stellungnahme_Heintzen.pdf, zuletzt geprüft am 01.02.2010.

HERMES, GEORG, Das Grundrecht auf Schutz von Leben und Gesundheit. Schutzpflicht und Schutzanspruch aus Art. 2 Abs. 2 Satz 1 GG, Heidelberg 1987, (Freiburger rechts- und staatswissenschaftliche Abhandlungen, 46).

HERRMANN, JOACHIM, Aufgaben und Grenzen der Beweisverwertungsverbote. Rechtsvergleichende Überlegungen zum deutschen und amerikanischen Recht. In: VOGLER, T.; HERRMANN, J.; KRÜMPELMANN, J.; MOOS, R. (HG.), Festschrift für Hans-Heinrich Jescheck zum 70. Geburtstag. Zweiter Halbband, Berlin 1985, S. 1291–1310. Zitiert: HERRMANN, in: FS Jescheck.

HERZOG, FELIX, Gesellschaftliche Unsicherheit und strafrechtliche Daseinsvorsorge. Studien zur Vorverlegung des Strafrechtsschutzes in den Gefährdungsbereich, Heidelberg 1991, (R. v. Decker's rechts- und sozialwissenschaftliche Abhandlungen, 46).

HERZOG, THOMAS, Terrorismus: Versuch einer Definition und Analyse internationaler Übereinkommen zu seiner Bekämpfung, Frankfurt am Main [u.a.] 1991.

HESEL, GERD JOHANNES, Untersuchungen zur Dogmatik und den Erscheinungsformen "modernen" Strafrechts, Marburg 2004, (Kriminalwissenschaftliche Studien, 34).

HETTINGER, MICHAEL, Das Strafrecht als Büttel? - Fragmentarische Bemerkungen zum Entwurf eines Korruptionsbekämpfungsgesetzes des Bundesrats vom 3.11.1995, NJW 1996, S. 2263–2273.

HETTINGER, MICHAEL, Entwicklungen im Strafrecht und Strafverfahrensrecht der Gegenwart. Versuch einer kritischen Bestandsaufnahme, Heidelberg 1997, (Heidelberger Forum, 96).

HETZER, WOLFGANG, Terrorbekämpfung - Strafverfolgung oder Kriegsführung, Kriminalistik 2004, S. 508–517.

HETZER, WOLFGANG, Ist Freiheit durch Sicherheit korrumpierbar? Fragen zur Verfassungsmäßigkeit der Terrorabwehr, StraFo 2006, S. 140–146.

HETZER, WOLFGANG, Rechtsbrecher oder Kriegsgegner? Terrorismus: Sicherheit und Semantik, StraFo 2007, S. 397–403.

HILGER, HANS, Neues Strafverfahrensrecht durch das OrgKG - 1. Teil -, NStZ 1992, S. 457–463.

HIRSCH, ANDREW VON, Der Rechtsgutsbegriff und das "Harm Principle". In: HEFENDEHL, R.; HIRSCH, A. VON; WOHLERS, W. (HG.), Die Rechtsgutstheorie. Legitimationsbasis des Strafrechts oder dogmatisches Glasperlenspiel?, 1. Aufl, Baden-Baden 2003, S. 13–25. Zitiert: von HIRSCH, in: HEFENDEHL, ET AL. (HG.), Die Rechtsgutstheorie, Baden-Baden 2003.

HIRSCH, ANDREW VON; WOHLERS, WOFGANG, Rechtsgutstheorie und Deliktsstruktur - zu den Kriterien fairer Zurechnung. In: HEFENDEHL, R.; HIRSCH, A. VON; WOHLERS, W. (HG.), Die Rechtsgutstheorie. Legitimationsbasis des Strafrechts oder dogmatisches Glasperlenspiel?, 1. Aufl, Baden-Baden 2003, S. 196–214. Zitiert: von HIRSCH, ET AL., in: HEFENDEHL, ET AL. (HG.), Die Rechtsgutstheorie, Baden-Baden 2003.

HIRSCH, HANS JOACHIM, Defensiver Notstand gegenüber ohnehin Verlorenen. In: HETTINGER, M.; KÜPER, W. (HG.), Festschrift für Wilfried Küper zum 70. Geburtstag, Heidelberg 2007, S. 149–172. Zitiert: HIRSCH, in: FS Küper.

HIRSCH, HANS JOACHIM, Systematik und Grenzen der Gefahrdelikte. In: SIEBER, U.; DANNECKER, G.; KINDHÄUSER, U. K.; VOGEL, J.; WALTER, T. (HG.), Strafrecht und Wirtschaftsstrafrecht. Dogmatik, Rechtsvergleich, Rechtstatsachen; Festschrift für Klaus Tiedemann zum 70. Geburtstag, Köln 2008, S. 145–164. Zitiert: HIRSCH, in: FS Tiedemann.

HOBBES, THOMAS, Der Leviathan. Stoff, Form und Gewalt eines kirchlichen und bürgerlichen Staates. Hrsg. u. eingeleitet von Iring Fetscher, übers. von Walter Euchner, [Nachdr.], Frankfurt am Main 2002, (Suhrkamp-Taschenbuch Wissenschaft, 462).

HOFFMAN, BRUCE; KOCHMANN, KLAUS, Terrorismus - der unerklärte Krieg. Neue Gefahren politischer Gewalt, Lizenzausg., erw. und aktualisierte Ausg., Bonn 2007, (Schriftenreihe / Bundeszentrale für Politische Bildung, 551).

HÖFLING, WOLFRAM; AUGSBERG, STEFFEN, Luftsicherheit, Grundrechtsregime und Ausnahmezustand, JZ 2005, S. 1080–1088.

HORN, ECKHARD, Konkrete Gefährdungsdelikte, Köln 1973.

HÖRNLE, TATJANA, Deskriptive und normative Dimensionen des Begriffes "Feindstrafrecht", GA 2006, S. 80–95.

HOYER, ANDREAS, Die Eignungsdelikte, Berlin 1987, (Strafrechtliche Abhandlungen, N.F., 61).

HUCKE, MATTHIAS, Der Schutz der Menschenrechte im Lichte von Guantánamo. Die Behandlung der Gefangenen und die Begründung von Menschenrechten, Saarbrücken 2008.

HUMBOLDT, WILHELM VON, Ideen zu einem Versuch, die Grenzen der Wirksamkeit des Staats zu bestimmen, [Nachdr.], Stuttgart 2006, (Reclams Universal-Bibliothek, 1991).

HUNTINGTON, SAMUEL P., Kampf der Kulturen. Die Neugestaltung der Weltpolitik im 21. Jahrhundert, Hamburg 2006.

IPSEN, KNUT, Völkerrecht, 6. Aufl., München 2011.

ISENSEE, JOSEF, Das Grundrecht auf Sicherheit. Zu den Schutzpflichten des freiheitlichen Verfassungsstaates; Vortrag gehalten vor der Berliner Juristischen Gesellschaft am 24. November 1982, Erw. Fassung, Berlin 1983, (Schriftenreihe der Juristischen Gesellschaft, Berlin).

ISENSEE, JOSEF, Leben gegen Leben. Das grundrechtliche Dilemma des Terrorangriffs mit gekapertem Passagierflugzeug. In: PAWLIK, M.; JAKOBS, G. (HG.), Festschrift für Günther Jakobs zum 70. Geburtstag am 26. Juli 2007, Köln 2007, S. 205–234. Zitiert: ISENSEE, in: FS Jakobs.

ISENSEE, JOSEF; KIRCHHOF, PAUL (HG.), Handbuch des Staatsrechts der Bundesrepublik Deutschland. Band 5: Allgmeine Grundrechtslehren, Zweite, durchgesehene Auflage, Heidelberg 2000.

ISENSEE, JOSEF; KIRCHHOF, PAUL (HG.), Handbuch des Staatsrechts der Bundesrepublik Deutschland. Band 4: Aufgaben des Staates, 3., völlig neubearb. und erw. Aufl., Heidelberg 2006.

JAHN, MATTHIAS, Das Strafrecht des Staatsnotstandes. Die strafrechtlichen Rechtfertigungsgründe und ihr Verhältnis zu Eingriff und Intervention im Verfassungs- und Völkerrecht der Gegenwart, Frankfurt am Main 2004, (Juristische Abhandlungen, 42).

JAHN, MATTHIAS; DALLMEYER, JENS, Zum heutigen Stand der beweisrechtlichen Berücksichtigung hypothetischer Ermittlungsverläufe im deutschen Strafverfahrensrecht, NStZ 2005, S. 297–304.

JÄHNKE, BURKHARD; LAUFHÜTTE, HEINRICH WILHELM (HG.), Strafgesetzbuch, Leipziger Kommentar, Band 4, §§ 80-145d, 11., neu bearb. Aufl., Berlin 2005, (Großkommentare der Praxis). Zitiert: LK/BEARBEITER.

JAKOBS, GÜNTHER, Zur Theorie des Feindstrafrechts. In: ROSENAU, H.; KIM, S. (HG.), Straftheorie und Strafgerechtigkeit. Deutsch-Japanisches Symposium vom 2.-4. September 2009 an der juristischen Fakultät Augsburg , im Erscheinen. Zitiert: JAKOBS, in: ROSENAU, ET AL. (HG.), Straftheorie und Strafgerechtigkeit, im Erscheinen.

JAKOBS, GÜNTHER, Kriminalisierung im Vorfeld einer Rechtsgutverletzung, ZStW 97 (1985), S. 751–785.

JAKOBS, GÜNTHER, Norm, Person, Gesellschaft. Vorüberlegungen zu einer Rechtsphilosophie, 2. Aufl., Berlin 1999, (Wissenschaftliche Abhandlungen und Reden zur Philosophie, Politik und Geistesgeschichte, 23).

JAKOBS, GÜNTHER, Das Selbstverständnis der Strafrechtswissenschaft vor den Herausforderungen der Gegenwart (Kommentar). In: ESER, A.; HASSEMER, W.; BURKHARDT, B. (HG.), Die deutsche Strafrechtswissenschaft vor der Jahrtausendwende. Rückbesinnung und Ausblick; Dokumentation einer Tagung vom 3. - 6. Oktober 1999 in der Berlin-Brandenburgischen Akademie der Wissenschaften, München 2000, S. 47–56. Zitiert: JAKOBS, in: ESER, ET AL. (HG.), Die deutsche Strafrechtswissenschaft vor der Jahrtausendwende, München 2000.

JAKOBS, GÜNTHER, Bürgerstrafrecht und Feindstrafrecht, HRRS 3/2004, S. 88–95.

JAKOBS, GÜNTHER, Staatliche Strafe. Bedeutung und Zweck, Paderborn 2004, (Vorträge / Nordrhein-Westfälische Akademie der Wissenschaften, Geisteswissenschaften, 390).

JAKOBS, GÜNTHER, Individuum und Person - Strafrechtliche Zurechnung und die Ergebnisse moderner Hirnforschung, ZStW 117 (2005), S. 247–266.

JAKOBS, GÜNTHER, Terroristen als Personen im Recht?, ZStW 117 (2005), S. 839–851.

JAKOBS, GÜNTHER, Feindstrafrecht? - Eine Untersuchung zu den Bedingungen von Rechtlichkeit, HRRS 8/2006, S. 289–297.

JAREBORG, NILS, Strafrecht und Ideologie. In: ESER, A.; HASSEMER, W.; BURKHARDT, B. (HG.), Die deutsche Strafrechtswissenschaft vor der Jahrtausendwende. Rückbesinnung und Ausblick; Dokumentation einer Tagung vom 3. - 6. Oktober 1999 in der Berlin-Brandenburgischen Akademie der Wissenschaften, München 2000, S. 411–415. Zitiert: JAREBORG, in: ESER, ET AL. (HG.), Die deutsche Strafrechtswissenschaft vor der Jahrtausendwende, München 2000.

JASCH, MICHAEL, Alltägliche Feinde. Die Expansion der Ausschließung mit den Mitteln des Rechts. In: UWER, T. (HG.), "Bitte bewahren Sie Ruhe". Leben im Feindrechtsstaat, 1. Aufl., Berlin 2006 (Schriftenreihe der Strafverteidigervereinigungen), S. 267–278. Zitiert: JASCH, in: UWER (HG.), "Bitte bewahren Sie Ruhe", Berlin 2006.

JEROUSCHEK, GÜNTER, Nach dem 11. September 2001: Strafrechtliche Überlegungen zum Abschuss eines von Terroristen entführten Flugzeugs. In: AMELUNG, K.; ROSENAU, H.; BEULKE, W.; LILIE, H.; WOLFSLAST, G. (HG.), Strafrecht, Biorecht, Rechtsphilosophie. Festschrift für Hans-Ludwig Schreiber zum 70. Geburtstag am 10. Mai 2003, Heidelberg 2003, S. 185–198. Zitiert: JEROUSCHEK, in: FS Schreiber.

JESSBERGER, FLORIAN, Stellungnahme anlässlich der öffentlichen Anhörung vor dem Rechtsausschuss des Deutschen Bundestages am 22. April 2009, online verfügbar unter http://www.bundestag.de/bundestag/ausschuesse/a06/anhoerungen/Archiv/51_Staatsgef__hrdene_Gewalttaten/04_Stellungnahmen/Stellungnahme_Jessberger.pdf, zuletzt geprüft am 01.02.2010.

JOECKS, WOLFGANG (HG.), Strafgesetzbuch. Studienkommentar, 7. Aufl., München 2007. Zitiert: SK/BEARBEITER.

KAHLO, MICHAEL, Über den Zusammenhang von Rechtsgutsbegriff und objektiver Zurechnung im Strafrecht. In: HEFENDEHL, R.; HIRSCH, A. VON; WOHLERS, W. (HG.), Die Rechtsgutstheorie. Legitimationsbasis des Strafrechts oder dogmatisches Glasperlenspiel?, 1. Aufl, Baden-Baden 2003, S. 26–38. Zitiert: KAHLO, in: HEFENDEHL, ET AL. (HG.), Die Rechtsgutstheorie, Baden-Baden 2003.

KALECK, WOLFGANG, Zu kurz gegriffen. Die Diskussion um das Feindstrafrecht. In: UWER, T. (HG.), "Bitte bewahren Sie Ruhe". Leben im Feindrechtsstaat, 1. Aufl., Berlin 2006 (Schriftenreihe der Strafverteidigervereinigungen), S. 281–297. Zitiert: KALECK, in: UWER (HG.), "Bitte bewahren Sie Ruhe", Berlin 2006.

KÄMMERER, JÖRN AXEL, Das Urteil des Europäischen Gerichtshofs im Fall "Kadi": Ein Triumph der Rechtsstaatlichkeit?, EuR 2009, S. 114–129.

KANT, IMMANUEL, Die Methaphysik der Sitten, Stuttgart 1990, (Reclams Universal-Bibliothek, 45085).

KASSING, DANIEL, Die Verwertbarkeit von Beweisen bei Verstoß gegen § 105 I 1 StPO, JuS 2004, S. 675–678.

KAUDER, VOLKER, Strafbarkeit terroristischer Vorbereitungshandlungen - Erwiderung zu Deckers/Heusel, ZRP 2008, 169, ZRP 2009, S. 20–22.

KINDHÄUSER, URS KONRAD, Gefährdung als Straftat. Rechtstheoretische Untersuchungen zur Dogmatik der abstrakten und konkreten Gefährdungsdelikte, Frankfurt am Main 1989.

KINDHÄUSER, URS KONRAD, Schuld und Strafe. Zur Diskussion um ein „Feindstrafrecht“. In: HOYER, A.; MÜLLER, H.; PAWLIK, M. (HG.), Festschrift für Friedrich-Christian Schroeder zum 70. Geburtstag, Heidelberg 2006, S. 81–98. Zitiert: KINDHÄUSER, in: FS Schroeder.

KINDHÄUSER, URS KONRAD (HG.), Strafgesetzbuch. Lehr- und Praxiskommentar, 4. Aufl., Baden-Baden 2006, (Nomos-Kommentar). Zitiert: LPK/KINDHÄUSER.

KINDHÄUSER, URS KONRAD; NEUMANN, ULFRIED; PAEFFGEN, HANS-ULLRICH (HG.), Strafgesetzbuch Band 1, §§ 1-145d, 3. Auflage, Baden-Baden 2010. Zitiert: NK/BEARBEITER.

KINZIG, JÖRG, Die rechtliche Bewältigung von Erscheinungsformen organisierter Kriminalität, Berlin 2004, (Strafrecht und Kriminologie, 17).

KNORZ, JOHANNES, Der Unrechtsgehalt des § 261 StGB, Frankfurt am Main 1996.

KÖNIG, MARCO, Trennung und Zusammenarbeit von Polizei und Nachrichtendiensten, 1. Aufl., Stuttgart 2005, (Schriften zum Recht der inneren Sicherheit, 7).

Koch, Arnd, Binding vs. v. Liszt – Klassische und moderne Strafrechtsschule. In: Hilgendorf, Eric; Weitzel, Jürgen (Hg.), Der Strafgedanke in seiner historischen Entwicklung, Ringvorlesung zur Strafrechtsgeschichte und Strafrechtsphilosophie, Berlin 2007 (Schriften zum Strafrecht, Heft 189), S. 127–145.

Koriath, Heinz, Zum Streit um die Gefährdungsdelikte, GA 2001, S. 51–74.

Krauss, Detlef, Vom Bürgerstrafrecht zum Feindstrafrecht? In: Uwer, T. (Hg.), "Bitte bewahren Sie Ruhe". Leben im Feindrechtsstaat, 1. Aufl., Berlin 2006 (Schriftenreihe der Strafverteidigervereinigungen), S. 79–101. Zitiert: Krauss, in: Uwer (Hg.), "Bitte bewahren Sie Ruhe", Berlin 2006.

Krehl, Chrisoph, Gefahr im Verzug. Konsequenzen aus dem Urteil des Bundesverfassungsgerichts vom 20.2.2001, JR 2001, S. 491–495.

Krekeler, Wilhelm, Beweisverwertungsverbote bei fehlerhaften Durchsuchungen, NStZ 1993, S. 263–268.

Kress, Claus, Das Strafrecht der Europäischen Union vor der Herausforderung durch organisierte Kriminalität und Terrorismus, JA 2005, S. 220–228.

Kropp, Christian, Der Durchsuchungs- und Beschlagnahmebeschluss, JA 2003, S. 688–692.

Krüger, Matthias, Die Entmaterialisierungstendenz beim Rechtsgutsbegriff, Berlin 2000, (Kölner kriminalwissenschaftliche Schriften, 35).

Kühl, Kristian, Neue Gesetze gegen terroristische Straftaten, NJW 1987, S. 737–747.

Kühne, Hans-Heiner, Unzeitgemäße Betrachtungen zum Problem des Terrorismus. In: Feltes, T.; Pfeiffer, C.; Steinhilper, G. (Hg.), Kriminalpolitik und ihre wissenschaftlichen Grundlagen: Festschrift für Hans-Dieter Schwind zum 70. Geburtstag, Heidelberg 2006, S. 103–110. Zitiert: Kühne, in: FS Schwind.

Kühne, Hans-Heiner, Strafprozessrecht. Eine systematische Darstellung des deutschen und europäischen Strafverfahrensrechts, 7., völlig neu bearbeitete und erweiterte Auflage, Heidelberg 2007.

Kunz, Karl-Ludwig, "Gefährliche" Rechtsbrecher und ihre Sanktionierung. In: Arnold, J.; Burkhardt, B.; Gropp, W.; Heine, G.; Lagodny, O.; Walther, S.

(Hg.), Menschengerechtes Strafrecht. Festschrift für Albin Eser zum 70. Geburtstag, München 2005, S. 1375–1392. Zitiert: Kunz, in: FS Eser.

Kutscha, Martin, Innere Sicherheit - föderale Kompetenzverteilung, Unitarisierung und Internationalisierung. In: Roggan, F.; Kutscha, M. (Hg.), Handbuch zum Recht der Inneren Sicherheit, 2., neubearb. und erw. Aufl., Berlin 2006, S. 78–105. Zitiert: Kutscha, in: Roggan, et al. (Hg.), Handbuch zum Recht der Inneren Sicherheit, Berlin 2006.

Lagodny, Otto, Strafrecht vor den Schranken der Grundrechte. Die Ermächtigung zum strafrechtlichen Vorwurf im Lichte der Grundrechtsdogmatik; dargestellt am Beispiel der Vorfeldkriminalisierung, Tübingen 1996.

Lagodny, Otto, Das materielle Strafrecht als Prüfstein der Verfassungsdogmatik. In: Hefendehl, R.; Hirsch, A. von; Wohlers, W. (Hg.), Die Rechtsgutstheorie. Legitimationsbasis des Strafrechts oder dogmatisches Glasperlenspiel?, 1. Aufl, Baden-Baden 2003, S. 83–88. Zitiert: Lagodny, in: Hefendehl, et al. (Hg.), Die Rechtsgutstheorie, Baden-Baden 2003.

Lammer, Dirk, Wie weit reicht das Sicherheitsversprechen des Staates? In: Graulich, K.; Simon, D. (Hg.), Terrorismus und Rechtsstaatlichkeit. Analysen, Handlungsoptionen, Perspektiven, Berlin 2007 (Interdisziplinäre Arbeitsgruppen - Forschungsberichte), S. 315–324. Zitiert: Lammer, in: Graulich, et al. (Hg.), Terrorismus und Rechtsstaatlichkeit, Berlin 2007.

Lampe, Ernst-Joachim, Systemunrecht und Unrechtssysteme, ZStW 106 (1994), S. 683–745.

Landau, Herbert, Die Pflicht des Staates zum Erhalt einer funktionstüchtigen Strafrechtspflege, NStZ 2007, S. 121–128.

Langer-Stein, Rose, Legitimation und Interpretation der strafrechtlichen Verbote krimineller und terroristischer Vereinigungen. (§§ 129, 129a StGB), München 1987, (Rechtswissenschaftliche Forschung und Entwicklung, 127).

Laqueur, Walter, Terrorism, London 1977.

Laqueur, Walter, Die globale Bedrohung. Neue Gefahren des Terrorismus, Berlin 1998.

Laqueur, Walter, Krieg dem Westen. Terrorismus im 21. Jahrhundert, München 2003.

Lauterwein, Carl Constantin, Symbolische Gesetzgebung. Eine Untersuchung am Beispiel Strafrecht, München 2006, (Junge Wissenschaft, 10).

Lepsius, Oliver, Die Unverletzlichkeit der Wohnung bei Gefahr im Verzug, JURA 2002, S. 259–266.

Lepsius, Oliver, The Relationship Between Security and Civil Liberties in the Federal Republic of Germany after September 11. Herausgegeben von American Institute for Contemporary German Studies, The John Hopkins University, online verfügbar unter http://www.aicgs.org/documents/lepsius.pdf, zuletzt geprüft am 01.02.2010.

Lilie, Hans, Verwicklungen im Ermittlungsverfahren - Überlegungen zur Stellung der Staatsanwaltschaft im Ermittlungsverfahren, ZStW 111 (1999), S. 807–818.

Limbach, Jutta, Terror - eine Bewährungsprobe für die Demokratie, online verfügbar unter http://www.bpb.de/themen/O04P1S,0,Terror_eine_Bew%E4hrungsprobe_f%FCr_die_Demokratie.html, zuletzt geprüft am 01.02.2010.

Lin, Yu-hsiung, Richtervorbehalt und Rechtsschutz gegen strafprozessuale Grundrechtseingriffe, Frankfurt am Main [u.a.] 1998, (Criminalia, 19).

Lisken, Hans, Befugnis zum Belauschen?, ZRP 1993, S. 121–124.

Liszt, Franz von, Der Zweckgedanke im Strafrecht, ZStW 3 (1881), S. 1–47.

Locke, John, Zwei Abhandlungen über die Regierung. Hrsg. und eingeleitet von Walter Euchner, 1. Aufl., [11. Dr.], Frankfurt am Main 2006, (Suhrkamp-Taschenbuch Wissenschaft, 213).

Luhmann, Niklas, Legitimation durch Verfahren, 1. Aufl., [Nachdr.], Frankfurt am Main 2005, (Suhrkamp-Taschenbuch Wissenschaft, 443).

Lutz, Dieter S., Was ist Terrorismus? Definitionen, Wandel, Perspektiven. In: Koch, H.-J. (Hg.), Terrorismus - Rechtsfragen der äußeren und inneren Sicherheit. Symposium für Hans Peter Bull und Helmut Rittstieg am 31. Mai 2002, Baden-Baden 2002, S. 9–27. Zitiert: Lutz, in: Koch (Hg.), Terrorismus - Rechtsfragen der äußeren und inneren Sicherheit, Baden-Baden 2002.

MALEK, KLAUS, Feindstrafrecht - Einige Anmerkungen zur Arbeitsgruppe "Feindstrafrecht - Ein Gespenst geht um" auf dem 30. Strafverteidigertag 2006, HRRS 8/2006, S. 316–317.

MANSDÖRFER, MARCO, Strafbarkeit der Werbung für Terrororganisationen. Zugleich Besprechung von BGH Beschluss v. 16. Mai 2007 - AK 6/07 u. StB 3/07 = BGH NJW 2007, 2782 ff., HRRS 10/2007, S. 366–370.

MARGULIES, PETER, Guantanamo By Other Means. Conspiracy Prosecutions and Law Enforcement Dilemmas After September 11, Roger Williams Univ. Legal Studies Paper No. 46, S. 1–66.

MASTRONARDI, PHILIPPE, Menschenwürde und kulturelle Bedingtheit des Rechts. In: MARAUHN, T. (HG.), Die Rechtsstellung des Menschen im Völkerrecht, Tübingen 2003, S. 55–82.

MEGGLE, GEORG, Terror & Gegen-Terror. Erste ethische Reflexionen, in: DZPhil 50 (2002), 149-162.

MEIER, HORST, Ein Grundrecht auf Sicherheit, Der Merkur 2003, S. 174–177.

MENON, JAYKUMAR A., Guantánamo Torture Litigation, JICJ 2008, S. 323–345.

MERTEN, DETLEF, Das Prinzip Freiheit im Gefüge der Staatsfundamentalbedingungen. In: BADURA, P.; MERTEN, D.; PAPIER, H.-J. (HG.), Grundrechte in Deutschland: Allgemeine Lehren I, Heidelberg 2006 (Handbuch der Grundrechte in Deutschland und Europa), S. 111–156. Zitiert: MERTEN, in: BADURA, ET AL. (HG.), Grundrechte in Deutschland, Bd. 2, Heidelberg 2006.

MEYER, FRANK, Plea bargaining im Krieg gegen den Terror, HRRS 5/2006, S. 178–185.

MEYER, FRANK; MACKE JULIA, Rechtliche Auswirkungen der Terroristenlisten im deutschen Recht, HRRS 12/2007, S. 445–465.

MEYER-GOSSNER, LUTZ (HG.), Strafprozessordnung. Mit GVG und Nebengesetzen, 55., neu bearbeitete, München 2008, (Beck'sche Kurz-Kommentare, 6). Zitiert: Meyer-Goßner.

MEYERS, REINHARD, Begriff und Probleme des Friedens, Opladen 1994, (Grundwissen Politik, 11).

MIDDEL, STEFAN, Innere Sicherheit und präventive Terrorismusbekämpfung, 1. Aufl, Baden-Baden 2007, (Frankfurter Studien zum Datenschutz, 31).

MÖHRENSCHLAGER, MANFRED, Das OrgKG - eine Übersicht nach amtlichen Materialien (Teil 2), wistra 1992, S. 326–333.

MÖLLERS, CHRISTOPH, Gefahr im Verzug. Die Unverletzlichkeit der Wohnung vor vermeintlichen Sachzwängen der Strafverfolgung, NJW 2001, S. 1397–1398.

MONTAG, JERZY, Strafbarkeit des Besuchs terroristischer Ausbildungslager – Von der Vorfeldstrafbarkeit einer Vorfeldstrafnorm, DRiZ 2008, S. 141.

MONTESQUIEU, CHARLES LOUIS SECONDAT DE, Vom Geist der Gesetze. Übertr., ausgew. u. eingel. v. Kurt Weigand, Stuttgart 2003, (Reclams Universal-Bibliothek, 8953).

MORGUET, GERALDINE LOUISA, Feindstrafrecht. Eine kritische Analyse, Berlin 2009, (Strafrechtliche Abhandlungen, N.F., 204).

MOSLER, HERMANN, Die Konferenz zur internationalen Bekämpfung des Terrorismus, ZaöRV 1937, S. 99–107.

MÖSTL, MARKUS, Die staatliche Garantie für die öffentliche Sicherheit und Ordnung. Sicherheitsgewährleistung im Verfassungsstaat, im Bundesstaat und in der Europäischen Union, Tübingen 2002, (Jus publicum, 87).

MÜLLER, EGON, Die Durchsuchungspraxis - Unterwanderung eines Grundrechts, AnwBl. 1992, S. 349–352.

MÜLLER-JACOBSEN, ANKE, Stellungnahme der Bundesrechtsanwaltskammer zum Gesetzentwurf der Fraktionen der CDU/CSU und SPD sowie zum Gesetzentwurf der Bundesregierung eines Gesetzes zur Verfolgung der Vorbereitung von schweren staatsgefährdenden Gewalttaten, online verfügbar unter http://www.bundestag.de/bundestag/ausschuesse/a06/anhoerungen/Archiv/51_Staatsgef__hrdene_Gewalttaten/04_Stellungnahmen/Stellungnahme_M__ller-Jacobsen.pdf, zuletzt geprüft am 01.02.2010.

MÜNKLER, HERFRIED, Guerillakrieg und Terrorismus, Neue Politische Literatur 1980, S. 299–326.

MÜNKLER, HERFRIED, Terrorismus als Kommunikationsstrategie. Die Botschaft des 11. September, IP 2001, S. 11–18.

MÜNKLER, HERFRIED, Die neuen Kriege, 6. Aufl., Reinbek 2003.

MÜNKLER, HERFRIED, Ältere und jüngere Formen des Terrorismus. In: WEIDENFELD, W. (HG.), Herausforderung Terrorismus. Die Zukunft der Sicherheit, Wiesbaden 2004, S. 29–43. Zitiert: MÜNKLER, in: WEIDENFELD (HG.), Herausforderung Terrorismus, Wiesbaden 2004.

MÜNKLER, HERFRIED, Die terroristische Herausforderung und die Reaktionsmöglichkeiten des Rechtsstaats. Einleitung. In: GRAULICH, K.; SIMON, D. (HG.), Terrorismus und Rechtsstaatlichkeit. Analysen, Handlungsoptionen, Perspektiven, Berlin 2007 (Interdisziplinäre Arbeitsgruppen - Forschungsberichte), S. 83–90. Zitiert: MÜNKLER, in: GRAULICH, ET AL. (HG.), Terrorismus und Rechtsstaatlichkeit, Berlin 2007.

MUÑOZ CONDE, FRANCISCO, Über das "Feindstrafrecht", Berlin 2007, (Rechtsgeschichte und Rechtsgeschehen Kleine Schriften, 10).

MÜSSIG, BERND J., Schutz abstrakter Rechtsgüter und abstrakter Rechtsgüterschutz. Zu den materiellen Konstitutionskriterien sog. Universalrechtsgüter und deren normentheoretischem Fundament - am Beispiel der Rechtsgutsbestimmung für die §§ 129, 129a und 324 StGB, Frankfurt am Main [u.a.] 1994, (Schriften zum Strafrecht und Strafprozeßrecht, 14).

NEHM, KAY, Ein Jahr danach. Gedanken zum 11. September 2001, NJW 2002, S. 2665–2671.

NEHM, KAY, Das nachrichtendienstliche Trennungsgebot und die neue Sicherheitsarchitektur, NJW 2004, S. 3289–3295.

NEHRING, MICHAEL, Kriminelle und terroristische Vereinigungen im Ausland. Auslegung und Analyse des im Zuge der Terrorismusbekämpfung nach dem 11. September 2001 geschaffenen § 129b Strafgesetzbuch, Frankfurt am Main 2007, (Schriften zum Strafrecht und Strafprozeßrecht, 98).

NELLES, URSULA, Kompetenzen und Ausnahmekompetenzen in der StPO. Zur organisationsrechlichen Funktion des Begriffs "Gefahr im Verzug" im Strafverfahrensrecht, Berlin 1980.

NEUMANN, ULFRIED, Feindstrafrecht. In: UWER, T. (HG.), "Bitte bewahren Sie Ruhe". Leben im Feindrechtsstaat, 1. Aufl., Berlin 2006 (Schriftenreihe der Strafverteidigervereinigungen), S. 299–314. Zitiert: NEUMANN, in: UWER (HG.), "Bitte bewahren Sie Ruhe", Berlin 2006.

NITSCHKE, PETER; BIELEFELDT, HEINER (HG.), Rettungsfolter im modernen Rechtsstaat? Eine Verortung, Bochum 2005.

NITZ, GERHARD, Private und öffentliche Sicherheit, Berlin 2000, (Schriften zum öffentlichen Recht, 831).

NOLL, PETER, Symbolische Gesetzgebung, ZSchwR 100 (1981), S. 347–364.

NOLTENIUS, BETTINA, Grenzenloser Spielraum des Gesetzesgebers im Strafrecht? Kritische Bemerkungen zur Inzestentscheidung des Bundesverfassungsgerichts vom 26. Februar 2008, ZJS 2009, S. 15–21.

OETER, STEFAN, Terrorismus - ein völkerrechtliches Verbrechen? In: KOCH, H.-J. (HG.), Terrorismus - Rechtsfragen der äußeren und inneren Sicherheit. Symposium für Hans Peter Bull und Helmut Rittstieg am 31. Mai 2002, Baden-Baden 2002, S. 29–50. Zitiert: OETER, in: KOCH (HG.), Terrorismus - Rechtsfragen der äußeren und inneren Sicherheit, Baden-Baden 2002.

OGOREK, REGINA, Wie wehrhaft ist der Staat? Zum Problem präventiver Terrorismusbekämpfung. In: GRAULICH, K.; SIMON, D. (HG.), Terrorismus und Rechtsstaatlichkeit. Analysen, Handlungsoptionen, Perspektiven, Berlin 2007 (Interdisziplinäre Arbeitsgruppen - Forschungsberichte), S. 203–218. Zitiert: OGOREK, in: GRAULICH, ET AL. (HG.), Terrorismus und Rechtsstaatlichkeit, Berlin 2007.

OPPERMANN, THOMAS; CLASSEN, CLAUS DIETER; NETTESHEIM, MARTIN, Europarecht. Ein Studienbuch, 4., vollständig neu bearbeitete Auflage, München 2009. Zitiert: OPPERMANN/CLASSEN/NETTESHEIM, Europarecht, 4. Aufl., München 2009.

OSTENDORF, HERIBERT, Forum: Strafbarkeit und Strafwürdigkeit von Hausbesetzungen, JuS 1981, S. 641–643.

OSTENDORF, HERIBERT; BRÜNING, JANIQUE, Die gerichtliche Überprüfbarkeit der Voraussetzungen von "Gefahr im Verzug" - BVerfG, NJW 2001, 1121, JuS 2001, S. 1063–1067.

PAEFFGEN, HANS-ULLRICH, "Verpolizeilichung" des Strafprozesses. Chimäre oder Gefahr? In: WOLTER, J.; FEIGEN, H.; RUDOLPHI, H.-J. (HG.), Zur Theorie und Systematik des Strafprozeßrechts. Symposium zu Ehren von Hans-Joachim Rudolphi, Neuwied 1995, S. 13–47. Zitiert: PAEFFGEN, in: WOLTER, ET AL. (HG.), Zur Theorie und Systematik des Strafprozeßrechts, Neuwied 1995.

PAEFFGEN, HANS-ULLRICH, Vernachrichtendienstlichung des Strafprozesses, GA 2003, S. 647–671.

PAEFFGEN, HANS-ULLRICH, Bürgerstrafrecht, Vorbeugungsrecht, Feindstrafrecht? In: BÖSE, M.; AMELUNG, K. (HG.), Grundlagen des Straf- und Strafverfahrensrechts. Festschrift für Knut Amelung zum 70. Geburtstag, Berlin 2009, S. 81–123. Zitiert: PAEFFGEN, in: FS Amelung.

PALAZZO, FRANCESCO, Feindstrafrecht, Strafrecht und Verfassung. In: SIEBER, U.; DANNECKER, G.; KINDHÄUSER, U. K.; VOGEL, J.; WALTER, T. (HG.), Strafrecht und Wirtschaftsstrafrecht. Dogmatik, Rechtsvergleich, Rechtstatsachen; Festschrift für Klaus Tiedemann zum 70. Geburtstag, Köln 2008, S. 15–28. Zitiert: PALAZZO, in: FS Tiedemann.

PARK, TIDO, Anmerkung zu BVerfG, Beschl. der 3. Kammer des 2. Senats v. 05.05.2000 - 2 BvR 2212/99, NStZ 2000, S. 601–603.

PAWLIK, MICHAEL, Der Terrorist und sein Recht. Zur rechtstheoretischen Einordnung des modernen Terrorismus. Vortrag, gehalten vor der Juristischen Studiengesellschaft Regensburg am 20. November 2007, München 2008.

PAWLIK, MICHAEL, Der Terrorist will nicht resozialisiert werden, FAZ v. 25.02.2008, S. 40.

PÉREZ DEL VALLE, CARLOS, Zur rechtsphilosophischen Begründung des Feindstrafrechts. In: PAWLIK, M.; JAKOBS, G. (HG.), Festschrift für Günther Jakobs zum 70. Geburtstag am 26. Juli 2007, Köln 2007, S. 515–528. Zitiert: PÉREZ DEL VALLE, in: FS Jakobs.

POLAINO NAVARRETE, MIGUEL, Die Funktion der Strafe beim Feindstrafrecht. In: PAWLIK, M.; JAKOBS, G. (HG.), Festschrift für Günther Jakobs zum 70. Geburtstag am 26. Juli 2007, Köln 2007, S. 529–552. Zitiert: POLAINO NAVARRETE, in: FS Jakobs.

PRANTL, HERIBERT, Der Terrorist als Gesetzgeber. Wie man mit Angst Politik macht, München 2008.

PREUSS, ULRICH K, Krieg, Verbrechen, Blasphemie. Gedanken aus dem alten Europa, Berlin 2003, (WAT, 473).

PRITTWITZ, CORNELIUS, Nachgeholte Prolegomena zu einem künftigen Corpus Juris Criminalis für Europa, ZStW 113 (2001), S. 774–799.

PRITTWITZ, CORNELIUS, "Feinde ringsum"? Zur begrenzten Kompatibilität von Sicherheit und Freiheit. In: INSTITUT FÜR KRIMINALWISSENSCHAFTEN UND RECHTSPHILOSOPHIE FRANKFURT A. M. (HG.), Jenseits des rechtsstaatlichen Strafrechts, Frankfurt am Main 2007 (Frankfurter kriminalwissenschaftliche Studien), S. 225–252. Zitiert: PRITTWITZ, in: INSTITUT FÜR KRIMINALWISSENSCHAFTEN UND RECHTSPHILOSOPHIE FRANKFURT A. M. (HG.), Jenseits des rechtsstaatlichen Strafrechts, Frankfurt am Main 2007.

RABE VON KÜHLEWEIN, MALTE, Normative Grundlagen der Richtervorbehalte, GA 2002, S. 637–658.

RADTKE, HENNING; STEINSIEK, MARK, Bakämpfung des internationalen Terrorismus durch Kriminalisierung von Vorbereitungshandlungen? Zum Entwurf eines Gesetzes zur Verfolgung der Vorbereitung von schweren Gewalttaten (Referentenentwurf des BMJ vom 21.4.2008), ZIS 2008, S. 383–396.

RATH, CHRISTIAN, § 129a StGB - das kleinere Übel, AnwBl. 2008, S. 247-247.

RICHTER, HEIKO, Anti-Terrorismusgesetzgebung in Deutschland – Eine Institutionenökonomische Analyse, HFR, S. 231–251.

RIESS, PETER, Die "Straftat von erheblicher Bedeutung" als Eingriffsvoraussetzung. Versuch einer Inhaltsbestimmung, GA 2004, S. 623–642.

RIESS, PETER, Über Verbrechensprävention im Strafrecht und im Strafverfahren. In: DANNECKER, G.; OTTO, H. (HG.), Festschrift für Harro Otto zum 70. Geburtstag am 1. April 2007, Köln 2007, S. 955–971. Zitiert: RIESS, in: FS Otto.

RISSING-VAN SANN, RUTH, Vorbehaltene und nachträgliche Anordnung der Sicherungsverwahrung als Bewährungsproben des Rechtsstaats. In: GRIESBAUM, R.; HANNICH, R.; SCHNARR, K. (HG.), Strafrecht und Justizgewährung. Festschrift für Kay Nehm zum 65. Geburtstag, Berlin 2006, S. 191–204. Zitiert: RISSING-VAN SANN, in: FS Nehm.

ROBBERS, GERHARD, Sicherheit als Menschenrecht. Aspekte der Geschichte, Begründung und Wirkung einer Grundrechtsfunktion, 1. Aufl, Baden-Baden 1987.

ROGGAN, FREDRIK; BERGEMANN, NILS, Die "neue Sicherheitsarchitektur" der Bundesrepublik Deutschland - Anti-Terror-Datei, gemeinsame Projektdateien und Terrorismusbekämpfungsergänzungsgesetz, NJW 2007, S. 876–881.

ROGNER, KLAUS-MICHAEL, Entwurf eines Gesetzes zur Verfolgung der Vorbereitung von schweren staatsgefährdenden Gewalttaten (GVVG). Öffentliche Anhörung des Rechtsausschusses am 22. April 2009, online verfügbar unter http://www.bundestag.de/bundestag/ausschuesse/ a06/anhoerungen/Archiv/51_Staatsgef__hrdene_Gewalttaten/04_Stellungnahmen/Stellungnahme_Rogner.pdf, zuletzt geprüft am 01.02.2010.

ROSENAU, HENNING, Tendenzen und Gründe der Reform des Sexualstrafrechts, StV 1999, S. 388–398.

ROSENAU, HENNING, Die Nachträgliche Sicherungsverwahrung - Feindstrafrecht oder Bewährungsprobe für den Rechtsstaat? In: DUNCKER, H.; KOLLER, M.; FOERSTER, K. (HG.), Forensische Psychiatrie - Entwicklungen und Perspektiven. Ulrich Venzlaff zum 85. Geburtstag, Lengerich 2006 (Buchreihe Forensische Psychiatrie und Psychotherapie), S. 286–316. Zitiert: ROSENAU, in: FS Venzlaff.

ROSENAU, HENNING, Das Feindstrafrecht Jakobs' als Feind des Rechts, The Institute of Comparative Law in Japan, 2008.

ROSENAU, HENNING, Zur Europäisierung im Strafrecht. Vom Schutz finanzieller Interessen der EG zu einem gemeineuropäischen Strafgesetzbuch?, ZIS 2008, S. 9–19.

ROUSSEAU, JEAN-JACQUES, Vom Gesellschaftsvertrag oder Prinzipien des Staatsrechts. Hrsg. von Reinhard und Karlfriedrich Herb, Berlin 2000, (Klassiker Auslegen, 20).

ROXIN, CLAUS, Anmerkung zum Urteil des BGH vom 17.2.1989 - 2 StR 402/88 (BGHSt 36, 119), NStZ 1989, S. 376–379.

ROXIN, CLAUS, Kann staatliche Folter in Ausnahmefällen zulässig oder wenigstens straflos sein? In: ARNOLD, J.; BURKHARDT, B.; GROPP, W.; HEINE, G.; LAGODNY, O.; WALTHER, S. (HG.), Menschengerechtes Strafrecht. Festschrift für Albin Eser zum 70. Geburtstag, München 2005, S. 461–472. Zitiert: ROXIN, in: FS Eser.

ROXIN, CLAUS, Strafrecht, Allgemeiner Teil, Band 1. Grundlagen, der Aufbau der Verbrechenslehre, 4., vollständig neu bearb. Aufl., München 2006. Zitiert: ROXIN, Strafrecht AT.

ROXIN, CLAUS, Zum Beweisverwertungsverbot bei bewusster Missachtung des Richtervorbehalts nach § 105 I 1 StPO, NStZ 2007, S. 616–618.

RUDOLPH, BERND, Antizipierte Strafverfolgung. Zum Regelungsstandort der Strafverfolgungsvorsorge unter Beachtung strafverfahrensrechtlich-funktionaler Aspekte, Köln 2005, (Hallesche Schriften zum Recht, 21).

RUDOLPHI, HANS-JOACHIM, Verteidigerhandeln als Unterstützung einer kriminellen oder terroristischen Vereinigung i. S. der §§ 129 und 129 a StGB. In: FRISCH, W.; SCHMID, W.; BRUNS, H.-J. (HG.), Festschrift für Hans-Jürgen Bruns zum 70. Geburtstag, Köln 1978, S. 315-. Zitiert: RUDOLPHI, in: FS Bruns.

RUDOLPHI, HANS-JOACHIM, Die Gesetzgebung zur Bekämpfung des Terrorismus, JA 1979, S. 1–9.

RUDOLPHI, HANS-JOACHIM, Notwendigkeit und grenzen einer Vorverlagerung des Strafrechtsschutzes im Kampf gegen den Terrorismus, ZRP 1979, S. 214–221.

RUDOLPHI, HANS-JOACHIM, Zum Begriff des Werbens für eine kriminelle Vereinigung, JR 1979, S. 33–37.

RUDOLPHI, HANS-JOACHIM, Terroristische Vereinigung im Ausland. Anmerkung zu BGH, Beschluß vom 05.01.1982 - 1 BJs 350/81 - StB 53/ 81, NStZ 1982, S. 198–200.

RUDOLPHI, HANS-JOACHIM, Zu den Voraussetzungen einer kriminellen Vereinigung, JR 1984, S. 32–34.

RUHMANNSEDER, FELIX, Informationelle Zusammenarbeit von Polizeibehörden und Nachrichtendiensten auf Grund des "Gemeinsame-Dateien-Gesetzes", StraFo 2007, S. 184–190.

SACK, FRITZ, Feindstrafrecht - Auf dem Wege zu einer anderen Kriminalpolitik? Vortrag anlässlich der Verleihung des Werner-Holtfort-Preises 2005 an die Redaktion Bürgerrechte & Polizei/CILIP, Bürgerrechte & Polizei, S. 1–18.

SALIGER, FRANK, Feindstrafrecht: Kritisches oder totalitäres Strafrechtskonzept?, JZ 2006, S. 756–762.

SANDKUHL, HEIDE, Die Befugnisse von Nachrichtendiensten und Polizei - faktischer Tod dem Trennungsgebot? In: MICHALKE, R.; KÖBERER, W.; PAULY, J.; KIRSCH, S. (HG.), Festschrift für Rainer Hamm zum 65. Geburtstag am 24. Februar 2008, Berlin 2008, S. 615–627. Zitiert: SANDKUHL, in: FS Hamm.

SATZGER, HELMUT; SCHMITT, BERTRAM; WIDMAIER, GUNTER (HG.), StGB - Strafgesetzbuch Kommentar, 1. Aufl., Köln 2009. Zitiert: SSW/BEARBEITER.

SAUER, HEIKO, Rechtsschutz gegen völkerrechtsdeterminiertes Gemeinschaftsrecht? Die Terroristenlisten vor dem EuGH. Anmerkung zu EuGH, U. v. 03.09.2008 - Rs. C-402/05 P, C-415/05 P -), NJW 2008, S. 3685–3688.

SCHAEFER, HANS-CHRISTOPH, Verfahrensübernahme durch den Generalbundesanwalt - nach der "Eggesin"-Entscheidung des BGH, NJW 2001, S. 1621–1622.

SCHÄUBLE, WOLFGANG; CHERTOFF, MICHAEL, SPIEGEL Gespräch: "Guantanamo ist nur ein Symbol", Der SPIEGEL 50/2007, S. 27–30.

SCHEFFLER, UWE, Freund- und Feindstrafrecht. In: FELTES, T.; PFEIFFER, C.; STEINHILPER, G. (HG.), Kriminalpolitik und ihre wissenschaftlichen Grundlagen: Festschrift für Hans-Dieter Schwind zum 70. Geburtstag, Heidelberg 2006, S. 123–146. Zitiert: SCHEFFLER, in: FS Schwind.

SCHEIFF, BERND, Wann beginnt der Strafrechtsschutz gegen kriminelle Vereinigungen (§ 129 StGB)?, Frankfurt am Main [u.a.] 1997, (Schriften zum Strafrecht und Strafprozeßrecht, 30).

SCHMID, ALEX P.; JONGMAN, ALBERT J.; STOHL, MICHAEL ET AL., Political terrorism. A new guide to actors, authors, concepts, data bases, theories and literature, Amsterdam 1988.

SCHMID, ALEX PETER; JONGMAN, ALBERT J., Political terrorism. A research guide to concepts, theories, data bases and literature; With a bibliography by the author and a world directory of "Terrorist" organizations by A.J. Jongman, Amsterdam 1984, (COMT-Publication, 12).

SCHMITT, CARL, Der Begriff des Politischen. Text von 1932 mit einem Vorwort und drei Corollarien, unveränd. Nachdr. d. 1963 erschienenen Aufl., Berlin 1987.

SCHNECKENER, ULRICH, Transnationaler Terrorismus. Charakter und Hintergründe des "neuen" Terrorismus, Frankfurt am Main 2006, (Edition Suhrkamp, 2374).

SCHNEIDER, HENDRIK, Bellum Justum gegen den Feind im Innern? Über die Bekämpfung der verfassungsrechtlichen Verfahrensgarantien bei der "Bekämpfung" der Organisierten Kriminalität, ZStW 113 (2001), S. 499–515.

SCHNEIDER, HENDRIK; MORGUET, GERALDINE, Gefährliches Strafrecht. Zu den Grenzen avantgardistischer Strafrechtsdogmatik. In: UWER, T. (HG.), "Bitte bewahren Sie Ruhe". Leben im Feindrechtsstaat, 1. Aufl., Berlin 2006 (Schriftenreihe der Strafverteidigervereinigungen), S. 335–352. Zitiert: SCHNEIDER, ET AL., in: UWER (HG.), "Bitte bewahren Sie Ruhe", Berlin 2006.

SCHOLZ, TOBIAS, Die "Antiterrorliste" des Sicherheitsrats der Vereinten Nationen, NVwZ 2009, S. 287–289.

SCHÖNKE, ADOLF; SCHRÖDER, HORST (HG.), Strafgesetzbuch. Kommentar, 27., neu bearb. Aufl., München 2006. Zitiert: Sch/Sch/BEARBEITER.

SCHRADER, TOBIAS, Terrorismus - Und das Problem seiner Definition, Kriminalistik 2002, S. 570–572.

SCHROEDER, FRIEDRICH-CHRISTIAN, Die Straftaten gegen das Strafrecht. Vortrag gehalten vor d. Jur. Ges. zu Berlin am 28. November 1984, Berlin [u.a.] 1985, (Schriftenreihe der Juristischen Gesellschaft e.V. Berlin).

SCHULZ, LORENZ, Strafrecht als Rechtsgüterschutz - Probleme der Mediatisierung am Beispiel "ökologischer" Güter. In: LÜDERSSEN, K. (HG.), Aufgeklärte Kriminalpolitik oder Kampf gegen das Böse? Teil 1: Legitimationen, Baden-Baden 1998, S. 208–238. Zitiert: SCHULZ, in: LÜDERSSEN (HG.), Aufgeklärte Kriminalpolitik oder Kampf gegen das Böse?, Baden-Baden 1998.

SCHULZ, LORENZ, "Die deutsche Strafrechtswissenschaft vor der Jahrtausendwende". Bericht von einer Tagung und Anmerkungen zum "Feindstrafrecht", ZStW 112 (2000), S. 653–664.

SCHULZ, LORENZ, Friktionen einer Fiktion. Jakobs Strafrecht für Feinde. In: UWER, T. (HG.), "Bitte bewahren Sie Ruhe". Leben im Feindrechtsstaat, 1. Aufl., Berlin 2006 (Schriftenreihe der Strafverteidigervereinigungen), S. 315–333. Zitiert: SCHULZ, in: UWER (HG.), "Bitte bewahren Sie Ruhe", Berlin 2006.

SCHÜNEMANN, BERND, Einführung in das strafrechtliche Systemdenken. In: SCHÜNEMANN, B. (HG.), Grundfragen des modernen Strafrechtssystems, Berlin 1984, S. 1–69. Zitiert: SCHÜNEMANN, in: SCHÜNEMANN (HG.), Grundfragen des modernen Strafrechtssystems, Berlin 1984.

SCHÜNEMANN, BERND, Kritische Anmerkungen zur geistigen Situation der deutschen Strafrechtswissenschaften, GA 1995, S. 201–229.

SCHÜNEMANN, BERND, Die deutsche Strafrechtswissenschaft nach der Jahrtausendwende, GA 2001, S. 205–225.

SCHÜNEMANN, BERND, Das Rechtsgüterschutzprinzip als Fluchtpunkt der verfassungsrechtlichen Grenzen der Straftatbestände und ihrer Interpretation. In: HEFENDEHL, R.; HIRSCH, A. VON; WOHLERS, W. (HG.), Die Rechtsgutstheorie. Legitimationsbasis des Strafrechts oder dogmatisches Glasperlenspiel?, 1. Aufl, Baden-Baden 2003, S. 133–154. Zitiert: SCHÜNEMANN, in: HEFENDEHL, ET AL. (HG.), Die Rechtsgutstheorie, Baden-Baden 2003.

SCHÜNEMANN, BERND, Feindstrafrecht ist kein Strafrecht! In: GRIESBAUM, R.; HANNICH, R.; SCHNARR, K. (HG.), Strafrecht und Justizgewährung. Festschrift für Kay Nehm zum 65. Geburtstag, Berlin 2006, S. 219–227. Zitiert: SCHÜNEMANN, in: FS Nehm.

SEELMANN, KURT, Risikostrafrecht - Die "Risikogesellschaft" und ihre "symbolische Gesetzgebung" im Umwelt- und Betäubungsmittelstrafrecht, KritV 1992, S. 452–471.

SEELMANN, KURT, Rechtsgutskonzept, "Harm Principle" und Anerkennungsmodell als Strafwürdigkeitskriterien. In: HEFENDEHL, R.; HIRSCH, A. VON; WOHLERS, W. (HG.), Die Rechtsgutstheorie. Legitimationsbasis des Strafrechts oder dogmatisches Glasperlenspiel?, 1. Aufl, Baden-Baden 2003, S. 261–267. Zitiert: SEELMANN, in: HEFENDEHL, ET AL. (HG.), Die Rechtsgutstheorie, Baden-Baden 2003.

SEHER, GERHARD, Prinzipiengestützte Strafnormlegitimation und der Rechtsgutsbegriff. In: HEFENDEHL, R.; HIRSCH, A. VON; WOHLERS, W. (HG.), Die Rechtsgutstheorie. Legitimationsbasis des Strafrechts oder dogmatisches Glasperlenspiel?, 1. Aufl, Baden-Baden 2003, S. 39–56. Zitiert: SEHER, in: HEFENDEHL, ET AL. (HG.), Die Rechtsgutstheorie, Baden-Baden 2003.

SIEBER, ULRICH, Legitimation und Grenzen von Gefährdungsdelikten im Vorfeld terroristischer Gewalt. Stellungnahme für die Anhörung des Rechtsausschusses des Deutschen Bundestages am 22.04.2009 in Berlin, online verfügbar unter http://www.bundestag.de/bundestag/ausschuesse/a06/anhoerungen/Archiv/51_Staatsgef__hrdene_Gewalttaten/04_Stellungnahmen/Stellungnahme_Sieber.pdf, zuletzt geprüft am 01.02.2010.

SIEBER, ULRICH, Grenzen des Strafrechts, ZStW 119 (2007), S. 1–68.

SIEBER, ULRICH, Legitimation und Grenzen von Gefährdungsdelikten im Vorfeld von terroristischer Gewalt. Eine Analyse der Vorfeldtatbestände im "Entwurf eines Gesetzes zur Verfolgung der Vorbereitung von schweren staatsgefährdenden Gewalttaten", NStZ 2009, S. 353–364.

SILVA SÁNCHEZ, JESÚS-MARÍA, Die Expansion des Strafrechts. Kriminalpolitik in postindustriellen Gesellschaften, Frankfurt am Main 2003, (Juristische Abhandlungen, 41).

SINGELNSTEIN, TOBIAS, Rechtsschutz gegen heimliche Ermittlungsmaßnahmen nach Einführung des § 101 VII 2-4 StPO, NStZ 2009, S. 481–486.

SINN, ARNDT, Moderne Verbrechensverfolgung - auf dem Weg zu einem Feindstrafrecht?, ZIS 2006, S. 107–117.

SOFSKY, WOLFGANG, Zeiten des Schreckens. Amok, Terror, Krieg, 3. Auflage, Frankfurt am Main 2002.

SPANIOL, MARGRET, Grundrechtsschutz im Ermittlungsverfahren durch qualifizierten Richtervorbehalt und wirksame richterliche Kontrolle. In: ARNOLD, J.; BURKHARDT, B.; GROPP, W.; HEINE, G.; LAGODNY, O.; WALTHER, S. (HG.), Menschengerechtes Strafrecht. Festschrift für Albin Eser zum 70. Geburtstag, München 2005, S. 473–490. Zitiert: SPANIOL, in: FS Eser.

STÄCHELIN, GREGOR, Interdependenzen zwischen der Rechtsgutstheorie und den Angriffswegen auf die dadurch bestimmten Güter. In: LÜDERSSEN, K. (HG.), Aufgeklärte Kriminalpolitik oder Kampf gegen das Böse? Teil 1: Legitimationen, Baden-Baden 1998, S. 239–262. Zitiert: STÄCHELIN, in: LÜDERSSEN (HG.), Aufgeklärte Kriminalpolitik oder Kampf gegen das Böse?, Baden-Baden 1998.

STERNBERG-LIEBEN, DETLEV, Rechtsgut, Verhältnismäßigkeit und die Freiheit des Strafgesetzgebers. In: HEFENDEHL, R.; HIRSCH, A. VON; WOHLERS, W. (HG.), Die Rechtsgutstheorie. Legitimationsbasis des Strafrechts oder dogmatisches Glasperlenspiel?, 1. Aufl, Baden-Baden 2003, S. 65–82. Zitiert: STERNBERG-LIEBEN, in: HEFENDEHL, ET AL. (HG.), Die Rechtsgutstheorie, Baden-Baden 2003.

STEYN, JOHAN, Guantánamo Bay: The Legal Black Hole, ICLQ 53 (2004), S. 1–15.

STOLLEIS, MICHAEL, Die Entstehung des Interventionsstaates und das öffentliche Recht, ZNR 1989, S. 129–147.

STRATE, GERHARD, Stellungnahme des Strafrechtsausschusses des Deutschen Anwaltsvereins (DAV) zum "Entwurf eines Gesetzes zur Bekämpfung des illegalen Rauschgifthandels und anderer Erscheinungsformen der organisierten Kriminalität (OrgKG)". Gesetzentwurf des Bundesrates (BT-Drucksache 12/989 vom 25.07.1991), StV 1992, S. 29–37.

STRATE, GERHARD, Justiz und Terrorismus - am Beispiel der Fälle Padilla, Hamdi, Moussaoui und Motassadeq, HRRS 7/2004, S. 239–245.

STRATENWERTH, GÜNTER, Geldwäscherei - ein Lehrstück der Gesetzgebung? In: PIETH, M. (HG.), Bekämpfung der Geldwäscherei - Modellfall Schweiz?, Basel 1992, S. 97–121. Zitiert: STRATENWERTH, in: PIETH (HG.), Bekämpfung der Geldwäscherei, Basel 1992.

STRATENWERTH, GÜNTER, Zum Begriff des "Rechtsgutes". In: ESER, A.; LENCKNER, T. (HG.), Festschrift für Theodor Lenckner zum 70. Geburtstag, München 1998, S. 377–391. Zitiert: STRATENWERTH, in: FS Lenckner.

STRENG, FRANZ, Vom Zweckstrafrecht zum Feindstrafrecht? Überlegungen zu den Auswirkungen des neueren Sicherheitsdenkens auf ein "demokratisches Strafrecht". In: UWER, T. (HG.), "Bitte bewahren Sie Ruhe". Leben im Feindrechtsstaat, 1. Aufl., Berlin 2006 (Schriftenreihe der Strafverteidigervereinigungen), S. 227–248. Zitiert: STRENG, in: UWER (HG.), "Bitte bewahren Sie Ruhe", Berlin 2006.

STUCKENBERG, CARL-FRIEDRICH, Habeas corpus ad subjiciendum: Zugang zu ordentlichen Gerichten für die Gefangenen von Guantánamo Bay. Besprechung der Entscheidung des U.S. Supreme Court v. 12.06.2008 - Boumediene v. Bush), (Anmerkung), JZ 2009, S. 85–93.

STÜMPER, ALFRED, Prävention und Repression als überholte Unterscheidung?, Kriminalistik 1975, S. 49–53.

TAKEI, CARL, Terrorizing Justice: An Argument that Plea Bargains Struck Under the Threat of 'Enemy Combatant' Detention Violate the Right to Due Process, Boston College Law Review 47 (2006), S. 581–626.

TALASKA, CLAUDIA ELISABETH, Der Richtervorbehalt. Ein sinnvolles Element des Grundrechtsschutzes?, Hamburg 2007, (Strafrecht in Forschung und Praxis, 85).

TEICHMANN, JENNY, Terrorism, War and Crime. In: BRADNEY, ANTHONY (HRSG.): International Law and Armed Conflict, Stuttgart 1992 (Archiv für Rechts- und Sozialphilosophie/Beiheft, 46), S. 31–38.

ULLENBRUCH, THOMAS, Nachträgliche Sicherungsverwahrung - heikle Materie in den Händen des BGH!, NJW 2006, S. 1377–1385.

VEDDER, CHRISTOPH; HEINTSCHEL VON HEINEGG, WOLFF, Europäischer Verfassungsvertrag. Handkommentar, Baden-Baden 2007. Zitiert: EVV/BEARBEITER, Art.

VOLKMANN, UWE, Sicherheit und Risiko als Probleme des Rechtsstaats, JZ 2004, S. 696–703.

VOLKMANN, UWE, Anmerkung zu BVerfG 1 BvR 518/02, JZ 2006, S. 918–920.

VORMBAUM, THOMAS (HG.), Kritik des Feindstrafrechts, Münster 2009 (Rechtsgeschichte und Rechtsgeschehen, 9).

VORMBAUM, THOMAS, Einführung in die moderne Strafrechtsgeschichte, Berlin 2009.

VOSS, MONIKA, Symbolische Gesetzgebung. Fragen zur Rationalität von Strafgesetzgebungsakten, Ebelsbach 1989, (Münchener Universitätsschriften Reihe der Juristische Fakultät, 72).

WALDMANN, PETER, Terrorismus. Provokation der Macht, München 1998.

WALDMANN, PETER, Terrorismus als weltweites System: Eine Einführung. In: FRANK, H.; HIRSCHMANN, K. (HG.), Die weltweite Gefahr. Terrorismus als internationale Herausforderung, Berlin 2002, S. 11–26. Zitiert: WALDMANN, in: FRANK, ET AL. (HG.), Die weltweite Gefahr, Berlin 2002.

WALDMANN, PETER, Terrorismus. In: NOHLEN, D. (HG.), Kleines Lexikon der Politik, 2. Auflage, München 2006 (Beck'sche Reihe), S. 514. Zitiert: WALDMANN, in: NOHLEN (HG.), Kleines Lexikon der Politik, München 2006.

WALTER, MICHAEL, Kriminalpolitik im Zeichen der Verbrechensfurcht. Von der Spezial- über die General- zur "Ubiquitäts"prävention? In: WEIGEND, T.; KÜPPER, G. (HG.), Festschrift für Hans Joachim Hirsch zum 70. Geburtstag am 11. April 1999, Berlin, New York 1999, S. 897–915. Zitiert: WALTER, in: FS Hirsch.

WALTER, TONIO, Der Rechtsstaat verliert die Nerven. Zum Referentenentwurf eines "Gesetzes zur Verfolgung der Vorbereitung von schweren Gewalttaten" (RefE), KritJ 2008, S. 443–450.

WARSCHKO, JEANNETTE, Vorbeugende Verbrechensbekämpfung - Prävention oder Repression?, Hamburg 1995.

WASSER, DETLEF; PIASZEK, ALEXANDER, Staatsschutzstrafrecht in Bewegung?, DRiZ 2008, S. 315–320.

WEBER, VICTOR, Gefahr im Verzug - oder: Wie das Vertrauen in den Rechtsstaat aufs Spiel gesetzt werden kann, DRiZ 1991, S. 116–119.

WEIGEND, THOMAS, Bewältigung von Beweisschwierigkeiten durch Ausdehnung des materiellen Strafrechts? In: SCHMOLLER, K.; TRIFFTERER, O. (HG.), Festschrift für Otto Triffterer zum 65. Geburtstag, Wien 1996, S. 695–712. Zitiert: WEIGEND, in: FS Triffterer.

WEIGEND, THOMAS, Terrorismus als Rechtsproblem. In: GRIESBAUM, R.; HANNICH, R.; SCHNARR, K. (HG.), Strafrecht und Justizgewährung. Festschrift für Kay Nehm zum 65. Geburtstag, Berlin 2006, S. 151–167. Zitiert: WEIGEND, in: FS Nehm.

WEINBERG, LEONARD; EUBANK, WILLIAM LEE, Terrorism and democracy. Civil liberties and the fight against terror, Terrorism and Political Violence 10 (1998), S. 108–118.

WEISSER, BETTINA, Über den Umgang des Strafrechts mit terroristischen Bedrohungslagen, ZStW 121 (2009), S. 131–161.

WERTHEBACH, ECKART, Deutsche Sicherheitsarchitektur. In: GRAULICH, K.; SIMON, D. (HG.), Terrorismus und Rechtsstaatlichkeit. Analysen, Handlungsoptionen, Perspektiven, Berlin 2007 (Interdisziplinäre Arbeitsgruppen - Forschungsberichte), S. 123–142. Zitiert: WERTHEBACH, in: GRAULICH, ET AL. (HG.), Terrorismus und Rechtsstaatlichkeit, Berlin 2007.

WESSLAU, EDDA, Vorfeldermittlungen. Probleme der Legalisierung "vorbeugender Verbrechensbekämpfung" aus strafprozeßrechtlicher Sicht, Berlin 1989, (Strafrechtliche Abhandlungen, N.F., 65).

WITTIG, PETRA, Rechtsgutstheorie, "Harm Principle" und die Abgrenzung von Verantwortungsbereichen. In: HEFENDEHL, R.; HIRSCH, A. VON; WOHLERS, W. (HG.), Die Rechtsgutstheorie. Legitimationsbasis des Strafrechts oder dogmatisches Glasperlenspiel?, 1. Aufl, Baden-Baden 2003, S. 239–243. Zitiert: WITTIG, in: HEFENDEHL, ET AL. (HG.), Die Rechtsgutstheorie, Baden-Baden 2003.

WOHLERS, WOFGANG, Deliktstypen des Präventionsstrafrechts - zur Dogmatik "moderner" Gefährdungsdelikte, Berlin 2000, (Strafrechtliche Abhandlungen, N.F., 126).

WOHLERS, WOFGANG, Strafrecht als ultima ratio. Tragender Grundsatz eines rechtsstaatlichen Strafrechts oder Prinzip ohne eigenen Aussagegehalt? In: HIRSCH, A. VON (HG.), Mediating principles. Begrenzungsprinzipien bei der Strafbegründung, 1. Aufl., Baden-Baden 2006, S. 54–69. Zitiert: WOHLERS, in: von HIRSCH (HG.), Mediating principles, Baden-Baden 2006.

WOLFF, HEINRICH AMADEUS, Die Grenzverschiebung von polizeilicher und nachrichtendienstlicher Sicherheitsgewährleistung. Das Gesetz zur Abwehr von Gefahren des internationalen Terrorismus durch das Bundeskriminalamt, DÖV 2009, S. 597–606.

WOLFF, HEINRICH AMADEUS; SCHEFFCZYK, FABIAN, Verfassungsrechtliche Fragen der gemeinsamen Antiterrordatei von Polizei und Nachrichtendiensten, JA 2008, S. 81–88.

WOLTER, JÜRGEN, Potenzial für die Totalüberwachung im Strafprozess- und Polizeirecht. In: ROGALL, K.; PUPPE, I.; STEIN, U.; WOLTER, J. (HG.), Festschrift für Hans-Joachim Rudolphi zum 70. Geburtstag, Neuwied 2004, S. 733–748. Zitiert: WOLTER, in: FS Rudolphi.

YOO, JOHN C.; HO, JAMES C., The Status of Terrorists, Virginia Journal of International Law 2003, S. 207–228.

ZABEL, BENNO, Rezension: Michael Pawlik: Der Terrorist und sein Recht. Zur rechtstheoretischen Einordnung des modernen Terrorismus, HRRS 7/2009, S. 297–300.

ZAFFARONI, EUGENIO RAÚL, El enemigo en el derecho penal, Madrid 2006, (Estudios de criminología y política criminal, 6).

ZIERCKE, JÖRG, Stellungnahme zur Vorbereitung der öffentlichen Anhörung vor dem Rechtsausschuss des Bundestages, online verfügbar unter http://www.bundestag.de/bundestag/ausschuesse/a06/anhoerungen/Archiv/51_Staatsgef__hrdene_Gewalttaten/04_Stellungnahmen/Stellungnahme_Ziercke.pdf, zuletzt geprüft am 01.02.2010.

ZIESCHANG, FRANK, Die Gefährdungsdelikte, Berlin 1998, (Kölner kriminalwissenschaftliche Schriften, 27).

ZÖLLER, MARK, Informationssysteme und Vorfeldmaßnahmen von Polizei, Staatsanwaltschaft und Nachrichtendiensten. Zur Vernetzung von Strafverfolgung und Kriminalitätsverhütung im Zeitalter von multimedialer Kommunikation und Persönlichkeitsschutz, Heidelberg 2002, (Mannheimer rechtswissenschaftliche Abhandlungen, 27).

ZÖLLER, MARK, Der Rechtsrahmen der Nachrichtendienste bei der "Bekämpfung" des internationalen Terrorismus, JZ 2007, S. 763–771.

ZÖLLER, MARK, Terrorismusstrafrecht – Ein Handbuch, Heidelberg 2009.

ZSCHIESCHACK, FRANK; RAU, INGO, Die nachträgliche Sicherungsverwahrung in der aktuellen Rechtsprechung des BGH, JZ 2006, S. 895–899.

**Augsburger Studien zum Internationalen Recht**

Herausgegeben von Volker Behr, Henning Rosenau und Christoph Vedder

Band 1 Ramon Sieveking: Schiedsgutachtenverträge nach deutschem und New Yorker Recht. Eine rechtsvergleichende Untersuchung der Sach- und Interessengerechtigkeit der Ausgestaltung des deutschen Schiedsgutachtenrechts. 2007.

Band 2 Susanne Kobor: Bargaining in the Criminal Justice Systems of the United States and Germany. A Matter of Justice and Administrative Efficiency Within Legal, Cultural Context. 2008.

Band 3 Jérôme Pause: Der französische Conseil d'État als höchstes Verwaltungsgericht und oberste Verwaltungsbehörde. Seine Entwicklung und heutige Stellung. 2008.

Band 4 Henriette Heine: Die Rechtsstellung des Beschuldigten im Rahmen der Europäisierung des Strafverfahrens. 2009.

Band 5 Susanne Kratzer: Die vorweggenommene Erbfolge in Deutschland und Italien unter besonderer Berücksichtigung des Familienvertrages (*patto di famiglia*). 2009.

Band 6 Octavian Gabriel Pascu: Strafrechtliche Fundamentalprinzipien im Gemeinschaftsrecht. Unter besonderer Berücksichtigung des Kartellordnungswidrigkeitenrechts. 2010.

Band 7 Henning Rosenau / Sangyun Kim (Hrsg.): Straftheorie und Strafgerechtigkeit. Deutsch-Japanischer Strafrechtsdialog. 2010.

Band 8 Gerhard Molt: Das Recht der nicht-schifffahrtlichen Wassernutzung am Mekong im Lichte des allgemeinen internationalen Wasserrechts. 2011.

Band 9 Michael Kraus: Rechtsstaatliche Terrorismusbekämpfung durch Straf- und Strafprozessrecht. 2012.

www.peterlang.de

Printed by
CPI books GmbH, Leck

FSC
www.fsc.org
MIX
Papier | Fördert
gute Waldnutzung
FSC® C083411

Kolibri 360 GmbH
Ferdinand-Jühlke-Straße 7
99095 Erfurt, Deutschland
produktsicherheit@kolibri360.de